AMBIÇÃO: DUPLICAR O PIB EM 20 ANOS

AMBIÇÃO: DUPLICAR O PIB EM 20 ANOS

Portugal mais próspero, mais justo e mais democrático

2.ª Edição

Coordenação
Álvaro Beleza
Presidente do Conselho Coordenador
Abel Mateus
Presidente do Conselho Consultivo

ALMEDINA

SEDES

AMBIÇÃO: DUPLICAR O PIB EM 20 ANOS
2.ª Edição

COORDENADORES
Álvaro Beleza, Presidente do Conselho Coordenador da SEDES
Abel Mateus, Presidente do Conselho Consultivo da SEDES

REVISÃO
Ana Beatriz Breda

EDITOR
EDIÇÕES ALMEDINA, S.A.
Avenida Emídio Navarro, 81, 3D
3000-151 Coimbra
Tel.: 239 851 904 • Fax: 239 851 901
www.almedina.net • editora@almedina.net

DESIGN DE CAPA
EDIÇÕES ALMEDINA, S.A

PRÉ-IMPRESSÃO
EDIÇÕES ALMEDINA, S.A.

IMPRESSÃO E ACABAMENTO

Outubro, 2022

DEPÓSITO LEGAL
....

ALMEDINA | GRUPOALMEDINA

BIBLIOTECA NACIONAL DE PORTUGAL – CATALOGAÇÃO NA PUBLICAÇÃO

AMBIÇÃO

Ambição: duplicar o PIB em 20 anos : Portugal mais próspero, mais justo e mais democrático / coord. Álvaro Beleza, Abel Mateus. – 2.ª ed.
ISBN 978-989-40-0884-2

I – BELEZA, Álvaro
II – MATEUS, Abel, 1947-

CDU 338

ÍNDICE

AUTORES

POR ORDEM ALFABÉTICA

Assunção Cristas (Mar)
Alpedrinha Pires (Segurança e Defesa)
Alexandre Homem Cristo (Educação)
Alexandre Patrício Gouveia (Economia, Segurança Social e Finanças Públicas)
António Tavares (Saúde e Ação Social)
Carlos Alves (Economia)
Catarina Delauny (Saúde e Solidariedade)
Cristine Oliveira (Comunidades)
Duarte Mayer (Boa-governança para Portugal 2030)
Francisco Avilez (Agricultura)
Henrique Monteiro (Soberania e Sistema Político)
Irineu Mendes (Boa-governança para Portugal 2030)
João Duque (Dívida Pública e Crescimento Económico)
João Ribeiro-Bidaoui (Soberania e Sistema Político)
Jorge Bleck (Justiça)
João Bilhim (Reforma do Estado; Boa-governança para Portugal 2030)
João Magro (Sector Financeiro e Banca)
João Vieira Borges (Segurança e Defesa)
Joaquim Filipe Araújo (Boa-governança para Portugal 2030)
José Ribeiro e Castro (Sistema Eleitoral)
José Epifânio Franca (Investigação e Desenvolvimento)
Luís Mira Amaral (Indústria e Energia)
Maria João Louro (Demografia e Segurança Social)
Miguel Poiares Maduro (Soberania e Sistema Político)

Nadim Habib (Saúde e Solidariedade)
Nuno Garoupa (Regulação)
Nuno Carrapatoso (Equilíbrio Intergeracional)
Nuno Pereira da Silva (Segurança e Defesa)
Óscar Gaspar (Saúde e Ação Social)
Pedro Clemente Nunes (Energia, Florestas e Interior)
Pedro Correia (Boa-governança para Portugal 2030)
Pereira dos Santos (Segurança e Defesa)
Renato Epifânio (Comunidade dos Países de Língua Portuguesa – CPLP)
Vasco de Mello (Presidente da Associação Business Roundtable Portugal)

COMISSÃO DE HONRA DOS 50 ANOS DA SEDES

POR ORDEM ALFABÉTICA

António Ramalho Eanes
Aníbal Cavaco Silva
D. Manuel Clemente
Alberto Regueira
António Correia de Campos
António Rebelo de Sousa
Artur Santos Silva
Emílio Rui Vilar
Fernando Medina
Fernanda Rollo
Fernando Ulrich
Guilherme d'Oliveira Martins
Isabel Mota
João Cravinho
João Proença
João Salgueiro
José M. Durão Barroso
José Dias Coelho
José Miguel Júdice
Luís Campos e Cunha
Luís Marques Mendes
Miguel Cadilhe
Nuno Amado
Rui Moreira
Pedro Ferraz da Costa
Paulo Macedo
Vera Jardim
Vítor Bento
Vítor Constâncio

ÓRGÃOS SOCIAIS | SEDES 2020–2022

Mesa da Assembleia Geral

Presidente	João Salgueiro
Vice-presidente	António Tavares
Secretária	Ana Sofia Batista
Secretário	Rodrigo Sousa e Castro

Conselho Coordenador

Presidente	Álvaro Beleza
	Alexandre Patrício Gouveia
	Carlos Alves
	Henrique Monteiro
	Gustavo Guimarães
	João Duque
	José Ribeiro e Castro
	Nadim Habib
Secretária-geral	Maria João Louro
	Rui Paiva
	Rita Nabeiro

Conselho Fiscal

Presidente	José Azevedo Pereira
Vogal	Jorge Pereira
Vogal	Nuno Oliveira

Conselho Consultivo

Abel Mateus *Presidente*
Adalberto Campos Fernandes
Alexandre Homem Cristo
Amílcar Falcão
Carlos Brito
Carlos Moedas
Clemente Pedro Nunes
David Justino
Eduardo Marçal Grilo
Eurico Reis
Fausto Pinto
Francisco Assis
Henrique Neto
Joaquim Miranda Sarmento
Jorge Bleck
José Roquette
Luís Filipe Pereira
Luís Mira Amaral
Miguel Poiares Maduro
Nuno Garoupa
Paulo Saragoça da Matta
Sandra Maximiano

Secretariado

António T. Lopes
Cristine Oliveira
David Santos
João Valente
Marta Costa
Pedro Latoeiro
Rui D. Ferreira
Helena Araújo *Secretária administrativa*

ÓRGÃOS SOCIAIS | SEDES 2022–2024

Assembleia Geral

Presidente	José Roquette
Vice-presidente	António Tavares
Secretária	Ana Sofia Batista
Secretário	Nuno Oliveira

Conselho Coordenador

Presidente	Álvaro Beleza
Vice-presidente	Catarina Castro
Vice-presidente	Carlos Alves
Vice-presidente	Miguel Poiares Maduro
Secretária-geral	Marta Costa
	Alexandre Homem Cristo
	Catarina Delaunay
	David Santos
	Henrique Monteiro
	Nuno Carrapatoso
	Pedro Latoeiro

Conselho Fiscal

Presidente	José Azevedo Pereira
Vogal	Sandra Maximiano
Vogal	Jorge Pereira

ASSOCIADOS INSTITUCIONAIS

1677 Abreu & Associados Sociedade de Advogados, SP, RL
1776 AEP – Associação Empresarial de Portugal
1617 ANF – Associação Nacional das Farmácias
1801 ANPL – Associação Nacional dos Profissionais Liberais
1607 APHP – Associação Portuguesa de Hospitalização Privada
1606 Associação Comercial do Porto
1613 CCAM – Caixa Central de Crédito Agrícola Mútuo
CIP – Confederação Empresarial de Portugal
1636 CGD – Caixa Geral de Depósitos
1873 El Corte Inglês, SA
1713 Farmácia Gavião Unip. Lda.
1577 FLAD – Fundação Luso-Americana para o Desenvolvimento
1793 GRUPO VISABEIRA, SA
1847 Laboratórios Basi – Insdústria Farmacêutica, SA
LALLEMAND PORTUGAL, SA
1643 Mystic Invest Holding, SA
1648 Ordem dos Contabilistas Certificados
1642 Ordem dos Enfermeiros
1650 SCML – Santa Casa da Misericórdia de Lisboa
1830 WPS Property Services, Ltd
Fundação Batalha de Aljubarrota

DISTRITAIS DA SEDES

ALGARVE
Luís Manuel Fernandes Coelho — *Presidente*
Paulo Jorge dos Santos Neves — *Secretário-Geral*
Ana Maria Chapeleira Fazenda
Carlos Eduardo Gouveia Martins
Carlos Luís Roque Figueira
Dora Cristina Valério de Jesus Luís
Fernando Jorge Lourenço Villa-Nova
Francisco Manuel Dionísio Serra
João Manuel de Jesus Cabral

AVEIRO
Alberto Souto de Miranda — *Presidente*
Nuno Pires
António Pedro Vieira Nunes
Marília Martins
Jorge Campino
Fernando Mendonça
Gonçalo Caetano Alves
Ricardo Mascarenhas — *Secretário-Geral*

Conselho Consultivo

Professor Júlio Pedrosa
Professor Carlos Borrego
Professora Helena Nazaré

Professor António Nogueira Leite
Professor Paulo Jorge Ferreira, Reitor da Universidade de Aveiro

BEJA

António José Ramos Silvestre Ferreira *Presidente*
João Emanuel Pereira Martins *Vice-Presidente*
Juliana Maria Prata dos Santos *Secretária-Geral*
Carlos Manuel Inácio Figueiredo
José Alberto Correia Vaz Natário
José Jacinto Descalço Bilau
Luís Eduardo Perfeito Santa Maria
Manuel Amaro Freire Marreiros Figueira
Maria de Fátima Pereira Duarte Ricardo
Paula Cristina Rodrigues C. Conduto Costa Mira
Tânia Sofia Marques Rosa Monteiro Soares

BRAGA

Carlos Manuel Amaral Vasconcelos *Presidente*
Fernando Manuel de Almeida Alexandre *Presidente C. Consultivo*
Francisco António Martins da Costa *Secretário-Geral*
Vogais

Ângela Teixeira
Jorge Faria
Esser Jorge
Armando Caldas
Mariana Carvalho

BRAGANÇA

Óscar João Atanázio Afonso *Presidente*
Lina Maria Martins *Secretária-Geral*
Amélia Martins Pires

Amílcar Salomão Pires Salgado
António Bárbolo Alves
Celina Bárbaro Pinto
José Francisco Preto Meirinhos
José Maria Pires
Ramiro Manuel Moreira Gonçalves

COIMBRA
Amílcar Celta Falcão Ramos Ferreira *Presidente*
Margarida Isabel Mano Tavares S. Lopes *Vice-Presidente*
Pedro Miguel Lopes Nunes da Costa *Vice-Presidente*
Rui Miguel Rodrigues Moreira Claro *Secretário-Geral*
Vogais
António Augusto de Miranda Lemos Romão Donato
José Martins Nunes
Manuel José Flores Ferreira Ramos

CASTELO BRANCO
Fernando Marques Jorge *Presidente*
Vítor Manuel Pinheiro Pereira *Vice-Presidente*
Ricardo Alexandre dos Santos Ambrósio *Secretário-Geral*
Catarina Sílvia Oliveira Ramos Mendes
Celso Manuel dos Reis Lopes
Felicidade Azevedo Lourenço Martins
João Luís Valente Pires
Paula Maria Fernandes Custódio Reis
Paulo Jorge Brás Urbano
Pedro Miguel Martins Capela Custódio
Rui Miguel Alves Filipe
Conselho Consultivo
Adolfo Mesquita Nunes
Albano Marques

Arminda Guerra
Helder Marçal
Marta Ribeiro Telles
Próspero dos Santos
Trigueiros de Aragão

ÉVORA

José Alfredo Parreira Holtreman Roquette	*Presidente*
Mariana Jesus Quintas Candeias	*Secretária-Geral*
Ana Rita Barradas Dias Pereira	
António Dieb	
Carlos Alberto Coelho Teles Cupeto	
Cláudia Maria Ferreira de Sousa Pereira	
Gonçalo Costa	
José Alberto Leal Fateixa Palmeiro	
Manuel Gonçalves Carvalho	
Maria Luísa Silva	
Pedro Giões	

LEIRIA

Nádia Acerali Piaza	*Presidente*
Ana Maria Martins Narciso	*Secretária-Geral*
Amândio Antunes	
André Batoca	
Fernando Corvelo	
Henrique Neto	
Henrique Pinto	
Luís Ferreira	
Márcio C. Lopes	
Paulo Carreira da Silva	

LISBOA
Alexandre Patrício Gouveia *Presidente*
António Nogueira Leite
Manuel Salema Garção *Secretário-Geral*
Miguel Pinto Luz
Inês Ramalho
Sérgio Sousa Pinto
Susana Santos

PORTALEGRE
Ana Sofia Silva *Presidente*
Paulo Sérgio Duque de Brito *Secretário-Geral*

PORTO
António Manuel Lopes Tavares *Presidente*
José Miguel Ribeiro Castro Guimarães *Vice-Presidente*
Maria Estela G. B. Rodrigues de Magalhães Barbot *Vice-Presidente*
Nuno Paulo Fernandes de Oliveira *Vice-Presidente*
Luís Maria da Rocha Leite de Castro Archer *Secretário-Geral*
Vogais
Carlos Francisco Ferreira Alves
Carlos Henrique Figueiredo e Melo de Brito
Henrique Palma Nogueira
João Miguel de Magalhães Alves Dias
José Manuel Pereira Ribeiro
Luís Miguel Magalhães Ribeiro
Orlando José Mendes Monteiro da Silva
Sebastião José Cabral Feyo de Azevedo *Presidente C. Consultivo*

SANTARÉM
Maria Salomé da Conceição Rafael *Presidente*
José Ulisses Veiga Santos Ribeiro Braga *Secretário-Geral*

Ana Alice Simões Pereira
António Manuel Freitas Alexandre
Célia Maria Arsénio Barroso
José António Arruda Lopes
Luis Miguel Marques Grossinho Coutinho Albuquerque
Manuel Maria de Souza e Holstein Campilho
Nuno Ferreira da Costa Domingos
Nuno Jorge dos Santos Rosa Marques Matos
Nuno Tiago dos Santos Russo

SETÚBAL

Andrea Patrícia Telo de Lima *Presidente*
Emanuel Boieiro *Vice-Presidente*
Ana Luísa Gouveia Marques da Silva *Secretária-Geral*

Vogais

Alexandre Real
Catarina Mora
Ema Paulino
Fernando Cardoso Ferreira
Flávio Lança
Helena Ferreira
Pedro Dominguinhos
Vítor Caldeirinha

Conselho Consultivo

Maria Leonor Pires de Freitas Campos *Presidente*
Ana Lúcia Lança
António Correa Figueira
António Oliveira Carlos Manuel Seixas Fonseca
Carlos Manuel Seixas Fonseca
Carlos Sousa
Cristiano Neves
Francisco Rito
João Loureiro Rodrigues

Jorge d'Almeida
José Luís Bucho
José Vairinhos Gonçalves
Luís Fernando Cruz
Maria José Vale
Mónica Rodrigues
Nuno Maia Silva
Pedro Conceição
Pedro Ferreira
Pedro Vale
Raul Tavares
Vítor Carmona

VIANA DO CASTELO

Helena Painhas — *Presidente*
Ricardo Carvalhido — *Secretário-Geral*

Vogais

Carla Borges Norte
Carlos Rodrigues
Andreia Castro
Raquel Gaião
Mário Guimarães
Hugo Rodrigues
Renato Oliveira

Conselho Consultivo

António Feijó — *Presidente*
Daniel Bessa
Fátima Campos Ferreira
Madalena Alves
Marlene Ferraz
Miguel Alves
Olegário Gonçalves
Olga Roriz
Tiago Brandão Rodrigues

VISEU

Francisco Mendes da Silva *Presidente*
Fernando Nunes *Vice-Presidente*
Marta Costa *Secretária-Geral*
João Fernando Marques Rebelo Cotta
João Tiago Henriques
Joaquim António de Matos Chaves
Jorge Manuel de Sousa Mota
José dos Santos Costa
Maria de Fátima Moreira Simões Correia Oliveira
Maria Emília Gomes de Amaral
Maria Helena Figueiredo de Sousa Rebelo

NOTA DO CONSELHO COORDENADOR

Este primeiro de três volumes constitui uma síntese de cada um dos textos dos Grupos de Trabalho da SEDES, que foram apresentados no V Congresso da Associação.

A primeira palavra é do Presidente da República Marcelo Rebelo de Sousa, nosso ilustre Associado desde 1971, que assina o prefácio e que nos tem honrado profundamente com o seu Alto Patrocínio.

Segue-se a intervenção do primeiro-ministro António Costa no V Congresso, mais concretamente, na sessão realizada no Porto sobre Economia e Finanças.

O primeiro volume conta ainda com uma introdução do Presidente do Conselho Coordenador, e uma súmula da obra elaborada pelo Presidente do Conselho Consultivo, que coordenou este trabalho.

Adicionalmente, e para memória futura, a SEDES publica diversas fotografias do V Congresso e a composição dos seus órgãos sociais, o Conselho Consultivo, os Grupos de Trabalho e a lista de Associados Fundadores.

Os próximos dois volumes serão editados, respetivamente, em dezembro de 2022 e junho de 2023, e darão a conhecer os textos completos de todos os Grupos de Trabalho, assim como contribuições dos núcleos regionais e distritais da Associação.

O Conselho Coordenador (2020–2022)
Álvaro Beleza, Alexandre Patrício Gouveia, Carlos Alves, Gustavo Guimarães, Henrique Monteiro, João Duque, José Ribeiro e Castro, Maria João Louro, Nadim Habbib, Rui Paiva, Rita Nabeiro

PREFÁCIO

A SEDES prometeu e cumpriu.

A SEDES prometeu entrar num novo ciclo. Mais atuante. Mais interveniente na sociedade portuguesa. Mais empenhada na criação de plataformas de diálogo político, económico e social. Mais mobilizadora de Portugueses afastados da participação cívica. Mais concentrada no estudo dos grandes desafios nacionais e na abertura do debate sobre esses estudos e suas conclusões, viradas para o imediato, mas, sobretudo, para o médio e longo prazo.

Tudo isto a SEDES prometeu.

Trabalhou anos a fio para corresponder a essas promessas.

Organizou um Congresso, pensado para ir analisando o que diversos grupos de trabalho aprontaram.

Publica, agora, o que já apresentou, antes, em síntese.

Ou seja, a SEDES prometeu e cumpriu.

Portugal fica-lhe devedor desse Serviço Nacional.

Notável para uma Associação Cívica.

Aqui fica registada, para memória futura, a gratidão dos Portugueses.

Só prometendo e cumprindo se pode mudar Portugal!

MARCELO REBELO DE SOUSA
Presidente da República

INTERVENÇÃO NO V CONGRESSO DA SEDES NO PORTO

ANTÓNIO COSTA

Primeiro-ministro

Começo por felicitar a SEDES por promover este ciclo de discussão sobre a economia portuguesa, e felicitar sobretudo pelos cinquenta anos continuados de contributo para o debate sobre as políticas públicas em Portugal.

É com muita satisfação que me junto a esta discussão sobre um tema verdadeiramente central para a vida de todos nós: Que modelo de crescimento devemos seguir e quais as políticas adequadas à sua concretização?

Não há, obviamente, uma resposta única para esta pergunta, mas é precisamente no confronto de ideias, no debate e na pluralidade de visões e de respostas que o país poderá encontrar em cada uma das fases da sua vida o melhor caminho a seguir. Os contributos da reflexão de instituições da sociedade civil como a SEDES são indispensáveis, por isso, para ajudar a construir um consenso nacional que ajude a dar forma às políticas públicas.

Mas para podermos adotar boas políticas, é preciso ter um bom diagnóstico. E há um ponto de partida que não poderemos ignorar, que tem que ver com a circunstância de, no princípio deste século, o país ter sofrido um triplo choque competitivo que teve muitas dificuldades em se ajustar. Refletir sobre a estratégia de desenvolvimento português implica, assim, ter em conta e perceber esses múltiplos choques com que a nossa economia se confrontou nas últimas décadas.

Em primeiro lugar, a adesão à moeda única impossibilitou o até então recorrente recurso à política cambial como fator de competitividade; cristalizou uma taxa de câmbio que muitos consideraram demasiado alta; e condicionou a capacidade de resposta da política monetária às dinâmicas específicas do nosso país. Em segundo lugar, a entrada das economias asiáticas, e da China em particular, na Organização Mundial do Comércio traduziu-se em perdas expressivas da nossa capacidade competitiva, num contexto de crescente globalização. E em terceiro lugar, o alargamento da União Europeia ao Centro e a Leste integrou no bloco europeu um conjunto de países com importantes vantagens comparativas em face do nosso país, nomeadamente no que respeita aos elevados níveis de qualificações. Convém recordar que, no final dos anos 1980, só 20% da população portuguesa tinha o ensino secundário e superior completos. À data da sua adesão, muitos destes países tinham uma taxa de 80%.

Estas foram alterações estruturais profundas que abalaram a economia portuguesa, alicerçada então em sectores não transacionáveis e de baixo valor acrescentado, e com défices estruturais muito significativos, particularmente quanto às qualificações da sua população ativa.

Felizmente, estamos hoje numa situação muito diferente. Depois de praticamente 15 anos em que o país alternou entre a estagnação e a regressão, pela primeira vez nas últimas duas décadas Portugal cresceu acima da União Europeia, em 2016, 2017, 2018 e 2019, e com taxas médias anuais de 3%, no período 2017–2019. Enfrentámos a crise pandémica com apoios robustos à economia e ao emprego, mantendo os custos de emissão de dívida pública em mínimos históricos e sustendo a taxa de desemprego, mesmo no pico da crise, pouco acima dos 8%. E chegamos a 2021 e a 2022 retomando a trajetória de convergência com a UE, com uma previsão de crescimento de 10,6% no conjunto dos dois anos.

Mas porque é do futuro que vos quero falar, permitam-me agora iniciar a minha proposta de resposta à pergunta formulada.

Começo com o seguinte exemplo: ontem, na Web Summit, pela primeira vez, uma *start-up* portuguesa venceu o prémio atribuído às *start-up*. Trata-se de uma empresa, a Smartex, nascida aqui no Porto no UPTEC, o Parque de Ciência e Tecnologia da Universidade do Porto. E trata-se de uma *start-up* que alia aqueles que são os conhecimentos das novas tecnologias àquela que é uma das indústrias mais tradicionais do nosso país, a indústria têxtil. Trata-se de incluir nos teares elementos de identificação ótica de defeitos nos tecidos para eliminar e reduzir o desperdício e o lixo têxteis, contribuindo assim para uma maior sustentabilidade e para a modernização de uma indústria tradicional. Quem diria, aqui há 20 anos, que a indústria têxtil resistiria não só aos desafios que a globalização lhe trouxe, como também seria capaz de se transformar e de inspirar a inovação através de uma *start-up* que aplica tecnologias modernas a uma das mais tradicionais produções do país.

Este exemplo ilustra bem quais são os três pilares fundamentais em que tem de assentar o nosso modelo de desenvolvimento: o primeiro são as qualificações e o emprego; o segundo é o investimento; e o terceiro pilar é a inovação. Esta tríade concentra, aliás, 44% do conjunto dos fundos comunitários de que o país vai dispor nos próximos sete anos, um conjunto de 17 mil milhões de euros.

Detenhamo-nos sobre cada um deles.

Em termos de qualificações, Portugal tem hoje, sem dúvida, a sua geração mais qualificada de sempre. Em meados de 2021, 45% dos jovens entre os 30 e os 34 anos completaram o ensino superior, muito acima dos 32% registados em 2015, e quatro vezes mais do que o valor na viragem do século. Temos ainda a terceira maior taxa de recém-graduados em Engenharia da União Europeia, apenas atrás da Alemanha e da Áustria.

Sabemos que este é o caminho da prosperidade e da convergência, e temos metas concretas para o assegurar. Estabelecemos como prioridade garantir 50% de graduados na faixa etária dos 30 aos 34 anos até 2030. Pretendemos aumentar em quase 40% os novos graduados em áreas STEAM (Ciências, Tecnologias, Engenharias, Artes e Matemática). E, em linha com os compromissos da Cimeira do Porto, iremos ainda asseverar, até 2030, que 60% dos adultos participam, a cada ano, em ações de aprendizagem ao longo da vida.

A aposta que fizemos no ensino e na formação profissional teve um impacto profundo no país. Temos hoje um ensino cada vez mais alinhado com as necessidades do nosso tecido produtivo, melhorando a empregabilidade dos trabalhadores e a competitividade das empresas, e com um contributo determinante para a resiliência social e territorial do país. Este ano letivo contamos com 916 cursos técnicos superiores profissionais em 134 localidades distintas, uma rede em contínua expansão que assegura maior acessibilidade ao ensino superior, mas também, e sobretudo, uma maior interligação entre as instituições de formação e o tecido produtivo de cada uma das regiões. E continuaremos também a reforçar e a modernizar a rede de centros tecnológicos especializados, beneficiando sessenta mil alunos por ano. Além disso, pretendemos abranger pelo menos 23 mil formandos em formações curtas de âmbito superior no sistema politécnico até 2026, instalando dez escolas de pós-graduação em colaboração com empresas.

São metas ambiciosas. Mas são metas a que devemos almejar se queremos garantir um futuro mais próspero.

Hoje, temos população empregada em máximos históricos, com mais de 4,8 milhões de pessoas empregadas.

Infelizmente, muitos empregos não acompanharam completamente o trajeto registado ao nível das qualificações, o que conduz à multiplicação de situações de pessoas sobrequalificadas para os empregos que ocupam, ou sub-remuneradas, gerando situações de frustração e de risco de fuga de cérebros.

Conseguimos já regressar, a partir de 2017, a saldos migratórios positivos, depois de seis anos negativos consecutivos, entre 2011 e 2016. Mas sabemos que é preciso fazer mais para fixar e reter talento e para assegurar a sustentabilidade demográfica do país. Por essa razão, dinamizámos, em sede de concertação social, a discussão sobre a Agenda do Trabalho Digno e de Valorização dos Jovens no Mercado de Trabalho, tendo encontrado um acolhimento dos parceiros sociais, em particular das confederações patronais, bem cientes do desafio coletivo que o país tem de enfrentar. E incluímos, no Orçamento do

Estado que apresentámos, um pacote muito robusto de valorização dos jovens e das famílias com filhos.

Por outro lado, tornar automático e alargar a cinco anos o programa IRS Jovem. Este programa era mais ambicioso no quadro do programa Regressar, que permite durante mais anos reduzir os impostos de todos aqueles que já tendo sido contribuintes no país pretendam regressar para prosseguir a sua atividade profissional. E, obviamente, estes apoios em matéria fiscal eram acompanhados de aumentos de transferências não monetárias de apoio às famílias, em particular as famílias com filhos, com a progressiva gratuitidade das creches. É também por isso que importa muito reforçar o segundo pilar: o investimento modernizador.

Registámos, no primeiro semestre de 2021, o mais elevado nível de investimento empresarial de sempre, o que terá sido ajudado pelo facto de a autonomia financeira das empresas se encontrar também em máximos históricos. O investimento público aumentou 14% em 2020, e cresceu mais de 29% no primeiro semestre de 2021.

Para estes resultados contribuiu o facto de o diferencial de taxa de juro enfrentada pelas nossas empresas em face de empresas da área do euro ser hoje seis vezes menor do que era na crise financeira e estar em mínimos históricos. E para que isso fosse possível foi fundamental a política de credibilização externa da nossa economia, essencial para a atração de investimento; a estabilização do sector financeiro; e o incentivo à capitalização das nossas empresas, nomeadamente pela via fiscal. Também aqui estamos determinados em prosseguir este caminho.

Pretendemos bater novamente, já em 2021, o recorde de investimento contratado pela AICEP, acima mesmo dos recordes de 2018 e 2019.

Queremos continuar a potenciar o investimento produtivo, nomeadamente por via de incentivos fiscais ao investimento. Por outro lado, estão criadas as condições para que o Banco de Fomento assuma um papel central no reforço do capital das nossas empresas, permitindo que cresçam e assim concretizem o seu potencial competitivo.

Naturalmente, não podemos deixar de sublinhar o forte apoio que as empresas poderão beneficiar dos fundos europeus, que aumenta 70%, para um total de 12 mil milhões de euros destinados ao apoio ao investimento empresarial. Por cada euro investido em empresas no PT2020, teremos agora 1,7 mil euros no PT2030 e PRR.

No nosso PRR dedicamos perto de 60% das verbas disponíveis às transições climática e digital, com investimentos que acelerarão o futuro e consolidarão a trajetória de convergência com a UE. E fazemo-lo de forma responsável, sem pôr em causa a sustentabilidade do nosso tecido produtivo, pelo contrário; por exemplo, estamos a assistir a uma tendência de subida de preços da energia. Esperamos que a maior parte dos analistas tenha razão e que este seja um pico temporário. Mas a aposta que fizemos nas renováveis permite que, neste momento, as tarifas para as famílias no mercado regulado se reduzam em 2022 em 3,4% face a dezembro de 2021, e que a tarifa de acesso às redes para as indústrias se reduza em 94%, o que implicaria uma redução do preço da eletricidade em 35%, se o preço de produção se mantivesse.

Ao mesmo tempo que incentivamos e promovemos o investimento, continuamos a cortar nos custos de contexto enfrentados pelas nossas empresas, com um pacote de reformas estruturais que as instituições europeias classificam de ambicioso e efetivamente capaz de responder aos bloqueios estruturais ainda existentes: das profissões reguladas ao licenciamento, da justiça ao acesso ao financiamento, com base numa administração pública moderna, ágil e digital.

Finalmente, a inovação. O salto qualitativo que o país registou neste domínio é um salto de gigante. O número de investigadores nas empresas encontra-se acima dos 19 mil, um aumento de 64% desde 2015. A despesa total em I&D atingiu em 2019 um máximo histórico (3 mil ME) e cresceu 43% desde 2015, sistematicamente acima do crescimento do PIB. Temos hoje mais de 35 laboratórios colaborativos, juntando empresas e sistemas científicos e tecnológicos. E no quadro do PT2020 contratámos sete mil projetos de investigação, de desenvolvimento tecnológico ou inovação, o que corresponde a mais de 10 mil milhões de euros de investimento de cariz inovador e tecnológico, e 62 mil postos de trabalho de futuro.

São resultados que derivam de uma aposta continuada na ciência feita em Portugal e na valorização da inovação como motor do crescimento. Sabemos bem que o conhecimento é o elemento central do crescimento e de mais e melhor emprego. Estamos determinados em elevar a despesa total de I&D para 3% do PIB até 2030. E queremos certificar-nos de que esse conhecimento se transforma em valor económico e social.

Foi por isso que lançámos, no âmbito do PRR, as Agendas Mobilizadoras para a Inovação Empresarial, um programa disruptivo e inovador que pretende apoiar consórcios entre empresas e sistemas de inovação que contribuam para a industrialização do país, para a exportação de produtos de elevado valor acrescentado, e para o aumento da incorporação nacional. Recebemos 146 candidaturas, para um total de mais de 14 mil milhões de euros de investimento, o que comprova bem que o país está preparado para a transformação estrutural que ambicionamos.

O mesmo é verdade na área da bioindústria. O aviso que lançámos para a dinamização da produção de produtos de alto valor acrescentado a partir de recursos biológicos em três sectores estratégicos para a economia portuguesa — o têxtil e vestuário, o calçado e a resina — mobilizou a apresentação de quatro consórcios (um têxtil e vestuário; um calçado; dois resina), envolvendo duzentas entidades (empresas, centros de investigação, universidades, laboratórios colaborativos, organizações não governamentais) e um total de 269 milhões de euros de investimento.

Continuaremos a trabalhar com as nossas empresas na sua valorização competitiva e na sua internacionalização. O peso das exportações no PIB era de apenas 28% na viragem do século, tendo subido para próximo dos 44% em 2019. Não queremos apenas exportar mais; queremos exportar produtos de maior valor acrescentado e cada vez mais competitivos. Temos hoje mais empresas exportadoras, para mais mercados, e com produto de maior complexidade.

As exportações de mercadorias com alta ou média-alta tecnologia pesam hoje mais de 43% das exportações de bens, registando um aumento de 11% nos últimos quatro anos. É neste contexto, com um quadro de políticas robustas e com provas dadas, que pretendemos atingir um volume de exportações equivalente a 53% do PIB em 2030, com enfoque no aumento da balança tecnológica.

Descrevi em traços largos a nossa estratégia de desenvolvimento para o país. Uma estratégia que só é possível num quadro de credibilidade externa e de confiança, com finanças públicas sólidas e saudáveis que nos permitem concretizar as políticas públicas de que o país precisa.

No ano de 2020, em contexto de elevada incerteza, o custo de emissão de dívida pública situou-se nos 0,5%, um mínimo histórico e que é cerca de um sexto do valor de 2016. Poupamos anualmente cerca de 3 mil milhões de euros em juros. O peso da dívida pública no PIB retomou já a sua trajetória descendente, por via da recuperação em marcha. E no contexto do espírito reformista materializado no PRR, colocámos a modernização da gestão financeira pública como uma das reformas centrais, com metas e marcos concretos para a sua concretização.

Permitam-me concluir.

A estratégia que propomos, e que aqui vos apresentei, encontra-se alicerçada no emprego de qualidade, nas qualificações, no investimento e na inovação. É uma estratégia com provas dadas, e que nos colocou, pela primeira vez desde a viragem do século, numa trajetória de convergência sustentada com a UE.

Queremos agora reforçar essa trajetória com um crescimento ainda mais robusto, verde e digital. Um crescimento de futuro, que afirma o potencial competitivo do nosso país e que não deixa ninguém para trás.

(Porto, 6 de novembro de 2021)

INTRODUÇÃO

«Isto não é paz, mas um armistício para 20 anos», vaticinou o marechal francês Ferdinand Foch, comandante das Forças Aliadas durante os últimos meses da Primeira Guerra Mundial, sobre o Tratado de Versalhes. Um prognóstico extraordinariamente certeiro, pois exatos 20 anos depois deflagraria na Europa outra guerra destruidora. O mesmo poderíamos hoje afirmar a respeito da dissolução da União Soviética em 1991: a paz e a globalização eram, afinal, uma trégua para 30 anos.

A madrugada de 24 de fevereiro representa, de facto, um ponto de inflexão na vida coletiva, como no seu tempo foram os desembarques da Normandia ou a derrocada das Torres Gémeas. Nestes nossos dias, o choque de civilizações que atufa as partituras da História trava-se na Ucrânia. De um lado, marcha a cupidez autocrática; do outro, ressoa a resistência da cidadania livre.

Logo às primeiras horas da invasão à Ucrânia, o sonho da paz perpétua, sustentada em trocas comerciais, voltou a ser um esboço kantiano. Nesse dia, o Velho Continente retornou às suas origens de conselho de guerra. A Europa que fizera vista grossa à tomada da Crimeia, que timidamente condenara a utilização de gás *sarin* na Síria, que se abstivera na crise da Ossétia do Sul, despertou de um sono profundo. Mas despertou reconciliada consigo mesma, porque nada une como uma intervenção externa. A nós, ocidentais, a aurora da guerra trouxe-nos uma convocatória. O som estridente das sirenes de Kiev mobilizou governos e sobressaltou opiniões públicas, numa mescla de solidariedade democrática e instinto de sobrevivência.

Naturalmente que a SEDES, como centro de pensamento mais antigo e prestigiado do país, jamais faltaria à chamada.

Neste primeiro livro apresentamos aos portugueses a nossa visão estratégica. Mantivemos os objetivos centrais anunciados no V Congresso da SEDES, que se encontram descritos em pormenor no início deste tomo.

Enfocamos um desígnio nacional: a ambição realista de duplicar o PIB nos próximos 20 anos, não para escalar espuriamente nos *rankings* das estatísticas europeias, mas para gerar melhores condições de vida aos portugueses num ambiente internacional complexo: de corrida às armas; de inflação; de subida de taxas de juro; de ressurgimentos nacionalistas; de desigualdades injustificadas; de automação do trabalho; de deslocação da prosperidade para o Pacífico; de choques frontais entre civilizações.

As propostas que damos a conhecer ao país não são receitas de mercearia nem acenos eleitorais. Antes são o resultado de longos meses de estudo criterioso sobre as principais áreas da governação, levado a cabo por grupos de trabalho que atraíram mais de uma centena de especialistas, de notável competência e espírito de serviço. A todos devo a minha mais profunda gratidão, e em particular ao professor Abel Mateus, que foi o incansável coordenador deste trabalho e que assina o artigo seguinte.

Neste primeiro dos três livros que publicaremos, partilhamos uma síntese dos textos produzidos por cada um dos Grupos de Trabalho. É um trabalho que partiu de uma avaliação comum sobre o estado do país, mas que respeitou, naturalmente, a liberdade individual de pensamento dos relatores, ou não fosse a pluralidade uma marca fundadora da SEDES. Nos próximos dois tomos publicaremos os textos na íntegra, juntamente com os contributos de outros núcleos da Associação.

Este autêntico exército de inteligência, que inclui vários elementos da diáspora, continuará ao serviço da Associação, embora noutro formato. Os Grupos de Trabalho vão passar a funcionar como Observatórios SEDES, e proporcionarão, no fundo, um novo espaço de diálogo político e de discussão técnica que irá oferecer recomendações seguramente valorosas e inovadoras para o desenvolvimento de Portugal, com particular ênfase nas áreas da descentralização, da digitalização da economia e da construção de uma democracia de proximidade.

Como sempre, não será um exercício realizado à porta fechada, nem circunscrito à capital. Pelo contrário: encontra-se aberto a todos aqueles que partilham da visão humanista da SEDES. Por outro lado, o trabalho dos Observatórios manterá naturalmente um contacto direto com as atividades dos doze Conselhos Distritais da SEDES, que brevemente cobrirão todo o território nacional. Haverá ainda uma ligação privilegiada com as Delegações Internacionais da SEDES, que numa primeira fase contamos abrir em São Paulo e em Luanda.

A SEDES continuará, assim, atenta aos problemas dos portugueses, de *todos* os portugueses — no litoral, no interior, nas regiões autónomas e na diáspora —, com a ambição de sempre: melhorar as suas condições de vida, tornar este nosso país mais próspero, mais inclusivo e menos desigual, de maneira sustentável e duradoura.

Resta-me agradecer, sentidamente, a todos os que participaram nos trabalhos que culminaram na publicação deste livro, em especial aos meus colegas do Conselho Coordenador, com quem tenho a honra de trabalhar, ao Conselho Consultivo, Grupos de Trabalho e à equipa do secretariado.

A todos os Associados, afirmar que é um privilégio e, sobretudo, uma responsabilidade imensa sermos herdeiros dos nossos fundadores e reiterar o compromisso de que tudo continuaremos a fazer para honrar o património da SEDES.

Álvaro Beleza
Presidente do Conselho Coordenador da SEDES

PLANIFICAÇÃO

Foi em outubro de 2020 que a SEDES lançou os trabalhos de preparação do V Congresso para comemorar o meio século da sua existência. Foram organizados 16 Grupos de Trabalho em torno de um conjunto de temáticas relativas ao desenvolvimento económico-social do país, integrado no seu contexto da União Europeia (UE) e do mundo. Foram cerca de duzentos colaboradores, compreendendo professores universitários, profissionais e políticos, que compuseram estes grupos, seguindo uma orientação geral de elaboração de um diagnóstico rápido do sector, o estudo do *benchmark* de Portugal no contexto da UE, da OCDE ou da NATO, e a elaboração de um conjunto de programas e medidas de políticas públicas para as próximas duas décadas. A perspetiva foi sempre a de propor objetivos e estudar programas de médio e longo prazo, acima da espuma e das discussões políticas e académicas de curto prazo.

Os relatórios dos Grupos de Trabalho foram apresentados no Congresso que se realizou entre o final de outubro e o início de dezembro de 2021, tendo sido convidados como comentadores um conjunto de personalidades nacionais e estrangeiras, líderes nos respetivos sectores. Esta obra reúne as sínteses destes relatórios dos Grupos de Trabalho. Posteriormente, os relatórios completos serão publicados em dois novos volumes, um sobre as questões económicas e outro sobre as questões sociopolíticas.

Esta obra divide-se em duas partes. A primeira é um ensaio de integração dos diferentes programas e políticas propostas, salientando as que mais contribuiriam para os objetivos definidos pelo conjunto dos grupos. A exequibilidade dos objetivos e as grandes medidas propostas foram submetidas a um teste de coerência macroeconómica. Não existindo modelos de equilíbrio geral dinâmicos suficientemente gerais para abarcar o conjunto de desafios e propostas económico-sociais a que nos propomos, é evidente que existe algum grau de subjetividade nestes trabalhos. A definição de um pacote de políticas de desenvolvimento tem tanto de ciência como de experiência, e é esta experiência alargada e profunda dos membros destes grupos que nos dá a confiança necessária neste trabalho tão importante para o futuro de Portugal.

Depois da definição dos principais desafios e objetivos para Portugal nas próximas duas décadas, abordamos mais em pormenor dez áreas para a definição de políticas de desenvolvimento. A primeira área, e que, de certa forma, é a mais importante para a satisfação das necessidades económicas e sociais do país, é o crescimento económico. A grande conclusão é que não podemos continuar com as políticas atuais: o *business as usual* levar-nos-ia a uma posição na cauda da UE já nos finais desta década — conforme o Anexo II mostra —, que apresenta os cenários mais prováveis para os próximos 20 anos. Temos de ser mais ambiciosos. O objetivo é atingir a média do PIB *per capita* da União Europeia até 2036 e acelerar a taxa de crescimento, de forma a duplicar o PIB em cada 20 anos. Para se poder levar a economia de uma trajetória de quase estagnação para uma taxa de crescimento média anual próxima dos 3,5% ao ano, é essencial um período de transição, em que teremos que fazer alguns sacrifícios e adotar políticas de rutura que só fruirão totalmente no médio e longo prazo.

Podemos agrupar estas medidas de políticas em oito subáreas. Duas medidas centrais são um choque fiscal para reduzir a pressão fiscal sobre as empresas e as famílias, e uma redução do peso das despesas públicas correntes não primárias sobre o PIB. Esta redução deve dar prioridade ao aumento da eficiência na despesa do Estado, em vez de cortes cegos ao orçamento, concretizando a chamada «reforma do Estado», tantas vezes anunciada, por vezes estudada, mas nunca levada a cabo de forma suficiente. Só assim se podem compatibilizar estas medidas com a redução da dívida pública, que é também imprescindível para a sustentabilidade do crescimento económico.

Para se poder aumentar a poupança e o investimento privados, bem como o progresso técnico, é necessário definir um conjunto de incentivos, políticas de apoio à I&D, desenvolver a inovação e o empreendedorismo. No sector público, urge definir uma nova priorização de investimentos e despesas de manutenção no sector público. Na parte externa, revigorar a atração de Investimento Direto Estrangeiro que pode desempenhar um importante papel na transferência de tecnologias para o país.

Uma das medidas mais repetidas no passado refere-se à redução dos custos de contexto. Porém, nada foi feito de significativo. Mas a repetição da proposta não significa que ela se tenha desatualizado, nem a sua não-efetivação diminui a sua importância. É essencial reduzir os custos dos *inputs* cruciais e generalizados para as empresas, pois reduzem a competitividade das empresas a operar em Portugal. Referimo-nos aos custos da energia e dos transportes e logística. Também é fundamental proceder a uma ampla reforma regulatória e de redução da burocracia (*red tape*), de diminuição dos custos de fricção do crédito e de melhoria na seleção de projetos pelo sector bancário.

A secção seguinte refere-se à modernização e à necessidade de acompanhar o progresso técnico, através da digitalização e automação das indústrias e dos serviços, Internet das Coisas, impressão a 3D e a inteligência artificial. Segue-se a proposta de melhoria das infraestruturas de ligação à Europa, especialmente a ferrovia em bitola europeia. E, por último, urge mitigar os efeitos do envelhecimento e preservar a sustentabilidade financeira do país no longo prazo.

A segunda área propõe equilibrar as contas públicas e externas do país, para reduzir o nível de dívida pública para 90% do PIB até 2033, e continuar a prosseguir o objetivo de atingir a meta do Pacto Fiscal dos 60% até 2045.

Seguem-se quatro áreas do domínio sociopolítico: *(i)* colocar Portugal entre os 15 melhores países em termos de formação de capital humano ao nível da OCDE; atingir uma taxa de 60% no ensino profissionalizante, em consonância com o mercado de trabalho no secundário e superior, e pelo menos 65% de formandos em Ciências, Tecnologia e Gestão no superior, até 2035; *(ii)* empreender as reformas do sistema político, em particular do sistema eleitoral; a reforma dos partidos; e maior abertura e transparência na governação, de forma a aumentar a participação eleitoral em 20 p.p. até 2030; *(iii)* reformar o sistema de justiça, com vista a colocar Portugal entre os dez melhores países no *scoreboard* da Justiça da União Europeia; e *(iv)* reformar o sistema de saúde, de forma a eliminar as filas de espera; melhorar o acesso ao sistema de saúde a todos os portugueses; aumentar a eficiência e modernizar o sistema. Finalmente, urge reformar e modernizar o sistema de defesa e segurança nacional, para que desempenhe as funções fundamentais de soberania e prossiga os acordos internacionais de Portugal, nomeadamente o nosso papel na NATO, tarefa que a guerra da Rússia contra a Ucrânia e as ameaças de Putin à Europa tornam inadiáveis.

Ao nível da política externa é determinante contribuir para a construção e o aprofundamento da integração dentro da União Europeia, de forma que esta se transforme num bloco economicamente mais dinâmico, defensora do Estado de Direito e do *acquis communutaire*, para a paz e o progresso mundial. A diáspora portuguesa já corresponde a cerca de um terço da população em território nacional, e existem cientistas e profissionais da melhor excelência ao nível mundial, pelo que se preconiza aprofundar os laços com a diáspora portuguesa para benefício dos emigrantes e para aprofundamento da sua contribuição para o desenvolvimento do país. Por fim, é importante reformar e aprofundar a Comunidade dos Países de Língua Portuguesa, que hoje são uma importante força geopolítica ao nível mundial.

A segunda parte do livro apresenta as sínteses dos 16 Grupos de Trabalho, referentes aos principais temas de políticas públicas. A primeira refere-se à necessidade de uma reapreciação da Geopolítica e Soberania da UE. Esta análise constrói-se com base nos cenários geopolíticos estudados no Anexo I. Em seguida, avalia-se a questão da autonomia estratégica *versus* a relação entre a UE e a NATO, concluindo-se que nas próximas décadas, e face ao fraco investimento em defesa por parte dos países-membros, a UE não pode prescindir do escudo protetor da NATO. O relatório procura tirar as principais conclusões para orientação da política externa de Portugal, numa perspetiva euro-atlântica. O segundo tema analisa os problemas e desafios que se colocam à União Europeia, e o papel que Portugal deve desempenhar no reforço da construção da União, desde as políticas macroeconómicas ao Estado de Direito.

No cerne da questão da falta de ambição da classe política e da necessidade de criar um Portugal mais dinâmico, está a necessidade de reformar o sistema político e eleitoral. De facto, as decisões de políticas públicas são tomadas pelos governos, e estes atuam de acordo com um conjunto de ideias sobre o funcionamento da economia e sociedade, e tendo como objetivo manterem-se no poder. Os partidos políticos não atuam no vácuo, mas seguindo um conjunto de ideologias e princípios, tendo como finalidade conquistar o poder. O funcionamento normal de um regime democrático deverá conduzir à realização do máximo bem-estar, de uma forma justa e equilibrada entre gerações. Neste capítulo fazem-se um conjunto de propostas para melhorar o funcionamento do sistema partidário, reequilibrar o poder entre os diferentes órgãos de soberania, tornar os *media* mais diversificados e abertos às diferentes vozes dos grupos de cidadãos. Uma proposta-chave nesta área é a reforma do sistema eleitoral, introduzindo um sistema de círculos uninominais, que aproxime os cidadãos dos seus representantes no Parlamento e acabando com os diretórios partidários.

O terceiro tema propõe uma nova estratégia de desenvolvimento económico, abordando o conjunto das políticas públicas, numa visão de evolução no médio e longo prazo. De facto, dada a capacidade limitada dos governos, é necessário hierarquizar e definir as prioridades numa ótica de desenvolvimento, que envolve não só o crescimento económico, como também uma maior equidade entre os grupos de rendimento atuais e uma equidade intertemporal.

O quarto tema engloba um conjunto de propostas para reformar o Estado, melhorando a sua governança, e promover a eficiência da despesa pública, numa ótica de alocação sectorial e de melhoria da produtividade de cada sector, desde a administração pública à saúde e à educação. Um dos sectores que exige maior atenção, devido à necessidade de assegurar a sua sustentabilidade financeira, com uma relação razoável entre salário e pensão, é a reforma do sistema de pensões. Outra questão fulcral para as finanças públicas é o problema da dívida pública, dado que o país se encontra entre os mais endividados da UE, e para assegurar o acesso ao sistema financeiro privado internacional tem de conter o risco para os investidores. A séria crise bancária que ocorreu no país entre 2009 e até recentemente demanda um conjunto de reformas ao nível da supervisão e governação da banca.

Os quatro tópicos seguintes referem-se aos sectores fundamentais para o desenvolvimento tecnológico e económico. A proposta de um programa de industrialização baseado no conceito de Indústria 4.0 constitui o quinto tema, atribuindo particular importância às novas tecnologias digitais e de automação, entre outras. Esta reindustrialização deverá ter em conta as novas realidades geoestratégicas e o processo de *reshoring* e *near-shoring* em curso, ao nível mundial e europeu.

O sexto tema, por sua vez, propõe uma nova política energética e ambiental, que pretende equilibrar a eficiência económica, plasmada numa minimização dos custos, com as exigências climáticas que afetam o planeta. Em particular, dá-se uma grande relevância à economia circular, que minimiza a utilização de recursos.

Em sétimo, refere-se a revigoração do Sistema Nacional de Inovação, central no processo de transferência de conhecimentos entre as universidades, laboratórios e empresas. Muito se tem debatido sobre estas questões, mas, mais uma vez, falta não só uma definição clara de prioridades e de um programa baseado nas melhores práticas internacionais, mas também, sobretudo, falta passar do papel para a prática, deixando-nos de cosméticas estatísticas ou de análises falaciosas.

O oitavo tópico aborda três sectores que, embora tenham um peso mais reduzido no PIB, não deixam de ser fundamentais para o desenvolvimento da nossa economia: a Agricultura, as Florestas e o Mar. Na agricultura interpretam-se algumas questões de política agrícola viradas para a melhoria da sua eficiência, na busca de um justo equilíbrio com os objetivos climáticos e ambientais. As florestas constituem um importante recurso para as populações do interior e, além do papel importante que já desempenham como *input* na indústria, a utilização da biomassa poderá não só reduzir o rico de incêndios como contribuir igualmente para as energias renováveis e para um maior rendimento das populações no interior. O mar é também um recurso natural que tem um potencial ainda não totalmente explorado entre nós e que executa um importante papel geoestratégico.

Os quatro temas seguintes referem-se aos sectores sociais das políticas públicas.

O nono tema foca-se na reforma da educação pré-escolar, básica e profissional, que é o pilar em que assenta o desenvolvimento do capital humano do país. Aqui, abordam-se as políticas de alargamento e da melhoria do pré-escolar como meio para promover a igualdade social, para dar maior autonomia às escolas e para criar um ensino mais flexível e que responda às necessidades de qualificar os nossos jovens. Além disso, aborda a reforma do ensino superior, promovendo mais autonomia, mas com maior responsabilização, estabelecendo maior cooperação com as empresas, incorporando as novas tecnologias digitais e dando melhores condições à investigação.

A reforma do Sistema Nacional de Saúde, solidariedade e apoio social é o décimo tema abordado. Depois de uma análise dos problemas do SNS, propõe-se um conjunto de medidas para facilitar o acesso das populações aos serviços de saúde, a racionalização dos serviços e a melhoria da gestão de recursos humanos. Tanto na educação como na saúde, a perspetiva da SEDES é que os recursos do país são escassos e têm de promover a cooperação e a harmonização entre todos os sectores institucionais: público, privado e social, numa ótica pragmática e não ideológica, como na maioria dos países desenvolvidos.

Outra posição importante assumida pela SEDES é a da integração dos serviços de saúde com os departamentos de solidariedade e apoio social do Estado, numa perspetiva holística e de prevenção e tratamento da saúde dos cidadãos. Este ponto de vista é tanto mais importante quanto o processo de envelhecimento da população.

Uma das afirmações correntes entre os juristas é que o 25 de Abril ainda não chegou à Justiça, o que quer dizer que, em muitos aspetos, o sistema de justiça do Estado Novo persiste e que é necessária uma profunda reforma do sistema. O décimo primeiro tema versa, pois, um vasto conjunto de reformas do sector, para tornar a justiça mais célere e justa. Têm sido muitas as propostas feitas no passado, mas nunca levadas à prática de uma forma abrangente e sistémica, por isso o capítulo faz também uma análise dos bloqueios a que as reformas têm estado sujeitas.

A regulação é fundamental para suprir as falhas de mercado numa economia capitalista. O tópico décimo quarto aborda algumas das questões mais prementes do sistema regulatório, desde a concorrência até à supervisão financeira, cujas falhas são reconhecidas como tendo contribuído para a crise global e, em particular, a crise bancária em Portugal.

Os jovens são o nosso futuro, e por isso a SEDES deu-lhes voz própria num grupo de trabalho sobre o equilíbrio intergeracional e a sustentabilidade, em que se abordam preocupações específicas desta geração e as sugestões para as resolver, desde a dívida pública à questão do desemprego juvenil.

Finalmente, abordam-se no capítulo XVI a problemática das Comunidades Portuguesas e a necessidade de revigorar a Comunidade dos Países de Língua Portuguesa, ativo importante à escala mundial e na nova geopolítica, que necessita de ser aprofundado para que todos os países pertencentes possam realizar o seu extraordinário potencial.

ABEL MATEUS

Presidente do Conselho Consultivo da SEDES

CRESCER MAIS E MELHOR

Portugal integrou a União Europeia (UE) em 1 de janeiro de 1986. Os efeitos positivos da adesão notaram-se de forma significativa nos anos seguintes, marcados por um período de dinamismo e crescimento económico, sobretudo entre 1987 e 1990, com taxas de crescimento a oscilarem entre os 7,63% e os 7,86%.

Mesmo apesar da crise que perdurou entre 1992 e 1994, e de algum arrefecimento no crescimento económico nos anos seguintes, Portugal conseguiu fazer um percurso de convergência europeia até ao ano 2000 e de entrada no Euro.

Quando a maioria dos países da Europa de Leste aderiu à UE, em 2004, a economia portuguesa comparava favoravelmente com essas economias na maior parte dos indicadores de desenvolvimento económico e social e, em particular, no que dizia respeito ao Produto Interno Bruto (PIB) *per capita*, embora os sinais de fraco crescimento fossem evidentes desde 2001.

Considerado por muitos um fenómeno passageiro, a verdade é que Portugal, apesar do enorme crescimento de capital humano e físico, não cresceu o suficiente até 2020 para que pudesse continuar no «pelotão» da frente. Volvidos 36 anos após a entrada na UE, hoje com 27 Estados-membros, Portugal é a sétima economia mais pobre e corre o risco de ser ultrapassado pela Roménia e pela Bulgária, cujas adesões ocorreram em 2007.

O balanço das políticas económicas implementadas nas duas últimas décadas não é animador. A crise económica iniciada em 2007 representou, é certo, um sério revés para a economia nacional — que registou crescimentos quase sempre negativos, ou perto disso, entre 2008 e 2014 —, mas o contexto de adversidade foi global e condicionou a maioria dos países comparáveis.

Talvez mais preocupante do que a análise fria dos indicadores é a ausência prolongada de uma orientação estratégica para o país, um caminho, um rumo, uma visão que transforme o crescimento económico numa ambição transversal a toda a sociedade, para que consigamos também dar passos mais relevantes no domínio do desenvolvimento social.

Portugal precisa de crescer mais do que tem crescido para regressar ao grupo das economias com maior criação de riqueza e maior desenvolvimento económico e social da UE.

O desafio é enorme, mas deve ser considerado um desígnio nacional, sob pena de, ao invés de convergir, continuarmos a alargar a distância que nos separa da maior parte dos nossos congéneres europeus.

O contexto que se vive no momento em que é pensado este texto é de grande incerteza e indefinição, em resultado de duas situações de grande magnitude, cujos efeitos ainda não podem ser medidos, ou mesmo estimados, com o rigor necessário.

Em primeiro lugar, uma pandemia à escala planetária, que marcou as nossas vidas e a atividade económica nos últimos 2 anos — em 2020, a economia portuguesa teve um crescimento negativo de –8,4%, o pior registo desde 1928. Em segundo lugar, a invasão militar russa na Ucrânia, que trouxe de volta à Europa a dura realidade da guerra e provocou uma grande crise de refugiados, uma alteração profunda do paradigma geopolítico, um significativo aumento do preço de muitas matérias-primas e ainda mais impactos nas cadeias logísticas.

Consequentemente, tornou-se evidente uma tendência de subida da inflação, que pôs fim a uma década de dinheiro barato com a revisão em alta das taxas de juro por parte dos bancos centrais. Não é ainda possível perceber o seu impacto no poder de compra dos portugueses e na capacidade de investimento das empresas e do Estado.

Torna-se, deste modo, mais difícil pensar e escrever sobre as perspetivas económicas futuras, muito embora seja previsível continuarmos a assistir a disrupções no comércio, à queda dos níveis de confiança dos consumidores e à redução do investimento e do consumo, o que coloca em risco a recuperação económica que se vinha desenhando.

Ainda assim, a avaliar pelas previsões de primavera da Comissão Europeia (CE), Portugal pode chegar ao final do ano com o maior crescimento da UE e da zona Euro, atingindo uma taxa de 5,8%, que compara com 2,7% na zona Euro, ficando, assim, à frente da Irlanda (5,4%), Malta (4,2%) e Espanha (4%). Relativamente à inflação, estima-se para Portugal uma taxa de 4,4% em 2022, a mais baixa da UE e da zona Euro.

Caso o país consiga aproveitar a sua reduzida exposição ao conflito militar na Ucrânia, a sua posição energética privilegiada face à maioria dos congéneres europeus e a recuperação do turismo, a que acresce a existência de um governo suportado por uma maioria absoluta parlamentar, podem ficar reunidas as condições para um desempenho económico positivo. Um desempenho que conduza à convergência com a UE muito além de 2022, sendo certo que para isso acontecer serão necessários muitos anos de crescimento acima da média europeia.

As perspetivas podem ser animadoras, mas é preciso ter em consideração que estes crescimentos traduzem a recuperação face à grande queda ocorrida no contexto de pandemia (a 3.ª mais vincada da UE). Temos de trabalhar para que este ritmo de crescimento do PIB português não seja de curta duração e não permitamos o regresso à tendência de estagnação que marcou a evolução da economia nacional nas últimas duas décadas.

É urgente dar prioridade à criação de riqueza, ao crescimento e à competitividade da economia portuguesa numa perspetiva de médio e longo prazo, o que só será possível com ambição e trabalho de todos, com reformas estruturais profundas e com a redução dos custos de contexto.

É, assim, extraordinariamente importante que sejam bem aplicados, quer do ponto de vista da taxa de execução quer do valor acrescentado na atividade económica, os apoios de 16,6 mil milhões de euros previstos no Plano de Recuperação e Resiliência (PRR), sob pena de perdermos uma oportunidade histórica para reformar o Estado e reduzir os custos de contexto e assim acelerar o crescimento económico, a competitividade e o desenvolvimento social. Neste sentido, é crítico assegurar a transparência e o escrutínio público dos procedimentos e decisões relativas ao PRR.

Mas esta é também uma oportunidade para acelerar a desburocratização e a transição digital de processos administrativos em várias áreas da atividade económica, sem colocar em causa o interesse público, assim como a transição climática.

Ao nível das políticas financeira e económica, é muito relevante garantir o equilíbrio das contas públicas, a redução da dívida pública, o aumento da produtividade e competitividade das empresas, e a promoção de uma fiscalidade capaz de atrair e reter talento e investimentos em larga escala e de promover o crescimento e o sucesso.

Temos de ambicionar um país mais próspero e mais competitivo, que seja capaz de valorizar e qualificar os portugueses, atrair e reter os melhores talentos, apoiar a iniciativa privada e criar condições para as empresas criarem riqueza, terem sucesso e poderem ganhar escala, em Portugal e em novos mercados e geografias. Temos de ambicionar um país em que o Estado seja um facilitador da atividade económica e que exerça também o seu papel de regulador, de garante da igualdade de oportunidades, da justiça e do bem-estar económico e social.

As reflexões e os contributos feitos pela SEDES são um importante ponto de partida para o que Portugal precisa agora de fazer. Tão importante como Portugal crescer mais do que tem sucedido nas últimas duas décadas é fazê-lo de forma adequada, eficaz e sustentável, ou seja, crescer mais e melhor. Este deverá ser um compromisso assumido por todos os portugueses.

Vasco de Mello
Presidente da Associação Business Roundtable Portugal

I.

SÍNTESE DOS OBJETIVOS E PROGRAMAS

ABEL MATEUS

Na passagem de meio século de existência da SEDES, os seus associados vêm apresentar ao país um Programa de Desenvolvimento Económico e Social, segundo a matriz que sempre a caracterizou, de uma democracia vibrante e de qualidade e de uma economia de mercado competitiva ao nível global. Este é um programa ambicioso para as duas próximas décadas, que levará as nossas famílias a ter um nível de bem-estar ao nível da União Europeia, as nossas empresas a aumentar o seu nível tecnológico e a criarem empregos de elevada qualidade, o que permitirá aos nossos cidadãos participar e viver numa democracia mais dinâmica e participativa, e viver numa sociedade mais equitativa, de oportunidades abertas a todos, e mais justa.

Recusamos a inércia institucional e as políticas de empobrecimento sustentado, sem ambição e caracterizadas pelo fatalismo, que nos levaram a praticamente três décadas de quase estagnação da economia, a descer os *rankings* da competitividade, e a cair numa democracia com graves problemas.

Acreditamos que, para alterar este estado da nação, é essencial aplicar reformas profundas e corajosas, que é necessário fazer sacrifícios temporários, mas que valham a pena, para beneficiar as gerações futuras dos nossos filhos e netos.

Para se implementarem estas reformas temos de ter governos competentes, um Estado eficiente que procure a utilização mais eficaz dos nossos recursos humanos e físicos, e empresas bem governadas e em busca constante de maior produtividade e riqueza para o nosso país.

Acreditamos que Portugal pode voltar a desempenhar um papel fundamental na União Europeia, no mundo lusófono e no mundo global, com a sua experiência milenar e riqueza de talentos e experiências históricas. Em resumo, as propostas aqui apresentadas são as seguintes.

OBJETIVOS DO PROGRAMA

(1) Aumentar o rendimento dos portugueses e ultrapassar a média da União Europeia até 2040; reindustrializar o país e tornar Portugal numa das regiões mais competitivas e atrativas no contexto europeu, dinâmica, inovadora e baseada no talento da nossa população;

(2) Regenerar a democracia, para que seja mais representativa, aberta e solidária, elegendo governos preocupados em elevar o nível de vida dos cidadãos, um Estado mais ágil e aberto às necessidades dos cidadãos, e criar uma sociedade mais ambiciosa;

(3) Tornar a sociedade mais justa, reduzir a pobreza e mitigar os efeitos do envelhecimento; promover a mobilidade social e uma sociedade com maiores níveis de educação e de saúde, com maior equidade intergeracional, e baseada na exploração equilibrada dos recursos naturais e economia verde circular.

E O QUE PROPOMOS PARA ATINGIR ESTES OBJETIVOS?

- Um choque fiscal, reduzindo impostos, para incentivar o investimento produtivo e a inovação, acompanhado da reforma do Estado para o tornar mais avançado, ativo e próximo dos cidadãos, e amigável da economia e do crescimento económico;
- Priorizar a educação, para colmatar o défice de capital humano, causador do nosso atraso há mais de dois séculos;

- Reforma do sistema eleitoral e dos partidos políticos para melhorar a qualidade da democracia;
- Reforma profunda da justiça, do sistema educacional e do sistema de saúde para melhorar a sua eficiência e garantir acesso mais equitativo aos cidadãos;
- Uma nova política económica, baseada na reindustrialização; incentivos à poupança e ao investimento; apoios à inovação e incentivar a colaboração das universidades, politécnicos e centros de investigação com as nossas empresas, para elevar o nível tecnológico e a sua competitividade.

DESAFIOS A PORTUGAL NAS PRÓXIMAS DUAS DÉCADAS

São grandes os desafios que enfrentamos nesta primeira metade do século XXI, depois de uma grave crise financeira global, de um segundo resgate, e de uma pandemia global que paralisou muitos países e mostrou a vulnerabilidade da nossa existência. Os problemas que hoje enfrentamos da transição digital ou climática não são isolados, inserem-se na necessidade secular de um progresso tecnológico que eleve o nível de vida das pessoas e seja sustentável — que leve à equidade intergeracional.

O primeiro desafio é o da deterioração da qualidade da democracia, e de evitar os extremismos e a inércia institucional, condenando-nos a uma decadência medíocre. Os cidadãos anseiam por uma democracia vibrante e participativa, com governos competentes que defendam o bem-comum e evitem a subjugação ao clientelismo partidário, a interesses económicos ou políticos especiais, ou a simples perpetuação no poder pelo poder.

O segundo é o desafio do desenvolvimento económico. Passado meio século, ainda está no topo da agenda da SEDES, como estava quando foi fundada em 1971. Um desenvolvimento equilibrado e equitativo, que leve à irradicação da pobreza, que ainda aflige cerca de 20% da nossa população. Portugal está a divergir da União Europeia, em termos de rendimento *per capita*, desde finais dos anos 1990, o que não pode continuar nem ser aceite fatalissimamente pelos cidadãos. A quase totalidade da nossa população tem rendimentos líquidos que estão abaixo da mediana dos países mais ricos da União. Não podemos aceitar que os governos não tomem a bandeira do desenvolvimento como o grande desígnio do país, quando este caminha rapidamente para a cauda da União Europeia.

O terceiro desafio é a criação de uma sociedade mais justa, em que a justiça seja um bem partilhado por todos, e seja célere e transparente. Uma sociedade em que os cidadãos se sintam livres e empenhados na construção diária da pólis.

Em quarto, por fim, necessitamos de uma sociedade e economia mais equitativas e inclusivas, em que os jovens tenham oportunidades de ter um emprego de qualidade, sem necessidade de emigrar; que as nossas crianças tenham as mesmas oportunidades na obtenção de uma educação que lhes dê os instrumentos para participar numa economia e sociedade modernas; e que nos permita enfrentar e inverter a perspetiva futura de envelhecimento das populações.

Teremos de enfrentar estes desafios num contexto internacional cada vez mais complexo e desafiante. A maior concorrência internacional, devida à globalização e *offshoring* da nossa indústria, não suscitou nem ao nível europeu nem nos nossos governos as necessárias políticas de mitigação. E agora que já estamos numa época de quebra na globalização, enfrentamo-nos perante um aumento do custo de vida dos consumidores e um desafio no aumento da produtividade. E, apesar da queda do muro de Berlim já ter ocorrido há quatro décadas, as ameaças geopolíticas de potências internacionais como a China e a Rússia em relação à nossa civilização parecem assumir cada vez maior dimensão. É por isso que não podemos descurar a nossa soberania, defesa e políticas internacionais que defendam os interesses de Portugal.

METAS AMBICIOSAS PARA UM PROGRAMA DE DESENVOLVIMENTO ECONÓMICO E SOCIAL PARA 2020–2040

Para responder aos desafios com que nos confrontamos, a SEDES propõe um conjunto de metas para as próximas duas décadas para os governos que irão usar o poder em Portugal, alinhadas com a gravidade dos problemas e em consonância com a ambição dos cidadãos:

(1) Atingir a média do PIB *per capita* da União Europeia até 2036, e acelerar a taxa de crescimento, de forma a duplicar o PIB em cada 20 anos;

(2) Equilibrar as contas públicas e externas do país, para reduzir o nível de dívida para 90% do PIB até 2033, e continuar a prosseguir o objetivo de atingir a meta do Pacto Fiscal dos 60% até 2045;

(3) Colocar Portugal entre os 15 melhores países em termos de capital humano ao nível mundial, e atingir uma taxa de 60% no ensino profissional, em consonância com o mercado de trabalho, e pelo menos 65% de formandos em Ciências, Tecnologia e Gestão até 2030;

(4) Reduzir a taxa de pobreza do país, depois de impostos e transferências, de 20% para 8% até 2040;

(5) Empreender políticas económicas e demográficas, de forma a reduzir a taxa de decréscimo da população em 30%, e a taxa de dependência da população em 50%, nomeadamente através de políticas de incentivo à natalidade;

(6) Empreender as reformas do sistema político, em particular do sistema eleitoral; reforma dos partidos, criação de uma câmara alta e com maior abertura e transparência na governação, para aumentar a participação eleitoral em 20 p.p. até 2030;

(7) Reformar o sistema de justiça de modo a colocar Portugal entre os dez melhores países no *scoreboard* da justiça da União Europeia;

(8) Reformar e modernizar o sistema de defesa e de segurança nacional, para que desempenhe as funções fundamentais e prossiga os acordos internacionais de Portugal, nomeadamente o nosso papel na NATO;

(9) Contribuir para a construção e aprofundamento da integração dentro da União Europeia, de forma que esta se transforme num bloco economicamente mais dinâmico, defensora do Estado de Direito e do *acquis communutaire*, para a paz e o progresso mundial;

(10) Aprofundar os laços com a diáspora portuguesa para benefício dos emigrantes e para o aprofundamento da sua contribuição para o desenvolvimento do país. Reformar e aprofundar a Comunidade dos Países de Língua Portuguesa.

II.

POLÍTICAS E MEDIDAS CENTRAIS PARA O PROGRAMA DE DESENVOLVIMENTO

ABEL MATEUS

Para atingir aqueles objetivos e metas, a SEDES apresenta em volume separado 12 programas de desenvolvimento macro e sectorial, nos domínios económico, político e social, dos quais fazem parte programas específicos de reforma, baseados na evidência empírica estatística e em estudos de casos e das melhores práticas internacionais.

Destes programas ricos e integrados, destacamos as seguintes medidas que reportamos fundamentais para o país:

(1) Reformar a capacidade do Estado na formulação e implementação de políticas públicas e de desenvolvimento;
(2) Choque fiscal, para a atração de IDE, e melhoria da competitividade das nossas empresas;
(3) Reforma do sistema eleitoral;
(4) Reforma da administração pública;
(5) Alargamento da escolaridade obrigatória aos 4 ou 5 anos de idade;
(6) Criação de um novo sistema de investigação e desenvolvimento e inovação;
(7) Políticas de reforço de I&D das grandes empresas;
(8) Criação de novos centros tecnológicos, reforço dos existentes, e criação de dois grandes parques tecnológicos;
(9) Internacionalização das universidades portuguesas e melhoria do seu ensino e reforço das relações com as empresas;
(10) Reforma do sistema de ensino profissional;

(11) Reforma das políticas em relação aos doutorados;
(12) Integração dos tribunais administrativos e fiscais no sistema judicial comum;
(13) Integração dos conselhos judiciais;
(14) Maior autonomia do sistema judicial em relação ao poder político;
(15) Redução do poder executivo;
(16) Introdução de um sistema de avaliação ao desenvolvimento na saúde e na educação, com flexibilização do sistema remuneratório, e maior autonomia financeira, liberdade de escolha e acompanhamento do financiamento e do utente;
(17) Construção de uma rede ferroviária em bitola europeia que permita a ligação rápida à Europa;
(18) Reforma da política energética, de forma a reduzir os custos da eletricidade e o alinhamento das metas e políticas energéticas com os objetivos da UE, mas compatíveis com o nível de vida e a competitividade do país;
(19) Prioridade às políticas ambientais de mitigação dos riscos dos fogos florestais e que melhorem a qualidade das vidas locais.

Neste capítulo vamos apresentar o fundamento dos objetivos do nosso programa, as principais políticas que poderão contribuir para os alcançar, e algumas das medidas que consideramos importantes dentro dessas políticas.

Desde já advertimos que não está ainda disponível nenhuma ciência ou técnica que nos permita desenhar, com rigor, um programa económico e social a médio, e sobretudo a longo prazo, para uma trajetória específica de crescimento. Existem alguns modelos económicos que nos permitem testar a coerência de algumas variáveis, nomeadamente através de modelos de equilíbrio geral dinâmicos, mas a ligação entre as medidas e o crescimento da produtividade total dos fatores, que é essencial para o estudo do crescimento económico a longo prazo, é ainda bastante incipiente, apesar dos desenvolvimentos das teorias do crescimento endógeno.

Os modelos utilizados pelas instituições internacionais para fazer projeções a longo prazo utilizam modelos simples, baseados no modelo de Solow, com uma função de produção e um mecanismo de acumulação dos fatores produtivos com progresso técnico, também designado por produtividade total dos fatores. Como uma grande parte do crescimento das economias desenvolvidas depende exatamente do progresso técnico, é na modelação deste em que assenta maioritariamente o grau de fiabilidade das projeções. Vamos utilizar neste trabalho os modelos da OCDE, que usam precisamente esta metodologia para a definição de cenários a 10 e 20 anos das economias mundiais, dos grandes blocos económicos e da economia portuguesa.

Outra observação relevante é que desde os anos 1990 que os economistas passaram a realizar a importância da economia política:[1] porque o crescimento económico depende fundamentalmente das políticas económicas prosseguidas, e a sua formulação depende da estrutura do poder político-económico e da forma como este se plasma na escolha e implementação daquelas políticas económicas. Por isso, o programa aqui proposto não se limita só à área económica, mas abarca também as áreas sociais e o sistema político.

Da mesma forma, as instituições são imprescindíveis para o enquadramento, controlo e exercício da atividade económica. Não é possível sustentar o crescimento económico se não houver progresso constante no aperfeiçoamento e no desenvolvimento das instituições.[2] É também essencial referir que, mais do que políticas concretas, importa criar a capacidade para o Estado formular estas políticas, como fundamentam Pritchet e os colaboradores.[3] Não é possível formular políticas para Portugal sem tomar em conta o contexto internacional político-social, assim como a evolução tecnológica e

---

[1] Importantes expoentes nesta matéria são Tom Besley, Daron Acemoglu, Simon Jonhson e James Robinson.

[2] Destacam-se, entre outros, Robert Hall, Robert Barro, Charles Jones e Gregory Mankiw.

[3] Andrews, M., Pritchett, L. e Woolcock, W. (2017). *Building State Capability: evidence, analysis, action*. Oxford University Press.

a disponibilidade de recursos naturais, que condicionarão a nossa sociedade e economia. Existe, evidentemente, um elevado grau de incerteza, desde a evolução climática à possibilidade de eclodirem tensões, ou mesmo guerras.

Acreditamos que os agentes económicos não se comportam no vácuo, mas reagem aos incentivos e às estruturas económicas em que se movem, pelo que a definição dos parâmetros e das estruturas condiciona decisões como a poupança ou o investimento, trabalho ou lazer, emigrar ou reformar. E, por isso, é necessário que as políticas proporcionem o enquadramento apropriado aos agentes económicos, dentro de uma economia de mercado com todas as liberdades.

Podemos identificar vários problemas graves nas políticas económicas das duas últimas décadas que refletem a não-compreensão de mecanismos e factos simples da realidade económica:

- Grande parte da riqueza cria-se nas empresas, e é pela expansão da sua produção que se expandem os bens e os serviços necessários para o consumo, a exportação e os investimentos;
- O Estado tem um papel de enquadramento da atividade e de regulação, além de produzir os bens públicos;
- Só há crescimento se houver uma afetação eficiente de recursos;
- São os agentes económicos que acumulam os fatores produtivos, através da poupança e do investimento, da educação e da aprendizagem, da inovação e do empreendedorismo. E é essencial não desencorajar nem distorcer estas decisões para o progresso da economia;
- Dar prioridade à repartição antes de fazer crescer a riqueza leva à perpetuação da pobreza;
- Respeitar os equilíbrios macroeconómicos não é austeridade; é um requisito fundamental de qualquer economia para ter um crescimento sustentável;
- Atribuir às políticas de austeridade a causa dos problemas económicos é como dizer que o exercício da medicina e da terapêutica é que são a causa da doença. São as políticas de

gastos e de endividamento desordenadas do Estado ou dos agentes que causam os desequilíbrios macroeconómicos. E sem programas de ajustamento não é possível restaurar esses desequilíbrios;

- As transferências da União Europeia não devem ser encaradas como recursos grátis, pois são impostos pagos pelos contribuintes de países como a Alemanha e os Países Baixos. A subsidiodependência que se manifesta de diferentes formas leva ao adiamento constante das reformas do Estado e das medidas para a melhoria da produtividade das empresas.

As propostas feitas no programa da SEDES são uma contribuição para os programas partidários futuros dos partidos, com um interesse primordial em desenvolver o país e em criar uma sociedade mais justa e inclusiva.

Para desenvolvimento futuro do nosso trabalho, propomos, com o apoio das instituições responsáveis e interessadas no progresso económico, a realização de dois importantes projetos de investigação:

(1) O estudo das principais medidas de crescimento económico, tendo como objetivo um salto no crescimento do PIB potencial e a convergência para a UE. Este estudo deve envolver a simulação das políticas, em particular do choque fiscal, acompanhado de um controlo das despesas públicas correntes primárias, em modelos de médio prazo e em modelos de crescimento de longo prazo das propostas aqui apresentadas, numa perspetiva de médio e longo prazo;

(2) O estudo de uma estratégia de desenvolvimento tecnológico para Portugal, de forma a identificar as grandes áreas de oportunidades para o desenvolvimento industrial, serviços e dos sectores primários. Este estudo deve fazer uma atualização do Estudo Porter dos anos 1990 e introduzir as metodologias mais recentes criadas na Universidade de Harvard da dinâmica dos sistemas tecnológicos e económicos numa perspetiva das

vantagens comparativas do país. O estudo levará à definição de uma matriz de desenvolvimento tecnológico para identificação das prioridades estratégicas e de definição de uma política industrial ativa.

Além disso, os cinco estudos seguintes que reportamos de grande importância para o aprofundamento das reformas:

(3) Proposta de políticas energéticas para o país, considerando as restrições climáticas e a minimização dos custos energéticos, para melhorar a competitividade do país. O estudo deve identificar os *trade-off* entre políticas energéticas alternativas e de políticas ideais, em modelos multissectoriais, que captem o conflito entre as políticas de redução das emissões de gases e a competitividade da economia;
(4) Estudo da sustentabilidade da segurança social e das medidas necessárias, dentro do programa proposto para o horizonte 2060;
(5) Reformas fundamentais do Estado para aumentar a eficiência dos serviços, desenvolver uma nova governação, reduzir os custos da burocracia para as empresas e famílias, e orientar os departamentos para o serviço aos cidadãos, tanto ao nível central como local;
(6) Contribuição para uma reforma fiscal com o objetivo de afetação ideal de recursos e crescimento, equidade e estabilidade macroeconómica, assim como simplificação e equilíbrio;
(7) Reforma da regulação laboral para aumentar a eficiência da economia, num mundo em que os locais de trabalho e as relações de trabalho estão em forte transformação digital, e tomando em consideração *benchmarkings* europeus e a orientação para a flexissegurança;

Vejamos então o fundamento dos objetivos fazendo um breve diagnóstico da evolução recente e do que seria uma evolução *business as usual* que queremos alterar para poder atingir o objetivo que propomos.

1. ATINGIR A MÉDIA DO PIB *PER CAPITA* DA UNIÃO EUROPEIA ATÉ 2036 E ACELERAR A TAXA DE CRESCIMENTO, DE FORMA A DUPLICAR O PIB EM CADA 20 ANOS

A economia portuguesa registou uma queda no rácio do PIB *per capita* em relação à média da UE entre 2000 e 2020, tendo passado de 85,3% para 77,5% (Figura 1). Projeções da Comissão Europeia e da SEDES até 2025 mostram que, depois de aquele rácio poder cair para 74,6% em 2022, terminaria aquele período com 75,3%, o que é claramente uma trajetória insatisfatória.

FIGURA 1 – GDP PER CAPITA IN PPS EU27=100

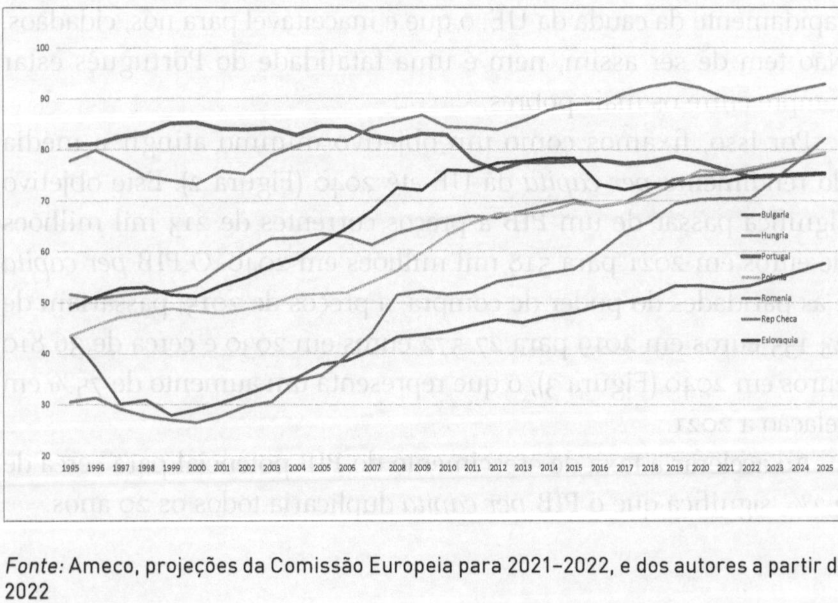

Fonte: Ameco, projeções da Comissão Europeia para 2021-2022, e dos autores a partir de 2022

Esta trajetória significa que os portugueses têm hoje um nível de vida que está próximo do de 2000: mais de 20 anos de estagnação. O PIB *per capita* em paridade de poder de compra, e a preços de 2015, estagnou entre 2000 com 21 284 euros por pessoa, e 2016 com 21 587 euros. Embora tenha subido depois ligeiramente até 2019, devido à pandemia e a uma recuperação ainda incipiente, estava em finais de 2021 ainda em 21 850 euros por habitante (Figura 3).

A Figura 1 revela ainda que, enquanto Portugal registou uma evolução desapontante, os países da Europa do Leste que tinham abandonado o regime socialista foram sucessivamente ultrapassando Portugal no PIB *per capita*. Em 2000, Portugal estava na 15.ª posição no PIB *per capita*, entre os 27 países-membros, acima de todos os países da Europa de Leste que estavam a entrar na UE. Em finais de 2021, tinha caído para a 19.ª posição, e até 2025 projeta-se que caia para a 23.ª, tendo sido ultrapassado por quase todos aqueles países, exceto a Bulgária. A Croácia também estará um pouco abaixo, mas entrou mais recentemente para a UE. Em conclusão, Portugal aproxima-se rapidamente da cauda da UE, o que é inaceitável para nós, cidadãos. Não tem de ser assim, nem é uma fatalidade do Português estar sempre entre os mais pobres.

Por isso, fixamos como um objetivo mínimo atingir a média do rendimento *per capita* da UE até 2040 (Figura 2). Este objetivo significa passar de um PIB a preços correntes de 213 mil milhões de euros em 2021 para 518 mil milhões em 2040. O PIB *per capita* e as paridades do poder de compra, a preços de 2015, passariam de 23 155 euros em 2019 para 27 572 euros em 2030 e cerca de 36 810 euros em 2040 (Figura 3), o que representa um aumento de 75% em relação a 2021.

Ao acelerar a taxa de crescimento do PIB potencial para cerca de 3,2%, significa que o PIB *per capita* duplicaria todos os 20 anos.

FIGURA 2 – **PORTUGAL: CONVERGÊNCIA PARA A UE (27)=100**

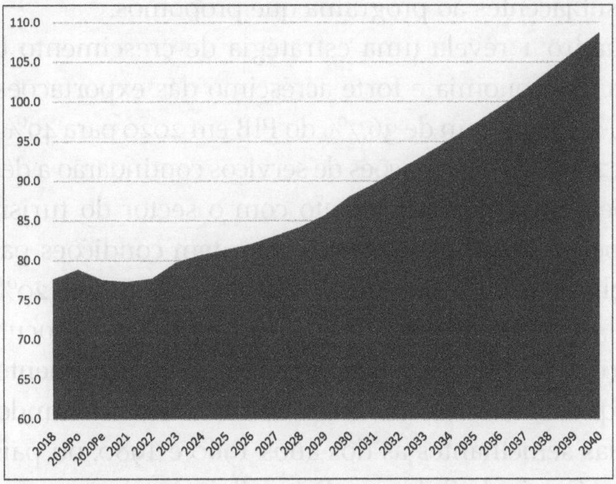

Fonte: Projeções dos autores

FIGURA 3 – *PIB PER CAPITA* A PREÇOS CONSTANTES

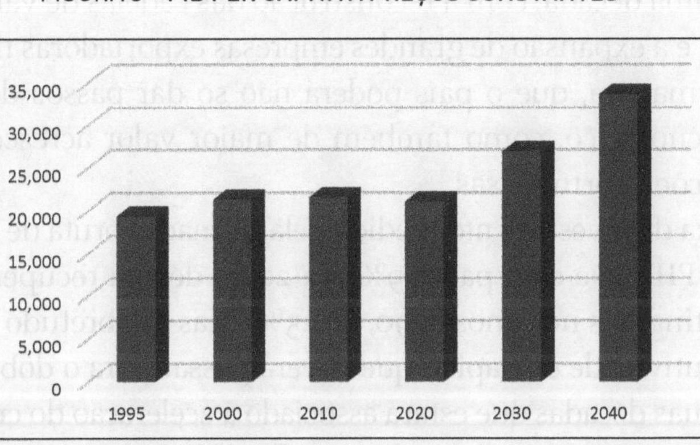

Fonte: Ameco e projeções dos autores a partir de 2022

Mas não basta crescer; é necessário crescer de forma sustentada e respeitando os equilíbrios macroeconómicos. A desconsideração que os nossos governos têm feito dos equilíbrios macroeconómicos tem sido a origem das crises que já atingiram três vezes o nosso país e que necessitaram de intervenção externa. Mas não tem de ser assim.

Os Quadros 1 e 2 mostram os equilíbrios entre a procura e a oferta globais subjacentes ao programa que propomos.

O Quadro 1 revela uma estratégia de crescimento baseada na abertura da economia e forte acréscimo das exportações de bens e serviços. Estas passam de 36,7% do PIB em 2020 para 49% em 2030, e 64% em 2040. As exportações de serviços continuarão a desempenhar um papel-motor no crescimento com o sector do turismo. Depois de recuperar da pandemia, este sector tem condições para mais do que duplicar o seu peso no PIB, chegando a atingir 20% em 2040. Portugal, sendo um pequeno país, enfrenta uma procura das suas exportações bastante elástica, permitindo-lhe facilmente aumentar as suas quotas de mercado tanto na UE como no mundo, seguindo estratégias semelhantes às dos anos 1960 e 1980, ou países como a Irlanda, a Coreia do Sul ou os Países Baixos.

Será sobretudo criando condições favoráveis ao investimento, nacional e direto estrangeiro, aos processos de *near-shoring* em curso na próxima década, com a reconstrução das cadeias de valor e o crescimento e a expansão de grandes empresas exportadoras na indústria transformadora, que o país poderá não só dar passos decisivos ao nível tecnológico, como também de maior valor acrescentado das exportações portuguesas.

A taxa de investimento medida pela formação bruta de capital fixo sobre o PIB, que caiu para 19% em 2020, deverá recuperar para os níveis atingidos nos anos 1990, de 25%. Mas é sobretudo o aumento da produtividade do capital que deverá passar para o dobro nas próximas duas décadas que estará associado à aceleração do crescimento.

Também se supõe que a despesa final das administrações públicas, que atingiu 20,6% em 2010, deverá cair para 16% já em 2030, refletindo a redução do peso do sector público. A continuação da subida da taxa de poupança das famílias fará o rácio do consumo das famílias sobre o PIB reduzir-se em cerca de 7 pontos percentuais de 2020 até 2040. Mesmo assim, com a aceleração do PIB, o consumo das famílias terá um crescimento real superior àquele que se verificou em 2010–2019, e próximo da década de 2000–2009 (Quadro 2).

QUADRO 1 – ESTRUTURA DA DESPESA

PIB a preços de mercado na ótica da despesa (preços correntes; anual)

Estrutura	1995	2000	2010	2020	2030	2040
Despesa de consumo final	82.2	82.3	86.5	82.9	74.5	75.9
Despesa de consumo final das famílias residentes	63.1	61.8	64.1	62.0	56.0	57.4
Despesa de consumo final das ISFLSF	1.6	1.6	1.8	2.2	2.5	2.5
Despesa de consumo final das administrações públicas	17.5	18.9	20.6	18.7	16.0	16.0
Formação bruta de capital	24.2	28.8	21.1	19.2	23.5	26.0
Formação bruta de capital fixo	23.3	28.0	20.6	19.1	22.7	25.2
Procura interna	106.4	111.0	107.6	102.0	98.0	101.9
Exportações de bens (FOB) e serviços	26.8	28.2	30.1	36.7	49.0	63.9
Exportações bens	20.3	21.8	21.7	27.8	35.4	44.9
Exportações serviços	6.4	6.4	8.3	8.9	13.6	19.0
Importações de bens (FOB) e serviços	33.1	39.2	37.7	38.7	47.0	65.8
Procura externa líquida	-6.4	-11.0	-7.6	-2.0	2.0	-1.9
PIB a preços de mercado	100.0	100.0	100.0	100.0	100.0	100.0

Fonte: INE e projeções dos autores

QUADRO 2 – TAXAS DE CRESCIMENTO DA PROCURA GLOBAL

	2000-2009	2010-2019	2020-2029	2030-2040
Taxas crescimento preços correntes				
Despesa de consumo final	4.5	1.4	2.9	5.0
Despesa de consumo final das famílias residentes	4.1	1.9	2.7	5.1
Despesa de consumo final das ISFLSF	6.3	2.8	6.1	4.9
Despesa de consumo final das administrações públicas	5.7	-0.3	3.2	4.9
Formação bruta de capital	0.7	1.6	6.2	5.9
Formação bruta de capital fixo	1.3	0.9	6.2	5.9
Procura interna	3.6	1.4	3.5	5.2
Exportações de bens (FOB) e serviços	4.5	6.9	5.1	7.7
Exportações bens	3.6	6.5	5.5	7.5
Exportações serviços	7.5	8.0	4.9	8.1
Importações de bens (FOB) e serviços	3.5	4.5	4.7	8.3
Procura externa líquida				
PIB a preços de mercado	3.9	2.0	3.7	4.9
PIB t.c. preços constantes	0.9	0.9	1.9	3.2

Fonte: INE e projeções dos autores

A taxa de crescimento do PIB em termos reais terá de acelerar da taxa de 0,9% ao ano nas décadas de 2000–2019 para 1,9% entre

2020–2029, e 3,2% em 2030–2040. Para atingir o objetivo da taxa de exportações, estas terão de crescer a uma taxa anual de cerca de 6,5% em termos reais ao ano durante o programa.

Do lado da produção, é fundamental o aumento do peso dos sectores dos bens transacionáveis, da indústria transformadora e da agricultura, na produção e no valor acrescentado bruto (VAB), para se poderem aumentar as exportações de bens. Em 2018, e segundo os dados das Contas Nacionais do INE, 58% da produção dos sectores dos transacionáveis era destinada a exportações, 6 pontos percentuais acima do rácio de 2011.

As simulações efetuadas mostram que, se a taxa de exportações subir para 64% em 2040, o peso do sector dos bens transacionáveis no VAB terá de subir de 14,7% em 2018 para 19% em 2030, e 23% em 2040, o que representa um aumento de cerca de 7 pontos percentuais do peso da indústria transformadora no VAB nacional entre 2018 e 2040. Este acréscimo obriga a um elevado esforço de reindustrialização do país, o que representa um aumento de 120% da base industrial do país em cerca de 20 anos.

Mas até agora só vimos objetivos, e estes não se atingem «por decreto». É necessário implementar um conjunto de políticas, plasmadas em medidas que permitam atingir aqueles objetivos. Para testar se as políticas são suficientes para atingir os objetivos programados é necessário simular um modelo dinâmico de equilíbrio geral, o que terá de ser feito posteriormente. Mas primeiro temos de avançar um conjunto de políticas que têm alguma probabilidade de atingir aqueles objetivos.

Uma forma preliminar de procurar obter uma ordem de grandeza do impacto das políticas é recorrermos a alguns estudos quantitativos baseados em modelos de crescimento simples. O Quadro 3 reporta os resultados de dois estudos: *(i)* o método de Mankiw *et al.*,[4] que

---

[4] Mankiw, G., Romer, G. & D. Weil. (1992). A contribution to the empirics of economic growth. *The Quarterly Journal of Economics*, 107: 407–437, que é aplicado aos dados portugueses em Veiga, F. *et al.* (2019). *Crescimento da economia portuguesa*. Universidade do Minho.

faz uma aproximação ao modelo de convergência de Solow; e *(ii)* o método de Barro,[5] que define uma trajetória para a fronteira tecnológica e a aproximação por um modelo de crescimento endógeno. No primeiro método destaca-se largamente o impacto da acumulação de capital humano. O problema é que alterar a proporção de população adulta com um mínimo de grau de instrução pode levar até décadas. Por exemplo, levou cerca de 10 anos a aumentar a proporção da população com pelo menos o ensino secundário nos adultos (25 a 64 anos) em 12 pontos percentuais. A este ritmo levaria cerca de três décadas a conseguir atingir a média da OCDE. A variável com maior elasticidade do impacto no PIB é o investimento em FBCF (20 contra 12 da educação). Devido à queda substancial do investimento depois da crise financeira global, voltando a atingir a média da OCDE traria um impacto de 5,3 pontos percentuais no PIB. Estas variáveis referem-se à acumulação de fatores produtivos. O impacto do progresso tecnológico medido pelo indicador das exportações de alta tecnologia parece-nos ter uma elasticidade inexplicavelmente baixa, e a qualidade da regulação que pretende medir o desenvolvimento institucional também tem uma elasticidade reduzida, embora bastante superior à anterior.

O modelo da OCDE[6] é mais apropriado para estudar os efeitos das políticas na produtividade total dos fatores. As políticas que teriam maior impacto sobre esta variável seriam a maior flexibilidade e a melhor regulação do mercado de trabalho seguidas do reforço das políticas de inovação. O investimento público tem uma elasticidade de cerca de metade do investimento privado.

[5] Guillemette, Y. & Turner, D. (2018). *The long-view: scenarios for the world economy in 2060*. OECD Economic policy Paper 22.

[6] Ver Anexo II para sua utilização na definição de cenários para Portugal.

QUADRO 3 – **IMPACTO DAS REFORMAS NO PIB POTENCIAL**

Políticas:	Variação	Indicador base	**Impacto no PIB**
Metodo Mankiw			
População com pelo menos ensino secundário (+25 anos)	39.3	36.7	**13.30**
Formação Bruta Capital Fixo	5.0	19.0	**5.25**
Exportações alta tecnologia	7.3	5.0	**1.99**
Qualidade da regulação	0.4	0.9	**3.25**
Total			**23.79**
Metodo Barro			
Reforma mercados produto	0.09	1.34	**4.31**
Reforma mercado trabalho	1.40	3.10	**10.98**
Inovação	1.30	1.90	**8.35**
Investimento público	1.30	1.80	**6.70**
Total			**30.34**

Fonte: F. Veiga *et al.* (2019) (consultar notas 4 e 5 para mais dados)

Vamos utilizar estas indicações para definir as políticas económicas para o crescimento.

a) Choque fiscal

Quais seriam as políticas que permitiriam aumentar o PIB potencial nas próximas duas décadas? A primeira política proposta é um choque fiscal: reduzir as taxas de imposto sobre os fatores produtivos, em particular o trabalho e o capital, de forma a aumentar a competitividade fiscal da nossa economia. O pacote de medidas proposto consiste em: *(i)* reduzir a taxa de imposto sobre o trabalho nas empresas, cortando a contribuição para a Segurança Social paga pelas empresas em 5 (mais 3 pontos percentuais em 2025) e dos trabalhadores em 2 pontos percentuais; *(ii)* reduzir a taxa normal do IVA para 20%, compensado pela reclassificação de bens e serviços com taxas mais reduzidas, e pelo aumento das receitas da taxa de carbono;[7] *(iii)* reduzir a taxa de imposto sobre os lucros das empresas

[7] A reclassificação dos bens e serviços com taxas reduzidas pode ser usada para compensar parte da redução do imposto sobre o trabalho, enquanto a redução da despesa não produzir todos os efeitos.

em três etapas dos atuais 30% para 18%; *(iv)* permitir a dedução total do investimento realizado nos lucros e eliminar a dedução dos juros na base tributável, implementada de forma gradual, tendo em conta o elevado nível de endividamento das empresas; *(v)* permitir o *full expensing* do investimento nas *start-ups* no pagamento de impostos sobre os lucros nos primeiros 10 anos. E, em 2025, aumentar o escalão mínimo do imposto em 10%, reduzir a taxa em todos os escalões em 5%, e reduzir a taxa de IRS do topo de 3 pontos percentuais.

A redução dos impostos sobre o trabalho, e de parte dos impostos sobre os lucros (no que respeita à incidência), levam a uma redução dos custos do trabalho, o que conduziria a um aumento do emprego — e acompanhado da redução dos custos do capital incentiva o investimento e as exportações. A redução dos impostos sobre os lucros diminui tanto os custos do trabalho como do capital e promove o empreendedorismo. A melhoria da competitividade fiscal também atrairia um maior volume de investimento direto estrangeiro, tecnologia e exportações.

Existe uma grande controvérsia sobre o impacto da redução de impostos sobre a atividade económica e o PIB. Mas esta questão está mal colocada: depende, primeiro, do nível inicial dos impostos, e, segundo, das medidas que acompanham a reforma fiscal. Por exemplo, se se subir a taxa de impostos sobre o rendimento de um nível inicial baixo, o impacto pode ser aumentar a taxa de crescimento do PIB, se o incremento das receitas for utilizado para financiar um bem público, como a educação, de forma eficiente, e existir uma restrição ao crescimento deste fator. As simulações com o modelo da Wharton ou do Tax Policy Center da reforma de Trump de 2017 geravam um baixo impacto no PIB da redução da taxa de impostos sobre os lucros das sociedades, sobretudo no longo prazo, porque não havendo corte na despesa pública, aqueles seriam financiados pelo aumento da dívida pública, o que aumentava a taxa de juro, baixando o investimento, e assim cancelava uma grande parte do efeito positivo da redução daquela taxa.

A literatura recente sobre este tema[8] confirma estes resultados. A proposta que fazemos para o nosso país parte de taxas de imposto elevadas, até em termos internacionais, das taxas de imposto sobre o lucro das sociedades e sobre o trabalho, e será acompanhada pela redução da despesa pública e pela redução da ineficiência, o que tem um efeito positivo sobre o crescimento do PIB, segundo todos os modelos de crescimento endógeno.

Um dos estudos mais importantes é o de Ljungqvist e Smolyanski (2018), que utilizam dados ao nível estadual dos EUA, o que mantém um nível similar de desenvolvimento institucional. Os autores chegam à conclusão de que o corte de 1 ponto percentual na taxa de imposto sobre os lucros leva a um aumento de 0,2 pontos no emprego e 0,3 pontos nos salários. Estes são os efeitos de curto prazo; os impactos de longo prazo dependem muito do tipo de modelo usado. Um modelo do tipo Solow revela os menores efeitos, uma vez que se baseia na hipótese de crescimento exógeno. Já o modelo do tipo gerações sobrepostas, como o da Wharton, produz efeitos intermédios, e o modelo do tipo Ramsey o maior impacto, de uma ordem de grandeza de 1 para 4 em relação ao primeiro.

Nas condições de partida e de implementação propostas, o impacto no PIB a 20 anos situar-se-ia entre 5% e 10%.[9] A dedução total do investimento significa que o investimento financiado por fundos próprios tem uma taxa marginal de impostos de zero, o que é um forte incentivo. Estima-se que no primeiro ano de implementação do choque fiscal as receitas fiscais sofram uma queda de cerca de 2,5–3,5% do PIB.[10] Esta redução iria acontecer em cerca de 3 anos

---

[8] Veja-se um estudo recente desta literatura em Durante, A. (2021). *Reviewing Recent Evidence of the Effect of Taxes on Economic Growth*. Tax Foundation [https://taxfoundation.org/reviewing-recent-evidence-effect-taxes-economic-growth/].

[9] Pressupondo-se que a economia portuguesa tem parâmetros semelhantes à dos EUA. Estas estimativas terão de ser confirmadas em simulações com modelos aplicados à economia portuguesa.

[10] Uma forma de reduzir o impacto sobre as receitas fiscais seria restringir esta dedução aos investimentos em equipamentos e em I&D.

devido ao efeito na oferta e às medidas de reforma aqui propostas, que dinamizariam o crescimento do PIB.

Uma das primeiras medidas a tomar é a nomeação de um grupo de trabalho para a modernização e simplificação do sistema fiscal português, ao longo das linhas propostas por Mateus (2018). Não foi feita mais nenhuma reforma significativa desde finais dos anos 1980, e hoje o sistema fiscal é uma manta de retalhos sem consistência e está inadequado, se considerarmos os grandes objetivos de um sistema fiscal moderno. Este grupo de trabalho deve ser composto por economistas e juristas, mas liderado por um economista. Dada a escassez de especialistas nestas matérias com uma sólida formação em teoria dos impostos ideal e empírica, deveriam convidar-se vários economistas de elevada reputação internacional.

b) Políticas para aumentar a eficiência da despesa pública

Não é aritmeticamente possível reduzir a carga fiscal de forma significativa e manter um excedente primário sem uma forte contenção da despesa pública. Existem quatro graves erros na conceção das políticas em Portugal. A primeira é que se deve distinguir a produção e o acesso a um dado bem público. Quando, por exemplo, a Constituição diz que todos os portugueses têm direito ao serviço de saúde, significa que têm direito ao acesso a um serviço de saúde. Este pode ser produzido por um agente privado, público ou social. O mesmo acontece com a educação ou um seguro de velhice, sendo estes três os maiores sectores de atividade do Estado em Portugal. Na Alemanha, os serviços de saúde são maioritariamente assegurados pelo sector privado, e o seguro de velhice é assegurado pelo sector social (mutualização) na Dinamarca e nos Países Baixos. A produção de bens públicos deve ser feita por agentes que conseguem produzi-los com a maior eficiência possível.

O segundo erro grave é que, antes de uma tomada de posição ideológica sobre produção ou acesso a um dado bem público, está a consideração da eficiência na sua produção. É uma lei fundamental da economia de que os recursos são escassos, e para se conseguir satisfazer o maior bem-estar social possível é, pois, necessário que se faça uma ideal afetação de recursos e que estes sejam utilizados eficientemente na produção, seja de bens privados, seja de bens públicos. Conceitos como monitorização dos custos (e benefícios) e minimização de custos devem entrar no léxico e ser preocupação constante dos nossos políticos.

Em terceiro, é um erro considerar que os recursos têm custo zero; o Estado paga! Não, os recursos utilizados nos serviços públicos produzidos pelo Estado provêm dos impostos pagos pelos contribuintes, que assim deixam de receber a totalidade do fruto do seu trabalho. Por isso, 1 euro de recursos mal empregue representa 1 euro e cerca de 30 cêntimos de recursos da economia, por causa das distorções e dos desincentivos que a coleta de impostos acarreta nos agentes económicos.

O quarto erro é que não é indiferente a forma de financiamento de um bem público. Como toda a produção de bem público tem de ser financiada, os políticos portugueses — sobretudo da ala esquerda — preferem sempre que seja financiado por impostos gerais. Contudo, a forma mais eficaz de regular a procura de um bem é fazer pagar o beneficiário do bem. A teoria económica tem demonstrado a importância do princípio do utilizador-pagador: quem mais necessita é quem está disposto a pagar mais, e assim é quem deve ser o primeiro a aceder a um dado bem. Agora, como uma pessoa de baixo rendimento pode não ter o rendimento suficiente para pagar todos os bens essenciais de que necessita, é preciso que o Estado tenha mecanismos de transferência de rendimento para estas camadas da população — mas isso não invalida o princípio do utilizador-pagador.

Em conclusão, mesmo que ideologicamente se pretenda assegurar determinados bens públicos com redistribuição de rendimento a uma grande parte da população, estes devem sempre ser produzidos de forma eficiente. A eficiência e a qualidade[11] na produção deveriam

---

[11] Em geral, na discussão sobre a eficiência subsume-se não só a quantidade como também a qualidade. Estamos, evidentemente, a simplificar a apresentação. O mesmo

estar acima e antes de qualquer discussão ideológica: assim, seria possível dar acesso ao bem público a mais portugueses e com melhor qualidade.

Um estudo recente procura estudar, pela primeira vez, de forma sistemática, o problema da eficiência para os diferentes tipos de bens públicos em Portugal.[12] Sabemos que a produtividade média do trabalho em toda a economia é de cerca de 55% da média da OCDE, subindo até 75% da dos países na fronteira tecnológica, pelo que não é de surpreender que também a eficiência nos serviços de administração pública, de saúde, de educação ou de justiça tenha um grau de eficiência daquela ordem de grandeza, embora varie substancialmente por sector, e sobretudo por subsector daqueles serviços. Basta cortar 20% de um grau de ineficiência médio de 40% para termos uma redução de cerca de 3,5 pontos percentuais na despesa pública sobre o PIB, na medida em que a despesa pública corrente pesa cerca de 40% do PIB, que é do que necessitamos para compensar a redução da receita fiscal no médio prazo.

Cálculos efetuados mostram que o governo de António Costa já desperdiçou metade dos ganhos de produtividade conseguidos entre 2002 e 2015 pelo governo de José Sócrates e pelo Pograma de Ajustamento Estrutural, que montaram a cerca de 25% do nível de produtividade média de 2002. Urge inverter esta evolução que, infelizmente, se poderá agravar com o forte aumento das transferências da UE.

A Figura 4 mostra a evolução da despesa corrente primária, que subiu de 31,3% do PIB em 1995 para 41,7% em 2010, situando-se em 2021 em cerca de 40%. A redução, por exemplo, de 5 pontos percentuais colocar-nos-ia próximos do valor esperado para o nosso PIB *per capita*, sendo consistente com estudos efetuados que indicam

---

acontece em relação a um bem privado: por exemplo, quando se compram uns sapatos ao consumidor interessa não só o preço, mas também a qualidade, e isso não invalida que se estude a função de procura dos sapatos. A moderna teoria económica do consumidor considera num bem a sua qualidade e diversidade.

[12] Mateus, A. *et al.* (2018). *Economia, Orçamento e Democracia*. FFMS.

uma taxa de 35% da despesa corrente como consentânea com um sector público mais eficiente e capaz de satisfazer as necessidades de bens públicos do país.

FIGURA 4 – **DESPESA CORRENTE PRIMÁRIA ESTRUTURAL (% PIB)**

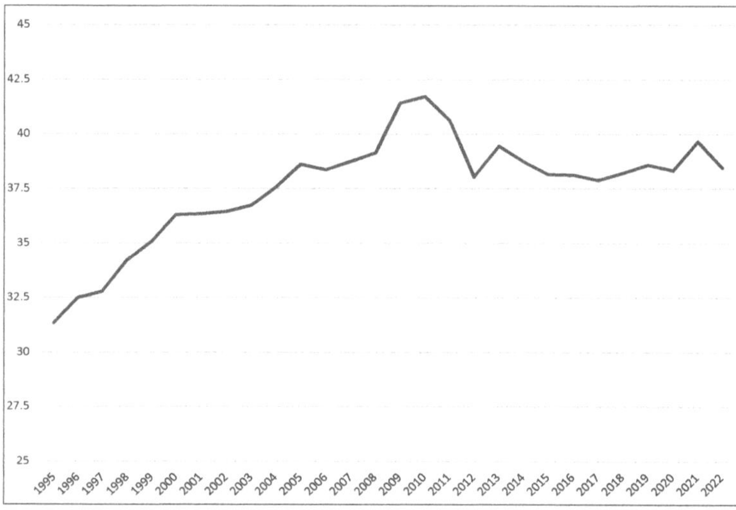

Fonte: Ameco

Assim, é prioritário e fundamental desenhar um programa de reforma da administração pública e dos serviços públicos. Infelizmente, em Portugal esta questão é conotada por «austeridade», porque em programas de ajustamento macroeconómico uma parte substancial deste ajustamento foi feita através do corte de salários e pensões. Nada de mais errado! É exatamente a falta de um programa de reforma com vista a melhorar a eficiência que levou à necessidade de aplicar cortes cegos nas despesas de investimento e correntes. Dado o elevado grau de ineficiência da despesa corrente (e antes da crise financeira, mesmo do investimento) terá de se orientar esta política de acordo com estes níveis, por sector e subsector. Em termos gerais, a reforma da administração pública terá de se dirigir a três grandes áreas.

A primeira é a dos sistemas de gestão e processos, adotando métodos de gestão dos recursos humanos mais flexíveis e modernos em que se premeia a eficiência, o trabalho competente, e se desencoraja o desperdício e a incompetência, implicando *(i)* aprofundar a digitalização dos serviços e a modernização dos equipamentos e instalações; *(ii)* modernizar os métodos de gestão pública, baseados na gestão de programas-projetos, planos de negócio, responsabilização (*accountability*) e desempenho a todos os níveis; *(iii)* métodos avançados de gestão de pessoal e de quadros, com definição precisa dos postos de trabalho, combinada com métodos de recrutamento baseados em princípios de competência técnica e de descrição clara da posição; *(iv)* combinação de sistemas remuneratórios fixos e variáveis ligados ao desempenho do departamento e do trabalhador; *(v)* maior flexibilidade na organização dos departamento e serviços, e eliminação de compartimentação entre os ministérios e direções; *(vi)* contratos de trabalho semelhantes ao sector privado — não há razão para diferenciar classes de trabalhadores;[13] *(vii)* programas de treino e melhoria profissional, para melhorar as competências técnicas, em colaboração com o sistema de ensino superior; *(viii)* e introduzir o princípio de serviço dos utentes e do *open government*.

Outra área fundamental é a reorganização da arquitetura dos organismos e serviços públicos: *(i)* recriação das funções de planeamento e estratégia macro e sectoriais do Estado; *(ii)* autonomia financeira e responsabilização das direções e ministérios; *(iii)* adoção generalizada de métodos de benefício e custo e *value for money* para projetos de investimento e políticas públicas; *(iv)* fusão e eliminação de serviços e departamentos obsoletos (observatórios, centros de investigação, comissões e fundações);[14] *(v)* descentralização e desconcentração dos

[13] Já há mais de dois terços dos países da OCDE que têm contratos individuais e remuneração baseada em desempenho.

[14] Segundo a imprensa existem em Portugal 150 observatórios, 450 fundações e mais de meio milhar de centros de investigação. Embora algumas destas instituições sejam válidas e de grande importância para o desenvolvimento do país, existem centenas que são de difícil justificação.

serviços; e *(vi)* continuar a separar as funções de acionista e reguladora do Estado.

Finalmente, a terceira área passa por completar a modernização do processo orçamental iniciada em 2015, com o fim de introduzir um sistema estratégico, composto por programas e projetos, programação multianual, contabilidade por *accruals* e orçamentação orientada para os resultados.[15]

As duas reformas administrativas dos anos 2005 (PRACE) e 2013 (PREMAC) levaram sobretudo a uma redução de algumas estruturas de gestão intermédias, rearranjo da organização administrativa de alguns ministérios, com poucas reduções de organismos ou de efetivos. O aspeto mais negativo é não ter havido nem grande preocupação nem tão-pouco efeitos em termos de eficiência do sector público.

Em meados de 2021, o sector empresarial do Estado era constituído por 146 empresas com ativos estimados em 18,7 mil milhões de euros, um valor ainda elevado no contexto europeu. O nível de endividamento no quarto trimestre de 2020 das empresas não financeiras do sector era de 26,9 mil milhões de euros. O resultado líquido em 2019 foi de −694 milhões de euros, tendo-se deteriorado em 2020 para −1,143 milhões de euros, devido à pandemia. Porém, de acordo com a Unidade Técnica de Apoio Orçamental (UTAO), devido à nacionalização da TAP, às enormes somas desembolsadas contra o malparado do Novo Banco e às contingências das PPP rodoviárias, entre outras, é possível que os défices do sector continuem a ser elevados, que, aliados à necessidade de recapitalizações sucessivas, podem implicar um impacto significativo no défice do sector público.[16] É, pois, essencial restringir o constrangimento de *soft budget* que tem existido neste sector e avaliar, através de consultoras internacionais, a melhor forma de gerir as grandes empresas do sector e privatizar ou adotar métodos de gestão privados, quando for o mais apropriado.

---

[15] Mateus, A. (2018). *Economia, Orçamento e Democracia*. FFMS.

[16] Estes poderão representar cerca de 3 a 5 mil milhões de euros nos próximos 3 a 4 anos.

Também é fundamental definir um conjunto de *key-performance indicators* (KPI) por regulador, contratualizando a relação com o Parlamento, de forma a haver uma maior exigência de desempenho dos reguladores. Esta contratualização, os KPI e a avaliação seriam objeto de publicação nos respetivos *sites* das entidades reguladoras e do Parlamento.

Outras reformas estão identificadas nos capítulos sectoriais. Uma das primeiras medidas a implementar deveria ser a nomeação de um grupo de trabalho para a reforma da Administração Pública, composto por economistas, especialistas na gestão pública e consultores internacionais de reputação, acompanhado por uma comissão de gestores da Administração. O seu trabalho deveria começar por um sector específico e delimitado da Administração, por exemplo, a administração da educação pública, e só depois definir o caderno de encargos para os restantes sectores. Seguidamente, o plano de reformas deveria selecionar dois sectores, por ano, que seriam objeto de estudo, planeamento e implementação da reforma, à semelhança do efetuado nos Países Baixos.

c) Incentivos à poupança e ao investimento, políticas de apoio à I&D, inovação e empreendedorismo. Priorização de investimentos e manutenção no sector público

Uma das causas da desaceleração do crescimento tem sido a queda acentuada do investimento, nomeadamente o produtivo. A Figura 5 mostra a evolução da taxa de investimento em equipamentos, que é a componente, em geral, de maior produtividade. Esta taxa de investimento caiu de uma média de cerca de 10% entre 1978 e 1991, um período de rápido crescimento, para 5% entre 2012 e 2021.

Não restam, pois, dúvidas de que o incentivo à poupança e ao investimento produtivo deve figurar entre as políticas fundamentais de aceleração do crescimento. As principais medidas já identificadas são a redução da carga fiscal e, em particular, a dedução completa

FIGURA 5 – **TAXA INVESTIMENTO: EQUIPAMENTOS (%PIB)**

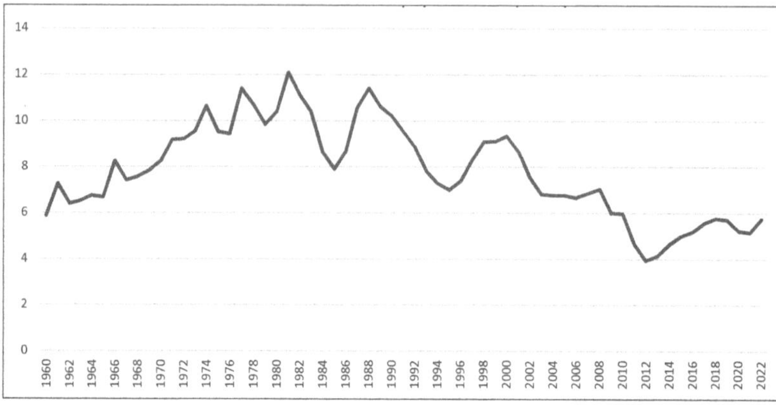

Fonte: Ameco

do investimento à base de incidência do imposto sobre os lucros das empresas, com a possibilidade de *carry-over* até 5 anos seguintes à realização do investimento, caso não haja lucros suficientes no ano de realização do investimento. As outras medidas importantes são a estabilidade do regime fiscal, mediante um acordo interpartidário, e a redução dos custos de contexto.

A digitalização da economia vai exigir elevados investimentos em intangíveis que deverão também ser reconhecidos como investimento pelo regime fiscal do IRC, mediante regulamento próprio.

Também a atividade de I&D é fundamental para a subida das empresas na escada tecnológica. Estas despesas também serão dedutíveis à base de incidência do IRC, ou os projetos continuarão a beneficiar de subsídios específicos. Porém, deverá ser apertado o regime e a classificação deste tipo de despesa, pois uma parte significativa da despesa das empresas atualmente realizada é despesa corrente, que não tem um efeito reprodutivo no longo prazo.

O incentivo ao empreendedorismo será tratado mais abaixo e envolve sobretudo subsídios a *start-ups* com declarado potencial de sucesso.

Uma área que tem sido descurada na última década é o investimento público e a manutenção em serviços públicos e infraestruturas essenciais. Aqui se abordam alguns destes investimentos, mas é essencial voltar a priorizar os investimentos nos sectores da saúde e da educação, para melhorar os equipamentos sociais.

d) Atração de Investimento Direto Estrangeiro

Para aumentar o conteúdo de elevada tecnologia na produção nacional e permitir aumentar a produtividade da economia é essencial a contribuição do Investimento Direto Estrangeiro (IDE), sobretudo na instalação de fábricas *greenfield* e de centros de serviços empresariais.

A primeira reforma a implementar é a definição de uma nova estratégia de captação de IDE, baseada na definição de uma estratégia (matriz) de desenvolvimento tecnológico para Portugal. Esta estratégia estará intimamente ligada à nova política da indústria para o país, que tomará em conta as atuais aptidões tecnológicas, as cadeias de valor internacionais e o processo de *reshoring* e *near-shoring* em curso.

A segunda é uma aproximação pró-ativa e holística à captação de investimento, que permite mobilizar os melhores incentivos e benefícios para cada caso de grande relevância para o investidor prospetivo, mas também apresentar um pacote à medida do grande investidor estratégico. Esta aproximação exige também uma definição rigorosa da importância de dado investimento prospetivo para o país, em termos de tecnologia, sinergias, valor acrescentado e criação de emprego de qualidade.

E a última reforma são as diversas medidas que fazem parte deste pacote, desde a criação de talentos em STEM, à redução dos custos de contexto, à estabilidade fiscal e à redução da carga fiscal.

e) Redução dos custos de contexto: energia, regulatórios e burocracia, redução dos custos de fricção do crédito e melhoria na seleção de projetos pelo sector bancário

Conforme se pormenoriza no respetivo capítulo, é possível reduzir em 30% os custos da eletricidade nos próximos 5 anos, o que iria contribuir fortemente para a melhoria da competitividade das empresas em relação aos custos da pré-pandemia. Esta evolução seria também facilitada por um avanço mais gradual dos objetivos de redução das emissões de carbono, tendo em vista a melhoria da competitividade do país.

A redução dos custos de fricção do crédito e a seleção de projetos pelo sector bancário passa pela adoção de métodos mais rigorosos de avaliação de benefícios e custos dos projetos, e por uma avaliação mais rigorosa dos riscos de crédito.

Por outro lado, a redução dos custos regulatórios e de burocracia que a OCDE considera como um dos mais elevados no contexto europeu exige a continuação da simplificação dos processos administrativos ao nível central e local, a introdução de métodos de definição de políticas públicas mais modernos, e uma alteração da mentalidade do funcionalismo público, em prol da eficiência da economia.

f) Digitalização e automação das indústrias e dos serviços

Não será possível melhorar significativamente a competitividade da indústria e serviços em Portugal sem uma intensificação dos processos de digitalização e automação. Estas medidas são pormenorizadas mais especificamente nos capítulos sobre a indústria.

O programa de digitalização, integrado no programa Indústria 4.0, deverá começar por selecionar um conjunto de projetos-piloto, com apoios públicos, e em colaboração estreita entre universidades, empresas e institutos/laboratórios de investigação, em indústrias estratégicas e grandes empresas com capacidade tecnológica e financeira para assegurar a sustentabilidade do projeto, e em que se faça depois um estudo aprofundado dos processos e de *marketing* (processos ciberfísicos, *cloud computing*, Internet das Coisas, e dos serviços), a forma de aplicação de inteligência artificial, impressão 3D, *data analytics*, robotização e computorização de processos. Após esta fase, deverá ser aberto um concurso mais geral, com apoios públicos, para o alargamento destes projetos a mais empresas e sectores.

Com o avanço do programa Indústria 4.0 será importante começar também a integrar, nos casos apropriados, elementos da Indústria 5.0, que tem como finalidade a personalização e customização dos produtos e serviços.

Deverá ser criado um conselho consultivo para apreciação de candidaturas a incentivos para o programa Indústria 4.0, integrando os quadros qualificados das universidades, das unidades tecnológicas, da administração pública e das empresas. E deverão ser criados nas universidades de engenharia programas integrados de preparação para a Indústria 4.0, com a integração das TIC nas Engenharias não-informáticas e a integração das tecnologias sectoriais nos cursos de Engenharia Informática.

g) Melhoria das infraestruturas de ligação à Europa

A posição geoestratégica de Portugal é muitas vezes considerada como um ativo, porquanto se situa no cruzamento de várias rotas marítimas e como porta de entrada da Europa Ocidental; ou como um passivo, devido à elevada distância que o separa da zona central (*hot banana*) dos grandes centros urbanos e industriais da Europa. A única forma de potenciar esta situação é melhorando radicalmente as ligações de transporte ao centro da Europa. Tal passa por diversas medidas de melhoria das infraestruturas de transporte, sejam portuárias, aeroportuárias e ferroviárias. Dentro destas destaca-se a construção de ligações em bitola europeia das linhas férreas do Norte/Centro e Centro/Sul a Espanha e, subsequentemente, à Europa Central.

Estas ligações, sobretudo para o transporte de cargas, têm um efeito também positivo na redução das emissões de carbono.

h) Mitigar os efeitos do envelhecimento e preservar a sustentabilidade financeira

Portugal irá registar dois choques negativos importantes nas próximas décadas: a redução da população e o seu envelhecimento. Segundo projeções do Eurostat (EUROPOP2019), a população portuguesa irá baixar dos 10 291 mil para 8,911 mil habitantes entre 2020 e 2060, e para 7,911 mil habitantes em 2100. A principal razão é a queda da taxa de fecundidade, que estava acima dos 2,5 até aos anos 1980, ter caído abaixo dos 1,5 desde os anos 2000. A taxa de manutenção da população atualmente é de 2,1 filhos por mulher. Esta evolução tem um efeito negativo sobre o crescimento económico, na medida em que a taxa de atividade já está a níveis elevados. A taxa de crescimento do fator trabalho deverá cair de zero nas décadas recentes para −0,5% ao ano na década de 2060 e depois recuperar para −0,3% nas quatro décadas seguintes.

A subida da esperança de vida dos 70 para os 83 anos em combinação com a queda da fecundidade fizeram alterar a estrutura etária da população que tinha a coorte entre os 40 e 50 anos como a de maior peso, e que deverá passar para a dos 60 a 80 anos em 2100. A taxa de dependência (percentagem da população com mais de 65 anos) deverá passar de 34,5% em 2020 para 62,2% em 2060 e diminuir ligeiramente para 59,5% em 2100. A quase duplicação desta taxa levará a um aumento substancial das despesas com pensões de velhice e de saúde.

Vários estudos concluem que não existe sustentabilidade financeira do sistema de pensões de velhice com o sistema atual: um deles estima uma dívida implícita de 148% do PIB nos próximos 40 anos atribuível à Caixa Geral de Aposentações, com uma taxa de desconto de 3% e uma dívida implícita de 73–104% do PIB do regime contributivo da Segurança Social;[17] e outro que reflete em que, para assegurar o equilíbrio intergeracional das contas públicas, seria necessário um aumento de 22% da carga fiscal do Estado.[18] Este último estudo também mostra que existe uma pequena apetência dos cidadãos para reformas de equidade intergeracional, o que exige gradualismo, mas também uma campanha de consciencialização.

Para conseguir a sustentabilidade do sistema propomos uma alteração estrutural do sistema baseado em três pilares: *(i)* o público, que assegura a solidariedade social e uma pensão digna a toda a população acima da idade de reforma, com contas virtuais, do tipo do sistema sueco; *(ii)* o empresarial, baseado em contribuições definidas, conjuntas das empresas e dos trabalhadores; e *(iii)* individual, baseada em contas individuais de seguros de vida, fundos de pensões ou PPR. Os regimes privados deveriam ter incentivos fiscais de forma a não se verificar dupla tributação.[19]

No que respeita ao sistema de pensões público, propõe-se: *(i)* plafonamento das pensões; *(ii)* incentivos a sistemas de poupança e capitalização; *(iii)* continuação da indexação da idade de reforma à esperança de vida; *(iv)* flexibilização da decisão de reforma e do trabalho pós-reforma; e *(v)* indexação dos benefícios garantidos, com vista a manter a sustentabilidade atuarial do sistema.

Além disso, serão necessárias medidas complementares, inseridas na mitigação dos efeitos de envelhecimento, como: *(i)* políticas pró-natalidade; *(ii)* promover a imigração de ativos; *(iii)* promoção das atividades produtivas e sociais da terceira idade; e *(iv)* promover estilos de vida saudáveis e de prevenção da doença entre os séniores.

---

[17] Bravo, J., Afonso, L. e Guerreiro, G. (2013 e 2014). *Avaliação atuarial do regime de pensões da Caixa geral de Aposentações; Avaliação atuarial do sistema previdencial da Segurança Social e prestação única da Segurança Social.* Aguiar, M. J. (2014). *Debate sobre Segurança Social: Que futuro?* Ciclo Sextas da Reforma.

[18] Franco, F., Morais, L., Bernardino, T. e Jalles, J. (2018). *Finanças Públicas: uma perspetiva inter-geracional.* Fundação Calouste Gulbenkian.

[19] Estas reformas estão desenvolvidas em Aguiar, M. J. (2014). Pensões: um novo contrato social para reconciliar gerações; e Bravo, J. (2014). Reforma Estrutural do Sistema de Pensões. In Pereira, P., Marques, V. (eds.) (2014). *Tempos de Incerteza: Que políticas públicas para Portugal.* Fundação Calouste Gulbenkian.

Outras políticas que contribuirão para a aceleração do crescimento são:

- O aumento da eficiência na utilização dos recursos e incrementação da economia circular;
- A melhoria nas políticas de atribuição dos fundos estruturais;
- As reformas nos sistemas de justiça, da educação e da saúde.

Estima-se que o impacto deste pacote de políticas leve a uma redução do custo marginal do capital de cerca de 15% inicialmente, e alargando-se para 30% quando a redução do IRC estiver completa, dos custos do trabalho em cerca de 12%, e dos restantes custos operacionais das empresas em pelo menos 15%.

2. EQUILIBRAR AS CONTAS PÚBLICAS E EXTERNAS DO PAÍS, DE FORMA A REDUZIR O NÍVEL DE DÍVIDA PÚBLICA PARA 90% DO PIB ATÉ 2033 E CONTINUAR A PROSSEGUIR O OBJETIVO DE ATINGIR A META DO PACTO FISCAL DOS 60% ATÉ 2045

Somos um dos países mais endividados da UE e do mundo. A redução da dívida externa e pública é um imperativo da nossa soberania e irá atuar fortemente como restrição a um maior crescimento nas próximas duas décadas. Só assim poderemos preparar um futuro mais risonho para os nossos netos e gerações vindouras.

A desconsideração que os nossos governos têm feito dos equilíbrios macroeconómicos tem sido a origem das crises que já atingiram três vezes o nosso país e necessitaram de intervenção externa. Mas não tem de ser assim. Devido aos elevados défices orçamentais combinados com baixo crescimento do PIB, o rácio da dívida subiu de 62% para 76% entre 1995 e 2008 (Figura 6), para depois explodir com a crise global e a crise económico-financeira que levou à intervenção da *troika* entre 2011 e 2014, situando-se em 132% em 2014. Depois de se reduzir para 116% em finais de 2019, os *lockdowns* devido à pandemia de COVID-19 voltaram a fazer subir a dívida para o nível recorde de 133% em finais de 2020. As projeções do Programa de Estabilidade e Crescimento, que foram confirmadas pelo Conselho de Finanças Públicas, apontam para uma nova redução do rácio da dívida para 117% em 2025, que poderá num cenário alternativo ser de 120% para o mesmo ano.

O primeiro objetivo deve ser reduzir o peso da dívida pública sobre o PIB de forma sustentada, para evitar uma nova crise financeira, tendo como objetivo de longo prazo atingir a meta fixada pelo Pacto Fiscal da UE dos 60% do PIB. Vários estudos têm indicado o rácio dos 90% do PIB como um limiar para reduzir significativamente o risco de uma nova crise financeira.

A Figura 6 mostra a trajetória do rácio da dívida pública proposta pelo programa, passando os 100% em 2030, atingindo os 90% em 2033 e os 70% em 2040. A trajetória proposta implica uma redução anual do rácio de cerca de 3,5 pontos percentuais entre 2027 e 2031 e depois de cerca de 3 pontos percentuais. Supomos uma taxa de crescimento do PIB nominal de 3,7% ao ano entre 2025 e 2029, que acelera para 4,2% quando o impacto das reformas já se manifestar com maior amplitude. Ora, se a taxa de juro nominal de emissão da dívida pública se situar em torno dos 3%,[20] será necessário gerar um excedente primário de cerca de 2,8% do PIB de 2025 a 2029, seguido de cerca de 1,8% do PIB depois daquele ano.[21]

Também se pressupõe uma redução substancial da dívida externa. De facto, a aceleração das exportações e o aumento do valor acrescentado nacional implícito nas projeções acima resultam num aumento do saldo externo líquido de −2% em 2020 para 3,2% em 2030, e 4,1% do PIB em 2040 (Quadro 1). Este saldo positivo entre exportações e importações de bens e serviços nunca tinha sido alcançado de forma sustentada em Portugal depois do 25 de Abril.

---

[20] A taxa de juro implícita na dívida para 2020 foi de 2,3%, e o Conselho das Finanças Públicas supõe que este se situará em 2% até 2025. A aceleração da inflação e a subida subsequente das taxas de juro justificam, pelo menos, a subida para 3%. Se esta taxa nominal for superior no futuro, uma parte terá de se refletir numa subida do excedente primário estrutural.

[21] Em 2018 e 2019 alcançou-se o excedente de 3% do PIB.

FIGURA 6 – **DÍVIDA PÚBLICA EM % PIB**

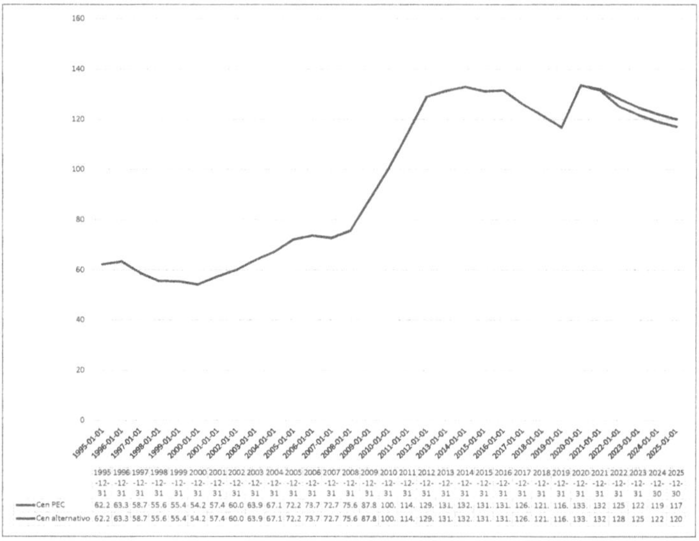

Fonte: Ameco e Projeções do Conselho das Finanças Públicas a partir de 2021[22]

FIGURA 7 – **DÍVIDA PÚBLICA SOBRE PIB (%)**

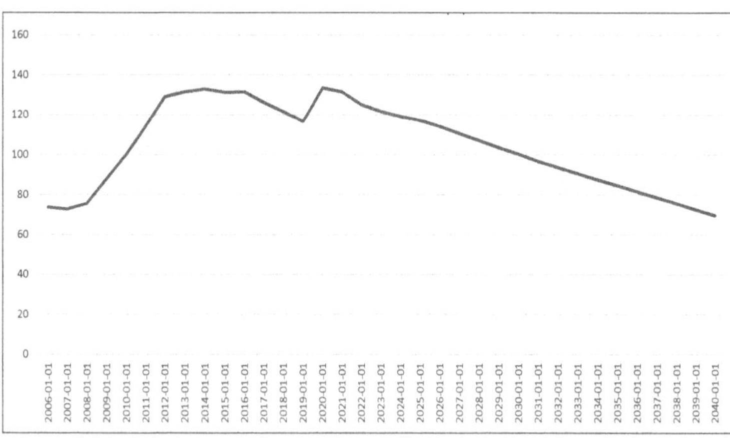

Fonte: ver Figura 4 e projeções dos autores

---

[22] Perspetivas Económicas e Orçamentais 2021–2025, de março de 2021.

Embora não se façam projeções para o endividamento das famílias e empresas, está subjacente a continuação deste processo, que teve uma evolução extraordinariamente favorável desde o Programa de Ajustamento, de 2011–2014 até 2019.

3. Colocar Portugal entre os 15 melhores países em termos de formação de capital humano, ao nível da OCDE, atingir uma taxa de 60% no ensino profissional em consonância com o mercado de trabalho no secundário superior, e pelo menos 65% de formandos em Ciências, Tecnologia e Gestão no superior, até 2035

A Figura 7 mostra, para o grupo etário dos 25–34 anos de idade, a percentagem que chega a ter um grau do ensino secundário superior ou terciário em 2018. Portugal encontra-se na 32.ª posição entre os 36 países que reportam dados. Com uma taxa de 42,9% tem uma lacuna de 24 pontos percentuais em relação à Coreia, o país com taxa mais elevada.

Seja para aumentar os níveis tecnológico e de produtividade da economia, seja para atrair investimento direto estrangeiro, é fundamental aumentar o nível de capital humano. Ora, uma variável estratégica para poder manter um crescimento sustentado ao longo das gerações da formação de capital humano é a taxa de escolarização no ensino secundário superior e terciário do grupo etário dos 25 a 34 anos de idade. Portugal tem registado um progresso notável nos últimos 20 anos nesta variável: a taxa de escolaridade entre 2000 e 2019 aumentou 24 pontos percentuais, acima dos 19 pontos da OCDE. Porém, países como a Coreia e Polónia, que já tinham taxas superiores à de Portugal em 2000, conseguiram alcançar progressos ainda mais significativos: 33 e 29 pontos percentuais, respetivamente. A Irlanda, que tinha em 2000 uma taxa de quase o triplo da de Portugal, registou um acréscimo de 22 pontos percentuais.

Para nos colocarmos entre os 15 melhores neste indicador até 2035 teremos de aumentar a taxa de escolaridade de 30 pontos percentuais para 67%. Nesta data, os países com maior nível de capital humano como a Coreia, o Japão, o Canadá e a Irlanda deverão ter taxas entre 70% e 80%.

Para conseguir este objetivo bastante ambicioso teremos de duplicar o esforço de graduação anual no ensino terciário.[23]

FIGURA 8 – **ADULTOS COM 25-34 ANOS COM EDUCAÇÃO SECUNDÁRIA SUPERIOR OU TERCIÁRIA (%)**

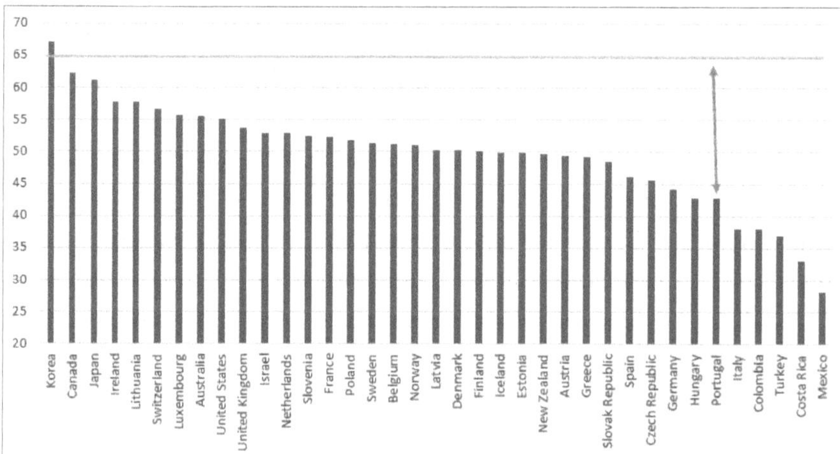

Fonte: OCDE

Outras reformas importantes terão de ser realizadas ao nível do ensino terciário, nomeadamente para melhorar a sua qualidade. Urge formular um projeto-piloto para uma universidade que integre as faculdades e departamentos numa lógica de *campus* universitário, à semelhança das universidades americanas e inglesas, estabelecer projetos concretos e dar-lhe recursos para que consiga aceder ao topo das cem melhores universidades do mundo, contrariando assim o

[23] Por exemplo, entre 2015 e 2019, a taxa de escolaridade do ensino terciário aumentou 4,2 pontos percentuais.

facto de as melhores universidades portuguesas apenas conseguirem estar no escalão das quatrocentas melhores.

As universidades têm de se abrir à sociedade, internacionalizar-se e funcionar em redes de conhecimento em múltiplos países. A internacionalização passa por três eixos: *(i)* o recrutamento da faculdade ao nível internacional mediante concursos abertos, e o recrutamento ativo nos congressos realizados para o efeito; *(ii)* o recrutamento de alunos ao nível internacional, através de campanhas de informação internacionais e junto de entidades associativas em países europeus; e *(iii)* os projetos de investigação de diversas universidades, envolvendo universidades estrangeiras de reputação.

É necessário dar-lhes maior autonomia financeira para que possam atrair os melhores professores e acabar com a endogamia que caracteriza os seus corpos docentes. Uma das formas é permitir que as universidades que demonstrarem capacidade financeira se transformem em fundações com autonomia para fixarem as suas próprias escalas de remunerações.

Adicionalmente, é fundamental que as universidades criem sistemas de captação de financiamentos diversificados, desde a prestação de serviços e realização de projetos de investigação para as empresas, como campanhas de angariação de fundos, de dotação de «cadeiras» e de doações para laboratórios e edifícios, à semelhança das universidades americanas.

Só é possível melhorar o nível tecnológico do país através da cooperação entre as universidades e as empresas, de forma que os centros de investigação passem a contribuir para a melhoria do nível tecnológico daquelas e reforcem a sua capacidade.

Portugal deixou de ser um país de baixos salários, pelo que só através da criação de capital humano e de talentos poderá melhorar a sua competitividade, competir ao nível global e atrair o investimento direto estrangeiro necessário para o desenvolvimento das cadeias de valor.

4. REDUZIR A TAXA DE POBREZA DO PAÍS, DEPOIS DE IMPOSTOS E TRANSFERÊNCIAS, DE 21% PARA 15% ATÉ 2030

Portugal tem uma taxa de risco de pobreza ou exclusão social de 21%, segundo os dados do Eurostat para 2019, ligeiramente acima da média da UE, mesmo assim abaixo da Itália (24,6) e da Espanha (26,2). A taxa de risco de pobreza, um conceito mais restrito, era de 17,2%, e a taxa de privação severa de 5,6%.

A Figura 9 mostra que Portugal está numa situação ligeiramente acima da média da UE no que respeita à taxa de risco de pobreza ou exclusão social, depois dos impostos e das transferências.

FIGURA 9 – **POPULATION AT RISK OF POVERTY OR SOCIAL EXCLUSION (%) (2019)**

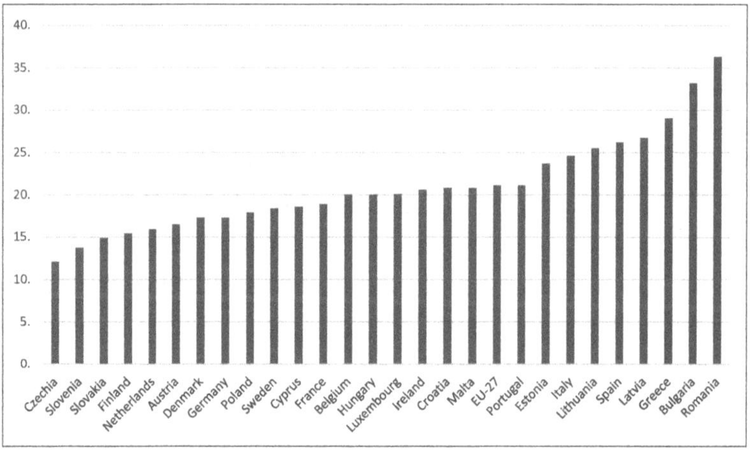

Fonte: Eurostat

A Figura 10 mostra a evolução desta taxa desde 2004, tendo havido uma redução de 6,4 pontos percentuais em 15 anos, que só foi interrompida pela crise económica.

Dada a aceleração prevista do PIB *per capita* é perfeitamente alcançável uma redução de mais 6 pontos percentuais na taxa de pobreza até 2030, com as políticas sociais aqui propostas, o que colocaria o país no pelotão da frente da UE em termos sociais.

FIGURA 10 – TAXA RISCO POBREZA E EXCLUSÃO SOCIAL (%)

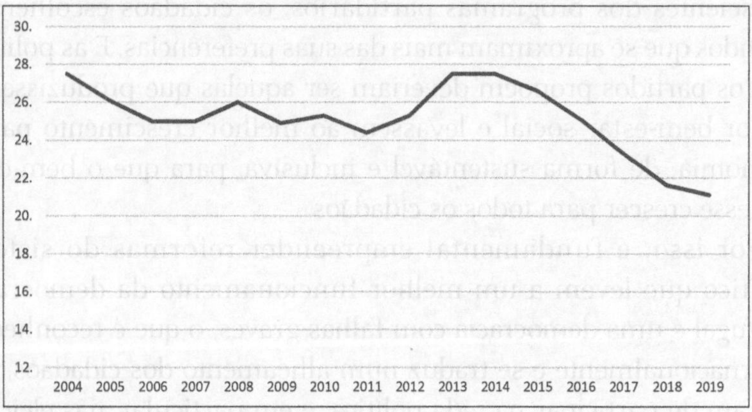

Fonte: Eurostat

Para atingir esta redução da taxa de pobreza é fundamental uma revisão profunda dos mecanismos de proteção social para aumentar a sua eficácia, melhorando os incentivos para o trabalho e a educação, ao mesmo tempo que se eliminam duplicações e desperdício de recursos. Nas políticas sociais de redução da pobreza ou de exclusão social são fundamentais as instituições sociais e de caridade, assim como a administração local, que estão mais próximas das famílias. Outro princípio relevante é que os sistemas formais, como, por exemplo, um imposto negativo, são sempre preferíveis a um sistema com elevados custos administrativos e que permita desvios discricionários.

5. EMPREENDER AS REFORMAS DO SISTEMA POLÍTICO, EM PARTICULAR DO SISTEMA ELEITORAL, REFORMA DOS PARTIDOS E DE MAIOR ABERTURA E TRANSPARÊNCIA NA GOVERNAÇÃO, DE FORMA A AUMENTAR A PARTICIPAÇÃO ELEITORAL EM 20 P.P. ATÉ 2030

São os governos que tomam as decisões políticas e estes não atuam no vácuo. Numa democracia, os partidos concorrem em eleições, e se as vencerem formam governo. Em eleições livres e com votantes conscientes dos programas partidários, os cidadãos escolhem os partidos que se aproximam mais das suas preferências. E as políticas que os partidos propõem deveriam ser aquelas que produzissem o maior bem-estar social e levassem ao melhor crescimento para a economia, de forma sustentável e inclusiva, para que o bem-estar pudesse crescer para todos os cidadãos.

Por isso, é fundamental empreender reformas do sistema político que levem a um melhor funcionamento da democracia. Portugal é uma democracia com falhas graves, o que é reconhecido internacionalmente e se traduz num alheamento dos cidadãos, que deixam de participar na vida política, e em particular, nas eleições. Os partidos funcionam como diretórios, sem representarem os interesses dos cidadãos, e os programas eleitorais deixaram de ser verdadeiros programas de ação, passando a ser propostas muitas vezes vazias a que os cidadãos não prestam a devida atenção. Também as políticas prosseguidas têm provocado um enorme desperdício de recursos, sem contribuírem para o crescimento da economia, muitas vezes orientadas para interesses económicos especiais ou ideologias utópicas orientadas para o imediatismo e o resultado fácil, quando não mesmo para o populismo, sejam de esquerda ou de direita.

É, pois, urgente aplicar um conjunto de reformas que melhorem o funcionamento da democracia, começando pela reforma do sistema eleitoral, mas que se estendam ao funcionamento dos partidos, eliminem barreiras à entrada, nomeadamente as impostas pela comunicação social, e promovam uma maior abertura à sociedade e à inovação, assim como à transparência e ao combate à corrupção. Os partidos devem abrir-se à sociedade e instituírem uma vida política ativa e abarcarem uma cobertura suficiente em termos de representatividade da sociedade civil. Além das medidas que os tornem mais participativos e abertos, reduzindo o poder dos diretórios, é importante a realização de primárias, com a abertura a independentes, nas eleições que levem à escolha de deputados.

Uma proposta importante é a criação de uma câmara alta do Parlamento, um senado, eleito por um processo que assegure a sua composição por pessoas de reconhecida competência profissional e representatividade territorial, e que possa assegurar a estabilidade legislativa e a visão de longo prazo, essenciais para o desenvolvimento da economia portuguesa.

Outra reforma importante é a das bases em que assentam a comunicação social — que é identificada em múltiplos estudos académicos como a mais importante barreira à entrada na democracia —, para que assente em dois pilares: *(i)* a componente pública orientada apenas para o serviço público, *(ii)* e uma componente privada, que assegure a diversidade e o balanço das ideias e políticas para uma sociedade dinâmica e aberta. Estas instituições têm de ter a solidez financeira e económica para que haja esses equilíbrio e diversidade.

A reforma do sistema eleitoral baseia-se na proposta do Movimento para a Qualidade da Democracia, subscrita pela SEDES, e que se baseia no sistema misto de círculos uninominais e nacionais, de forma a garantir que os deputados sejam diretamente escolhidos pelos votantes e sejam responsabilizados diretamente pelos círculos que os escolhem. Os círculos nacionais permitem assegurar a proporcionalidade do sistema. A proposta segue de perto o atual regime alemão.

Esta proposta é completada por um conjunto de outras reformas desenvolvidas no capítulo respetivo, das quais se destacam: *(i)* o reequilíbrio entre os três ramos do poder, nomeadamente retirando poder ao executivo, dando maior poder ao legislativo e acentuando a reserva de legislação, para que este possa exercer o seu papel com mais eficácia, e a independência do poder judicial; *(ii)* abrindo os partidos à sociedade e à concorrência partidária, baixando as barreiras à entrada, e dando-lhes ao mesmo tempo maiores meios para que possam formular os seus programas; e *(iii)* dando à comunicação social as bases para uma maior diversidade e acesso aos partidos e organizações sociais, preservando o papel dos canais públicos, ao mesmo tempo que possa funcionar com maior solidez financeira e autonomia.

6. REFORMAR O SISTEMA DE JUSTIÇA, DE FORMA A COLOCAR PORTUGAL ENTRE OS DEZ MELHORES PAÍSES NO *SCOREBOARD* DA JUSTIÇA DA UNIÃO EUROPEIA

O problema da morosidade e qualidade da justiça é muitas vezes apontado como o principal bloqueio estrutural da atividade económica. Vários estudos — por exemplo, Tavares (2002)[24] — demonstram que a melhoria da eficiência na justiça (como parte da melhoria das instituições) teria um impacto positivo significativo na taxa de crescimento do PIB. Num inquérito aos custos de contexto, as empresas portuguesas consideram o sistema judicial como o maior entrave ao prosseguimento da sua atividade.[25] As disputas por causa da complexidade e da instabilidade do sistema fiscal, assim como a duração do processo, vêm no topo dos entraves.

Portugal tem dedicado ao sistema judicial recursos em termos orçamentais (percentagem do PIB) e em juízes e magistrados (por cem mil habitantes) que correspondem à média da UE, conforme a Figura 11 mostra. Ao mesmo tempo, Portugal tem um número de advogados *per capita* que é o 9.º mais elevado da UE em 2019. De igual forma, o número total de tribunais de 1.ª instância por cem mil habitantes era, em 2018, de 5,3, muito acima da mediana europeia de 0,91.

Os indicadores temporais da eficiência da justiça mostram que esta não denota sinais de melhoria significativa desde o início do século XXI. O Inquérito sobre Doing Business reportava para Portugal sobre a execução de contratos (caso de cobrança de uma dívida) uma duração média de 420 dias em 2004. Em 2018, indicava uma duração média de 755 dias e a qualidade do processo judicial de 13,5 sobre 18. No que se refere a insolvências, o tempo médio era de 2,6 anos em 2004, tendo subido para 3 anos em 2018, com uma ligeira subida do custo judicial de 8% para 9% do valor em causa.

---

[24] Tavares. (2002). *Firms, Financial Markets and the Law: Institutions and Economic Growth in Portugal.* Banco de Portugal.

[25] INE. (2015). *Custos de Contexto.*

FIGURA 11 – **RECURSOS SISTEMAS JUDICAIS**

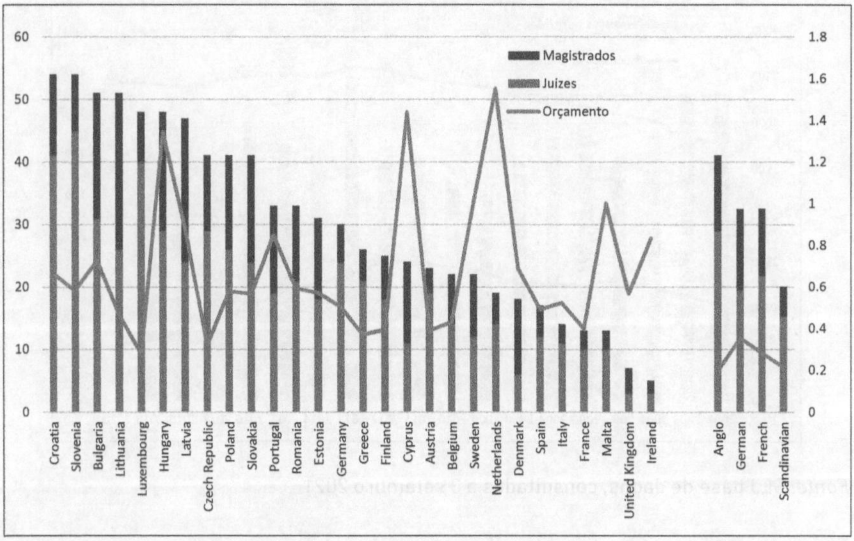

Fonte: Council of Europe, European Judicial Systems: Efficiency and Quality of Justice, CEPJ, 2021

As estatísticas da justiça civil revelam alguma melhoria entre 2002 e 2019, embora não seja clara (Figura 12). O número de magistrados em tribunais judiciais cresceu naquele período 25%, porém, o número de processos terminados por magistrado não mostra qualquer tendência clara. O que se verifica é uma redução significativa de processos pendentes depois das reformas introduzidas em 2012.

Em termos de comparação internacional, Portugal ainda tem de percorrer um longo caminho para se aproximar dos países mais eficientes. No inquérito do Banco Mundial sobre Doing Business de 2018, os indicadores que se referem ao sistema de justiça continuam a figurar entre os que denotam maior distância em relação à fronteira: o de execução de contratos (dívidas) tinha um índice de 68 e o de insolvência 68.

As Figuras 13 e 14 mostram que Portugal tem ainda um número de casos pendentes de litígio comercial e civil por cem habitantes, assim como uma demora em resolver casos, acima da média da UE, mas tem havido uma redução substancial, como vimos acima.

FIGURA 12 – **EFICIÊNCIA DA JUSTIÇA CIVIL**

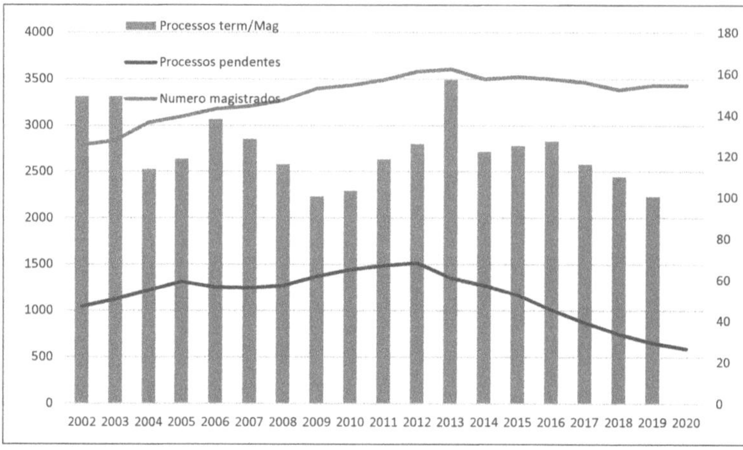

Fonte: SEJ base de dados, consultados a 3 setembro 2021

FIGURA 13 – **NUMBER OF PENDING LITIGIOUS CIVIL AND COMMERCIAL CASES IN 2012, 2017–2019(*)** (1ST INSTANCE/PER 100 INHABITANTS) (SOURCE: CEPEJ STUDY)

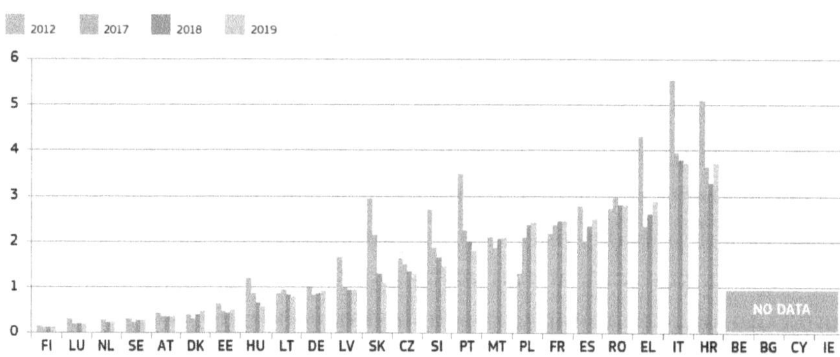

(*) *Methodology changes in **EL** and **SK**. Pending cases include all instances in **CZ** and, until 2016, in **SK**. **IT**: different classification of civil cases introduced in 2013. Data for **NL** include non-litigious cases.*

Fonte: EC, The European Union Justice Scoreboard, 2021

Porém, a situação é particularmente grave nos casos de tribunais administrativos e fiscais, em que a Figura 14 mostra que Portugal está entre os quatro piores. Em 2018, segundo dados do SIEJ, o número de dias médios de uma ação administrativa era de 1131 dias, havendo um número significativo de casos com mais de 10 anos.

FIGURA 14 – NUMBER OF PENDING ADMINISTRATIVE CASES IN 2012, 2017–2019(*) (1ST INSTANCE/PER 100 INHABITANTS) (SOURCE: CEPEJ STUDY)

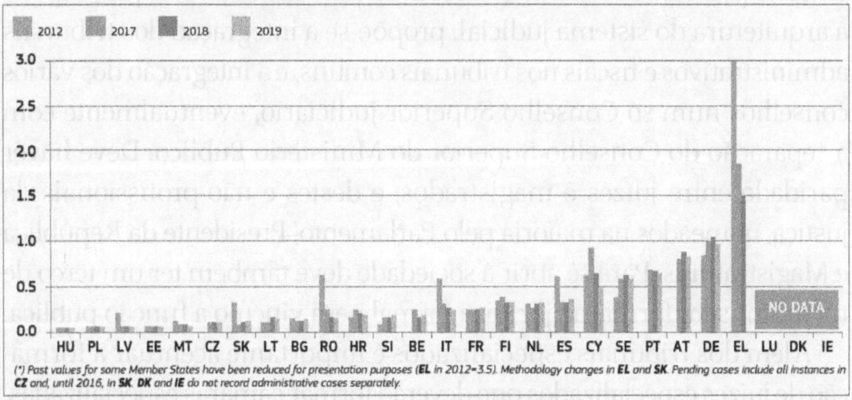

Fonte: EC, The European Union Justice Scoreboard, 2021

Estudos efetuados sobre o impacto das reformas dos sistemas judiciais mostram que o aumento da dimensão das comarcas, o gasto em ICT, as melhorias na administração e governação dos tribunais, bem como as medidas para melhorar a preparação e o treino dos juízes têm um impacto positivo sobre a eficiência do sistema judicial, que, por sua vez, promove o investimento, assegura melhores condições para o crédito e permite às empresas crescerem. Também no que respeita aos regimes de insolvência, existe evidência de que um sistema mais eficiente reduz os custos de financiamento e incrementa um maior volume de crédito na economia e, consequentemente, maior investimento, inovação e empresariado.[26] Um estudo com dados portugueses confirma que uma maior dimensão

[26] Gouveia, A., Santos, S. e Herber, C. (2017). *The impact of structural reforms of the judicial system: a survey.* GEE. Ministerio das Finanças.

das comarcas permite obter economias de escala, através da maior especialização.[27]

Reconhecendo os bloqueios que têm sido levantados às reformas na justiça, apesar dos problemas largamente sentidos na sociedade, a SEDES propõe um programa de reformas sistémicas que são a mais audaz e profunda reforma que foi avançada até hoje. No que respeita à arquitetura do sistema judicial, propõe-se a integração dos tribunais administrativos e fiscais nos tribunais comuns, e a integração dos vários conselhos num só Conselho Superior Judiciário, eventualmente com a separação do Conselho Superior do Ministério Público. Deve haver paridade entre juízes e magistrados, e destes e não-profissionais da justiça, nomeados na maioria pelo Parlamento, Presidente da República e Magistraturas. Para se abrir à sociedade deve também ter um terço de membros sem formação jurídica formal nem vínculo à função pública.

Além dos tribunais especializados é importante acentuar a formação de juízes especializados que deverão formar câmaras especializadas.

No que se refere às políticas de gestão dos recursos humanos, apertam-se as regras para a escolha dos altos cargos no sistema judiciário, para dar mais transparência e independência ao sistema. Uma função importante é a avaliação contínua, pelo que o Conselho Superior nomeará uma Comissão Judiciária de Avaliação. A carreira dos juízes passaria a não depender das vagas disponíveis nos tribunais superiores, mas sim de critérios de avaliação ao longo da sua vida profissional.

No que se refere à gestão processual deve substituir-se o princípio do juiz natural pelo da especialização, e do princípio da legalidade pelo da oportunidade, dar mais poderes ao juiz, manter o mesmo magistrado do Ministério Público em todo o processo, limitar a capacidade dos recursos e prevenir a litigância por má-fé, estabelecer limites à dimensão dos recursos e sentenças, continuando a incentivar as soluções extrajudiciais dos processos.

---

[27] Pereira, M., Wemans, L. (2015). *Produtividade na justiça civil em Portugal*. Banco de Portugal.

Igualmente importantes são as propostas para a formação em Direito nas universidades, em geral, e dos juízes e magistrados em particular. O ensino e os programas nas faculdades de Direito seriam profundamente modernizados e internacionalizados, à base de um ensino mais pragmático em detrimento do ensino formalístico. Também assumiriam mais importância as graduações duais, com outras especializações da ciência. O CEJ seria dissolvido, e a formação passaria a ser ministrada por acordos com as universidades. A formação dos juízes também teria uma importante componente de experiência, e treino com os juízes mais experientes, num mínimo de 6 anos.

Propõe-se o aprofundamento da digitalização do sector e abertura à sociedade, publicando todas as sentenças e acórdãos e a situação de todos os processos.

No combate à corrupção, o governo deve implementar todas as recomendações do Conselho da Europa, devem adotar-se medidas para prevenir os megaprocessos e rever a lei para prevenir o enriquecimento ilícito em cargos políticos. A SEDES faz propostas concretas em todos estes domínios.

7. REFORMAR O SISTEMA DE SAÚDE, DE FORMA A ELIMINAR AS FILAS DE ESPERA, A MELHORAR O ACESSO AO SISTEMA DE SAÚDE A TODOS OS PORTUGUESES, A AUMENTAR A EFICIÊNCIA E A MODERNIZAR O SISTEMA

O sistema de saúde é composto pelo Serviço Nacional de Saúde (SNS) público, que presta cerca de 60% dos serviços de saúde no país, mas também pelos serviços privados e sociais, que desempenham um papel fundamental na satisfação global de necessidades. Este sistema produziu efeitos notáveis na saúde dos portugueses, em termos da extensão da esperança de vida e da incidência de várias doenças, embora indicadores como a esperança de vida saudável aos 60 anos ou de doenças evitáveis ainda estejam abaixo da média da UE.

Todas as componentes do sistema de saúde são importantes, sem qualquer preconceito ideológico, e o que é necessário é otimizar os recursos e a articulação entre eles, numa perspetiva pragmática, para se obterem os melhores resultados nos serviços prestados. Os principais problemas residem na incapacidade de o SNS prover médico de família a todos os interessados, nas elevadas filas de espera, na baixa eficiência, na complexidade burocrática e gestão deficiente, e no sub-financiamento crónico deste, traduzido nas dívidas constantes de milhares de milhões de euros do SNS. E, mais ainda, é preocupante a elevada proporção de despesa que os portugueses têm de prover, além dos impostos, a fim de satisfazer as necessidades de saúde, as deficiências na prevenção e nos estilos de vida, bem como o atraso tecnológico na provisão de cuidados a certas camadas da população.

A Figura 15 mostra que, apesar de ter havido uma recuperação acentuada da produtividade durante o Programa de Ajustamento, o grau de produtividade no sector voltou a registar uma tendência de queda. Em 2019 estava cerca de 4 pontos percentuais abaixo do nível de 2000.

FIGURA 15 – **INPUTS AND OUTPUTS HEALTH SECTOR**

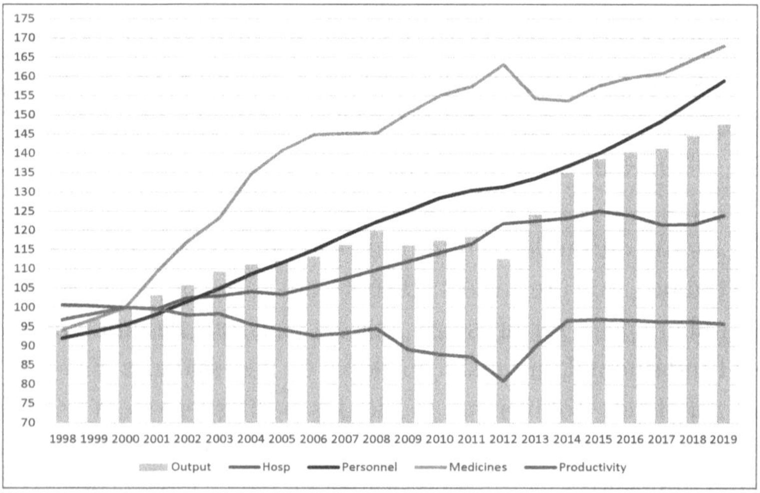

Fonte: INE, INFARMED e cálculos do autor

A primeira responsabilidade do SNS é cobrir o país com um conjunto adequado de serviços primários, de proximidade, que permitam facilmente o acesso da população aos profissionais de saúde. Os cidadãos devem ter acesso a uma equipa de saúde familiar adaptada ao seu historial físico e ciclo de vida, com horários adaptados e recurso a sistemas digitais de acompanhamento. É necessário reforçar os cuidados de saúde mental, oral, visual, de nutrição e psicologia, e a implementação da hospitalização domiciliária.

Propomos dois princípios fundamentais em que deve assentar a política de saúde: *(i)* o da liberdade de escolha do cidadão, que deve ter informação clara, transparente e completa sobre as condições de prestação dos cuidados de saúde, completada com *(ii)* o financiamento que deve seguir o doente, o que permite remunerar a escolha feita pelo utente, apenas limitada pela necessidade de cobertura mínima das populações.

A reforma do Estado acima proposta vai implicar um corte nas estruturas burocráticas ao nível do Ministério e das entidades regionais, ou das direções hospitalares, que não estão a prestar diretamente serviços, e melhorar as estruturas diretas de apoio ao utente. Por outro lado, é fundamental a racionalização dos meios de prestação do SNS, de forma a evitar duplicações e a promover uma utilização plena dos equipamentos e instalações. Também é fundamental prover os investimentos essenciais para as áreas em que existe forte congestionamento, como atualmente na Grande Lisboa, construindo os hospitais necessários.

A gestão de hospitais públicos por entidades privadas, ou a realização de PPP para a construção de novos hospitais já provaram, tanto em Portugal como noutros países, quando acompanhados de uma monitorização eficiente, serem instrumentos importantes para a melhoria da gestão e poupança de recursos públicos, ou colmatar investimentos necessários para facilitar o acesso dos utentes.

Entre as várias componentes necessárias das políticas de saúde salienta-se a necessidade de intensificar as políticas de prevenção e de «estilo de vida», assim como uma forte prioridade aos sistemas de saúde de proximidade, facilitando o acesso dos utentes, promovendo uma triagem eficaz e reduzindo custos através da contratualização de serviços, explorando todas as sinergias possíveis do sistema de saúde do país.

8. REFORMAR E MODERNIZAR O SISTEMA DE SEGURANÇA E DEFESA NACIONAL PARA QUE DESEMPENHE, COM EFICÁCIA, AS RESPETIVAS FUNÇÕES FUNDAMENTAIS DE SOBERANIA E DE PROTEÇÃO DE PESSOAS E BENS, E CONTRIBUA, DE FORMA RELEVANTE, PARA A PROSSECUÇÃO DOS INTERESSES NACIONAIS, NO ÂMBITO DAS ORGANIZAÇÕES INTERNACIONAIS EM QUE PORTUGAL SE INSERE, NOMEADAMENTE DA NATO E DA UE

A segurança, a justiça e o bem-estar constituem, sinteticamente, os fins últimos do Estado.

Sem segurança, dificilmente se alcança o progresso e o bem-estar social. A perceção do sentimento de segurança ou insegurança faz-se sentir em toda a vida pública e privada, condiciona o ambiente económico e o desenvolvimento do país.

Embora Portugal seja considerado um dos países mais seguros do mundo — cujo modelo orgânico de segurança interna, alicerçado fundamentalmente em duas forças de competência genérica, uma de natureza militar (GNR) e outra civil (PSP), tem provado ser eficaz —, deve no entanto aprofundar-se a diferenciação entre as atribuições de cada uma com base nas respetivas naturezas distintas, através da complementaridade entre ambas, como sucede em todos os países que possuem forças congéneres, por forma a maximizar as potencialidades do modelo. Não obstante os níveis de segurança alcançados, começam a fazer-se sentir fenómenos de criminalidade e insegurança que carecem da atenção dos decisores políticos, que passa, entre outros aspetos, pelo reforço da autoridade do Estado, representado pelos agentes das forças e serviços de segurança, cuja dificuldade de recrutamento começa a dar indícios de desinteresse pela função.

No plano externo da segurança, os interesses nacionais de Portugal determinam a defesa do sistema multilateral na ordem internacional e o seu estatuto como membro das Nações Unidas, da UE e da NATO. Essa é a melhor forma de garantir uma presença relevante na cena política internacional e um máximo de segurança para Portugal, exigindo uma contribuição nacional que, à medida da dimensão do país, se revele útil e significativa para a materialização dos objetivos das organizações internacionais que Portugal integra. Em decorrência desta política, Portugal tem participado em inúmeras operações «de paz» nos quatro continentes, para as quais tem canalizado importantes recursos. É fundamental enquadrar estas missões numa visão estratégica que corresponda aos interesses políticos e económicos do país, e não dispersar os recursos em múltiplas operações sem um adequado retorno. No quadro específico do sector da defesa como vetor da cooperação político-estratégica de Portugal em África, torna-se necessário apostar numa cooperação estratégico-militar bi-multilateral, em que se torne mutuamente vantajoso trabalhar e desenvolver simultaneamente parcerias estratégicas nos Estados e nas Organizações Regionais Africanas.

O conceito estratégico da NATO em vigor, aprovado em 2010 e em processo de revisão, defende o conceito de abordagem geral (*comprehensive approach*) e a articulação dos meios civis e militares na resposta aos desafios de segurança, um domínio em que Portugal tem uma doutrina própria e experiência passada que devem ser valorizadas e aprofundadas. Urge que o papel de Portugal na NATO seja mais ativo, e que a organização, por ser um híbrido político-militar, seja encarada pelas autoridades nacionais como uma entidade com um raio de ação que se estende para lá da segurança, alargando-se a domínios como a cooperação científica e industrial, sobretudo na conjugação destes dois aspetos.

A UE assumiu novas responsabilidades como ator de segurança com o Tratado de Lisboa. A Política Comum de Segurança e Defesa

(PCSD) define um quadro de interesses comuns de segurança e defesa dos Estados-membros, incluindo cláusulas de defesa mútua e de solidariedade que preveem ações coletivas de assistência mútua, bem como os mecanismos de cooperação reforçada e de cooperação estruturada permanente. As profundas alterações geoestratégicas, nomeadamente o posicionamento dos EUA em relação à Europa, a ascensão da China na ordem internacional, e a nova política de concorrência estratégica entre os EUA e a China, implicam a necessidade de aprofundar a cooperação em termos de segurança e defesa da UE com a contribuição ativa de Portugal.

Para que esta contribuição de Portugal para as organizações internacionais que integra, no âmbito da segurança e da defesa, se traduza em participações que, à dimensão do país, possam considerar-se como relevantes, é urgente inverter a tendência de constante declínio no financiamento das Forças Armadas (FFAA). A percentagem do PIB dedicado à defesa baixou quase ininterruptamente, de 1,7% do PIB em 1995 para 0,8% em 2019 (Figura 16), com sérias consequências em termos de pessoal, operação e manutenção e investimento para a Marinha, o Exército e a Força Aérea.

FIGURA 16 – **PORTUGAL: GASTOS EM DEFESA (% PIB)**

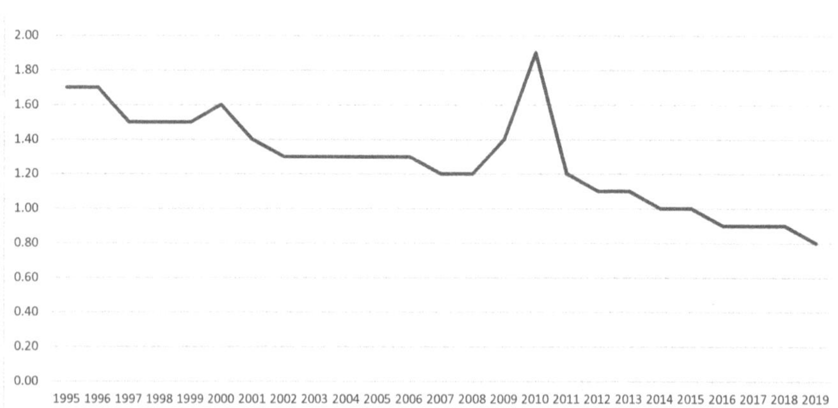

Fonte: Eurostat

Em 2019, Portugal era o quinto país com a mais baixa percentagem do PIB dedicada à defesa, 33% abaixo da média da UE, e muito abaixo dos 2% propostos pela NATO (Figura 17).

FIGURA 17 – DESPESAS COM DEFESA (% PIB) 2019

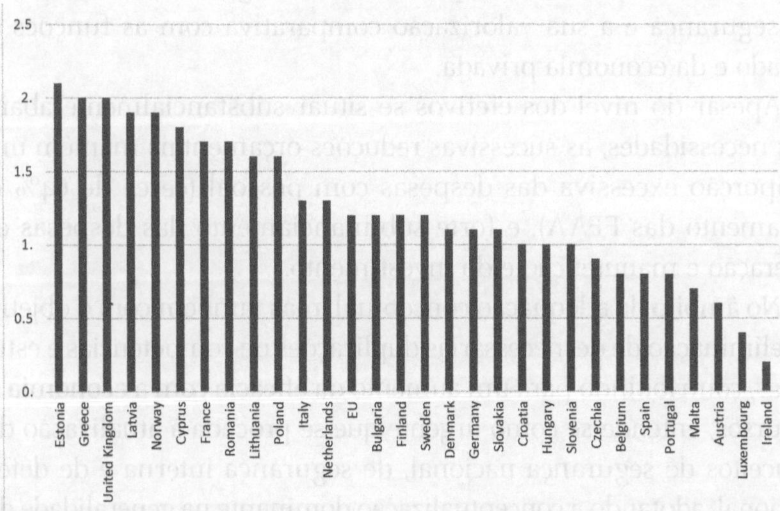

Fonte: Eurostat

A principal preocupação traduz-se no quadro atual dos efetivos das FFAA. Dos 34 514 efetivos existentes em dezembro de 2011, houve uma redução para 25 558 em dezembro de 2020, no valor de 26%. No Exército, em dezembro de 2021, existiam 2094 oficiais, 3197 sargentos e 4972 praças, efetivos que se traduzem numa preocupante desadequação da pirâmide hierárquica. Entre outras razões, é fácil concluir que os salários dos postos mais baixos da hierarquia militar estão completamente desenquadrados da necessidade de recrutar e reter pessoal. Considera-se urgente a valorização retributiva dos militares, com prioridade para a categoria dos praças, conferindo-lhes equidade relativamente a outros sectores, no sentido de regularizar a situação crítica de efetivos das FFAA. Mais genericamente, tem vindo a verificar-se uma desvalorização crescente das condições estatutárias e retributivas dos militares, em comparação com as principais categorias de referência, piorando, inclusive, relativamente aos demais atores do sector da segurança. Urge reconhecer como prioritário encontrar um modelo de *benchmarking* que assegure equidade e competitividade, promovendo a dignificação das funções de segurança e a sua valorização comparativa com as funções do Estado e da economia privada.

Apesar do nível dos efetivos se situar substancialmente abaixo das necessidades, as sucessivas reduções orçamentais mantêm uma proporção excessiva das despesas com pessoal (cerca de 64% do orçamento das FFAA), e forte subfinanciamento das despesas em operação e manutenção e do investimento.

No âmbito da adequação conceptual, mas também com o objetivo da eliminação de desnecessárias duplicações de competências e estruturas, contribuindo para um aumento da eficácia com a economia de recursos, entende-se como urgente que se proceda à atualização dos conceitos de segurança nacional, de segurança interna e de defesa nacional, adotando a conceptualização dominante na generalidade dos países europeus e organizações internacionais que Portugal integra. No novo quadro da conflitualidade, e no conceito mais amplo de segurança nacional, o emprego de forças deixou de se aferir exclusivamente pela origem da ameaça para se situar na sua intensidade e extensão, a que só a interdependência e complementaridade de todos os elementos do sistema poderão dar a resposta mais eficaz. Neste sentido, as FFAA, permanecendo como garante da defesa militar da República, deveriam colaborar de uma forma mais estruturada, em modo supletivo, com as Forças e Serviços de Segurança (FSS) ao nível interno.

A reforma estrutural da segurança nacional deve passar, prioritariamente, pela revisão da Constituição da República Portuguesa, adotando uma nova abordagem à segurança nacional que integre um conceito amplo de segurança e defesa na decorrência da qual se considere necessário o levantamento de um Conceito Estratégico de Segurança Nacional, a criação de um novo Conselho Superior de Segurança Nacional, bem como o estabelecimento de um novo estado de exceção, a designar por «Estado de Crise», de forma a facilitar a tomada de decisão política e o emprego das FFAA no âmbito interno, a título excecional e em modo supletivo às FSS, em situações que não requeiram a restrição de direitos, liberdades e garantias constitucionais. Considera-se ainda como necessária a implementação, a montante, de um Conceito Estratégico Nacional, de onde derivem os conceitos das estratégias gerais (caso do Conceito Estratégico de Segurança Nacional) e que inclua os interesses nacionais considerados como permanentes, dos quais se referem, como exemplos, a segurança e o desenvolvimento do mar, a relação com os Países Africanos de Língua Oficial Portuguesa e a inserção numa sólida rede de alianças que inclua a NATO, a UE, a CPLP, a ONU e a OSCE.

Em estreita ligação com a segurança nacional, verifica-se existir uma lacuna na sociedade portuguesa, traduzindo-se por um alheamento dos jovens cidadãos relativamente à necessidade de contribuir para o coletivo. Face ao mesmo problema, alguns países consideram instituir um modelo de serviço nacional de cidadania. Entende-se que este assunto, pela sua importância na coesão do todo social, merece uma especial atenção.

Ligar a política de segurança à política industrial. Em todos os países industrializados, a política de armamentos desempenha um papel fundamental na política industrial, na medida em que contribui, não só em termos de fabrico e criação de cadeias de valor, como para a I&D em áreas fundamentais com fortes sinergias militar-civil. Em Portugal é importante, por exemplo, o novo polo criado em torno das indústrias aeroespaciais. Por outro lado, a indústria nacional deve participar cada vez mais nas redes de fabrico de armamentos europeias, em estreita colaboração com as empresas mais importantes, seja por subcontratação, seja por participação mais direta na cadeia de valor.

Também no âmbito do processo aquisitivo de novos meios militares, constantes da Lei de Programação Militar, deverá ser considerada a necessidade de desenvolvimento da capacidade nacional de I&D e, simultaneamente, de desenvolvimento de uma base industrial de defesa nacional, envolvendo as universidades, os centros de investigação e centros tecnológicos, os empresários e as indústrias de defesa ou outras compatíveis, para a produção e investigação e o desenvolvimento de novos meios militares, em complemento da aquisição *off-the-shelf*. Relativamente à aquisição de equipamentos militares, ela deverá ser feita, por uma questão de eficiência e transparência, preferencialmente através da NAMSA e da EDA. Neste sentido, Portugal deve participar mais ativamente, no quadro da União Europeia, nos projetos cooperativos no âmbito da PESC, com financiamentos em I&D garantidos pelo novo Fundo de Defesa da UE.

9. CONTRIBUIR PARA A CONSTRUÇÃO E APROFUNDAMENTO DA INTEGRAÇÃO DENTRO DA UNIÃO EUROPEIA, DE FORMA QUE ESTA SE TRANSFORME NUM BLOCO ECONOMICAMENTE MAIS DINÂMICO, DEFENSORA DO ESTADO DE DIREITO E DO *ACQUIS COMMUNUTAIRE*, PARA A PAZ E O PROGRESSO MUNDIAL

Os cenários macroeconómicos estudados, com base nas projeções da OCDE, mostram que este continuará a ser o século da Ásia, com a produção mundial a deslocar-se cada vez mais para o Indo-Pacífico. A China, que tinha uma quota de cerca de 14% do PIB mundial, em PPC, em 2005, deve atingir o pico de 27% em 2030. A Índia, por sua vez, que tinha uma quota de 6% em 2005 vai aumentando progressivamente a sua quota até 14% em 2030 e cerca de 20% em 2060, próximo da China. Os BRIC aumentam o rácio do seu PIB em relação à OCDE, de 63% em 2020 para 98% em 2040 e depois estabilizam.

Por outro lado, as projeções da população mundial do Census Bureau, nos EUA, mostram que esta sobe de 7,8 mil milhões em 2021, para 8,4 em 2030 e 10,2 mil milhões em 2060. A população da UE baixa de 447 milhões em 2020 para 432 milhões em 2060, a dos EUA sobe de 333 para 404 milhões, o Japão sofre uma quebra dramática de 125 para cem milhões. A China também tem uma redução de 1,39 para 1,25 mil milhões, enquanto a Índia cresce, de 1,33 para 1,65, tornando-se o país mais populoso do mundo.

A União Europeia vai continuar a registar uma queda do seu PIB total em relação aos EUA, passando de 94% em 2018 para 79% em 2060. Já a Rússia deverá continuar a registar uma queda do seu PIB em relação à UE, passando de 17% em 2018 para 12% em 2060. A China irá continuar a registar um forte aumento da sua dimensão económica em relação à UE, passando de 103% para 146% entre 2018 e 2060. A China, em relação aos EUA, deverá continuar a registar uma forte subida na sua posição relativa entre 2018 e 2030, passando a sua economia a representar de 97% a 131%, mas depois deverá cair para 115%. O peso das economias chinesa e russa em relação à OCDE deve continuar a subir de 48% para 64%, e depois cair ligeiramente para 59% em 2060.

Perante estes cenários é indubitável que terá de haver uma significativa alteração das preocupações geopolíticas e das políticas externas da EU e de Portugal: *(i)* o reforço das políticas de segurança da UE, mantendo a intersecção entre a NATO e a autonomia estratégica da UE; *(ii)* a política da UE de concorrência estratégica com a China, em paralelo mas distinta da dos EUA, protegendo a posição da União em termos tecnológicos e de investimento; *(iii)* o aprofundamento das relações com os PALOP e a nossa posição em África; e *(iv)* o reforço da nossa posição como apoiantes do multilateralismo, da democracia e das liberdades fundamentais.

Como membro simultâneo da NATO e da UE, Portugal tem de manter o equilíbrio entre estas duas entidades do ponto de vista de segurança internacional e nacional. A posição da NATO, expressa no documento NATO 2030: United for a New Era, de 25 de dezembro de 2020, expressa a necessidade de reavaliar a posição desta aliança, que já tem 80 anos. Por outro lado, durante a presidência alemã foi introduzido o projeto Strategic Compass, que pretende reavaliar a questão da soberania estratégica da UE e a questão da autonomia estratégica, um dos temas mais importantes para a conferência sobre o futuro da Europa, que terá lugar durante a presidência francesa de 2022.

Os temas que estão a ser avaliados, entre outros, são *(i)* a ameaça da Rússia na sua fronteira com a UE, a guerra que está a manter no leste da Ucrânia, com a Geórgia, e a conquista da Crimeia e da Moldávia Ocidental, e a pressão sobre os países que tentam aproximar-se da UE; *(ii)* emergência da China como potência mundial, e o propósito do PCC pretender dominar os recursos minerais estratégicos, estabelecer uma rede de transportes e comunicações com o resto do mundo através do programa Belt Road Initiative; *(iii)* tornar-se no líder mundial em IA e outras tecnologias de ponta; e *(iv)* afirmar a sua ideologia de socialismo autoritário, além da anexação de Taiwan e de terminar com a autonomia de Hong Kong e Macau.

A doutrina Biden defende uma «Política externa para a classe média», que tem conotações protecionistas baseadas numa política industrial agressiva, aponta a China como «concorrente estratégico» e o Indo-Pacífico como o centro das preocupações de segurança internacional, e pretende reatar a colaboração com antigos aliados. Esta doutrina terá impacto no aprofundamento do modelo da OMC, no acordo de comércio e investimento com UE, na competição com a UE em África e na América Latina.

Os Países Baixos já fizeram uma reavaliação da sua política externa com a China.[28] Juntamente com a Espanha,[29] também já tornaram pública a sua posição afirmando os princípios de uma autonomia estratégica, preservando uma economia aberta. Contudo, existe uma posição distinta sobre autonomia estratégica: mais pró-NATO da Suécia e Bálticos, e pró-autonomia dos Países Baixos, da Espanha e da França. Na Alemanha existem as duas correntes.

Na sua análise, a SEDES considera que, independentemente destas duas posições, é fundamental prosseguir uma política de reforço

---

[28] Ministry of Foreign Affairs. (dez. 2019). *The Netherlands and China: a new balance.* Hague.

[29] *Spain-Netherlands: Non-Paper on Strategic Autonomy while Preserving an Open Economy.*

da segurança interna e externa da UE, pois uma União mais forte é um poderoso ativo da NATO. Para tal, é necessário prosseguir o esforço de integração de segurança e militar já iniciados. Segundo, a postura da UE na política internacional deve basear-se nos princípios fundadores da Carta dos Direitos Humanos, das Nações Unidas, da Convenção Europeia dos Direitos do Homem e na Carta dos Direitos Fundamentais da União Europeia.

Em terceiro, subscrevemos os princípios e as principais áreas de atuação dos Países Baixos-Espanha, tais como o reforço do Mercado Único, compreendendo a redução da dependência estratégica em recursos naturais, energia e mais monitorização dos investimentos de países terceiros e das transferências de tecnologia para terceiros, nomeadamente os países «concorrentes estratégicos», e política industrial ativa de *re-shoring* e *near-shoring* para diminuir o risco associado às cadeias de valor estratégicas.

Seguidamente, em quarto, estimular a revolução digital, nomeadamente através da intensificação de investimentos em inteligência artificial e robótica, e sobretudo levar ao seu desenvolvimento e a aplicações industriais; promover as técnicas ligadas aos grandes dados e preservar as bases de dados de influências estrangeiras; impulsionar a cibersegurança de sistemas estratégicos e das grandes empresas; intensificar o desenvolvimento das infraestruturas de 5G, atendendo a aspetos fundamentais de segurança, e a sua utilização na Internet das Coisas assim como de serviços da *Cloud*.

Em quinto, promover e preservar o multilateralismo, por meio da representação da Comissão e dos Estados-membros nas principais instituições financeiras multilaterais e WTO, evitando que sejam desvirtuadas por interesses hegemónicos das potências emergentes.

As relações com a China, em sexto, baseadas na cooperação comercial com vantagens múltiplas, o alinhamento com os EUA em assuntos como o respeito pelos IP e a monitorização e controlo das transferências de tecnologia, nomeadamente em indústrias de ponta, que possam ter aplicações militares.

E por fim, em sétimo, apoiar os processos da União Europeia para preservar a democracia e o Estado de Direito nos países-membros, ao nível da Comissão e do Conselho, evitando que estes sejam usados para apropriação partidária em todos os Estados-membros, incluindo o nosso.

No que respeita à política externa portuguesa, esta só tem peso global se se alicerçar na política comum da União Europeia, dada a pequena dimensão do nosso país, pelo que é necessário reforçar a nossa representação e posições estratégicas e a capacidade de influência nas instituições comunitárias. Outro instrumento de potenciação é a nossa posição de charneira entre a Europa e a África e as Américas de língua portuguesa.

Assim, o grupo considera a necessidade de maior alinhamento da política externa portuguesa com a da União Europeia em matérias de política de segurança nacional (v.g., cibersegurança e apreciação crítica da situação grave de Portugal nos *rankings* de cibersegurança); de influência externa na comunicação nacional (liberdade de imprensa); de controlo de IDE em sectores estratégicos; de políticas de vizinhança (v.g. Mediterrâneo Sul e Leste); e de envelhecimento populacional. Adicionalmente, reconhecer o Atlântico e o mar como âncoras da política externa e da cooperação portuguesa (v.g., The Atlantic Centre; extensão da plataforma continental; *Re-purposing* das Lages; Conferência dos Oceanos da ONU — Portugal *champion* e porta-voz global, e a longo prazo, da agenda resultante; *hub* de diálogo transatlântico, alinhando *think-tanks*, investigação nas universidades, etc.; *hub* de diálogo transatlântico norte-sul).

A língua portuguesa como âncora da política externa e da cooperação portuguesa, acentuando as estratégias comerciais agressivas em mercados essenciais para a política externa económica (v.g. do tipo British Council, Alliance Française, Cervantes, Confúcio).

Por outro lado, interessa reorganizar a política nacional em coordenação com a política europeia. Equacionar maior nacionalização da política europeia, com mais uma explícita e intensa distribuição de responsabilidade política pelos ministérios sectoriais, de acordo com as dez formações do Conselho da União Europeia, incluindo o alinhamento da orgânica política e administrava. Tal poderá implicar a transferência da SEAE do MNE para o PCM, estando mais próxima da coordenação política e legislativa; democratizar a coordenação dos assuntos políticos em Bruxelas (com dependência mais estrita da coordenação do PM) e reduzir a sua componente diplomática; e realinhar as posições políticas nacionais na UE, mais em função de famílias políticas escrutinadas eleitoralmente (família política dos governos democraticamente eleitos e dos programas políticos escrutinados nas eleições europeias), e menos em confrontos país-país, região-região.

a) Reformas das políticas económicas da União Europeia

É necessário melhorar a supervisão macroeconómica. A Comissão Europeia como guardiã dos Tratados tem a responsabilidade de monitorar a situação e recomendar ao Conselho políticas para: *(i)* assegurar o crescimento económico sustentado da UEM; *(ii)* exigir a equidade e a inclusão (coesão) de todos os membros e regiões nesse processo de crescimento; *(iii)* assegurar a estabilidade financeira e económica da UEM e de todos países-membros; *(iv)* assegurar a democracia; e *(v)* desenvolver a economia de mercado e o l*evel-playing field* no espaço económico. O Conselho Europeu deve implementar as políticas necessárias para atingir essa meta, recomendando a cada membro as medidas e políticas necessárias.

Existe uma clara fadiga dos países financiadores da UE perante o desperdício de recursos de muitos países, e em particular os do Sul (Portugal, Grécia, Espanha e *Mezzogiorno*). Para resolver o dilema entre o princípio da solidariedade e o do *no bail-out,* urge que a Comissão dê particular atenção ao princípio da eficiência na utilização dos recursos fiscais pagos pelos contribuintes dos países financiadores. A Comissão tem errado nos diagnósticos e muitas vezes é demasiado condescendente com os governos nacionais que não respeitam nem os equilíbrios macroeconómicos, nem a eficiência económica na aplicação dos recursos, que são evidentemente fungíveis.[30] É urgente rever as condicionalidades. É essencial haver programas de ajustamento para equilibrar as contas do Estado e as externas, o que implica «austeridade», mas é essencial haver uma maior ênfase nas reformas estruturais (e do lado da oferta) do que medidas temporárias de cortes «cegos» na despesa pública. Também existe desequilíbrio entre a supervisão dos pequenos países com a *troika* e dos grandes, como a Itália, onde estes são pressionados politicamente para mudarem de governo.

Propomos uma maior integração fiscal/orçamental. Recomendamos o restabelecimento do Pacto Fiscal e das regras orçamentais quanto ao défice e à dívida a partir de 2022, inclusive, mesmo admitindo 1 ano de transição nas regras de défice excessivo. Somos, por outro lado, a favor de uma simplificação das regras orçamentais, mas mantendo os limites atuais do défice e da dívida. A UE não se pode transformar numa «União da Dívida», pelo que é necessário que os países sobre-endividados apresentem programas de estabilidade credíveis de redução da dívida num horizonte razoável, primeiro para um *safety ratio* e, segundo, para o objetivo dos 60% do PIB, como está definido no Pacto.

Não apoiamos as propostas de alargamento da restrição do défice, excecionando o investimento ou as despesas com o clima, pois trata-se de uma restrição macrofinanceira, e existem já *escape clauses* apropriadas para caso de recessões graves. Mas apoiamos a criação de euro-obrigações, até um limite de 30% do PIB, com a finalidade de criar um ativo de elevada liquidez e de baixo risco que possa competir com as obrigações dos EUA, que pode potenciar o papel do euro no mercado internacional. Para evitar o moral *hazard*, as euro-obrigações só podem ser emitidas, inicialmente, em substituição da dívida já emitida pelos respetivos Estados. E só podem ser emitidas

[30] As análises da Comissão e do FMI não detetaram os riscos e as vulnerabilidades do forte endividamento de Portugal, nem mesmo o FMI: com défices do Estado numa média de 5,3% ao ano e défice da balança corrente de 10% do PIB durante cerca de 12 anos... e isto não causou preocupação.

por Estados-membros da UE que tenham, no máximo, um rácio da dívida pública de 90% do PIB. Esta proposta implica a mutualização da dívida, mas apenas para aqueles que mantenham a disciplina orçamental: caso um Estado venha a infringir o Pacto Orçamental, mesmo que cumpra estas regras, será imediatamente proibido de emitir mais euro-obrigações.

A harmonização fiscal deve prosseguir, mas sem limitar a soberania dos Estados-membros nesta matéria, fundamental para a política anticíclica. A fiscalidade sobre bens e serviços não internacionalmente móveis deveria continuar a ser da soberania de cada qual. Porém, o problema principal está na arbitragem fiscal que é feita dos lucros das sociedades, sobretudo as multinacionais. Propomos, pois, restringir ou mesmo eliminar os *tax havens* dentro da UE. E, conforme a recomendação da OCDE, acordar um imposto mínimo sobre lucros das sociedades de 15%.

Propomos, também, a conclusão da construção da União Bancária. Para tal, entre outros, deve estabelecer-se um Fundo de Garantia de Depósitos ao nível da UE, definindo claramente a responsabilidade de cada Estado-membro, nomeadamente em termos de cosseguro e de primeira tranche da responsabilidade do país-membro.

No que respeita à Política Monetária Única, somos contra a extensão do mandato do BCE para alargar a questões climáticas e de desigualdade social, que devem ser instrumentados através de políticas e instituições próprias. Vemos com preocupação a política de *Quantitative Easing* que o BCE tem vindo a prosseguir, e que ultrapassa em proporção a do PIB e a do FED. O BCE não deve comprometer a sua capacidade de combater a inflação com políticas demasiado expansionistas, e deve estar pronto para subir as taxas de juro se necessário, mantendo a âncora monetária para a estabilidade dos preços. E as políticas do BCE não devem ter como objetivo eliminar o risco específico das dívidas públicas, pois este é o principal mecanismo de disciplina dos Estados.

Propomos a reforma da Política de Coesão e dos Quadros Financeiros Plurianuais (QFP). Os QFP deveriam ser enquadrados por uma estratégia e plano de desenvolvimento competentemente formulado e submetido à apreciação de um grupo de especialistas internacionais. Existe a necessidade de acompanhamento transparente e de controlo financeiro apertado de desembolsos dos fundos, para evitar o desperdício e a corrupção. Os programas devem ser submetidos a uma análise benefício-custos do tipo Banco Mundial e a uma avaliação e auditoria que permitissem avaliar se os objetivos foram atingidos e quais as lições a tirar para o futuro, mas de forma mais rigorosa, e não genérica.

É importante uma revisão profunda da Política Agrícola Comum. Este é ainda o maior programa das transferências da UE. São amplamente conhecidas as críticas dos economistas à PAC: ineficiente; beneficia sobretudo os grandes agricultores; falta-lhe inovação e não promove uma agricultura sustentável. A recente reforma apenas se preocupou com o «lado verde», dando ênfase aos ecossistemas, mas falta resolver as outras questões.

Recomendamos que a Comissão adote uma política climática responsável, mas realista, com uma apreciação clara das implicações sobre a competitividade, e geoestratégica. A UE já diminuiu substancialmente as emissões de carbono por causa do deslocamento da indústria para a China e outros fatores, pelo que já é uma das áreas que menos emissões larga *per capita*. Porém, a Comissão, e agora o Parlamento, continuam a estabelecer objetivos sobreambiciosos para a redução, sem atender aos impactos sobre a competitividade. A China e a Índia continuam a ser dos maiores poluidores e a aumentar as emissões. O problema do aquecimento global só se resolve com uma redução das emissões ao nível mundial; existe, pois, um problema de *free-riding*. É necessário, assim, que o acordo para redução seja implementado ao nível mundial. Os EUA com Biden voltaram a aderir ao acordo de Paris e podem ser um parceiro importante na inovação tecnológica.

As políticas climáticas devem combinar o imposto sobre o carbono, o mais generalizado possível, mas os rendimentos obtidos devem ser devolvidos aos contribuintes, através de impostos com incidência geral, tais como impostos sobre o trabalho e capital, em cada um dos países-membros. Simultaneamente, também com o financiamento do imposto sobre a emissão de CO_2, deve ser criado um Fundo de Inovação para financiar projetos de desenvolvimento tecnológico que suportem a transição climática. Não apoiamos um sistema de Carbon Border Adjustment, pois trata-se de tarifas que vão ser pagas essencialmente pelos consumidores e não têm o apoio dos nossos (UE) principais concorrentes internacionais.

10. APROFUNDAR OS LAÇOS COM A DIÁSPORA PORTUGUESA PARA BENEFÍCIO DOS EMIGRANTES E PARA O APROFUNDAMENTO DA SUA CONTRIBUIÇÃO PARA O DESENVOLVIMENTO DO PAÍS. REFORMAR E APROFUNDAR A COMUNIDADE DOS PAÍSES DE LÍNGUA PORTUGUESA

a) Diáspora

De acordo com dados sobre as migrações internacionais das Nações Unidas, 2,6 milhões de portugueses residiam no estrangeiro em 2019: 57% na Europa (1,5 milhões), 40% no continente americano (um milhão) e 3% (87 mil) na África, Ásia e Oceânia.[31] Isto significa que um em cada quatro portugueses estava emigrado, e mostra a importância e o potencial da diáspora portuguesa.

A diáspora desempenha um papel fundamental no desenvolvimento de países como Israel ou a Irlanda, embora por razões muito diferentes. É, pois, essencial continuar a aprofundar as redes científicas, articuladas com as universidades e centros de investigação do país, assim como criar fundos de investimento especialmente vocacionados para os emigrantes portugueses que pretendam «investir

[31] Nos últimos 10 anos verificaram-se importantes alterações, com o número de portugueses a residir no Canadá a aumentar de 143 mil para 624 mil, e em Angola a diminuírem de 92 mil para 5 mil, segundo o Observatório da Emigração (*Observador*, 5-11-2019).

nas suas terras ou regiões.» Outra área que deveria ser explorada era o *twinning* entre empresários portugueses no estrangeiro e em Portugal, para que se possa fazer a troca de experiências e transferência de conhecimentos, sobretudo ao nível das PME.

A principal proposta da SEDES é a necessidade de estabelecer relações institucionais mais profundas com estas comunidades de portugueses emigrados, e que não têm recebido até hoje a devida atenção pelos diferentes governos. Existem iniciativas privadas cujo papel é de louvar, como o Conselho da Diáspora Portuguesa e o seu trabalho no Fórum Euro-Africano.

O primeiro pedido destas comunidades é a necessidade de reforçar fortemente a rede consular, pois o subfinanciamento e a falta de recursos humanos têm dificultado por todo o mundo o acesso dos portugueses emigrados aos serviços administrativos do país, e que foi agravado pela pandemia. São enormes as filas de espera ou as demoras no processamento de documentos e registos. Este é um ponto fundamental, e que o governo poderia resolver com uma pequena dotação orçamental. O segundo é o reforço da participação das comunidades em todas as eleições, o acréscimo da representação parlamentar e do peso nos governos das políticas da diáspora. O último diz respeito à revisão da fiscalidade para garantir equidade, independentemente do local onde residem ou trabalham.

b) Comunidades da Língua Portuguesa

Com cerca de trezentas milhões de pessoas e um PIB total de 4 biliões de USD, a CPLP é uma das mais importantes comunidades ao nível mundial, cujo potencial está longe de ser explorado.

As profundas desigualdades económicas e sociais existentes entre os países desenvolvidos e subdesenvolvidos, e mesmo entre diferentes estádios de desenvolvimento, estão também refletidas na desigualdade existente entre os países de língua portuguesa. Embora se tenha verificada uma diminuição no fosso que separa, por exemplo,

Portugal, Brasil e Angola, ou Portugal e Timor, são ainda grandes as diferenças nos mais diversos indicadores de nível de vida, não só entre estes países como dentro de cada um destes países.

Uma primeira proposta é a criação do Fundo de Desenvolvimento Lusófono, para que seja a base de um banco de desenvolvimento para este conjunto de países e que promova um desenvolvimento equilibrado e sustentado das sociedades dos países-membros, o combate à exclusão social e à pobreza, a criação de condições para a melhoria da qualidade de vida das populações lusófonas e a contribuição para a integração das economias dos países da CPLP. Para tal, é indispensável a criação das condições técnicas, financeiras e humanas para que essa estrutura financeira possa estimular e dar apoio efetivo a projetos públicos, ou em parceria público-privada, em qualquer dos Estados-membros da CPLP, que contribuam para concretizar os objetivos de aprofundamento da integração das economias da comunidade, que apresentem garantias de solidez do ponto de vista económico, financeiro, técnico e ambiental, e que sejam suscetíveis de atrair fontes de financiamento complementares, designadamente privadas.

A segunda proposta é a criação de um Corpo de Paz português, que mobilize a juventude portuguesa em Portugal e na diáspora, para ajudar em projetos de cooperação os países menos desenvolvidos dos PALOP, em regime de voluntariado, com cobertura nacional e baseada no sistema de ensino secundário e superior. Esta instituição, que teria o patrocínio de todos os governos dos PALOP, com orçamento e estrutura administrativa própria, ligada à Cooperação Portuguesa, atuaria no terreno através das ONG já existentes ou a criar, ou de organismos a desenvolver em cada um dos países. Dedicar-se-ia ao desenvolvimento de projetos no domínio da educação, da saúde, da agricultura, ou de pequenos projetos empresariais comunitários. Os Estados comparticipariam nas despesas de transporte, de alojamento e de alimentação dos voluntários, além de terem estruturas de acolhimento e de acompanhamento cultural, familiar e de saúde.

A terceira proposta é a criação de uma Força Lusófona para a Manutenção da Paz. As sucessões de acontecimentos trágicos no norte de Moçambique deixaram uma vez mais evidente que existe a necessidade imperiosa de uma força policial e militarizada de manutenção de paz que, no quadro da ONU, possa agir no espaço da CPLP com a eficácia, imparcialidade e compreensão da realidade local que outras forças não-lusófonas naturalmente não podem ter, sem que isso exclua, obviamente, uma mais ampla ação no plano cívico e cultural, que deve mesmo ser reforçada. Esta Força já demonstrou a sua necessidade em anteriores crises — nomeadamente em Timor-Leste e na Guiné-Bissau.

Em quarto temos a criação de um programa Erasmus Lusófono, moldado pelo Erasmus da União Europeia, para a troca de alunos e professores entre universidades no âmbito dos Países de Língua Portuguesa. Este programa poderia ser designado por Programa Machado de Assis, em homenagem à sua contribuição para a miscigenação étnico-cultural.

A quinta proposta é o aprofundamento das trocas comerciais internacionais e dos fluxos de pessoas, financeiros e tecnológicos. Em particular, nas trocas comerciais deveria procurar criar-se um espaço de livre trocas entre os países da CPLP, começando por obter as mesmas preferências de direitos aduaneiros que, por exemplo, a comunidade africana francesa no domínio da UE.

Finalmente, são propostas várias outras iniciativas como a criação de uma rede de investigação entre as universidades e os centros de investigação, e de uma ciberuniversidade, bem como de um domínio específico na Internet.

III.

SÍNTESE DOS RELATÓRIOS DOS GRUPOS DE TRABALHO TEMÁTICOS

GRUPO DE TRABALHO SOBERANIA E POLÍTICA

Henrique Monteiro / Miguel Poiares Maduro *(Coordenadores)*

João Ribeiro-Bidaui / Rita Hanek *(Relatores)*

António Capela	Luís Archer
Francisca Sampaio	Marta Costa
Francisco Assis	Miguel Morgado
João Calvão da Silva	Nuno Pereira de Magalhães
João Gabriel Silva	Nuno Severiano Teixeira
José Miguel Júdice	Pedro Latoeiro
José Pedro Aguiar Branco	Sérgio Sousa Pinto
José Roquette	Teresa Violante

1. GEOPOLÍTICA E SOBERANIA: EUROPA, NATO E PORTUGAL. POLÍTICA EXTERNA DE PORTUGAL

HENRIQUE MONTEIRO, JOÃO RIBEIRO-BIDAOUI

1.1. Introdução

O Grupo de Trabalho da Soberania e Política debateu o (re)posicionamento (geo)político de Portugal face ao contexto global, no quadro da política externa da União Europeia (UE) e da Aliança Atlântica (NATO). Pensada no contexto de preparação do Congresso da SEDES, e ao longo de 2021 (antes do conflito russo-ucraniano), essa reflexão identificou dez questões-chave que mobilizaram os argumentos na construção de uma resposta ao ponto de partida proposto, a saber:

(1) Quais são as linhas orientadoras da política externa portuguesa? Como são definidas e atualizadas face aos novos desenvolvimentos geoeconómicos ao nível mundial?;

(2) O que é a autonomia estratégica da UE? Quem e o que é que visa preservar? Atualmente, como é que a política externa

nacional informa — se é que informa — e por que é que urge promover um debate público sobre esta matéria?;

(3) Será a Rússia um potencial (e necessário) aliado parceiro comercial, ou será uma ameaça existencial à UE?;

(4) Como coadunar as boas relações comerciais/energéticas que os Estados-membros (EM) mantêm com a Rússia com o reconhecimento de que a Rússia mantém, há anos, uma política de *cyberwarfare*, desinformação e propaganda, com vista a desestabilizar não só os EUA, mas também, especificamente, as relações entre os Estados-membros da UE (EMUE), comprometendo até o projeto europeu?;

(5) Será necessário revisitar os termos em que as alianças históricas do país atualmente influenciam *(i)* as posições geoestratégicas de Portugal; *(ii)* a forma como Portugal contribui para a definição da política externa da UE?; e *(iii)* a posição de Portugal na CPLP e o futuro desta?;

(6) Como é que as «heranças» do passado condicionam hoje a política comum de segurança e defesa? Qual é o quadro institucional atual? Como é que os desafios atuais e futuros devem influenciar a posição de Portugal na eventual redefinição da Política Comum de Segurança e Defesa (PCSD)?;

(7) Que áreas, no âmbito da União Económica e Monetária (UEM), beneficiariam *(i)* de melhor implementação dos Tratados (por parte das instituições europeias ou ao nível nacional); e/ou *(ii)* de uma alteração aos Tratados?;

(8) Será necessário promover um debate público ao nível nacional, e talvez com outros Estados-membros da União Europeia que não sofreram o mesmo impacto, sobre *lessons-learned* após a crise do Euro e como prevenir crises futuras? Em que moldes?

(9) Ao nível nacional, o que é possível fazer agora, na redefinição das políticas públicas (ou alterações legislativas), com vista a — otimizando a utilização dos fundos da União Europeia — acabar com o desperdício e a má afetação de recursos, e

assim contribuir para terminar com um ciclo de estagnação económica de 25 anos em Portugal?

(10) Quais são as ferramentas de que a UE precisa para fazer face à crise do Estado de Direito na Europa? Até agora, quais foram usadas e com que resultados? Qual é o papel dos Estados-membros da UE e como pode Portugal contribuir para lhes conferir maior exequibilidade?

1.2. Cenários geoeconómicos ao nível mundial e as suas consequências para as posições geoestratégicas da UE e de Portugal

O século XXI continuará a ser o século da Ásia, com a produção mundial a deslocar-se cada vez mais para o Indo-Pacífico. Não obstante, a China baixa de um crescimento de 8,2% na década de 2010 para 4,6% na década de 2020, e 1,8% em 2030–2060. A Índia, que está mais atrasada no processo de convergência, desce de 5% na década de 2020 para 3,9% nas décadas de 2030–2060. A China, que tinha uma quota de cerca de 14% do PIB mundial, em PPC, em 2005, deve atingir o pico de 27% em 2030, e depois regredir ligeiramente. Por sua vez, a Índia, que tinha uma quota de 6% em 2005, vai aumentando progressivamente até aos 14% em 2030 e a cerca de 20% em 2060, próxima da China. Os BRIC aumentam o rácio do seu PIB, em relação à OCDE, de 63% em 2020 para 98% em 2040, e depois estabilizam.

Por outro lado, as projeções da população mundial do Census Bureau, nos EUA, mostram que esta sobe, de 7,8 mil milhões em 2021, com uma taxa de crescimento de 1%, para 8,4 mil milhões em 2030 e 10,2 mil milhões em 2060. A população da UE baixa de 447 milhões em 2020 para 432 milhões em 2060, ao passo que a dos EUA cresce, de 333 milhões para 404 milhões, e o Japão sofre uma quebra dramática, de 125 milhões para 100 milhões. A China também tem uma redução, de 1,39 mil milhões para 1,25 mil milhões, enquanto a Índia sobe, de 1,33 mil milhões para 1,65 mil milhões, tornando-se o país mais populoso do mundo.

O nível do PIB *per capita*, em Paridade de Poder de Compra (PPC), continua a aumentar em todos os países do mundo, considerando que se mantém a não existência de grandes conflitos ou guerras. Os EUA, que têm o maior valor de entre os grandes países, veriam o seu nível duplicar em 40 anos: subindo de 42 mil euros em 2018 para 81 mil euros em 2060. Evolução semelhante teria a UE, com uma subida de 30 mil para 60 mil euros. A China conseguiria triplicar o seu PIB *per capita* de 10 mil para 33,6 mil euros, ficando com cerca de 54% da média da UE. Já a Índia, apesar de quase quintuplicar o seu nível de vida, continuaria a ocupar a última posição entre este grupo de economias, com 9,4 mil euros.

As reformas institucionais nas economias emergentes podem também gerar substanciais benefícios. Se a qualidade da governação e os níveis de educação se aproximarem dos dos países da OCDE, os níveis de vida dos BRIC podem subir de 30% para 50% em relação ao cenário-base, em 2060.

A União Europeia vai continuar a registar uma queda do seu PIB total em relação aos EUA, passando de 94% em 2018 para 79% em 2060. A Rússia deverá continuar a apontar uma queda do seu PIB em relação à UE, passando de 17% em 2018 para 12% em 2060. Também em relação à UE, a China irá continuar a registar um forte aumento na sua dimensão económica, passando de 103% para 146% entre 2018 e 2060. Quanto aos EUA, a China deverá continuar a assinalar uma forte subida na sua posição relativa, entre 2018 e 2030, passando a sua economia a representar entre 97% e 131%, mas depois deverá cair para 115%. O peso das economias chinesa e russa em relação à OCDE deve continuar a crescer, de 48% para 64%, e depois diminuir ligeiramente, para 59%, em 2060.

a) Contexto Externo: A Administração Biden

A primeira componente da doutrina Biden, a «Aliança das Democracias», é uma opção pelo confronto entre a democracia e os regimes emergentes não liberais (ditaduras, autocracias e democracias iliberais). Mesmo antes do atual conflito com a Rússia, tal era tido como decisivo para a reanimação da NATO, em suposta «morte cerebral». Mas tal doutrina não deixará de ter um impacto assinalável no interior da União Europeia, dividindo-a, com o reforço de alianças informais, como o G7 e o G20, e o desenvolvimento de secretariados permanentes com ligação à OCDE, potenciando o contraste político entre países-membros (v.g. o risco de uma renovada definição americana de «democracia», com previsível base identitária, excluindo Estados-membros da definição), e aprofundando as linhas que separam as famílias políticas europeias, alimentando maniqueísmos e forças radicais que beneficiam da presumida «clareza» de tal contraste. Por outro lado, esta doutrina condiciona a autonomia da União na definição da sua política externa em relação à China, à Rússia e à Turquia. Torna-se assim necessário estabelecer de forma clara o posicionamento da política externa nacional e da UE face a esta primeira componente. O conflito com a Rússia terá adormecido estas divisões, mas não é claro que venham a ser superadas de forma estrutural.

Na sua segunda componente, a doutrina Biden defende uma «política externa para a classe média». Tal terá impacto no aprofundamento do modelo da OMC, no acordo de comércio e investimento com a UE, na competição com a UE em África e na América Latina. Não é claro que os interesses da classe média americana, e do modelo económico-industrial que os servem, sejam compatíveis com os interesses nacionais e da UE.

Estas questões tornam-se ainda mais complexas, e sem opções claras, quando se considera que a proximidade e a cumplicidade política, económica e cultural entre as duas margens do Atlântico continuam a oferecer a mais forte referência mundial de estabilidade militar e civilizacional, incontornável num qualquer esforço tendente a uma ordem mundial baseada em regras e no multilateralismo.

b) Contexto Externo: Relações com a China

A China coloca um desafio geoestratégico à União Europeia que vai além daqueles de dependência económica e tecnológica, ao persistir na orientação de que existe uma desconexão entre um vibrante liberalismo político (incluindo imprensa livre e liberdade de expressão) e um desenvolvimento económico e social, não se coibindo de competir económica e tecnologicamente dentro da União, e em Portugal, na sua vizinhança crítica (Balcãs) ou histórica e estratégica (África). Acresce, de forma ainda mais vital, o nosso comprometimento com a NATO, e em especial com os EUA, os quais passaram a seguir uma política de «concorrência estratégica» com a China. É assim importante clarificar o papel da UE e da sua política externa como ator relevante no Indo-Pacífico no quadro dos acordos já em vigor.

c) Contexto Externo: Relações com a Rússia

As relações com a Rússia, mesmo antes do conflito com a Ucrânia, já eram particularmente complexas, na medida em que sempre geraram desacordo entre EM. É o assunto de PE da UE — além da crise interna sobre o Estado de Direito — que tem maior potencial para determinar ou o reforço da coesão ou a desintegração a Leste da União.

Até ao momento, a crise ucraniana parece estar a reforçar a coesão da União. Mas é necessário ter em conta as cumplicidades culturais Europa-Rússia, assim como reconhecer a importância da Rússia para conter a China, potenciando a rutura da dinâmica de veto (formal e informal) russo-chinesa no Conselho de Segurança, isolando a China. No atual contexto, tudo parece indicar um reforço do alinhamento entre a Rússia e a China, o que não serve os interesses europeus e nacionais. Por outro lado, já era admitido que a agressão da Rússia à Ucrânia em 2014 desencadeou a maior crise de segurança na Europa desde a Guerra Fria. Enquanto isso, os EUA continuaram *on and off* (2019–2021) a impor sanções contra empresas (incluindo europeias) que colaboraram na construção do Nordstream 2, expressando frustração com o aumento da dependência energética da UE em relação à Rússia — dependência viabilizada abertamente pela Alemanha.

Além disso, a Rússia continuou a manter a pressão sobre países que fazem fronteira com a fronteira externa da UE: emitiu cerca de meio milhão de passaportes russos no leste da Ucrânia nos últimos 2 anos; apoiou abertamente a Bielorrússia no desvio de um avião europeu para prender o jornalista Roman Protasevich; e a revelação, em abril de 2014, de que uma explosão de um depósito de munições na Chéquia (com armamento destinado à Ucrânia) foi detonada por agentes russos.

O atual conflito confirmou as análises do Grupo de Trabalho relativamente ao desafio que a Rússia colocava, mas agravou as condições para um reforço da autonomia estratégica da UE, que parece ter aprofundado a sua dependência da Aliança Atlântica e compreendido tarde de mais as consequências das suas dependências estratégicas, energéticas e militares.

d) Contexto Externo: Relações Europa-África

O problema da imigração tem dominado a agenda política na Europa. As projeções demográficas e do nível relativo do PIB mostram um agravamento sem precedentes da pressão africana sobre o continente europeu: de um rácio de 2,6 entre as populações em 2020, devido à explosão demográfica em África, o rácio passa para 5,7, mais do dobro em 2060. Este rácio continuará a crescer de forma acentuada até 2100. Esta pressão poderá ser em parte moderada pelo rácio entre os níveis relativos do PIB *per capita* que passam de 0,13 para 0,21, mas continuam a revelar um enorme desfasamento.

Neste contexto, qualquer discussão estratégica da política externa de Portugal e da UE tem necessariamente de ter em consideração as pressões demográficas de África, devendo ser contempladas nas políticas europeias de apoio ao desenvolvimento e investimento no estrangeiro.

e) Contexto Externo: Acordo UE-Mercosul

É preocupante o modo como o Acordo UE-Mercosul se transformou num tema geopolítico e geoestratégico, em que aliados e adversários nem sempre se alinham de forma previsível. Sendo um tema com óbvias implicações para a política externa portuguesa durante as próximas décadas, merece discussões mais aprofundadas em Portugal, sem ignorar o impacto que as contingências eleitorais em França (onde foi tema de campanha) e no Brasil em 2022 têm em qualquer desfecho — o que não prejudica, e talvez até reforce, um papel de mediação para Portugal.

f) Contexto Externo: Relações com o Reino Unido

Nesta matéria, as discussões do Grupo de Trabalho não resultaram num claro consenso relativamente ao futuro das relações entre a UE e o Reino Unido, nem quanto aos termos das relações bilaterais entre Portugal e o Reino Unido, tendo, contudo, identificado como particularmente relevantes as opções políticas dos EUA relativamente às suas relações com o Reino Unido.

1.3. Política comum de segurança e defesa

Continua muito expressa nas reflexões levadas a cabo pelo Grupo de Trabalho uma tradicional clivagem entre duas conceções estratégicas sobre o que deve ser a segurança da Europa: a mais «atlantista», tendo a relação com os EUA, e agora com o Reino Unido, uma importância central (e vendo a segurança comum como um pilar europeu da NATO); e outra mais «continental», que considera dever haver autonomia estratégica na Europa (e vendo a segurança comum como braço armado da UE).

Desde o Tratado de Nice que o processo de construção europeia passou a incluir a defesa, prevendo a criação de instituições necessárias para responder a decisões de política externa com implicações militares, tendo mesmo sido fixado um objetivo de criação de uma «força de reação rápida», com vista à participação em missões humanitárias e em operações de paz. Com o Tratado de Lisboa, por sua vez, a política europeia de segurança e defesa passou a chamar-se política comum de segurança e defesa — um reconhecimento de que há ameaças e riscos comuns e há disponibilidade política para lhes fazer face como União. O Tratado incluiu uma cláusula de defesa mútua e outra de solidariedade para enfrentar, por exemplo, catástrofes naturais ou ataques terroristas, alargando o tipo de missões da UE e prevendo a possibilidade de aplicar-se à defesa o mecanismo de cooperação estruturada permanente.

Será assim um tema central de discussões futuras o modelo de relação entre a UE e a NATO, considerando três opções: subsidiariedade, rivalidade e complementaridade.

No contexto de tal discussão deve ser considerado *(i)* em que medida a UE deve reforçar a sua capacidade, considerando que podem existir situações em que os interesses da NATO não coincidam com os interesses europeus; *(ii)* qual a implicação de maior autonomia estratégica da UE em relação ao mandato da NATO; *(iii)* se há necessidade de investir mais financeiramente; e *(iv)* como descolar do modelo de relação europeia com a NATO marcada pela dinâmica da Guerra Fria.

Nesta discussão, ganha total relevância a recente decisão de remilitarização da Alemanha, que suscitará um debate mais alargado sobre um eventual exército europeu que enquadre tal expansão militarista.

1.4. Autonomia Estratégica da União Europeia (AEUE)

O projeto europeu sempre assentou numa lógica construtivista, passo a passo, pelo que a discussão sobre se a UE tem hoje competências suficientes, ou se os tratados já determinam graus de transferência de soberania, deve ser sempre enquadrada nesta perspetiva. Contudo, no pós-*Brexit*, com o reemergir de visões puramente geopolíticas em França e em Itália relativamente à hegemonia alemã, o interesse estratégico na desintegração por parte de potências estrangeiras, e a falta de coesão a Leste, torna-se urgente criar condições para materializar um cenário de maior integração, sob pena de, não o fazendo, contribuir passivamente para a dissolução da UE.

Torna-se assim necessário defender mais integração, que poderá passar, em diferentes medidas e com graus distintos de prioridade, pela finalização da União Bancária; pelo aprofundamento da dimensão social da integração; pela Política Externa Única; pelo núcleo de exército e segurança comuns; pela revisão da estratégia monetária do BCE; pelo reforço da coesão a Leste; e por mais autonomia estratégica. As vantagens de mais comunitarização ficaram bem evidenciadas com o processo europeu de compra e distribuição de vacinas contra a COVID-19: sem a comunitarização, teríamos assistido a uma corrida à compra de vacinas, adensando as diferenças entre Estados-membros no seu poder de compra e na sua capacidade de manter os seus cidadãos seguros contra ameaças transfronteiriças.

O conceito de autonomia estratégica ressurgiu com a aprovação da Estratégia global para a Política Externa e de Segurança da UE – Estratégia Global da UE em 2016, em plena crise dos refugiados, da guerra civil na Síria e no rescaldo da invasão da Ucrânia. «[A] capacidade de agir autonomamente onde e quando necessário, e com aliados sempre que possível» começou por ser associada à eventual criação de um exército europeu. Desde então, são raras as conclusões do Conselho da UE que não incluem a expressão. O conceito evoluiu não num sentido tradicional, mas face à identificação de uma multiplicidade de ameaças ao projeto europeu, implicando a redução de dependências estratégicas e o aumento da resiliência industrial em áreas especificas e mais sensíveis, como a saúde, a defesa, o espaço, a transição digital, a energia ou as matérias-primas. Em 2021, e no contexto da Agenda Estratégica da UE 2019–2024, tornou-se claro que o comprometimento político ao nível nacional com a AEUE não se traduzirá única e exclusivamente em imperativos bélicos, mas no revisitar dos tratados e em dotar a

UE de mecanismos que permitam proteger os cidadãos da UE e as suas liberdades, o modo de vida europeu, não obstante mantendo a União aberta ao mundo.

1.5. A União Económica e Monetária (UEM)

A Comissão Europeia, como guardiã dos Tratados, é responsável por monitorizar a situação e recomendar ao Conselho políticas que assegurem o crescimento económico sustentado da UEM; a equidade e a inclusão (coesão) de todos Estados-membros e regiões nesse processo de crescimento; a estabilidade económico-financeira da UEM e de todos países-membros; a democracia; o desenvolvimento da economia de mercado e o *level-playing field* no espaço económico. O Conselho Europeu, por seu lado, deve implementar as políticas necessárias para atingir aqueles fins, recomendando a cada membro as medidas e as políticas necessárias.

Contudo, a crise do Euro permitiu identificar uma série de desafios à implementação destas políticas comunitárias. O princípio da solidariedade não se coaduna, em situações de crise, com o princípio de *no bail-out*. Em termos preventivos, a implementação do princípio de eficiência na utilização dos recursos fiscais colocados à disposição dos cidadãos europeus, através dos seus governos, é deficiente. A Comissão Europeia tem errado nos diagnósticos e tem sido muitas vezes demasiado condescendente com as más políticas económicas dos governos nacionais em causa; além disso, não conseguiu prever a crise dos países do Euro (por exemplo, as análises da Comissão e do FMI não detetaram os riscos e as vulnerabilidades do forte endividamento de Portugal — défices do Estado em média de 5,3% ao ano, e défice da balança corrente de 10% do PIB, durante cerca de 12 anos). O Conselho Europeu também não atuou.

Ademais, a divergência de crescimento e de desigualdade de rendimento entre os países do Norte e os países do Sul (Portugal, Espanha, *Mezzogiorno*, Grécia, Croácia, Bulgária) demonstra, ao fim de tantos anos de fundos estruturais, que não basta transferir recursos necessários como «ajuda económica», mas é sobretudo fundamental que as políticas e as reformas estruturais sejam apropriadas. A questão que se coloca neste momento é como efetivamente assegurar que existem governos e políticas pró-desenvolvimento e pró-estabilidade.

Outras condicionalidades, como no caso de uma crise financeira grave, determinam se o auxílio é dado. Será sempre essencial manter certas vulnerabilidades, ou dificilmente serão aplicadas medidas de contenção económico-financeiras necessárias ao sucesso dos programas de assistência, como as experiências de Portugal (anos 1976–78) e de outros países demonstram. Em geral, os programas atingiram os objetivos de equilibrar as balanças externas, mas a sua implementação em Portugal e na Grécia foi deficiente. Tal tornou claro que se o país em causa for de grande dimensão económica (caso da Itália), a UE não tem recursos suficientes — daí que tivesse sido útil adotar diferentes medidas.

Há ainda um conjunto de outras ações e pontos de tensão que devem ser mais debatidos, tendo em vista a urgente e necessária reforma da União Económica e Monetária:

a) A reforma dos Quadros Financeiros Plurianuais (QFP)

Os QFP deveriam ser enquadrados por uma estratégia e um plano de desenvolvimento competentemente formulados e submetidos à apreciação de um grupo de especialistas internacionais. É necessário um acompanhamento transparente e um controlo financeiro apertado do desembolso dos fundos, para evitar desperdício e corrupção.

Os programas devem ser submetidos a uma análise de custo-benefício, do tipo da do Banco Mundial, e submetidos a uma avaliação e auditoria que permitissem determinar se os objetivos (que nunca devem exceder a dezena) foram atingidos e quais as lições a tirar para o futuro.

b) A reforma da Política Agrícola Comum (PAC)

A PAC ainda é o maior programa das transferências da UE. São amplamente conhecidas as críticas dos economistas à PAC: ineficiente; beneficia sobretudo os grandes agricultores; falta-lhe inovação; e não promove a agricultura sustentável. O último acordo foi mais uma oportunidade perdida.

c) Completar a construção da União Bancária

É urgente implementar todas as medidas previstas para uma verdadeira União Bancária, incluindo, por exemplo, a criação de um Fundo de Garantia de Depósitos.

d) Mandato do Banco Central Europeu (BCE)

A extensão do mandato do BCE a questões climáticas e de desigualdade social merece sérias reservas, tendo em conta que estes objetivos devem ser operacionalizados através de políticas e instituições próprias. O BCE não deve comprometer a sua capacidade de combater a inflação com políticas demasiado expansionistas, e deve estar pronto para subir as taxas de juro se necessário. Da mesma forma, o BCE não deve eliminar o risco específico das dívidas públicas, pois este é o principal mecanismo de disciplina dos Estados.

e) Recursos próprios da UE: Emissão de euro-obrigações

A emissão de euro-obrigações é essencial para criar um ativo que possa rivalizar com as obrigações do Tesouro americano. Mesmo antes da aprovação do Plano de Recuperação e Resiliência (PRR), o Grupo de Trabalho da SEDES reconheceu que, apesar das resistências políticas/constitucionais na Alemanha, seria possível emitir euro-obrigações, por exemplo, limitando a emissão de dívida a 30% do PIB de cada país, mas limitado aos níveis de endividamento e défice previstos no Pacto Fiscal, com alguma majoração realista. Tal implicará, sempre, uma implementação mais rigorosa do Pacto de Estabilidade do Euro. Com o PRR Europeu, e a fim de financiar os investimentos necessários, a Comissão Europeia começou a emitir obrigações nos mercados financeiros, em nome da UE. Está assim dado o primeiro passo.

f) Harmonização fiscal

A fiscalidade sobre bens e serviços não-internacionalmente móveis deveria continuar a ser da soberania de cada Estado. Porém, o problema principal está na arbitragem fiscal, que é feita dos lucros das sociedades, sobretudo as multinacionais. O Grupo considerou ser necessário restringir, ou mesmo eliminar, todos os paraísos fiscais (e o *dumping* fiscal) dentro da UE.

1.6. Políticas climatéricas e papel da UE no mundo

A UE já diminuiu substancialmente as emissões de carbono devido ao deslocamento da indústria para a China e outros fatores, pelo que já é uma das áreas com menos emissões *per capita*, dado o seu nível de desenvolvimento.

Mas a China e a Índia continuam a aumentar as emissões. O problema do aquecimento global só se resolve com uma redução das emissões ao nível mundial, existindo, portanto, um problema de *free riding*, de modo que é necessário que o acordo para a redução seja assim implementado. Os EUA com Biden voltaram a aderir ao Acordo de Paris e podem ser um parceiro importante na inovação tecnológica. Para preservar a competitividade da economia europeia, e em especial da sua indústria, e dados os novos objetivos estabelecidos pela Comissão Europeia, será importante adotar medidas ainda mais restritivas, como o Carbon Border Adjustment (CBA).

Os EUA, a China, a Índia e outros países são contra o CBA porque, na prática, trata-se de tarifas, um novo tipo de protecionismo. Caso a UE continue a fazer subir o preço do carbono (duplicou de 2020 para 2021, aproximando-se atualmente dos 80 euros), replicando a experiência-piloto alemã, terá de enfrentar graves consequências sobre a competitividade da economia, com inevitáveis tensões sociais. Este tema exige mais debate público e mais informação para que se garanta a legitimidade democrática do processo.

1.7. Estado de Direito na UE

Em construções políticas de tipo federal, como é o caso da União Europeia, é essencial a existência de uma homogeneidade substancial axiológica entre as ordens constitucionais da União e dos Estados-membros, pois é o que permite gerar consensos e resolver os conflitos. Na União Europeia, tal homogeneidade está vertida no artigo 49.º do Tratado da União Europeia sobre as condições de adesão, de entre as quais se conta o respeito pelo princípio do Estado de Direito, que inclui o respeito pelos direitos humanos, da dignidade, da liberdade, da igualdade, e os direitos das pessoas pertencentes a minorias.

Atualmente, a UE dispõe de uma «caixa de ferramentas» com instrumentos de prevenção e de resposta. Entre os mecanismos de prevenção estão *(i)* o mecanismo de Estado de Direito; *(ii)* o semestre europeu; *(iii)* o painel de avaliação da justiça; *(iv)* o mecanismo de cooperação e verificação (aplicável única e exclusivamente à Bulgária e à Roménia); e *(v)* o apoio às reformas estruturais. Já os mecanismos de resposta incluem *(i)* o procedimento por infração; *(ii)* o artigo 7.º do Tratado da União Europeia; *(iii)* o quadro de Estado de Direito — relatório sobre o Estado de Direito (um instrumento de alerta precoce de ameaças ao Estado de Direito que permite à Comissão entrar em diálogo com o Estado-membro em causa, encontrando soluções antes de recorrer aos mecanismos jurídicos em vigor); e, por último, *(iv)* o regime de condicionalidade para proteção do orçamento da UE.

O agravamento, na última década, da crise do Estado de Direito em alguns Estados-membros permitiu verificar a inadequação dos mecanismos políticos e jurídicos de defesa do Estado de Direito, o que levou a Comissão Europeia a propor, em 2018, um regulamento que visava criar um sistema de condicionalidade ligando a ideia de boa gestão financeira ao princípio do respeito pelo Estado de Direito. O objetivo era condicionar a distribuição dos fundos europeus ao cumprimento do Estado de Direito.

A versão final do regulamento acabou por ser aprovada em dezembro de 2020 [Regulamento (UE, Euratom) 2020/2092 do Parlamento Europeu e do Conselho, de 16 de dezembro de 2020, relativo a um regime geral de condicionalidade para a proteção do orçamento da União], numa redação que, embora tendo por base a proposta da Comissão, exige uma conexão com a execução do orçamento da União, já não sendo possível aplicar sanções baseadas em violações gerais e abstratas do princípio do Estado de Direito.

Embora o escrutínio do Estado de Direito tenha colocado o problema do *level-playing field* entre o poder executivo e judicial ao centro — e que, sem qualquer sombra de dúvida, o deve ser —, também é fundamental reconhecer que a realização de eleições periódicas livres e democráticas é determinante para a manutenção da democracia. Ora, os mecanismos para a avaliação das eleições ainda não foram desenvolvidos ao nível comunitário, que sempre partiu da hipótese de que estas funcionavam entre países que tinham acedido à UE, hipótese que, hoje, está posta em causa em diversos países onde a democracia tem defeitos.

Menos escrutinada na esfera pública é exatamente a medida em que a eficácia das várias ferramentas, usadas de forma independente ou concertada, dependem do compromisso individual e coletivo de cada Estado-membro, incluindo Portugal, com os vários processos em curso.

A defesa do Estado de Direito não é apenas uma responsabilidade das instituições da UE; primeiro que tudo, é da responsabilidade dos Estados-membros, incluindo Portugal, ao nível nacional e na sua participação no Conselho. Uma alteração aos Tratados que dotasse as instituições europeias de maior poder de supervisão supriria as deficiências dos mecanismos existentes; isso não quer dizer, contudo, que os Estados-membros, atualmente, não disponham de outras opções para conferir maior coesão às respostas das instituições europeias.

1.8. Perspetivar as linhas mestras da política externa portuguesa para os próximos 10 anos

Segundo o ministro dos Negócios Estrangeiros (intervenção no Seminário Diplomático a 3 de janeiro de 2019), a política externa portuguesa define-se em três traços cumulativos: *(i)* a inscrição multilateralista; *(ii)* a «exploração inteligente do legítimo grau de liberdade e especificidade na consideração dos recursos e interesses propriamente nacionais»; e *(iii)* o alinhamento da política externa portuguesa com a da União Europeia. Tendo por base este quadro, a SEDES abordou vários temas de cariz mais pragmático que merecem maior debate público e consideração política.

a) Inscrição multilateralista

A nossa inscrição multilateralista torna necessário alinhar a política externa económica e reforçar a rede diplomática a partir dos acordos de comércio da UE, mais em função de competitividade face aos mercados e em relação às potencialidades exportadoras e necessidades de importação, e menos em relação a laços históricos ou perenidade da representação.

Por outro lado, é também necessário um maior alinhamento da política externa portuguesa com a da União Europeia em matérias de política de segurança nacional (v.g., cibersegurança e apreciação crítica da situação grave de Portugal nos *rankings* de cibersegurança), de influência externa na comunicação nacional (liberdade de imprensa), de controlo de IDE em sectores estratégicos, de políticas de vizinhança (v.g. Mediterrâneo Sul e Leste; a estratégia geopolítica da Turquia que se inspira na Sublime Porta), de envelhecimento populacional (Europa com idade média da população em quase 50 anos, acentuando-se tal tendência; risco sério de inviabilidade do Estado Social europeu sem aumento de população imigrante).

b) Especificidades (recursos e interesses nacionais)

O Atlântico e o mar são uma âncora fundamental e consensual da política externa e da cooperação portuguesa (v.g. The Atlantic Centre; extensão da plataforma continental; *re-purposing* das Lages; Conferência dos Oceanos da ONU — Portugal líder e porta-voz global, e a longo prazo, da agenda resultante; *hub* de diálogo transatlântico, alinhando *think-tanks*, investigação nas universidades, etc.; *hub* de diálogo transatlântico norte-sul).

A língua portuguesa também serve como âncora da política externa e da cooperação de Portugal. Para tal, torna-se necessário recentrar a CPLP na ativação da língua portuguesa como fator de produção competitivo no plano internacional; alinhar a CPLP em campanha internacional para tornar o português a língua do trabalho em agências ou comissões-chave — um caminho mais realista e eficaz do que aspirar a ser a língua oficial da ONU; reformular a política de ensino da língua portuguesa no estrangeiro, menos centrada em leitorados e escolas portuguesas para as comunidades e mais em estratégias comerciais agressivas em mercados essenciais para a política externa económica (v.g. do tipo British Council, Alliance Française, Cervantes, Confúcio).

c) Reorganização política nacional em face da política europeia

Urge equacionar uma maior nacionalização da política europeia, com uma distribuição mais explícita e intensa da responsabilidade política pelos ministérios sectoriais, de acordo com as dez formações do Conselho da União Europeia, incluindo o alinhamento da política orgânica e administrava do Estado (Agricultura e Pescas; Ambiente; Assuntos económicos e financeiros; Assuntos gerais; Competitividade; Educação, Juventude, Cultura e Desporto; Emprego, Política Social, Saúde e Consumidores; Justiça e Assuntos Internos; Negócios Estrangeiros; Transportes, Telecomunicações e Energia). Uma das propostas do Grupo de Trabalho foi a transferência do Serviço Europeu para a Ação Externa (SEAE) do Ministério dos Negócios Estrangeiros para a Presidência do Conselho de Ministros, estando mais próxima da coordenação política e legislativa do primeiro-ministro. Tal contribui para democratizar a coordenação dos assuntos políticos em Bruxelas (com dependência mais estrita da coordenação do PM) e reduzir a sua componente diplomática, e democratizar as posições políticas nacionais na UE, mais em função do alinhamento de famílias políticas escrutinadas eleitoralmente (família política dos governos democraticamente eleitos e dos programas políticos escrutinados nas eleições europeias) e menos em confrontos país-país, região-região.

1.9. Conclusões

Portugal deve contribuir para o fortalecimento de uma política externa da UE pautada pela adequada identificação de ameaças e oportunidades comuns a 27 Estados, sem prejuízo da capacidade de decisão e ação dos Estados-membros na prossecução das suas relações bilaterais com países terceiros, desde que tal não comprometa a segurança e os interesses da União Europeia como um todo.

Para este efeito, Portugal deve colaborar na definição de uma política externa comum da UE assente na construção de relações multidimensionais/plurais, com diferentes níveis de coincidência política:

- Celebrando acordos pontuais e temáticos com vista à melhoria das relações bilaterais — mais iniciativa e propriedade pela Comissão Europeia das relações externas, de acordo com os objetivos geoestratégicos nas relações externas da UE;
- Estabelecendo linhas vermelhas (integridade territorial de países com quem se celebrou acordo de associação e/ou violações de direitos humanos e/ou situação de presos políticos, etc.); e, por fim,
- Acordando entre os Estados-membros que modos de ação podem ser adotados, quando estas são ultrapassadas (aumentar o grau de previsibilidade, fomentando a coesão entre Estados-membros *vis-à-vis* reações nacionais que aumentam a divisão Oeste-Leste dentro da UE).

Portugal deve cooperar para uma maior convergência interna na identificação de riscos e ameaças comuns, com vista à criação, a médio e longo prazo, de um exército europeu com ou sem alteração dos tratados — e afastamento da regra da unanimidade, aprovação por maioria ou maioria qualificada.

A autonomia estratégica não deve comprometer a relação com a NATO, o único escudo defensivo da UE perante as ameaças da Rússia ou da China. É, contudo, necessário promover um debate público ao nível europeu sobre o reforço da capacidade de segurança e defesa da União e sobre as implicações financeiras da viabilização de um modelo relacional com a NATO, pautado pela complementaridade de interesses e ações, mais precisamente os custos da autonomia estratégica da perspetiva militar.

No contexto da guerra da Rússia contra a Ucrânia, torna-se importante rever em alta o objetivo acordado entre os países-membros da NATO, na Cimeira de Gales de 2014, de consagrar 2% do Produto Interno Bruto a despesas em defesa até 2024, assim como antecipar o calendário do seu cumprimento, e recuperar o enorme atraso tecnológico das forças armadas dos Estados-membros.

Portugal deverá promover um debate público sobre a AEUE, com o objetivo de redefinir a sua própria política externa. Este processo pode implicar os sacrifícios de alianças históricas, o abandono das prioridades de sempre, assim como o assumir de novas responsabilidades em novas subsidiariedades. Igualmente, Portugal deve incentivar a realização de um amplo debate público ao nível europeu sobre como fazer face a novas crises financeiras graves na zona Euro, com vista à identificação de *lessons learned*, gerando consensos sobre como a crise do Euro foi gerida, o que poderia ter sido feito melhor, que desafios estruturais persistem e não foram ultrapassados ao nível nacional, contribuindo para uma permanente situação de vulnerabilidade de certos Estados-membros a novas crises financeiras.

A manutenção de uma relação de proximidade com os Estados Unidos continua a ser inevitável e indispensável. O recente estabelecimento do Conselho de Comércio e Tecnologia UE-EUA é um bom passo, que deve centrar-se na correção do atraso tecnológico europeu, sem desvirtuar o princípio da tecnologia com ética.

Portugal deverá apoiar o alargamento da cidadania europeia aos direitos fundamentais dos europeus, devendo também, ao nível nacional, identificar quais são as ações, no curto e no longo prazo, que devem ser tomadas e por quais atores, com vista a ultrapassar os desafios identificados nos relatórios sobre o Estado de Direito, no capítulo referente a Portugal. Finalmente, o país deve surgir como comprometido com a defesa dos direitos fundamentais dos seus cidadãos, em que deve ser efetuada uma revisão crítica das decisões do TEDH e TJEU sobre Portugal na última década, procurando verificar se o quadro legislativo, as políticas públicas ou a prática jurídica nacional estão em contravenção com aquela que é a identidade constitucional europeia. Com vista a assegurar maior certeza jurídica e efetiva implementação de obrigações internacionais, deve, adicionalmente, equacionar uma revisão do artigo 8.º da CRP, na forma como o ordenamento jurídico nacional recebe a Convenção Europeia dos Direitos do Homem.

GRUPO DE TRABALHO SEGURANÇA E DEFESA

Alpedrinha Pires / Nuno Pereira da Silva *(Coordenadores)*

João Vieira Borges/Pereira dos Santos *(Relatores)*

António Teixeira Lopes
Alfredo Cruz
Álvaro Cunha Lopes
António Bossa Dionisio
Brandão Ferreira
Carlos Gervásio Branco
Carlos Martins Branco
Gameiro Marques
Henrique Pereira dos Santos
Isidro Pereira

João Fonseca Ribeiro
João Vieira Borges
José Armando Vizela
José Ulisses Braga
Luís Bernardino
Rodrigo Sousa e Castro
Ruben Eiras
Teresa Ferreira Rodrigues
Ventura Soares

2. SEGURANÇA E DEFESA

JOÃO VIEIRA BORGES, ALPEDRINHA PIRES, NUNO PEREIRA DA SILVA, PEREIRA DOS SANTOS

2.1. Introdução

A SEDES aborda, pela primeira vez, as questões da Segurança e Defesa (S&D), como função estrutural do Estado soberano. Efetivamente, num Estado de Direito democrático como Portugal não existe bem-estar nem liberdade sem segurança.

Desde o início dos trabalhos, em plena pandemia de COVID-19, que o Grupo de Trabalho (GT) assumiu claramente que a S&D inclui vários atores, de entre os quais as Forças Armadas Portuguesas (FFAA). Assumiu ainda que, apesar da própria defesa militar não se circunscrever exclusivamente às FFAA, estas devem continuar a ser um pilar fundamental da segurança, do desenvolvimento e da paz sustentada. E daí a preocupação do GT com a crescente degradação da instituição militar e da condição militar.

No caso da S&D, começamos este relatório com uma análise muito sucinta do sistema político internacional em termos de conflitualidade, apesar de dependente do «poder das circunstâncias». Vivemos, e continuaremos a viver nos próximos anos deste século XXI, num mundo mais complexo, mais inseguro, mais incerto, mais globalizado, mais dinâmico, com mais atores, com novos aceleradores de mudança, com novas ameaças e riscos, com novas dimensões (como a do espaço e do ciberespaço), dominado pelo crescendo de poder da Ásia-Pacífico e pelo combate pela sobrevivência do próprio planeta Terra.

Numa perspetiva mais objetiva, a NATO (de que Portugal é membro fundador) entende que os principais acontecimentos que aumentam o risco de conflito e de alteração da ordem internacional são:

- As ações da Rússia ressurgente e da China assertiva;
- As políticas económicas, a radicalização, as atividades terroristas e os Estados falhados;
- Os conflitos regionais na Síria, no Iraque, em Sahel e no Corno de África;
- As migrações em massa com implicações sociais, económicas e geopolíticas.

Em resumo, as principais questões relacionadas com a S&D, que devem ser consideradas por Portugal como Estado soberano e geopoliticamente euro-atlântico, contemplam:

(1) Em termos geoestratégicos, existe uma tríade — EUA-Rússia-China —, que depois de um processo de intensa transferência da indústria dos EUA e da Europa para a Ásia e para o Pacífico (com prejuízo direto para a Europa em geral, para a UE e para a NATO) se pretende reequilibrar, através do *decoupling* e do *reshoring* das cadeias de valor;

(2) O *clash* demográfico entre o Norte «rico mas velho» e o Sul «pobre mas jovem» não tem deixado de se acentuar há mais de 30 anos, num mundo mais urbano, mais envelhecido, menos seguro, com valores diferentes e com maiores

desigualdades sociais. O novo paradigma da demografia irá alterar certamente o social, o político, o económico e o militar, como vimos assistindo com as migrações em massa na Europa e nos EUA, que aumentarão certamente a conflitualidade intra- e entre Estados, de que não são alheias as guerras localizadas;

(3) O crescendo de atores e a redução da centralidade do Estado soberano tornam-no menos capacitado para salvaguardar as suas funções nucleares ou de soberania (função normativa, gestão tributária, justiça, diplomacia, defesa, segurança e proteção e socorro);

(4) Assistimos às guerras insurrecionais, ao movimento #MeToo, às operações de paz, às guerras convencionais, mas nos últimos anos têm sido sobretudo os «conflitos do caos» a dominar as estatísticas, decorrentes da fragilização da soberania dos Estados, desde a Síria à República Centro Africana, passando pelo Sudão;

(5) O domínio crescente das ameaças de cariz transnacional, como a imigração ilegal, o terrorismo, o crime organizado, os ciberataques, o tráfico de seres humanos, o narcotráfico, o tráfico de armas e a proliferação de armas de destruição massiva é um facto, com consequências diretas para o atenuar das fronteiras entre a segurança e a defesa;

(6) O envolvimento das Forças Armadas em operações de segurança interna, maioritariamente em apoio das Forças e Serviços de Segurança, em regime de complementaridades e a título de excecionalidade tem incrementado, como se vem verificando em face de ameaças e riscos de cariz transnacional (terrorismo, pandemias, etc.);

(7) A tendência crescente da privatização das Forças Armadas nos países ocidentais (mercenários e legiões — o Departamento da Defesa dos EUA gastou cerca de 160 mil milhões de dólares em contratos privados de segurança entre 2007 e 2012, e.g. Blackwater, Triple Canopy e DynCorp), por razões

economicistas, mas também relacionadas com a inaceitabilidade da perda de vidas humanas, constitui um perigo para o Estado de Direito;

(8) As novas tecnologias continuarão a estar associadas à redução das necessidades em recursos humanos, à dependência crescente da inteligência artificial, à maior capacidade de destruição e de precisão dos sistemas de armas, ao esbatimento das fronteiras, à criação de um novo domínio operacional na área do ciberespaço, à redução dos riscos para os combatentes e para a população em geral, e à criação de novas questões morais, éticas e legais na e da guerra;

(9) O peso crescente da informação e do conhecimento, que levou a NATO a assumir (na recente cimeira em Varsóvia, na Polónia, em julho de 2016) que o ciberespaço constitui um novo domínio operacional, a par do terrestre, do marítimo, do aéreo e do espacial, continuará a ter consequências diretas na criação de novos órgãos de conselho e coordenação, de novos centros nacionais e de novos órgãos de operações e de gestão de crises;

(10) As alterações climáticas terão um abalo significativo no sistema de relações internacionais e no futuro da humanidade. Entre os impactos sobre os sistemas naturais destacam-se a biodiversidade, as zonas costeiras, os espaços insulares e as faixas costeiras densamente povoadas, ameaçando a segurança alimentar, a segurança humana e a própria ordem internacional pelos choques fronteiriços, agitação social e deslocações massivas de população; e

(11) A ameaça das armas nucleares com poder para destruir a humanidade devido a conflitos entre as grandes potências ou entre países de menor poder militar, que as desenvolveram, como a Coreia do Norte ou possivelmente o Irão, ou mesmo a possibilidade de apropriação por grupos terroristas.

Portugal é um Estado com fronteiras estáveis no espaço Euro-Atlântico, sendo uma democracia consolidada, promotora da defesa dos interesses e dos valores nacionais e consequente no combate às diferentes ameaças e riscos, através de um sólido sistema de alianças (bilaterais e multilaterais, com destaque para a União Europeia, a NATO e a CPLP). No entanto, para fazer face às mudanças na conjuntura internacional, europeia (e portuguesa), é necessário refletir, rever e implementar um conjunto de políticas públicas relevantes para o estabelecimento das prioridades da estratégia nacional.

Começamos pela abordagem de Portugal e a S&D, a que se segue a reforma estrutural da segurança nacional. Seguem-se depois as prioridades ao nível da cooperação, seja ao nível da União Europeia, da NATO, da CPLP ou da ONU. Tratam-se, posteriormente, conceitos de ação e ações estratégicas, seja ao nível do mar, de modelos de atribuição de recursos, de capacidades militares nacionais, da necessária cooperação entre as FFAA e as FSS, ou do diálogo social dos militares.

2.2. Reforma Estrutural da Segurança Nacional

Atendendo às tendências verificadas ao nível europeu e mundial e às ações desenvolvidas pelos diferentes atores da Segurança Interna e da Defesa Nacional em Portugal no combate às ameaças e aos riscos transnacionais, entendemos que é urgente que se proceda à atualização dos conceitos de Segurança Nacional, de Segurança Interna e de Defesa Nacional, adotando a conceptualização e a arquitetura dominantes na maioria dos países europeus e organizações internacionais que Portugal integra.

No novo quadro da conflitualidade, e do conceito mais amplo de «Segurança Nacional», o emprego de forças deixou de se aferir exclusivamente pela origem e natureza da ameaça, para se situar na sua intensidade e extensão, a que só a interdependência e complementaridade de todos os elementos do sistema poderão dar a resposta mais adequada. Neste sentido, as Forças Armadas (FFAA), continuando a ser o garante da defesa militar da República, deveriam colaborar de forma mais adequada, no âmbito interno, com as Forças e Serviços de Segurança (FSS).

A reforma estrutural da Segurança Social deverá passar, prioritariamente, pelo seguinte:

- Rever a Constituição da República Portuguesa, substituindo «Defesa Nacional» por «Segurança Nacional» e subordinando os conceitos de «Defesa Nacional» e de «Segurança Interna»;
- Criar um «Conselho Superior de Segurança Nacional» como órgão de consulta do Presidente da República, para os assuntos relativos à «Segurança Nacional». A criação deste órgão não implicaria a extinção dos Conselhos já instituídos nem reduziria as competências do primeiro-ministro, mas reforçaria a necessária transversalidade e coordenação ao nível da Segurança Nacional;
- Estabelecer um «Conceito Estratégico de Segurança Nacional» que abranja a Segurança e a Defesa numa perspetiva integrada, o qual deverá ser articulado com um conceito mais vasto, o Conceito Estratégico Nacional, tratado em tema autónomo;
- Instituir um novo Estado de Exceção, a designar como «Estado de Crise», além dos Estados de exceção já previstos na lei, por forma a facilitar a tomada de decisão política e o emprego das FFAA no âmbito interno, a título excecional e em complemento das FSS, em situações que não requeiram a restrição de direitos, liberdades e garantias constitucionais.

2.3. Formulação de um Conceito Estratégico Nacional

A criação e implementação de um Conceito Estratégico Nacional (CEN) é um processo essencial para uma maior eficiência da ação política, para o desenvolvimento da sociedade portuguesa, e para o progresso e segurança da nação. O CEN é o documento-base da grande estratégia nacional, orientado para os propósitos fundamentais do Estado na prossecução dos objetivos políticos da nação, de onde derivam os conceitos de estratégias gerais e particulares. A sua inexistência origina lacunas e confusões, que resultam num carácter errático na condução da política do Estado.

O CEN, como documento estruturante, deve conter os elementos que permitam orientar a ação estratégica em cada uma das diferentes áreas da atuação do Estado, de forma coerente, articulada e síncrona. A sua criação exige conhecimento e experiência, inovação e criatividade, bem como um enorme esforço prospetivo, garantindo a maior eficiência na utilização dos recursos, a manutenção de uma linha de rumo constante na prossecução dos objetivos definidos, e a proteção contra potenciais ameaças.

O impacto das orientações decorrentes do Conceito Estratégico Nacional é transversal a toda a ação do Estado e da sociedade, pelo que a sua elaboração deve ser considerada ao mais elevado nível de decisão nacional, em perfeita articulação e sintonia entre os diferentes órgãos de soberania, de âmbito temporal alargado e consensual entre as principais forças políticas e a sociedade.

O Conceito Estratégico Nacional deve ter em consideração inúmeros aspetos, incluindo a definição dos objetivos nacionais permanentes, a identificação de ameaças, a articulação dos instrumentos de poder e o conhecimento do potencial nacional. Deve ser robusto, claro, sintético, consensual e interiorizado, e ter em consideração os elementos essenciais de ação estratégica. Ademais, deve dar orientações para as estratégias gerais e indicar o estado final desejado, bem como responsabilizar os decisores políticos e outros atores.

A elaboração do CEN deve incluir indicadores ambiciosos mas mensuráveis, a criação de mecanismos de avaliação, e envolver os mais altos níveis políticos nacionais. A sua flexibilidade é garantida através de eventuais ajustamentos introduzidos ao nível das estratégias gerais e particulares.

2.4. A participação de Portugal na NATO

Portugal na NATO tem tido uma posição relativamente passiva na estrutura de decisão política da organização, facto que não permite que tiremos cabalmente partido da sua parte não cinética, pelo que propomos que Portugal invista mais esforço no âmbito mais político da organização, que contribua ativamente para que a organização venha a considerar o Mediterrâneo, e muito em especial o Magrebe, como uma área de interesse preferencial, potenciando os instrumentos de que já dispõe; e que, na sequência das operações militares em que temos participado, e em que devemos continuar a participar, no âmbito da Defesa coletiva, as empresas portuguesas integrem mais ativamente na reconstrução dos países e tenham em consideração prioritariamente a necessidade de desenvolver a I&D nacional, centros de investigação, centros tecnológicos e estruturas com capacidades de desenvolverem o todo ou parte dos meios, preferencialmente em cooperação.

2.5. A Defesa como vetor da cooperação político-estratégica de Portugal em África. Contributos para uma cooperação bi-multilateral

Nas sociedades contemporâneas, o vetor da política externa do Estado encontra-se parcialmente assente no emprego do seu instrumento militar, mais concretamente na ação político-estratégico-operacional das suas Forças Armadas. Estas são um mecanismo estratégico e proativo da política externa de defesa, tendo passado a ser e a estar dimensionadas para servir de instrumento privilegiado da ação político-diplomática e elemento estratégico-operacional de projeção da influência, do poder e dos interesses do Estado, onde quer que estes conjunturalmente se manifestem.

Segundo este prisma, e num contexto em que se pretende definir novos alinhamentos estratégicos para as questões da segurança e da defesa, em que o Estado português procura otimizar e racionalizar o uso do seu instrumento militar, adotando uma postura que se pretende mais abrangente, pró-ativa e proficiente, pensamos que deve existir um consenso político-base para a definição da Política de Defesa Nacional, em que a cooperação no domínio da defesa deve ser integrada e articulada estrategicamente no quadro mais amplo da nossa política externa. Neste quadro, as Forças Armadas cumprem importantes missões estratégicas na sua ação de apoio à política de defesa, constituindo hoje um vetor privilegiado da nossa política externa de defesa, nomeadamente em África. Este novo paradigma assenta assim num crescendo de importância e envolvimento das Forças Armadas e de lhes conferir, para o cumprimento dessas «novas» missões de política externa de defesa, e outras que venham a ser definidas nesse âmbito, mais e melhores meios, para que as possam desenvolver, com elevado nível de proficiência e operacionalidade.

Aspetos que salientam a importância de uma cooperação/assessoria militar estratégica, e vista de uma forma conjunta, mais pró-ativa e necessariamente integrada noutros elementos da nossa política externa, só uma cooperação de defesa estratégica pode beneficiar Portugal. Uma cooperação em que se torna mais vantajoso trabalhar e desenvolver um contributo estratégico, tanto ao nível dos países individuais como das organizações em causa, pois não é possível saber o que se passa num determinado Estado sem saber quais as suas políticas (prioridades) nas organizações onde se inserem.

Torna-se deste modo necessário apostar numa cooperação estratégico-militar bi-multilateral, em que se torne mutuamente vantajoso trabalhar e desenvolver simultaneamente parcerias estratégicas nos Estados e nas organizações regionais africanas.

2.6. Segurança e desenvolvimento do mar

Portugal é um país arquipelágico com uma vasta Zona Económica Exclusiva, devendo, por esse facto, em termos de Segurança e Defesa, possuir capacidades suficientes para a vigiar e proteger eficiente e eficazmente, o que implica poder intervir rapidamente, por ar ou por mar, quando alguém ilicitamente violar esse nosso espaço vital, para o delapidar pescando de uma forma intensiva, ou ecologicamente colocar em risco a sustentabilidade das suas espécies e o equilíbrio dos seus ecossistemas.

Novas atividades económicas relacionadas com a exploração do mar estão a surgir na nossa zona costeira e na nossa Zona Económica Exclusiva, de que são exemplo a produção de bivalves e de pescado, que têm de ser monitorizadas e protegidas, facto que releva a importância da necessidade de capacidades de Segurança e Defesa.

O provável alargamento da Plataforma Continental Portuguesa, em vias de ser aprovado pela ONU, aumentará significativamente a importância do mar na nossa economia, uma vez que nos concede o direito de gestão e exploração dos recursos minerais existentes no seu subsolo, facto que implicará capacidades acrescidas de vigilância e de intervenção.

Sendo Portugal um país com escassos recursos, as capacidades e os meios de Segurança e Defesa dedicados ao mar devem optimizados, ou seja, devem ser de *Dual Valence*, civil e militar, devendo os cenários a levantar neste domínio, e o resultado da sua análise operacional, constituírem uma prioridade em termos de futuras aquisições.

2.7. Serviço Nacional de Cidadania

O desenvolvimento de um espírito de cidadania nacional, que permita um maior envolvimento dos cidadãos nas atividades do coletivo, fortalecendo a consciência nacional e garantindo uma forte coesão interna e um reforço das suas capacidades, é uma necessidade de qualquer sociedade moderna e evoluída. Em Portugal, verifica-se existir uma lacuna na sociedade, que origina o facto de os cidadãos estarem cada vez mais alheios da necessidade de contribuírem para o coletivo de onde emanam.

A criação de um Serviço Nacional de Cidadania diz respeito a inúmeras áreas da ação do Estado e da sociedade, pelo que o seu desenvolvimento, implementação e controlo devem ser considerados a um nível superior de decisão nacional. A discussão em redor deste assunto deve ser esvaziada de preconceitos ou ideias obsoletas, privilegiando a ênfase nos benefícios que deverão decorrer para os indivíduos e para a sociedade.

O Serviço Nacional de Cidadania caracteriza-se em diversas linhas gerais. Deve desenvolver o espírito de cidadania, no sentido do fortalecimento da consciência coletiva, garantindo uma forte coesão interna e um reforço das capacidades nacionais, aumentando o «sentimento de pertença», segundo o princípio de que a vida em sociedade acarreta benefícios e vantagens, mas implica igualmente deveres e obrigações. Este serviço vai colmatar as lacunas existentes na formação cívica dos jovens cidadãos, dotando-os de novas competências de cariz eminentemente prático, além de reforçar a capacidade de intervenção do Estado, incluindo a criação de uma reserva de recrutamento pluridisciplinar nacional.

A sua implementação será efetuada gradualmente, em estreita ligação com o sistema de ensino. Permite contribuir para os fins coletivos do país, em sede de organismos do Estado, de ONG, sectores sociais, saúde, segurança interna, defesa, educação e cultura, órgãos regionais, locais e autárquicos, entre outros. Deverá ser desenvolvido de acordo com uma abordagem moderna, acautelando o interesse individual e coletivo, assegurando progressão nas aprendizagens, o empenhamento equitativo e universal, um sistema de incentivos justo, e um retorno útil, orientado para o prosseguimento de estudos ou a inserção no mercado de trabalho.

2.8. Processo de desenvolvimento de capacidades militares nacional

Com a recente reorganização da estrutura superior das Forças Armadas, o Chefe do Estado-Maior-General das Forças Armadas

(CEMGFA) passou a ser o único interlocutor político-militar com a tutela da Defesa, tornando-se o único responsável por todo o Planeamento de Forças Nacional, depois de ouvidos os Ramos. Este facto permite-lhe ter uma visão integrada e holística das necessidades de capacidades militares e forças nacionais. Com a assunção desta nova missão, cabe ao CEMGFA a responsabilidade de interagir permanentemente, e desde o início do processo de desenvolvimento de capacidades militares nacionais, com o poder político, com o objetivo de o comprometer com o mesmo.

A comunicação com o poder político, neste domínio em particular, tem de ser transparente e eficiente, para que as necessidades de novas capacidades militares nacionais venham a constituir um desígnio e um objetivo nacionais. Neste sentido, propomos que seja adotado um método de determinação destas necessidades semelhante ao existente na UE e na NATO, ou seja, que sejam avaliados todos os cenários possíveis de utilização das Forças Armadas e, recorrendo à programação operacional parametrizada, utilizada pela NATO, com recurso a algoritmos de inteligência artificial, determinar e listar todas estas capacidades essenciais para fazer face a todos os cenários levantados, depois de no sistema estes serem introduzidos em conjugação com os parâmetros por nós estabelecidos. A utilização desta ferramenta operacional na determinação das suas necessidades em termos de capacidades militares, e por alguns dos seus países aliados com o mesmo objetivo, tem a vantagem de auditar externamente o processo de Desenvolvimento de Capacidades Militares Nacional, conferindo-lhe a credibilidade necessária para que o poder político a possa assumir plenamente.

Após a listagem pormenorizada das capacidades militares nacionais, caberá ao CEMGFA e à tutela a responsabilidade de as priorizar — caso estas não existam —, por forma a serem posteriormente introduzidas nas Leis de Programação Militar, para serem adquiridas.

2.9. Modelo de Atribuição de Recursos para as Forças Armadas

Os recursos no âmbito das Forças Armadas (FFAA) abrangem os de tipo financeiro, humano, materiais e informacional. O modelo atual de alocação de recursos apresenta fragilidades, pela aleatoriedade e falta de adequabilidade, face às tarefas atribuídas e da incerteza no planeamento.

O foco do modelo proposto são os recursos financeiros, na medida em que a disponibilidade destes implica a disponibilidade dos restantes. Os custos com pessoal ganharam um peso relativo excessivo, como resultado da redução dos orçamentos atribuídos. Os custos de operação são suportados pelo orçamento corrente, enquanto os investimentos dispõem de instrumentos próprios. Existe uma desproporção entre as missões atribuídas e os recursos disponibilizados para operação e manutenção de meios.

Com a adoção do referencial de gastos na área da Defesa de 2% do PIB, assumido pelos parceiros da Aliança, definiu-se um valor claro para a repartição de custos. Importa ainda considerar que esta referência será insuficiente para situações de crise ou de guerra, criando assim limitações no planeamento de longo prazo, dado que a preparação e a disponibilidade do instrumento militar requerem tempo, organização e investimento. Definir um modelo que permita que as FFAA possam cumprir as suas missões com dignidade e eficiência é imprescindível.

Um novo modelo de atribuição de recursos para as Forças Armadas obedece a alguns requisitos: *(i)* deverá ser elaborado de acordo com a missão e tarefas, com os objetivos atribuídos, bem como as respetivas prioridades, tendo em conta a perceção da ameaça, a opinião pública e a capacidade financeira do país, englobando uma proporção de 50%, 30% e 20% do orçamento de Defesa para as categorias de pessoal, operação e investimento; *(ii)* deve utilizar indicadores claros, mensuráveis, exequíveis e transparentes, determinando valores relativos aos custos e ao produto disponibilizado. Esta contabilização deve ser feita também para as situações de crise (3% a 4% do PIB) e de guerra (5% a 8%); e *(iii)* as FFAA devem implementar sistemas de contabilidade analítica, e os decisores políticos devem assumir a vontade de corrigir as vulnerabilidades do atual modelo de alocação de recursos à área da Defesa.

2.10. Desenvolvimento do modelo de diálogo social dos militares com a criação de um Conselho da Condição Militar

Na sequência do insucesso do modelo de diálogo social dos militares desenvolvido no quadro da III República, verifica-se uma desvalorização crescente das suas condições estatutárias e retributivas, em comparação com as principais categorias de referência, piorando, inclusive, relativamente aos demais atores do sector da Segurança. A situação agravou-se, nomeadamente para o universo dos praças, em que as condições retributivas constituem um dos principais fatores da falta de capacidade de recrutamento e de retenção, e em que a descapitalização de recursos e efetivos é elevada, colocando em risco as capacidades militares.

Assim, concluindo sobre a incapacidade do modelo vigente, impõe-se por isso a evolução do modelo de diálogo social dos militares em vigor, com a seguinte proposta: a criação de um órgão de «Conselho da Condição Militar», em que seja possível reunir o necessário consenso político e institucional sobre a dignificação das Forças Armadas e dos militares, que integre mecanismos de diálogo, preferencialmente estruturais, entre os diversos atores, o poder político, as chefias militares e os representantes profissionais. Considera-se ainda urgente a valorização retributiva dos militares, com prioridade para os praças das Forças Armadas, conferindo-lhes equidade e competitividade relativamente a outros sectores, no sentido de regularizar a situação crítica de efetivos das Forças Armadas.

Este novo modelo e o órgão de «Conselho da Condição Militar» deverão assegurar o consenso político e de Estado, bem como a equidade e o diálogo político-militar sobre a condição militar e os estatutos dos militares, através de processos de níveis de comparação analíticos e substantivamente fundamentados, com critérios bem definidos, como acontece nos processos de *benchmarking* em vigor em muitos países de referência (a Irlanda, o Reino Unido, os Estados Unidos, a Espanha...), onde os valores económicos das atividades militares e civis, bem como os principais agentes do Estado, são comparados entre si — processos, aliás, conduzidos, em certos casos, de forma estrutural (e.g. Irlanda), sobre toda a Administração Pública. Entende-se que este órgão poderá estar localizado preferencialmente junto do Presidente da República (na qualidade de comandante supremo das Forças Armadas), privilegiando a postura institucional, ou junto da Assembleia da República, embora existam outros modelos possíveis[1].

Conjunturalmente, considera-se ainda urgente a valorização retributiva dos militares, com prioridade para o soldado/praças das Forças Armadas, conferindo-lhes equidade relativamente a outros sectores, no sentido de regularizar a situação crítica de efetivos das Forças Armadas.

2.11. Lições aprendidas com a utilização das Forças Armadas no combate à pandemia de COVID-19

As respostas no combate à pandemia do coronavírus, designadamente das FFAA e das FSS, assim como as lições aprendidas, constituem pressupostos importantes para as necessárias reformas. O caso de Portugal é um bom estudo de caso, pelo facto de a pandemia ter atingido o nosso país de modo intenso, com indicadores entre os mais elevados do mundo, e com respostas importantes da parte de todos os atores, sobretudo das FFAA, e ao nível da vacinação.

As FFAA, apesar dos constrangimentos em termos de recursos humanos e materiais, têm tido um papel relevante, com missões

[1] Gobierno de España [Governo de Espanha]. (28 de julho de 2011). *Boletín Oficial del Estado*, núm. 180, Sec. I., p. 85320.

tão diversas como a desinfestação e a descontaminação; ações de sensibilização; o apoio sanitário (hospitais e laboratórios); o apoio aos sem-abrigo; o fornecimento de material e equipamento às escolas, lares e municípios; o apoio, em regime de complementaridade e de excecionalidade, às FSS; e, inclusivamente, o apoio durante o processo de vacinação.

Diretamente relacionadas com a pandemia, destacamos, para o caso específico de Portugal, algumas propostas, a saber:

- O reforço das linhas de ação estratégicas relacionadas com a saúde e com o incremento das ligações civil-militares, no âmbito da necessária «Estratégia de Segurança Nacional»;
- A criação de um «Centro Nacional de Gestão de Crises», na dependência do primeiro-ministro, que incorpore todos os atores no combate às diferentes ameaças e riscos transnacionais;
- O estabelecimento de um novo Estado de Exceção, que poderia designar-se por «Estado de Crise», de modo a facilitar a tomada de decisão política e a intervenção das FFAA, sem condicionar os direitos, as liberdades e as garantias dos cidadãos;
- A centralização da gestão e da ação de comando e a manutenção integrada de reservas estratégicas relevantes;
- E o investimento na saúde militar, designadamente no âmbito das infectocontagiosas (com destaque para as pandemias), da «inteligência de saúde», da «gestão dos riscos da biossegurança», dos hospitais de campanha, e da ligação (mais eficiente) ao sistema de saúde pública.

2.12. Desenvolvimento da cooperação entre as FFAA e as FSS em operações de natureza policial

Em virtude da permanente ameaça às sociedades modernas, como a europeia, por parte de organizações terroristas e de crime organizado, incluindo o cibercrime, perpetrando atos de elevado grau de violência que geram um clima de terror generalizado, e de se ter provado a necessidade dos governos terem de utilizar todos os instrumentos de poder, incluindo os meios militares, por forma a constituir uma resposta robusta no combate a elas transnacionais, e não estando Portugal imune a essas ameaças, propomos que, no quadro constitucional vigente, as forças militares, excecionalmente, possam ser utilizadas na segurança interna em operações de natureza policial, de forma adequada, com proporcionalidade, e quando for julgado necessário e indispensável.

Nesse sentido, é necessário *(i)* definir claramente, em lei, o papel dos militares, o seu modo de emprego, os mecanismos e parâmetros de atuação, nomeadamente as relações de direção, comando e controlo; *(ii)* a criação de um «Centro de Cooperação e Interação Civil-Militar», com flexibilidade para se configurar como «Centro Nacional de Gestão de Crises», com capacidade de coordenação e planeamento operacional, sempre que a situação o requeira; *(iii)* releva-se ainda a necessidade pertinente de promover a formação e o treino das forças militares a destacar para estas missões, e a elaboração de uma doutrina que defina o caminho para o planeamento, a preparação e a execução operacionais, tendo em conta o ambiente de natureza policial, claramente distinto do ambiente em que se desenvolvem as operações militares convencionais.

2.13. Desenvolvimento do sistema de segurança interna

A existência da Guarda Nacional Republicana (GNR) e da Polícia de Segurança Pública (PSP) tem sido frequentemente colocada em questão, com o argumento da desnecessidade e da ineficiência na manutenção de ambas, pelo que, após estudarmos o assunto, propomos que se mantenha e se aprofunde o modelo dual português — à semelhança do que existe nos sistemas comparados dos países da Europa do Sul —, alicerçado na GNR (militar) e na PSP (civil), com a particularidade da manutenção de uma polícia especializada no combate à criminalidade mais complexa, a Polícia Judiciária (PJ). No entanto, para que faça sentido a manutenção de duas forças policiais com competências policiais genéricas, a GNR e a PSP , deverá haver uma clara distinção das missões a atribuir a cada uma das duas forças em função das suas diferentes naturezas. No caso específico da GNR, devem ser explicitadas as missões militares no âmbito da defesa nacional atribuídas a este corpo especial de tropas, fundamento último e único da sua natureza militar, para o aprofundamento da sua dependência do Ministério da Defesa Nacional, partilhada com o Ministério da Administração Interna e com o CEMGFA para certos efeitos operacionais — algo que não tem sido tido em consideração e que tem contribuído para a confusão desnecessária entre as duas forças, mas que constitui a essência do modelo dual. Igualmente, a passagem da PJ para a tutela do Ministério da Administração Interna ou, no mínimo, de uma tutela partilhada com o Ministério da Justiça, bem como a centralização dos pontos de contacto de cooperação policial internacional (SIRENE; EUROPOL; INTERPOL) no secretário-geral da Segurança Interna.

Em relação às competências da Autoridade Marítima Nacional (AMN), da Polícia Marítima e da Unidade Costeira da GNR, propomos um aprofundamento do modelo de ação do Estado no mar, por forma a eliminar todas as incongruências, sobreposições e duplicações desnecessárias que o atual sistema de AMN comporta, devendo esse aprofundamento considerar as especificidades da legislação comunitária relativamente ao controlo de fronteiras marítimas externas da UE.

GRUPO DE TRABALHO SOBERANIA E POLÍTICA

Henrique Monteiro / Miguel Poiares Maduro *(Coordenadores)*

João Ribeiro-Bidaui *(Relator)*

António Capela	José M. Júdice
Afonso Virtuoso	José P. Aguiar Branco
André Azevedo Alves	Luís Archer
André Miranda	Margarida Mano
Carlos Coelho	Marta Costa
Duarte Vieira	Miguel Morgado
Francisca Sampaio	Nuno Pereira Magalhães
Francisco Assis	Nuno Severiano Teixeira
Filipe Teles	Paulo Saragoça da Mata
João Gabriel Silva	Pedro Latoeiro
José F. Reis	Rita Hanek
José Ribeiro	Sérgio Sousa Pinto
José Ribeiro e Castro	Teresa Violante
José Roquette	Vítor Pereira

3. REFORMA DO SISTEMA POLÍTICO HENRIQUE MONTEIRO, MIGUEL POIARES MADURO, JOÃO RIBEIRO-BIDAOUI[1]

Este Grupo de Trabalho refletiu sobre os seguintes temas:

- Estado da democracia em Portugal e uma visão para o século XXI:
  - Reforma eleitoral (tema sobre o qual a SEDES já tomou posição);
  - Reforma da relação entre o poder executivo, parlamentar e judicial;
  - Reforma dos partidos políticos.

---

[1] A composição do Grupo de Trabalho completo encontra-se no *website* da SEDES (https://www.sedes.pt).

- Reforço das instituições, da consciência civil e da participação dos cidadãos na vida política e nos atos eleitorais (a mobilização da juventude);
- Papel da sociedade civil (papel dos *think-tanks*) e da comunicação social; e sobre a
- Definição administrativa do território.

Tal reflexão foi feita tendo como contexto o crescimento linear da abstenção eleitoral desde 1976, o crescimento da polarização política, a descida em *rankings* internacionais de qualidade democrática ou de liberdade de imprensa, e a afirmação crescente dos partidos mais extremistas do sistema político português. Assim, e ao longo dos vários debates sobre como enfrentar esses desafios à democracia, o Grupo estabeleceu como objetivos nucleares das suas propostas o *(i)* reforço das instituições, o *(ii)* aumento da consciência civil e da participação dos cidadãos na vida política e nos atos eleitorais, a *(iii)* melhoria do sistema democrático, e ainda a *(iv)* promoção de uma maior eficácia e eficiência na alocação de recursos em todo o território.

Como meios para atingir tais objetivos, o Grupo identificou sete dimensões alvo de uma ação reformista, cada uma delas devendo constituir-se como painel de discussão no Congresso da SEDES:

(1) Recentrar o Parlamento, credibilizar a Administração Pública, escrutinar o poder executivo: re-equação da relação entre os poderes executivo, legislativo e judicial;
(2) Ativar cidadania política: reforma do sistema eleitoral;
(3) Modernizar e fundar partidos políticos: reforma da Lei dos Partidos Políticos, da Lei do Financiamento Partidário e do Estatuto dos Deputados;
(4) Descentrar o poder nacional: descentralização política e administrativa;
(5) Democratizar o poder local: reforma das autarquias locais;

(6) Proteger a pluralidade: reforma do quadro regulatório da comunicação social;
(7) Sustentar a transição intergeracional: reformar mecanismos de transição geracional.

3.1. Recentrar o Parlamento, credibilizar a Administração Pública, escrutinar o poder executivo

O Grupo considerou ser importante abrir um debate na sociedade portuguesa sobre uma eventual re-equação da relação entre os poderes executivo, legislativo e judicial, tendo em vista o aprofundamento da sua separação.

A atualidade marcada por uma constante confusão entre justiça e política/partidos políticos, e entre estes e os poderes executivo e legislativo, exige uma reflexão urgente sobre esta matéria. Ora, tendo em consideração a fulcral importância que têm para o funcionamento eficaz de qualquer democracia liberal a independência e a legitimidade destes diferentes poderes, a perturbação frequente que os envolve beneficia apenas o extremismo político, que se aproveita do caos gerado para capitalizar o voto dos descontentes e descrentes.

Assim, uma eficaz e transparente separação de poderes, conforme Montesquieu projetou e a cultura liberal e anglo-saxónica de *checks-and-balances* aprofundou, afigura-se da mais elementar importância.

De facto, a estratégia a seguir deve ser mais ambiciosa do que a que o atual quadro constitucional oferece e deve procurar promover uma verdadeira e completa independência entre a administração pública e o governo, por forma a reduzir o peso do poder executivo e a limitar a ligação entre o Estado e o partido que está no poder. Tal limitará os conflitos de interesses e a captura da administração por interesses particulares, qualificará a administração pública e reforçará o mérito no emprego público — condição essencial para reforçar a confiança dos cidadãos no Estado.

Para o efeito, o Grupo defende uma separação clara entre as magistraturas e o exercício de cargos na Administração Pública, incluindo os de nomeação. São dois poderes distintos da República, e uma porta giratória entre os dois fragiliza ambos. É assim importante estabelecer uma linha que separe as magistraturas do poder judicial, do executivo e do legislativo. À semelhança do que acontece noutros países, os magistrados devem ser obrigados a fazer uma opção profissional: seguindo a carreira da magistratura, obrigam-se a preterir, em absoluto, eventuais futuros cargos de nomeação política, e de forma condicional, na Administração Pública. Neste último caso, se desejarem aceder aos cargos mediante concurso de recrutamento, a sua admissão a qualquer carreira da Administração Pública dependerá da sua decisão de renunciar à carreira de magistrado. Esta separação de carreiras profissionais é uma condição necessária para o reforço da perceção pública sobre a independência das magistraturas. Reconhecendo a escassez de quadros na Administração Pública, que tem incentivado o recurso a magistrados para desempenho de funções que exigem conhecimento especializado, o Grupo propõe o estabelecimento de um período transitório, durante o qual serão publicados concursos externos de ingresso na Administração Pública para as respetivas funções, desta forma possibilitando aos magistrados que exercem essas funções o acesso a tais concursos, desde que renunciem à carreira de magistrado.

No seguimento do exposto, o bom funcionamento de qualquer democracia implica também ter em consideração a imparcialidade que deve ser exigida às entidades reguladoras, reconhecendo a relevância do seu papel. Ora, presentemente confrontamo-nos com a inexistência de qualquer poder efetivo que possa limitar ou condicionar as escolhas do governo para reguladores. De facto, o parecer prévio emitido pela Comissão de Recrutamento e Seleção para a Administração Pública (CReSAP) não é vinculativo e, tratando-se de nomeações políticas, a maioria parlamentar tende a validar acriticamente a escolha proposta pelo governo que sustenta. Assim, o Grupo salienta a necessidade imperativa de dotar tal nomeação de legitimidade, independência e imparcialidade, visando evitar situações como as que têm ocorrido, em que governantes se demitem das suas funções com o intuito de ingressar em entidades reguladoras, ou a ideia de que ser dirigente regulador faz parte de uma qualquer noção de carreira política, potenciando comportamentos condicionados a esse fim durante a governação.

Seguindo esse ponto de vista, o Grupo propõe um período de 2 anos antes de ser possível nomear ex-governantes para qualquer função numa entidade reguladora, bem como proibir, nos 24 meses subsequentes ao exercício de tais funções, o desempenho de cargos no governo outra vez ou na qualidade de deputado à Assembleia da República.

Concomitantemente, o Grupo analisou hipóteses que visem tornar o Parlamento mais operante e relevante do ponto de vista decisório, visto que, nos últimos anos, a Assembleia da República deixou progressivamente de ter peso político, tornando-se cada vez mais dependente do poder executivo, que tende a usar a maioria parlamentar que o sustenta como mera correia de transmissão da sua agenda política e legislativa, invertendo, de facto, o desenho constitucional da pretendida democracia representativa. Nesta perspetiva, e por contribuir para um melhor funcionamento do Estado, e notando o exemplo da democracia britânica, é absolutamente imperativo que o Parlamento tenha uma voz mais ativa e audível, que seja mais atento, como garante da boa execução das normas vigentes, e bem assim escrutinando as decisões executivas e a sua conformidade legal e política com a constituição e com o mandato político resultante dos escrutínios eleitorais. A Assembleia da República deve, assim, assumir-se como o centro da decisão e do escrutínio democrático.

Primeiramente, os artigos 164.º e 165.º da Constituição devem ser revisitados, no sentido de reequilibrar as reservas absolutas e relativas de competência legislativa, tendo em vista uma diminuição significativa das possibilidades de autorização legislativa concedidas ao governo, isto é, ao poder executivo, procurando deste modo criar condições para seja assegurado o primado efetivo do

Parlamento. O Grupo concluiu ser pertinente discutir a continuidade do atual desenho constitucional de concorrência legislativa entre Parlamento e governo — algo relativamente *sui generis* no quadro europeu.

Recentrar o Parlamento engloba igualmente passar a exigir que os membros do governo sejam escolhidos a partir dos deputados eleitos, assegurando que os cidadãos votam nos seus governantes.

No mesmo sentido, para reforçar os poderes da democracia representativa, o Parlamento deve ser chamado não só a discutir, mas também a aprovar o programa do governo. O incumprimento deste pode constituir motivo para apresentação de uma moção de censura. Além disso, verificando-se que é cada vez mais difícil que um partido obtenha maioria absoluta nas eleições legislativas, o Grupo sugere que o partido que conseguiu formar governo apresente o seu programa de governo da coligação a 4 anos, ao invés de negociações pontuais e anuais com os demais partidos com representação parlamentar, isto é, passaria a apresentar o programa de governo à Assembleia da República no início do mandato, balizando aquilo que se propõe a fazer ao longo de toda a legislatura.

Por outro lado, o Grupo concluiu ser necessário submeter ao crivo do Parlamento, através de audições parlamentares, e nalguns casos a aprovação por maioria simples, aquelas nomeações políticas que tenham maior relevância como, por exemplo, a nomeação dos principais dirigentes de entidades dotadas de personalidade jurídica e de autonomia administrativa e financeira, ou de entidades reguladoras (neste caso, na sequência de proposta do Presidente da República). Consequentemente, os nomeados passariam a prestar contas anualmente ao Parlamento, e os orçamentos das respetivas entidades passariam a ser aprovados autonomamente e no contexto da prestação anual de contas. Estas propostas conduziriam não só a uma maior apreciação e discussão parlamentar da própria nomeação, das respetivas funções e do conteúdo do mandato a desempenhar, como fomentariam também o diálogo interpartidário no debate sobre a idoneidade da pessoa nomeada.

São termos em que o Grupo considera ser necessário rever a legislação em vigor que proíbe nomeações familiares diretas, desta forma alargando o seu âmbito a familiares indiretos, ao poder local e a todas as entidades públicas, e reduzindo as instâncias de nomeação feitas por um só detentor de funções públicas, sem prejuízo dos direitos fundamentais dos visados, que não deixarão de ser salvaguardados quando sujeitos a processos de seleção competitivos e transparentes. Esta medida torna-se urgente em face de uma prática, percecionada como cada vez mais reiterada, que constitui um fator de enorme descredibilização da política e dos políticos. Uma vez mais, o Grupo salienta a importância nuclear de reforçar o valor do mérito, da independência e da transparência na nomeação para cargos públicos, designadamente através de concursos públicos devidamente publicados e publicitados pelas entidades competentes e que garantam a imparcialidade da nomeação, e com avaliação prévia à idoneidade da pessoa a indigitar, com o intuito de analisar a sua capacidade para desempenhar o cargo para o qual se candidata, bem como eventuais conflitos de interesse que possam existir.

O Grupo propõe ainda o reforço de meios de órgãos de fiscalização e supervisão como a CRESAP e as inspeções-gerais. A CRESAP poderia assumir um papel central na transição entre o atual sistema de nomeações políticas (via nomeações em substituição) ao longo de um período mais longo do que uma legislatura, conduzindo o processo de nomeação por meio de concursos públicos de todos os cargos dirigentes de 1.º Grau na Administração Pública. O Grupo considera que a constituição de júris da CRESAP deve obedecer a critérios mais rígidos, que garantam maior independência das suas decisões.

Neste reequacionar da relação entre os poderes executivo, legislativo e judicial, importa debater igualmente o reforço dos poderes presidenciais, no essencial limitados ao poder de veto, à demissão — fundamentada — do governo e à dissolução da Assembleia da República. Com efeito, salientado e promovendo o papel presidencial, o Grupo defendeu uma maior intervenção do Presidente da República na regulação e na justiça, devendo este passar a indicar ao Parlamento a proposta para presidentes das autoridades reguladoras, bem como a nomeação para procurador-geral da República e ainda para governador do Banco de Portugal. De facto, assistimos correntemente à «banalização» do papel de Presidente da República, pelo que afirmá-lo no quadro institucional vigente passará necessariamente por lhe conferir mais poderes, contribuindo também para desconcentrá-los do governo.

No que diz respeito ao combate à corrupção, o Grupo defende a implementação imediata e incondicional de toda as recomendações do Group of States Against Corruption (GRECO). No seu último relatório, de 22–25 de março de 2021, o GRECO conclui que, em face do relatório elaborado no ano transato, «Portugal fez apenas pequenos progressos no cumprimento das recomendações consideradas como não implementadas ou parcialmente implementadas no Relatório Intercalar de Conformidade do Quarto Ciclo de Avaliação; apenas três das quinze recomendações foram satisfatoriamente implementadas ou desenvolvidas. Das restantes recomendações, sete foram parcialmente implementadas e cinco continuam por implementar.»[2]

A par do cumprimento das recomendações internacionais, o Grupo entendeu ser necessário reforçar a cultura de transparência na ação governativa, passando por medidas simples mas importantes como, por exemplo: *(i)* a publicação das atas do Conselho de Ministros, com o intuito de responsabilizar mais a preparação das reuniões e tornando mais transparente um importante momento de decisão de políticas públicas, sem prejuízo do cumprimento da Lei do Acesso aos Documentos Administrativos; *(ii)* a publicação das agendas de reuniões de todos os membros do governo na respetiva página da Internet, identificando o tema das reuniões e os respetivos participantes; e *(iii)* a Comissão de Transparência e Estatuto dos Deputados deve alargar o objeto da sua competência aos membros do governo,

---

[2] Conselho Europeu. (12 de abril de 2021). *Quarto Ciclo de Avaliação – Prevenção da corrupção em relação a deputados, juízes e procuradores.* Segundo Relatório Intercalar de Conformidade: Portugal [22–25 março]. GRECO. https://rm.coe.int/quarto-ciclo-de-avaliacao-prevencao-da-corrupcao-em-relacao-a-deputado/1680a21607

dirigentes da Administração Pública, membros dos gabinetes ministeriais, direção das entidades reguladoras, dirigentes de entidades privadas com utilidade pública.

Ainda sobre o reforço da cultura de transparência, somos frequentemente confrontados com a enorme dimensão do aparelho do governo, pelo que, por forma a dotar a ação governativa de maior eficácia e credibilidade, o Grupo entende ser necessária a redução do pessoal político nos gabinetes ministeriais. De facto, cada um deles é composto, em média, por 17 pessoas[3], não se considerando as secretarias de Estado adstritas, o que comporta um custo anual aos cofres públicos de dezenas de milhões de euros. Afigura-se, portanto, fundamental reformar a composição destes gabinetes para tornar eficaz o seu funcionamento. Deste modo, propomos que os gabinetes ministeriais reforcem a sua articulação de um modo real e efetivo com institutos, agências, direções e secretarias-gerais a cargo do Ministério, reforçando as suas capacidades técnicas e criando mecanismos tecnológicos que permitam a gestão entre as diversas entidades, e bem assim, a otimização na articulação de todos os procedimentos que envolvam a multidisciplinaridade entre os diversos órgãos.

O Grupo também considerou importante que a Assembleia da República promova um debate público em torno da regulamentação da atividade de *lobbying*, em linha com o que acontece no âmbito do *lobbying* junto das instituições europeias.

No seu conjunto, o Grupo concluiu que estas medidas preenchem a necessidade de tornar a transparência na ação pública mais efetiva do que formal e reforçam a responsabilização da ação política, que deve ser exercida e escrutinada de modo sério e rigoroso.

No que concerne à necessidade de incrementar e promover a formação dos altos quadros da Administração Pública, o Grupo considerou importante reativar, com mais meios e em rede com universidades, o Instituto Nacional de Administração como instrumento para melhorar a preparação e a capacitação de futuros líderes de

[3] Fernando Teigão dos Santos. (2017). *Governar Melhor.* Esfera dos Livros.

institutos e empresas públicas. Neste âmbito, reconheceu-se a importância fulcral de capacitar os cargos mais elevados da Administração Pública de «mão de obra» altamente qualificada. Para o efeito, e cientes de que a remuneração acaba por ser um fator fundamental na escolha, foi considerado necessário dotar tais cargos de direção de melhores salários, por forma a conseguir atrair cidadãos competentes e portadores de experiência ao nível das exigências do cargo que se propõem a desempenhar.

Dentro do possível, a Administração Pública tem de procurar rivalizar com o sector privado na captação dos melhores, fomentando o mérito e a competência e instituindo concursos públicos para progressões na hierarquia da Administração Pública, que sejam livres e desprovidas de interesses pouco transparentes.

3.2. Reforma do sistema eleitoral

O sistema político português necessita de profundas reformas, por forma a conseguir dar um forte impulso ao processo de modernização democrática, que parece estagnado, melhorando assim os índices de confiança dos cidadãos na política e nos políticos, cada vez mais desacreditados e alvo de contínua descrença social.

Numa altura em que a abstenção atinge níveis historicamente elevados, e quando o afastamento entre o eleitor e o eleito parece ser cada vez maior, torna-se imperioso adotar um sistema eleitoral que, nas suas várias dimensões, aproxime o poder político da sociedade que visa representar.

A realidade atual não é mais do que uma homologação das listas de candidatos a deputados decididas pelas direções dos partidos em detrimento da escolha uninominal de candidatos. E, na prática, os cidadãos são apenas confrontados com uma opção unipessoal: a escolha do primeiro-ministro. Elegemos o primeiro-ministro, e é nele que se concentra o poder político, de facto. Neste sentido, há muito que a SEDES defende uma reforma do sistema eleitoral, que contemple a adoção de círculos uninominais locais e um círculo de dimensão nacional que reforcem o poder de escolha dos eleitores e responsabilizem os eleitos. A proposta da SEDES não carece de revisão constitucional e pode ser imediatamente aprovada pela Assembleia da República e entrar em vigor antes das próximas eleições legislativas.

De facto, com o fosso existente entre as partes envolvidas numa eleição, a adoção do modelo proposto pela SEDES conduziria, inevitavelmente, a uma maior aproximação entre os intervenientes no ato eleitoral. Ora, através de círculos uninominais, a aproximação entre o deputado local e o seu eleitor seria notória, com benefícios para todos, isto é, não só faria com que os cidadãos tivessem maior motivação para participar no ato eleitoral, fruto da sua maior proximidade ao poder político, como também contribuiria para reduzir a abstenção — o deputado passa a ter de prestar contas àqueles que o elegeram e torna-se diretamente responsável perante o eleitor na eleição seguinte, sob pena de não ser reeleito. Deste modo, o Grupo conclui que a adoção deste sistema eleitoral se traduzirá de imediato em mais transparência, independência e capacidade de decisão.

Note-se, a este respeito, que muitos são os que condenam esta opção, considerando que o deputado eleito pelo seu círculo uninominal tornar-se-ia uma espécie de Senhor do seu Condado; tal crítica parece ignorar que aquele deputado, eleito por aqueles com quem tem maior proximidade, com quem tem de lidar no dia a dia, está absolutamente obrigado a prestar contas aos seus eleitores com frequência, necessitando de lhes evidenciar os benefícios que resultam de ter votado em si, em prejuízo de outro qualquer candidato local.

A possibilidade de permitir candidaturas de independentes à Assembleia da República foi considerada pelo Grupo, que concluiu ser matéria a ponderar ativamente em futuros processos de revisão constitucional.

Por fim, o Grupo conseguiu reunir consenso em torno da criação de uma alta câmara parlamentar, a exemplo do que já acontece em 13 países da União Europeia. Tal medida contribuiria para moderar os poderes do governo, para aproveitar melhor a experiência e os saberes acumulados dos possíveis membros, e para assegurar uma melhor e mais efetiva representação do território (independentemente da proporcionalidade populacional). Uma segunda câmara seria composta por representantes eleitos em círculos uninominais regionais (dois por círculo), com eleição aberta à participação de independentes. Entre as possíveis atribuições e competências constariam o escrutínio das atividades e dos orçamentos das entidades independentes e reguladoras (v.g. AdC, CNPD, CADA, CNE, Banco de Portugal, ANACOM, ERS, entre outras), incluindo a eleição dos respetivos dirigentes (sob indicação do Presidente da República); o direito de veto em determinadas matérias legislativas; a audição individual obrigatória dos candidatos a juízes do Tribunal Constitucional, etc. Outras medidas propostas, ainda relacionadas com o sistema eleitoral, incluem o fim do dia de reflexão e o eventual alargamento do período de votação para dois dias (sábado e domingo; dias da semana), em condições que garantam, em absoluto, a integridade do ato eleitoral; cadernos eleitorais atualizados e fiscalização mais eficiente de atos eleitorais — medidas estas que, no seu conjunto, poderão contribuir para diminuir a abstenção.

O Grupo identificou outras questões que merecem um maior e mais aprofundado debate público, como a importância de realizar mais referendos, nos atuais termos legais; a possibilidade de estender o direito de voto a maiores de 16 anos, no quadro de uma discussão que inclua a questão da maioridade; a possibilidade de flexibilizar a lei das petições conferindo-lhes maior efetividade; e continuar a fomentar a paridade nas listas candidatas a cargos de eleição política a par de um sistema de rotatividade do género em funções e cargos de eleição uninominais.

3.3. Modernizar e fundar partidos políticos

O Grupo também concluiu que a reforma do sistema político e o cumprimento dos objetivos nucleares da sua proposta não se esgota na reforma do sistema eleitoral. A política está em constante mutação e os partidos parecem ter extremas dificuldades em se adaptar às novas realidades sociais, tecnológicas e culturais. Na verdade, os partidos são hoje vistos como uma classe distante, fechada, pouco qualificada e pouco íntegra, fazendo com que os cidadãos não se sintam minimamente representados. Fechados no seu núcleo-base, os partidos acabaram por afastar muitos militantes e todos aqueles que aspiravam a tal, contribuindo para a falta de renovação da militância e para a captura do partido por parte de pequenos grupos, quase profissionalizados, que controlam parte significativa dos votos. É, portanto, imperioso reforçar a qualificação e a capacitação dos partidos, bem como a militância ativa, livre de complexos, interesses e de caciquismo, com o intuito de fazer com que os cidadãos voltem a confiar na capacidade reformadora de um partido.

Para o efeito, e tendo presente que, quanto mais forte for a militância mais coeso será um partido, o Grupo propõe que os partidos criem/reforcem estruturas de formação e de produção de saber (v.g. academia de formação; unidade de estudos; fundações políticas; *think-thanks*), estáveis e profissionalizadas, com orçamento próprio e equilibrado. Tal deveria ser refletido numa alteração à Lei do Financiamento do Partidos Políticas que obrigasse à utilização de 25% de tal financiamento em estruturas de formação e de produção de saber.

O Grupo concluiu ser igualmente necessário analisar o impacto da realização de primárias abertas na escolha dos líderes dos partidos. Tendo em consideração o afastamento dos cidadãos face aos partidos, assim como o entrincheiramento do núcleo-base dos mesmos, a realização de primárias abertas à população para escolha da liderança partidária poderá contribuir para alargar a representatividade e a legitimidade do líder eleito, incentivando também a militância ativa. Acresce que a adoção deste mecanismo de escolha inutilizaria substancialmente o papel nefasto da cultura do «cacique» no controlo dos aparelhos partidários.

As primárias abertas passariam a constar da lei dos partidos políticos como uma opção para a organização de atos eleitorais internos, e a sua adoção deveria ser acompanhada pelas necessárias alterações à Lei do Financiamento dos Partidos Políticos — a adoção de primárias abertas despoletaria financiamento adicional. Seria necessário incluir disposições que mitigassem riscos de abuso e de fraude eleitoral, como, por exemplo, a limitação participativa de cada eleitor na eleição de apenas um partido durante um período de 5 a 8 anos, assim como o uso dos cadernos eleitorais do Estado para efeitos de controlo. Por outro lado, as primárias abertas deveriam ser precedidas de um congresso/convenção do partido, onde seriam escolhidos os candidatos através da votação das respetivas moções, sendo que, para poder ser sujeita a votação em primárias, a moção teria de ter uma votação mínima de 20% no congresso/convenção.

Ademais, o Grupo considerou que seria fundamental e benéfico para todos os partidos se estes implementassem uma comissão de ética, tal como acontece na Assembleia da República, que implementasse apreciações de integridade, ou seja, um controlo ético realizado por meio de uma sólida comissão, composta por militantes e independentes, que serviria para avaliar a integridade de potenciais candidatos autárquicos e a deputados, tendo como principal objetivo mitigar eventuais incompatibilidades com o cargo a que se propõe candidatar — os candidatos teriam de assumir, pois, um compromisso ético com a sociedade.

Ainda no quadro da reforma dos partidos políticos, o Grupo considerou útil melhorar os sistemas jurisdicionais internos dos partidos, aplicando-lhes critérios mais exigentes para garantir a credibilidade e a independência dos mesmos em face de direções partidárias. No fundo, exigir uma justiça tão credível e independente dentro dos partidos como todos os partidos o exigem para a República.

Ainda no contexto dos partidos políticos, o Grupo concluiu ser importante e salutar para a qualidade da democracia facilitar e simplificar a constituição dos partidos políticos, isto é, em vez de se realizar o controlo *ex ante* da formação do partido, com base em assinaturas, o Grupo entendeu que tal controlo deve ser realizado *a posteriori*, ou seja, avaliado após um sufrágio eleitoral, com base num número mínimo de votos, que o qualifique para formalização como partido constitucionalmente aceite.

Outro aspeto da reforma do sistema político passa pela revisão do estatuto dos deputados, nomeadamente a questão da exclusividade no exercício de funções, nos casos em que a sua profissão de origem seja regulada por Ordem profissional, por forma a mitigar conflitos de interesses e evitar qualquer promiscuidade com funções exercidas fora do Parlamento. Para o efeito, será necessário propor o aumento substancial da remuneração, com o intuito de tornar a função mais atrativa para mais cidadãos e de dissuadir os seus titulares de atitudes e comportamentos prejudiciais ao exercício das funções. No sentido de combater o «funcionalismo» na Assembleia, o Grupo defendeu o subsídio de reintegração de deputados quando cessam as suas funções, em função do rendimento anteriormente auferido.

Em suma, é particularmente importante reanalisar o modo de organização e do funcionamento dos partidos, promovendo reformas que os modernizem e rejuvenesçam, que lhes confiram uma maior abertura à sociedade civil, alargando a sua base de participação, mobilizando a sua militância, e que os capacitem de capital político escondido e afastado das lides partidárias. Os cidadãos devem sentir-se representados nos seus interesses e obrigações por parte de um ou mais partidos.

3.4. Descentralização política e administrativa

Indissociável da reforma das autarquias locais, a descentralização da Administração Pública e do sistema político português é uma das tarefas mais urgentes.

O conjunto de instituições políticas e administrativas por meio das quais o Estado português se organiza resulta de uma visão excessivamente centralista, e continua assente num modelo que está indiscutivelmente desfasado da realidade e das necessidades atuais dos diferentes territórios e das populações.

A centralização do país não se traduz apenas na concentração de serviços em Lisboa, mas nas práticas de governação, na exploração limitada do potencial de uma efetiva governação multinível subnacional e nos recursos extremamente reduzidos das autarquias locais. Com efeito, uma simples observação de dados comparados com os restantes países da União Europeia possibilita a verificação destes factos, nomeadamente quando se considera que:

- parte das despesas públicas, em percentagem de Produto Interno Bruto efetuada pelos níveis de governo local é de 5,6% em Portugal, sendo a média da União Europeia de 15,5%;
- a percentagem da despesa pública nacional que é efetuada pelo nível local é de 12,6% em Portugal, sendo o mesmo valor médio para a UE de 33,4%;
- o emprego público na administração local ronda os 18% do total de trabalhadores da Administração Pública, comparado com os 60% a 75% em vários países europeus;
- atendendo ao valor médio de habitantes por município e à população total do país, Portugal é o único caso, dentro do grupo de Estados-membros da UE com valores semelhantes, que não apresenta um nível regional de governação;
- apenas a Bulgária (com sete milhões de habitantes) e alguns países com menos de três milhões de habitantes têm características semelhantes;
- se atendermos aos indicadores de despesa referidos, encontramos apenas em situação comparável a Grécia, Malta, Chipre, Hungria, e a Bulgária.

Independentemente dos indicadores usados para comparar o modelo de governação, estamos entre os países mais centralizados da Europa. A posição remota ocupada por Portugal em todos os índices de descentralização não tem oscilado significativamente ao longo das últimas décadas. Acresce que as reformas parcelares e pontuais têm sido muito pouco expressivas nesta matéria e não têm acompanhado a tendência europeia.

Assim, o Grupo de Trabalho considera ser exigível um processo de descentralização muito significativo para estruturas regionais e locais de governação, com uma mais clara e objetiva arquitetura de governação subnacional. Este processo deve obedecer a um conjunto de princípios fundamentais: *(i)* proximidade, garantindo mecanismos mais eficazes de autogoverno, controlo de políticas públicas, transparência e fiscalização por parte dos cidadãos; *(ii)* eficiência de políticas públicas, através da adequação de competências e órgãos decisores às escalas territoriais apropriadas; *(iii)* subsidiariedade, possibilitando maior proximidade entre os cidadãos e as estruturas de governação com responsabilidades sobre os seus territórios; e *(iv)* governabilidade, garantindo a clarificação de funções, escalas e territórios, através da racionalidade da divisão administrativa e da sua coerência com os processos de representação política e eleitoral. O Grupo de Trabalho pondera, ainda, que devem ser implementadas medidas de descentralização administrativa, política e fiscal, de par com uma aposta clara na desconcentração de serviços.

É, assim, exigível uma abordagem integrada e multinível à descentralização, não limitando a discussão do processo de reforma à atribuição de competências. Importa, deste modo, que a mesma inclua o conjunto complementar de meios e recursos, a diferenciação de competências em função dos territórios e a reforma dos mecanismos de representação, eleição e fiscalização dos órgãos locais e regionais. Descentralizar implica que mais poderes para níveis de governação subnacional devam ser acompanhados de capacidades organizacionais, técnicas, políticas, humanas e financeiras, de acordo com as competências recebidas. É relevante, também, complexificar a relação entre os níveis de governação, clarificando funções, competências e territórios de atuação. Acresce a necessidade de democratizar, criando mecanismos de responsabilização e de legitimação dos órgãos de decisão com responsabilidades sobre as competências e poderes atribuídos.

O Grupo de Trabalho sugere um processo gradual de descentralização, decorrente da necessária pilotagem, monitorização e avaliação de iniciativas para esse efeito à escala municipal, intermunicipal e regional. Reconhece, ainda, a importância de incentivar a partilha de serviços entre municípios, aprofundando as práticas de cooperação intermunicipal e promovendo, através deste meio, as necessárias economias de escala, por via da iniciativa local.

O Grupo propõe, ainda, que todas as novas agências, estruturas ou serviços da administração central sejam instalados fora da Área Metropolitana de Lisboa, propondo ainda que, progressivamente, os serviços públicos instalados na capital, como os diversos tribunais existentes, comecem a ser desconcentrados para outros locais do país.

Adicionalmente, o Grupo considerou ser essencial um maior alinhamento entre as várias divisões administrativas (Regiões Autónomas, CCDR, NUTS, AM, CIM,...) e os círculos de representação eleitoral para a Assembleia da República.

O processo de descentralização não resultará necessariamente de um consenso quanto ao modelo, mas antes de um consenso quanto aos princípios, tal como sugeridos por este Grupo de Trabalho. É por essa razão imprescindível a criação de uma comissão de descentralização independente, que congregue personalidades das mais diversas áreas e regiões do país, com o intuito de procurar soluções que promovam o processo de descentralização de uma forma eficaz e exequível. A sua implementação testada e avaliada gradualmente possibilitará, dessa forma, colocar o sistema político e de governação português mais próximo das práticas europeias em termos de governação subnacional.

3.5. Democratizar o poder local: reforma das autarquias locais

O Grupo refletiu também sobre a organização e o funcionamento das autarquias locais, porque são a estrutura política mais próxima dos cidadãos e, portanto, com um papel decisivo na adesão ao regime democrático. As orientações nacionais dos próprios partidos são fortemente determinadas pelas suas estruturas locais, que se formam em redor das autarquias locais, pelo que uma abertura dos partidos à sociedade depende do interesse das suas estruturas locais a novas participações e a novas ideias. Como atualmente a lei autárquica contém muitos mecanismos que permitem que pequenos grupos capturem as autarquias, há um forte incentivo para fechar os partidos a novos militantes e perspetivas. Um claro exemplo é o facto de haver inúmeras autarquias governadas de forma praticamente absoluta com uma maioria relativa pouco superior a 30%; quem estiver no caminho crítico para decidir a composição das listas desses partidos captura, na prática, o poder nessa autarquia e tem fortes incentivos para afastar novas militâncias.

Uma análise aos poderes de cada membro de uma autarquia mostra que o presidente da Câmara Municipal (PCM) possui demasiadas atribuições e competências num sistema em que os freios e contrapesos se encontram desequilibrados. Assim, o Grupo assume ser importante desenvolver mecanismos que limitem tais poderes, num esforço de distribuição e desconcentração de poder, sujeito a maior escrutínio democrático. Ademais, é atualmente impossível afastar politicamente um PCM em exercício de funções, por mais que este exerça o seu mandato em desconformidade com aquilo que foi o seu compromisso político eleitoral e com a natureza do cargo ocupado, pois um PCM só deixa funções se abandonar o cargo ou se for judicialmente afastado.

Para este efeito, o Grupo julga ser necessária a implementação da possibilidade de destituição política do PCM por uma maioria qualificada dos membros da Assembleia Municipal (AM) (nunca inferior a 50%, para evitar casos de arbitrariedade ou de oportunismo político), através da aprovação de moções de censura. De facto, um PCM pode ser eleito por uma margem eleitoral marginal, mas controla os destinos de uma autarquia durante quatro anos, com pouca oposição efetiva, dada a sua inamovibilidade. Acresce que, com este poder, dotar-se-ia a AM de maior competência política, em virtude de passar a deter o poder de exonerar o PCM, obrigando-o a uma crescente responsabilidade perante os seus membros.

Esta alteração não exige qualquer alteração constitucional, pois o artigo 239.º, número 3, da Constituição já remete para a lei a regulamentação da destituição do executivo da Câmara Municipal, o que a lei, aliás, nunca verdadeiramente fez.

Impondo a Constituição que os presidentes de Junta integrem a Assembleia Municipal, o que leva a fortes distorções da representação proporcional na Assembleia Municipal que a Constituição igualmente advoga (artigo 239.º, número 2), importa que a lei inclua mecanismos para repor essa proporcionalidade, pelo menos nas votações mais importantes, por exemplo, considerando para efeito de destituição do PCM apenas os votos dos membros diretamente eleitos para a AM. Tal acabaria por forçar, necessariamente, um PCM que não tem maioria a construir um acordo com outras forças políticas, contribuindo assim para aumentar a representatividade e pluralidade concelhias.

O Grupo defendeu ainda como desejável um modelo de organização política autárquica em que o executivo resulta da maioria eleita na AM (listas à AM e abolição das listas ao executivo camarário).

Estas propostas que o Grupo sugere parecem ser exequíveis, podendo contribuir igualmente para a abertura e transparência que, por vezes, escasseia no seio de uma autarquia local.

3.6. Proteger a pluralidade dos *media*: reforma do quadro regulatório da comunicação social

O Grupo debateu a crise da comunicação social (CS) e os desafios com que se depara perante a ascensão da digitalização e mundialização de conteúdos. O mercado de publicidade é hoje dominado pelas plataformas das redes sociais. A pandemia acelerou a digitalização e o *streaming*. Simultaneamente, o espaço mediático dominante passou a estar nas redes sociais, sem mediação qualitativa, gerando a propagação de notícias falsas e de teorias de conspiração. A informação sofreu uma democratização total, no sentido em que todos os recetores podem ser emissores, e a essa democratização do acesso e da publicação correspondeu um predomínio dos mínimos denominadores comuns. Tal gerou reações desconexas, com governos e instituições a tentar decretar o que é e o que não é falso, o que pode ou não pode ser publicado. O Plano Europeu de Ação Contra a Desinformação propicia à União e aos próprios Estados definir algo muito perto da censura (senão, consoante os Estados, censura total).

Perante este contexto desafiante, reiterou a função inalienável que a CS desempenha como pilar fundamental de um Estado de Direito democrático na defesa da liberdade de expressão, em que tal liberdade só pode ser restrita por critérios claros e indiscutíveis, por reguladores devidamente aceites, e pelos tribunais. E nesse quadro, a qualidade das notícias, a sua falsidade ou veracidade, bem como a sua oportunidade, não podem ser avaliadas por organismos dependentes do Estado, e menos ainda do governo. É absolutamente claro para o grupo que qualquer intromissão do poder político, legislativo ou outro — ainda que em nome de princípios elevados — deve ser repudiada. Por outro lado, reconhecendo a gravidade do problema, o Grupo considerou desejável que as universidades portuguesas, no âmbito dos seus cursos e centros de investigação na área da CS, desenvolvam, com financiamento especial, observatórios académicos da qualidade da informação prestada pelos órgãos de CS.

O Grupo entende continuar a existir um serviço público de comunicação social, independente do poder executivo, e sem objetivos concorrenciais face aos meios privados. Nesse sentido, o Grupo defende o fim da publicidade nos meios públicos (tal como ocorre em Espanha ou no Reino Unido), mantendo-se a CAV (contribuição audiovisual) paga na fatura da eletricidade, o que permitirá maior sustentabilidade financeira no sector.

Além disso, o Grupo considerou que é possível fazer mais no plano fiscal. A redução do IVA das vendas digitais de jornais para 6%, tal como cobrados aos jornais físicos, foi um passo importante. Mas, tal como noutros países, podem e devem ser consideradas medidas adicionais: a dedução em sede de IRS dos gastos com informação (assinaturas de jornais, revistas, *streaming*, etc.); possibilitar a doação de uma parte do valor do IRS para a CS, incluindo a imprensa local, tal como acontece com as ONG e IPSS; incorporar na política externa e europeia a defesa da fixação dos impostos dos GAFA (gigantes da Internet — Google, Amazon, Facebook e Apple), além de outros que surjam, nos países onde as compras são efetuadas.

Outro aspeto apontado pelo grupo foi o da transparência total da propriedade dos órgãos de CS, como aliás decorre da lei, e que não é cumprida. Em Portugal, diversos órgãos não têm a transparência exigida, não se sabendo ao certo quem os detém e quem os sustenta. Este sector deve ser considerado como estratégico, sendo submetido a um escrutínio mais apertado em termos de segurança nacional e de defesa da democracia quanto aos investimentos externos e de concentração nacional (lei da concorrência). Neste aspeto, o Grupo considerou desejável eliminar o financiamento público direto (incluindo de autarquias locais e de empresas públicas) de rádios, televisões e jornais, incluindo regionais e locais. De facto, hoje em dia, assistimos a uma crescente subordinação destes órgãos de comunicação social ao aparelho de Estado, que usam estes meios como forma de promoção do trabalho realizado, em detrimento da informação. Por fim, o grupo considerou importante reforçar o combate à pirataria, que em Portugal está a cargo do IGAC (Inspeção Geral das Atividades Culturais), desprovido das necessárias competências técnicas e dos recursos devidos.

A realização de eleições livres periódicas é um pilar fundamental para o funcionamento da democracia, e em particular as eleições legislativas, que determinam a governação do país cada quatro anos. Ora, só existem eleições livres e democráticas se houver um acesso equilibrado à CS de todos os partidos políticos, e se a CS, que é o meio privilegiado de «condutor da mensagem», de forma competente e factual, for orientada pelos mais elevados critérios de imparcialidade jornalística.

O Grupo considerou ainda relevante debater as relações de excessiva proximidade entre jornalistas e o poder político, por vezes resultando em verdadeiras portas-giratórias, através das quais jornalistas escrutinam durante anos. As regras deontológicas dos jornalistas, e as de recrutamento para gabinetes ministeriais ou de vereação, devem, por essa razão, contemplar impedir quem escolheu uma nova carreira de assessoria de comunicação num governo ou numa câmara municipal de regressar imediatamente ao jornalismo. As carreiras de assessoria de comunicação devem, nesse sentido, ser despolitizadas e ser profissionalizadas no âmbito das secretarias-gerais de cada ministério.

3.7. Reformar mecanismos de transição geracional

São frequentes no discurso público considerações de como o «futuro é dos jovens», ou de que o «país depende da juventude». Apesar de repetidas vezes sem conta, estas duas expressões parecem não ser mais do que dispositivos narrativos inconsequentes. Tal é particularmente grave considerando a realidade demográfica do país e o envelhecimento das classes dirigentes, tanto no sector público, como no sector privado. É assim urgente criar condições para uma transição geracional justa e com base no mérito. Políticas ativas nesse sentido farão de cada momento de transição geracional uma oportunidade para diminuir as desigualdades e as injustiças. Em concordância, o Grupo considerou imperativo refletir sobre o papel que as gerações mais novas terão de desempenhar na política e na economia portuguesas, e como a transição geracional pode ser sustentável e assente em pilares como o mérito, a capacidade, o carácter e o espírito crítico e de sacrifício.

No plano político, deve incentivar-se a politização da juventude desde cedo, nos estabelecimentos de ensino, impulsionando uma cultura de cidadania e de participação cívica nas associações de estudantes e no voluntariado. Logo, o Grupo entende ser necessário facilitar a constituição de organizações juvenis com independência e autonomia, conferindo-lhes, mediante a aplicação de rigorosos critérios objetivos, apoio financeiro e logístico, por forma que estas possam desenvolver os seus projetos de modo organizado e eficaz, testando as suas capacidades de gestão e de respetiva responsabilização perante os associados e perante a sociedade.

Por outro lado, o Grupo entende que a disciplina de Educação para a Cidadania deve reforçar as componentes políticas, abordando temas como os sistemas políticos e de governo, a importância da participação cívica e da responsabilidade política perante os concidadãos, a gestão transparente de recursos públicos, o Estado de Direito democrático, e ser sempre orientada para que os jovens desenvolvam um pensamento crítico relativamente a temas da atualidade. Consequentemente, o grupo considerou importante uma implementação efetiva dos Conselhos Municipais de Juventude em todos os municípios, como órgão consultivo do executivo municipal e com capacidade para realizar ações de formação e de sensibilização político-social nos estabelecimentos de ensino do concelho, sempre em estreita colaboração com os eleitos locais, tendo em vista o desenvolvimento de um ambiente político democrático mais acessível a todos.

Deve ser discutida a necessidade de submeter certos aspetos dos orçamentos municipais (por exemplo, encargos plurigeracionais) a parecer vinculativo dos Conselhos. Tal não só potenciaria uma aproximação geracional, como permitiria a muitos jovens evidenciar as suas qualidades diante dos decisores, sendo testados democraticamente nas suas ideias, conferindo-lhes um plano de destaque, e ainda motivando a participação cativa nas discussões mais relevantes para o seu futuro. Paralelamente, os próprios partidos políticos não devem incentivar o acantonamento geracional de jovens nas juventudes partidárias até aos 30 anos, mas devem integrar (além das quotas estatutárias, quando existentes) os militantes mais jovens (logo a partir dos 18 anos), e independentemente da sua filiação na respetiva juventude partidária, em todos os seus processos de decisão e na composição dos seus órgãos eleitos.

O Grupo considerou que este tema merece mais debate e deve ser alargado aos desafios que também se colocam no sector privado.

GRUPO DE TRABALHO DE ECONOMIA

Carlos Alves *(Coordenador)*

Alexandre Patrício Gouveia
António Capela
Daniel Traça
Gustavo Guimarães
Joana Oliveira
João Duque
João Magro
Joaquim Miranda Sarmento
Jorge Pereira
José Roquete
Luís Castro Henriques
Luís Filipe Pereira
Luís Mira Amaral
Luís Valadares Tavares
Manuel Castelo Branco
Maria João Louro
Marta Costa
Nadim Habib
Nuno Botelho
Nuno Carrapatoso
Paula Franco
Paulo Carmona
Paulo Neves
Ruben Eiras
Rui Dias Ferreira
Rui Paiva
Sandra Maximiano

4. NOVA ESTRATÉGIA DE DESENVOLVIMENTO ECONÓMICO
CARLOS ALVES

4.1. Sobre o crescimento nos últimos 20 anos

A economia portuguesa registou um desempenho positivo nas últimas décadas do século XX. O crescimento médio verificado entre 1961 e 2000 foi de 4,44% ao ano, o que equivale a dizer que neste período o PIB português evoluiu a um ritmo que permitiu a sua duplicação a cada 16 anos. Todavia, entre 2001 e 2019 o crescimento ocorreu mais lentamente: apenas 0,73% ao ano em média, e a este ritmo demorará 95 anos a duplicar a produção.

Do mesmo modo, a economia portuguesa tem revelado falta de competitividade em outros indicadores e formas de apreciação. Assim, no IMC World Competitiveness Ranking de 2020, Portugal ocupa apenas o 37.º lugar, sendo que, em 2000, era considerado o 28.º país mais competitivo do mundo. No que respeita ao indicador de desempenho na componente económica, a evolução é ainda pior: de 16.º em 2000, o país passou para 41.º em 2020. Também no Índice de Desenvolvimento Humano da ONU, Portugal ocupa somente a 38.º posição, indicando que há 37 países no mundo que proporcionam aos seus cidadãos o acesso a padrões de vida mais elevados, conjugando a expectativa de uma vida longa e saudável, o acesso ao conhecimento e ao rendimento. Uma vez mais, a evolução foi de retrocesso, dado que em 2000 a posição do país era a 28.ª. Entre 2000 e 2019, a população estagnou e envelheceu. A taxa de desemprego aumentou. O número de pessoas com emprego na economia portuguesa diminuiu para 77,7 mil, sendo que no conjunto da UE a mesma variável registou um incremento de quase 25 milhões (19,1 na zona Euro). Trata-se, pois, de uma economia que sofre de uma enorme incapacidade para criar emprego. Acresce que grande parte do emprego é de baixo valor acrescentado, o que faz com que uma boa parte dos trabalhadores aufira o salário mínimo ou um valor próximo. Os salários médios em termos reais, em Portugal, decresceram cerca de 3% face a 2000. Urge, pois, inverter esta situação, criando empregos de maior valor acrescentado.

Nos últimos 20 anos, o país tem-se revelado incapaz de acumular capital e de estimular o crescimento da produtividade do fator trabalho. Desde 2000, Portugal tem investido pouco e tem investido mal, com reduzida ou negativa eficiência marginal do capital investido. A tudo isto soma-se a que, devido às últimas duas décadas, a economia portuguesa pode ser apontada como um exemplo de crescimento não sustentável, por estar assente em *debt steroids*. A despesa pública não teve um efeito multiplicador na dinâmica produtiva.

Tudo isto aconteceu ao mesmo tempo que outros países, outrora menos desenvolvidos do que Portugal, adotaram modelos económicos mais competitivos e que têm vindo a crescer e a convergir com a Europa, em particular os países de Leste. Outros, mais ricos, não perderam fulgor e continuaram a crescer a ritmos superiores ao de Portugal, como a Irlanda. Tanto uns como outros apresentaram como condições-base a qualidade das suas instituições, a estabilidade macroeconómica, a competitividade fiscal e respostas sociais robustas, nomeadamente no campo da educação — políticas que devem ser tidas como exemplo para Portugal.

4.2. Evolução previsível sem alteração

A evolução registada foi, pois, medíocre, e a previsível indica que a situação não se alterará. Se não inverter a sua trajetória, dentro de 10 anos, a produção *per capita* potencial em Portugal não irá além de 35% da do Luxemburgo ou de 41% da Irlanda. Nenhum cidadão nacional deseja ser condenado ou condenar-se a não ser capaz de produzir sequer metade daquilo que produz um cidadão de outro país da UE e, consequentemente, a viver com menos de metade do seu rendimento. Todavia, tudo isto acontece sem qualquer tipo de indignação dos portugueses.

Note-se que já hoje se sofrem as consequências do fraco crescimento registado. Se tivéssemos sido capazes de crescer em todo o período ao ritmo a que o país cresceu nos anos 1990, o PIB *per capita* atual seria igual a 95% do valor médio europeu. Não crescer tem consequências ao nível absoluto e relativo da qualidade de vida dos portugueses. Tivesse sido outro o caminho seguido, hoje muitos mais portugueses se sentiriam, de facto, pertencentes a um país desenvolvido, com padrões de vida similares aos mais elevados que a Europa regista.

Um país com uma história tão longa e rica como é a de Portugal não pode deixar de aspirar a fazer parte do grupo de países mais desenvolvidos. Esta é a grande responsabilidade social de todos os portugueses.

4.3. Sobre as causas do reduzido crescimento

a) Fatores institucionais

O crescimento económico tem causas próximas, em que se inclui tudo que tenha um impacto imediato no capital, no trabalho e na produtividade. Todavia, tem igualmente causas fundamentais, mais remotas, de entre as quais se incluem a qualidade das instituições, a cultura e a ideologia.

As instituições proporcionam a estrutura de incentivos que determinam decisões económicas críticas. Instituições eficientes promovem o crescimento, dado que protegem os direitos de propriedade, criam um quadro concorrencial justo, permitem a entrada de novas empresas no mercado, diminuem os custos de transação e estimulam a «destruição criativa». Instituições inclusivas, por sua vez, proporcionam igualdade de oportunidades, através de uma educação de base alargada, da criação de mobilidade social, da redução da amplitude da hierarquia social, da diminuição das desigualdades e do combate à pobreza. As instituições inclusivas são, pois, indispensáveis, não só para suscitar o *take-off* do crescimento, como também para sustentá-lo.

Pode dizer-se que, no plano formal, Portugal dispõe das instituições típicas das economias desenvolvidas. Não basta, porém, que essas instituições estejam dotadas de poderes formais; importa, antes, que tenham poderes de jure e de facto, que os exerçam de forma eficiente, e que não sucumbam perante interesses particulares instituídos.

Na verdade, Portugal não goza da reputação de ser um país com baixos níveis de corrupção, pelo contrário. Os indicadores da qualidade da governação do Banco Mundial incluem um índice de controlo de corrupção, que reflete a perceção da medida em que o poder público é exercido para proveito privado, incluindo tanto formas pequenas como grandiosas de corrupção, bem como a «captura» do Estado por elites e interesses privados. Portugal apresenta um indicador de 0,76 (percentil 77 em 214 países). Este valor contrasta, por exemplo, com a Dinamarca (2,11, para um máximo de 2,5) e com os Países Baixos (2,00). Em 1996, o nosso indicador era de 1,37 (percentil 89).

Além disso, é reconhecida a ineficiência do sistema de justiça português. O atraso nos processos é crónico. Portugal, onde um processo pode demorar uma década a transitar em julgado, não só é lento a julgar, como também o tempo para a execução da sentença é incompreensivelmente o dobro do da Dinamarca, e do da Irlanda, e o triplo do dos Países Baixos.

Acontece que a atividade económica é inconciliável com atrasos na justiça. É inconcebível que uma economia possa ser competitiva quando os seus agentes têm de ficar vários anos à espera, muitas vezes sem que qualquer ato processual seja praticado, até que uma disputa de interpretação contratual seja dirimida ou que uma dívida possa ser cobrada. Infelizmente, é essa a realidade do nosso país.

Também a eficácia governamental do país deixa a desejar e, ainda de acordo com os indicadores do Banco Mundial, tem evoluído de forma negativa. Na mesma linha dramática de evolução e de comparação se encontra o indicador que reflete a perceção da medida em que os cidadãos de um país podem participar na seleção do seu governo, bem como a liberdade de expressão, a liberdade de associação e uma comunicação social livre. Uma vez mais, estamos pior do que os outros países, e pior do que em 1996.

Por fim, no que respeita aos indicadores de governação mundial, em matéria de qualidade regulatória, pioramos novamente e estamos bem longe do grupo dos países mais avançados. Este indicador demonstra a perceção da capacidade do país para formular e implementar políticas e regulamentos sólidos que permitam e promovam o desenvolvimento do sector privado. Portugal regista um indicador que é cerca de metade do dos Países Baixos. É, pois, medíocre a situação do país e é igualmente inaceitável a sua evolução.

Em suma, embora dispondo de instituições formalmente inclusivas, em muitos aspetos, a forma como o país é percebido está bem longe dos padrões dos países mais desenvolvidos. Importa, pois, dar atenção a estes fatores fundamentais do crescimento económico, designadamente erradicando a corrupção, eliminado de vez as rendas excessivas da economia portuguesa, melhorando a qualidade da governação e da administração pública, maximizando a liberdade económica, assegurando os direitos de propriedade, reforçando a importância da lei, assegurando mercados abertos, e instituindo uma verdadeira cultura de meritocracia.

b) Causas próximas

O aumento do nível de vida exige um aumento da produtividade. Portugal não tem sido capaz de aumentar a produtividade do fator trabalho, e também não tem sido capaz de atrair investimento de qualidade. Para isso, é decisiva a incorporação do conhecimento e da tecnologia na produção. Apenas por esta via conseguiremos produzir bens e serviços complexos e de elevado valor acrescentado que caracterizam as economias desenvolvidas. Urge, pois, revolucionar tecnologicamente a economia portuguesa.

Portugal também se encontra entre as regiões da Europa que apresentam uma menor intensidade capitalística (isto é, capital instalado por trabalhador). Portugal tem investido pouco e mal, e muito do investimento dirige-se ao sector dos bens não transacionáveis, particularmente à construção e obras públicas. São bastantes os obstáculos ao investimento de qualidade, desde obstáculos fiscais à burocracia existente, à lentidão da justiça, ou à rigidez da legislação laboral.

Neste contexto, não se pode deixar de salientar a elevada carga fiscal do país. A taxa de imposto sobre o rendimento das empresas vigente em Portugal é a segunda mais alta da Europa em termos nominais (podendo chegar a 31,5%), e a terceira mais alta em termos de taxa efetiva (25,6%). Este é, inevitavelmente, um fator que prejudica a competitividade na atração de investimento, particularmente estrangeiro, e especialmente no âmbito dos bens transacionáveis. A carga fiscal em Portugal é igualmente elevada e insustentável em outros domínios, seja ao nível da fiscalidade das empresas seja ao nível da carga fiscal suportada pelas famílias. À carga fiscal elevada somam-se a instabilidade, decorrente de sucessivas e frequentes alterações ao quadro fiscal, e a incerteza, esta derivada da imprevisibilidade das interpretações e da conduta da administração fiscal. Não há nenhuma vertente do regime fiscal português relevante para a atividade económica que possa ser considerado competitivo no plano internacional. Esta competitividade tem estado, pois, totalmente afastada das preocupações do legislador e da autoridade tributária.

A evolução da natalidade, a saída de jovens qualificados do país e a reduzida atratividade do país na captação de talento internacional igualmente têm contribuído para o reduzido crescimento. Além disso, não obstante o esforço feito pelo país na educação, há ainda muito a melhorar, e alguns indicadores devem suscitar preocupação. Sem talento e gente qualificada, o país não pode progredir. O crescimento faz-se com talento.

É essencial a ligação das empresas às universidades para assegurar a incorporação do conhecimento na produção. Todavia, é também importante fazer chegar o conhecimento às empresas nas dimensões da sua gestão e do seu governo. A qualidade da gestão e do governo das empresas tem ainda muito por onde melhorar. Em particular, continua a perdurar em muitas empresas portuguesas uma lógica de curto prazo, de pequena escala e de estabelecimento de negócios com o Estado, em vez de uma lógica de longo prazo, de grande escala e de expansão internacional.

Muitos outros obstáculos há ao crescimento económico. Entre estes está, seguramente, o elevado preço da energia, em particular da energia elétrica, empolado pelos Custos Económicos de Interesse Geral suportados por cerca de 1,3 milhões de empresas que são fornecidas em BT e BTE. Outros incluem o mercado de trabalho, assente numa legislação laboral das mais rígidas da Europa, e numa ótica de proteção do posto de trabalho em vez de uma lógica de proteção do trabalhador. Nos mercados de bens e serviços ainda se registam muitas situações em que o nível de concorrência é exíguo, e onde há obstáculos à entrada de concorrentes. Em várias situações, esses obstáculos são gerados ou estimulados pelo Estado, nomeadamente em matéria de contratação pública.

Além disso, Portugal tem mostrado incapacidade para explorar e aproveitar adequadamente os seus recursos naturais, seja ao nível das indústrias extrativas seja ao nível do mar, da agricultura e da água. Portugal desperdiça água onde ela é abundante, havendo regiões do país onde escasseia. Além disso, não obstante os progressos realizados em alguns subsectores, a agricultura portuguesa continua a gerar reduzido valor acrescentado, e o mar continua em grande medida por ser explorado.

4.4. Visão estratégica e desempenho futuro desejado para o país

Portugal é um dos países mais antigos do mundo. Nos seus quase nove séculos de história, pode orgulhar-se de ter tido, à escala planetária, uma profunda influência cultural, económica, arquitetónica e civilizacional. Não pode, pois, condenar-se a não estar entre os mais desenvolvidos, nem a não proporcionar aos seus cidadãos e residentes o acesso a elevados padrões de vida. Portugal é um bom país para viver, e terá de ser um bom país para investir e trabalhar.

É, pois, um Portugal inovador, dinâmico, coeso, a crescer a um ritmo elevado e a convergir com os países mais desenvolvidos da Europa que é desejado. Nesse sentido, a visão estratégica que se tem para o país tem por base uma economia aberta, diversificada, competitiva, sofisticada e inovadora, mas também um Estado moderno, eficiente e indutor do crescimento económico, e ainda um sistema financeiro competitivo, num ambiente amigável para os negócios, e numa cultura de crescimento económico.

a) Objetivos que materializam a visão estratégica e cenários de evolução

Sem reformas estruturais não é plausível que nos venhamos a aproximar do nível de vida dos países mais desenvolvidos da Europa.

Pelo contrário, face a praticamente a todos aqueles que já hoje são mais ricos do que nós, a diferença que nos separa tornar-se-á ainda maior.

A OCDE propõe várias medidas de reforma como forma de atenuar as pressões negativas sobre o PIB potencial, pressupostas no cenário-base. A primeira reforma estrutural preconizada consiste na liberalização e na promoção da concorrência nos mercados de bens e serviços. A realização de reformas no mercado de trabalho são suscetíveis de gerar emprego, e taxas de emprego crescentes impulsionam o crescimento real do PIB *per capita*. A inovação é um importante determinante da produtividade e do crescimento económico. A OCDE propõe igualmente o investimento público, em infraestruturas, como forma de estimular o crescimento económico e aumentar a qualidade de vida.

Se o nosso país não concretizar reformas estruturais e os outros países o fizerem, cavar-se-á um fosso enorme entre o nível de vida de Portugal e o dos demais países da zona euro. Face à média da zona euro, o nosso diferencial *per capita* passará dos atuais 13 322 euros para 18 839 euros já em 2040, e para 29 291 euros em 2060. Nessa altura, a produção de cada português não chegará a metade do valor da produção média da zona euro (49,2%). Tal deve ser evitado.

Desta forma, Portugal terá de ir além dos demais países na promoção das reformas indutoras do crescimento económico. Importa para isso estabelecer objetivos de crescimento ambiciosos, mas realistas. Estabelece-se como meta que o PIB *per capita* potencial português atinja pelo menos 63 171 euros em 2060. Este objetivo implica mais do que triplicar o valor da produção de cada português no espaço de 40 anos, exigindo um crescimento médio anual de 3,02%. Para atingir o objetivo pretendido são necessárias medidas adicionais às propostas pela OCDE, suscetíveis de originar um crescimento adicional do PIB *per capita* potencial. Este cenário, embora ambicioso, é exequível.

4.5. Políticas e transformações necessárias

4.5.1. Fatores ideológicos e institucionais

O crescimento económico tem causas próximas e institucionais mais remotas. Relativamente a estas salientam-se como cruciais:

- a criação da imagem de um país moderno, não corrupto e confiável;
- dispor de tribunais que funcionem eficiente e celeremente;
- dispor de instituições de regulação competentes, independentes e atuantes;
- que a comunicação social seja livre, independente, isenta e ativa;
- desenvolver uma ideologia e uma cultura de mérito.

Sendo certo que não se pretende a criação de uma sociedade em que a parte substancial da riqueza seja capturada e que beneficie apenas uma pequena parte da população, pretende-se, antes, uma sociedade em que todos possam viver bem. Todavia, não se pode distribuir o que não se cria, o que não se produz. Se a criação de riqueza, a poupança e a acumulação de capital em mãos de cidadãos nacionais não forem estimuladas, a pobreza tenderá a generalizar-se. O que se pretende é, pelo contrário, que a riqueza se generalize. Para isso, não pode estimular-se a inveja, o horror à riqueza, ou a ideia de que o mérito e o trabalho não são valorizados.

O elevador social tem de ser ágil e permitir que quem tenha valor, e o exprima através do seu trabalho, aufira das respetivas contrapartidas. Assim, o facilitismo tem de ser substituído pela exigência. A ética do trabalho e a progressão de acordo com o mérito têm de ser estimuladas. E, por fim, temos de ambicionar a ser uma sociedade sem grandes desigualdades, mas equilibrada por cima, e não por baixo, isto é, não devemos ambicionar a ser todos iguais, mas todos pobrezinhos. Devemos ambicionar a viver bem, numa sociedade equilibrada, em que existe igualdade de oportunidades à nascença, e em que toda a população beneficia da riqueza criada, em que cada um obtém a recompensa do seu esforço e do seu mérito. É nesse sentido que devem orientar-se quer as políticas públicas, quer o discurso político.

Tudo isto assente na certeza de que a riqueza é criada pela iniciativa privada, concretizada por pessoas esclarecidas e livres, que com o investimento dos seus capitais e dos seus esforços criam ou desenvolvem produtos para colocação em mercados competitivos. Importa, por isso, desligar a economia do Estado e antes ligar a economia portuguesa ao mundo.

4.5.2. Administração Pública

É necessário exigir da Administração Pública o respetivo contributo para o incremento da qualidade da governação do país, para a criação, em tempo oportuno, e de modo claro, do quadro de atuação dos agentes económicos, de modo que este não contenha incertezas. O Estado tem igualmente de se portar como uma pessoa de bem em todas as suas dimensões. Aqueles até agora tratados como utentes têm de ser encarados como clientes. A Administração Pública terá, pois, de estar à altura da ambição e das exigências do país, e terá de modernizar-se e de ser um fator de modernização. Para isso, é indispensável que esta seja dotada de dinâmica, designadamente na dotação de recursos humanos, o que é incompatível com os atuais quadros de imutabilidade do emprego público e de remuneração e de incentivos. Importa, pois, proceder à sua reformulação. Na gestão dos recursos, é necessária uma maior orientação para a obtenção de resultados, aproximando o quadro jurídico do trabalho em funções públicas do contrato individual do trabalho, nomeadamente através de alterações no regime jurídico do trabalho em funções públicas que permitam uma maior mobilidade que simplifique a transição entre serviços e que facilitem a modernização dos serviços e a gestão por desempenho.

A transformação digital do Estado, incluindo as vertentes da administração pública, da justiça e da saúde, em muito poderá contribuir para a melhoria da qualidade e da produtividade dos serviços públicos. Assim, devemos acelerar essa transformação digital. Esta é também uma boa oportunidade para que se reanalise o custo/benefício dos cerca de 13 mil organismos dependentes do Orçamento do Estado, devendo ser extintos ou reduzidos significativamente na sua dimensão aqueles não se justifiquem na sua configuração atual.

Note-se também que há muita «administração pública» escondida em Portugal. Referimo-nos a um conjunto alargado de instituições particulares que foram assumindo tarefas que competiam ao Estado. Todavia, estas instituições não deverão escapar aos princípios de exigência, de conduta transparente e de qualidade que se enunciaram nos parágrafos anteriores para a própria Administração Pública.

4.5.3. Quadro macroeconómico

O excessivo endividamento, além de ser consumidor de recursos, introduz do mesmo modo um elevado grau de incerteza quanto à estabilidade financeira do país. Portugal tem um problema sério de dívida excessiva, particularmente de dívida pública. Um país muito endividado é um país relativamente ao qual se receia o aumento da carga fiscal. Esta perspetiva, por sua vez, dissuade o investimento produtivo em favor de jurisdições em que essa perspetiva não se coloque. A incerteza acarreta a perda de oportunidades. O progresso económico robusto e sustentável é inconciliável com um quadro de instabilidade desta natureza. É indispensável, deste modo, resolver o problema do nível de endividamento excessivo do Estado. É urgente trazer o nível de dívida pública para valores próximos dos 90% do PIB, em linha com a média da UE, e isso não se conseguirá, de uma forma credível e sustentável, sem conter a despesa pública corrente para níveis igualmente em linha com a média da UE.

4.5.4. Reforço da produtividade e da competitividade

a) Desenvolvimento tecnológico e incorporação do conhecimento na produção

A incorporação de conhecimento de ponta na produção deve ser a prioridade das prioridades. O Plano de Recuperação e Resiliência (PRR), e todos os meios financeiros que se receberão da UE nos próximos anos, são cruciais para promover essa evolução.

Portugal tem de produzir bens e serviços complexos que só os países desenvolvidos são capazes de idealizar e de produzir. Para isso, é preciso saber e — sobretudo — saber fazer. É preciso saber usar a inteligência instalada nas universidades e nos centros de investigação. Nesse sentido, importa que os investigadores e os centros de investigação sejam avaliados pelo impacto que têm na sociedade e na economia, e não apenas pela quantidade de artigos científicos que produzem. Além disso, o incentivo à investigação aplicada deve ser uma prioridade.

É também necessário aproveitar a digitalização para vender bens e serviços internacionalmente, para modernizar de forma competitiva a indústria, e para se ser um operador internacional no mercado de soluções digitais. Perdendo o comboio digital, Portugal perde o comboio do desenvolvimento.

Para estimular o investimento tecnologicamente avançado é necessário que se crie o enquadramento fiscal adequado. Nesse sentido, parece essencial que as *start-ups* tecnológicas e digitais inovadoras tenham benefícios fiscais específicos num período inicial, que poderão ser estendidos por um período adicional se forem cumpridas determinadas metas. Também neste âmbito o coinvestimento com mobilização de fundos europeus, através de veículos adequados, é essencial. Os incentivos fiscais deverão privilegiar a canalização de poupanças para *start-ups* tecnológicas e digitais.

b) Gestão e governo das empresas

Igualmente, o conhecimento deve chegar às empresas nas dimensões da sua gestão e do seu governo, e não apenas nas vertentes operacional e tecnológica, quer das empresas públicas, quer das privadas. É também importante que se assegurem instrumentos, designadamente financeiros, que permitam uma adequada transação geracional. Nas empresas e nos institutos públicos, os contribuintes devem ser tratados de forma idêntica aos acionistas das empresas de capital aberto, devendo ter acesso a informação pormenorizada sobre o seu desempenho e a consequente avaliação externa. As empresas e os institutos públicos devem estar sujeitos a mecanismos de avaliação e escrutínio não distintos das melhores práticas de governo, sendo crucial que nos processos de avaliação interna a meritocracia seja o elemento determinante do progresso e da recompensa.

c) Promoção do investimento

É crucial a promoção do investimento de qualidade, isto é, aquele que dará origem à produção de bens e serviços de elevada complexidade e elevado valor transacionável. Chega de política de betão. Portugal irá receber fundos comunitários superiores a 50 mil milhões de euros até 2029. Uma parte significativa desses fundos deve ser alocada à promoção do investimento, devendo privilegiar os projetos:

- dos sectores de bens e serviços transacionáveis;
- que tenham dimensão escalável, para terem relevância internacional;
- inovadores, tecnologicamente avançados e incrementadores da produtividade;
- que assentem numa cadeia de valor global;
- que permitam usar os recursos naturais valiosos existentes no país;

- que induzam à produção de produtos complexos, independentemente do sector de atividade;
- que possam fazer uso do conhecimento e das capacidades produtivas já existentes para elaborar produtos que possam aproveitar as competências já instaladas.

Além disso, deve adotar-se uma política de incentivos flexíveis e que não conduza ao desperdício de recursos. Impõe-se igualmente:

- uma estratégia de apoios numa lógica de opções reais e apoio com base nos resultados (*ex ante* e *ex post* por uma estrutura especializada e competente);
- uma política de incentivos transparente e que não discrimine os investidores nacionais;
- que o país disponha de infraestruturas de qualidade;
- que o país continue a gerar e seja capaz de reter talento;
- que o país disponha de custos de energia baixos e competitivos; e
- que combata a burocracia e, sobretudo, a incerteza administrativa. A incerteza quanto à conduta e interpretação da administração pública afasta o investimento.

A Associação Internacional das Comunicações de Expressão Portuguesa (AICEP) deve, para lá da atração do investimento, desenvolver uma preponderância exportadora. Além disso, defense-se que as embaixadas portuguesas tenham como uma das suas prioridades a diplomacia económica, particularmente a promoção das exportações, e que sejam avaliadas em função do incremento que ajudam a obter para as exportações. Por fim, importa mobilizar a diáspora portuguesa, particularmente no investimento e na conquista de mercados.

d) Recursos naturais, agricultura e água

Portugal tem de explorar eficientemente os seus recursos naturais. Tem de saber fazer melhor uso da terra, da água, do mar e do subsolo.

A agricultura e as atividades do mar têm de ser expandidas e gerar produtos de maior valor acrescentado. Do mesmo modo, Portugal tem de saber gerir melhor a água. Portugal não pode ficar bloqueado na exploração dos escassos recursos minerais que possui. O combate aos incêndios florestais e a gestão florestal terão de dar um grande contributo para o cumprimento dos objetivos de sustentabilidade ambiental com que o país se comprometeu.

e) Reforma do mercado de bens e serviços

Para assegurar um crescimento económico robusto, Portugal tem de certificar-se de que os mercados de bens e serviços, incluindo aqueles onde atua o Estado, são abertos e estão sujeitos a concorrência. A contratação pública não pode restringir a concorrência em nome de outros valores. O país não pode ter mecanismos de proteção dos denunciantes de cartéis ou conluios menos robustos do que os adotados em outros países civilizados. Os reguladores sectoriais e a autoridade da concorrência têm de atuar eficientemente. Não podemos comparar desfavoravelmente com outros países desenvolvidos nos indicadores internacionais de abertura de mercados e regulação. Temos de ter um bom ambiente de negócios.

f) Mercado de trabalho

O mercado de trabalho português é rígido e pouco flexível. A legislação laboral assenta numa lógica de proteção do emprego, em vez da proteção do trabalhador. Importa evoluir para um modelo de flexissegurança que garanta o equilíbrio entre a segurança das pessoas e a flexibilidade laboral. Além disso, são necessários novos arranjos contratuais mais flexíveis. Deve ser reintroduzido o mecanismo do banco de horas. Impõe-se que sejam adotadas políticas ativas de emprego que incluam sistemas de aprendizagem ao longo da vida que favoreçam o aumento da empregabilidade e da produtividade. Além disso, o sistema de segurança social deve assegurar o apoio financeiro em períodos de transição de postos, e os seus beneficiários devem igualmente constituírem-se em efetivos deveres de formação, de procura ativa de emprego e recetividade a novas ofertas de trabalho. Por fim, importa que o Estado deixe de impor a extensão das convenções coletivas de trabalho a todos num sector, e que seja incentivado a que as empresas procurem estabelecer acordos empresariais com os representantes dos seus trabalhadores, de forma a melhor se adaptarem às suas circunstâncias e características.

g) Natalidade, idade legal da reforma e imigração

Portugal tem um problema demográfico sério que tem de ser resolvido com políticas robustas de incentivo à natalidade. Porém, essas políticas só produzirão efeitos com um desfasamento de um quarto de século. Urge a sua implementação, mas estas não serão capazes de resolver o problema de escassez de recursos humanos para o crescimento nos próximos anos. Assim, importa adotar igualmente outras medidas.

No imediato, o país deve saber aproveitar as pessoas mais experientes que queiram (continuar a) colocar as suas competências ao serviço da sociedade. A sua participação deve ser incentivada, mas não imposta, nem deve implicar o bloqueamento da progressão dos mais jovens. Além disso, é decisivo que o país consiga atrair gente jovem e talentosa. Isso implica uma política de imigração generosa, que atraia talento.

h) Fiscalidade

Portugal sofre muitas dificuldades em matéria de competitividade fiscal. Tal sucede não só porque a carga fiscal sobre as empresas, as transações comerciais e as pessoas são absurdamente elevadas, como também o país é exemplo do que não deve ser um país competitivo no que toca a estabilidade e certeza fiscal, bem como à criação de incentivos.

Assim, é importante, antes de mais, acabar com a instabilidade do quadro legislativo. Para isso, a prática de introdução sistemática de alterações pontuais nas leis de aprovação dos orçamentos do Estado deve ser terminada. As alterações fiscais devem ser esporádicas, justificadas e decididas de forma autónoma e independentemente do OE, e têm de ser norteadas por princípios de racionalidade económica e justiça fiscal, e não como variável de equilíbrio do orçamento.

Em simultâneo com as alterações da legislação fiscal, têm de ser publicadas todas as normas regulamentares e tornada clara a interpretação da Autoridade Tributária. O objetivo é acabar com a incerteza, de tal modo que a conduta da Autoridade Tributária deve pautar-se pela busca da justiça fiscal, e não meramente por objetivos de receita fiscal.

Os incentivos fiscais devem ser os necessários para atrair e estimular o investimento e a poupança, mas devem ter materialidade. O Programa Semente e a Remuneração Convencional do Capital Social (RCCS) são exemplos de boas ideias desperdiçadas pela falta de substância da sua parametrização.

Também importa assegurar a competitividade da carga fiscal do país. Na realidade, a sua ausência , entre outros efeitos, causa perda de capacidade de atração do investimento para sectores transacionáveis, salários mais baixos e empresas mais endividadas. De facto, mais impostos resultam em salários mais baixos. O país precisa, pois, de ser globalmente competitivo do ponto de vista fiscal. É crítico que o seja em todos os domínios da carga fiscal comparativamente a Espanha.

Neste contexto, em matéria de impostos incidentes sobre os rendimentos gerados pelas empresas, propõe-se:

- a eliminação imediata de todas as derramas sobre o IRC;
- redução imediata da taxa de IRC para *start-ups* para 15%, tal como Espanha acaba de anunciar;

- a redução da taxa *all in* de tributação das empresas para 15%, mediante a eliminação imediata de todas as derramas que incidem sobre a taxa-base e a redução progressiva, mas célere, desta para esse valor;
- propõe-se igualmente que a taxa de retenção na fonte para dividendos pagos, tanto a empresas como a pessoas singulares, se reduza, logo que possível, para 18%.

No imediato, e para que não restem dúvidas, repetimos: em todos os domínios, Portugal tem de ter uma carga fiscal inferior à espanhola. Tendo em vista garantir neutralidade fiscal ao nível da estrutura de capitais das empresas e deixar de incentivar fiscalmente o financiamento com dívida, propõe-se que todo o capital próprio das empresas possa dar origem a um custo fiscal calculado à taxa de 7%, sem se diferenciar entre aumentos de capital ou capital já existente. Estar-se-á, desta forma, a incentivar a capitalização das empresas, em alternativa ao seu endividamento e ao excessivo crédito bancário.

4.5.5. Inclusão social e coesão territorial

O crescimento e o desenvolvimento económico têm de render a todos. Não se pretende uma sociedade em que grande parte da riqueza é apropriada por uma pequena parte da população e não beneficia a população no seu todo. Todavia, importa, de igual maneira, como referido anteriormente, que haja o incentivo à produção e à compensação de acordo com o mérito.

A primeira e, provavelmente, a mais importante forma de inclusão social é a educação e o acesso ao conhecimento. Nos tempos atuais, há o perigo do aumento do fosso entre pessoas digitalmente incluídas e excluídas ou competentes e incompetentes. Assim, o Estado tem de garantir as condições para que cada um tenha à nascença todas as ferramentas para atingir o seu máximo potencial, e não fique excluído do acesso à educação e ao conhecimento por ter nascido numa família pobre. No imediato, há que dar esperança a quem vive na pobreza; em particular, deverão merecer especial atenção os jovens que não trabalham nem estudam, tratando da sua inclusão social.

Além disso, importa acompanhar e apoiar os mais frágeis ao longo da vida e na velhice. É, pois, uma sociedade solidária aquela que se pretende obter.

O desenvolvimento tem de implicar coesão territorial e de chegar a todo o país. A majoração dos incentivos para investimento fora dos grandes centros de Lisboa e do Porto, particularmente quando esteja em causa a criação de centros de serviços digitais, cuja proximidade a fornecedores de determinados *inputs* não é determinante para a competitividade, pode ser uma boa iniciativa. Importa, igualmente, e de uma vez por todas, descentralizar os serviços da administração pública. Neste contexto, pode aproveitar-se a revolução digital para desenvolver cidades de média dimensão no interior do país, sem prejuízo do papel relevante que as áreas metropolitanas de Lisboa e do Porto terão de ter no crescimento económico nacional.

GRUPO DE TRABALHO FINANÇAS

Vasco de Mello (Presidente da Associação Business Roundtable Portugal)

João Duque *(Coordenador)*

Alexandre Patrício Gouveia	Joaquim Filipe Araújo
António Capela	Lara Reis
Carlos Alves	Luís Valadares Tavares
Duarte Lima Mayer	Maria João Louro
Irineu Mendes	Nuno Botelho
João Bilhim	Nuno Cunha Rolo
João Magro	Pedro Correia
Joaquim M. Sarmento	Ricardo Reis

5. REFORMAR O ESTADO. A NOVA GOVERNANÇA PÚBLICA

JOÃO BILHIM, JOAQUIM F. ARAÚJO, PEDRO CORREIA, IRINEU MENDES, DUARTE MAYER

A nova governança pública defende a crescente participação de entidades não governamentais, estatais ou públicas no processo de formulação, implementação e avaliação de políticas públicas de onde estavam tradicionalmente arredadas.

Este conceito é visto por profissionais e académicos como um instrumento adequado para lidar com a crescente complexidade das relações entre o Estado e a sociedade, em que as redes de atores assumem um papel preponderante nas políticas públicas, e o principal papel do Estado é mais o planeamento, a coordenação, a auditoria e o controlo de resultados (estratégicos e operacionais) e menos o controlo hierárquico e político direto.

Esta nova postura no desenho, na produção, na distribuição e na avaliação das políticas públicas permite centrar a produção operacional da política pública fundamentalmente nas mãos dos parceiros de natureza não pública, contribuindo para o aumento da prestação de contas e de responsabilização democrática e para a cidadania ativa e, consequentemente, para a maior satisfação das necessidades dos cidadãos quanto à provisão de bens públicos. Esta nova governança pública — desde o início do milénio — encontra-se focada na relação interorganizacional, no Estado plural e na confiança entre parceiros, ao invés de na intraorganização de natureza pública.

Nesta perspetiva, aos eleitos — poder executivo e legislativo — compete a responsabilidade de definir as políticas públicas e os seus resultados a curto, médio e longo prazo, identificando os respetivos indicadores de medida de efetividade. No entanto, a operação, a produção e a implementação dessa política, ao contrário do que aconteceu até ao momento, deve ser confiada a redes de parceiros em que o Estado não deve assumir o papel principal. O principal papel do Estado é definir a política, acompanhar e auditar a sua execução, e avaliar os seus resultados/impactos. A atual volatilidade do contexto, dos mercados e da vontade dos cidadãos exige a criação de modelos suficientemente ágeis e flexíveis para responder às novas questões que irrompem, que não podem ser resolvidas com a criação de mais entidades públicas ou com a manutenção das atuais nos mesmos termos, filosofia e modelo de funcionamento.

Toda a lógica da nova governança adaptativa é nova, convoca vários saberes cruzados da economia, da ciência, da administração do direito, e a este exige-se um novo direito administrativo que tenha em conta todo o processo de privatização, de parcerias público-privadas, do governo eletrónico. A nova governança pública obriga a transpor o direito regulativo, fiscal, bancário, administrativo, constitucional a uma lógica própria diferente da anterior.

Este novo modelo de governança pública proposto acentua a dispersão do poder, a postura contrária ao modelo hierárquico, linear, integrado — típico da produção em massa —, as estruturas supra e infraestaduais, o mercado, outros entes públicos, organizações sociais e indivíduos. Esse modelo *(i)* salienta a necessidade de coordenação das muitas entidades que passarão a aplicar políticas públicas; *(ii)* baseia-se na criação de plataformas e fortes redes de relação e parcerias; *(iii)* enfoca na troca de recursos entre parceiros a razão de ser das redes; *(iv)* ressalta a confiança e a estabilidade contratual como critério de sucesso; e *(v)* faz sobressair a importância das organizações sociais na resolução de problemas sociais a que nem o Estado nem o mercado não dão resposta.

O governo será menos executor e mais planeador a um nível estratégico, regulador, coordenador e auditor dos níveis de serviço acordados com os parceiros; será mais o organizador de jogo relativamente à produção de bens e serviços públicos do que um jogador; haverá mais política pública e mais bem-estar social e menos instituições públicas. A administração concentrar-se-á sobre o planeamento estratégico e a sua articulação a todos os níveis, e à auditoria, coordenação e qualificação dos parceiros, e será menos executora de políticas públicas.

Dentro desta filosofia, em coerência com o pacote fiscal que corta cerca de 2,5% a 3,5% na receita e com um investimento público que deveria crescer para cerca de 1% do PIB, propomos um conjunto de medidas para cortar o equivalente a 3,5% a 4,5% na despesa corrente primária nos próximos 3 a 10 anos, nomeadamente através:

(1) Da reestruturação de todas as administrações destinadas a eliminar todas as redundâncias de atribuições e competências, por meio da extinção de organismos e da redução de pessoal, com especial incidência nas áreas onde está a ser aplicada a Lei do Contrato Individual de Trabalho em Funções Públicas (nas áreas sociais que não sejam de soberania nem de autoridade), conseguindo que o volume total do emprego público desça para valores de 2014;

(2) De um «travão» nas admissões de assistentes administrativos em todas as administrações e no investimento na automação e governo eletrónico;

(3) De cortes em consumos intermédios e de um reforço do papel da Entidade de Serviços Partilhados da Administração Pública (ESPAP) como órgão coordenador de todas a política de compras públicas, estimando-se poupanças na ordem dos 10%;

(4) Da privatização de todas as empresas de transportes, nomeadamente a TAP;
(5) Da redução das ajudas do Estado às transportadoras privadas em cerca de 1%;
(6) Da diminuição em 1% nas transferências de verbas para os operadores e parceiros do Estado nas políticas públicas sociais, reforçando as funções de auditoria de qualidade e de acompanhamento da gestão destas entidades que trabalham sobre o regime, nomeadamente na área da Segurança Social e Educação;
(7) Da criação de uma folga financeira destinada à expansão de políticas públicas essenciais, mas sempre, ou preferencialmente, em parceria com a sociedade civil (IPSS, ONG, privados, etc.);
(8) Da instituição, via lei reforçada (lei travão), do princípio de que a despesa corrente primária nunca ultrapasse os 35% do PIB, ou seja, o investimento em políticas públicas dependerá sempre da capacidade produtiva de Portugal;
(9) Em sintonia com a lei anterior, de estabelecer a diferença entre política pública e instituições públicas. A política pública nas áreas sociais não deve ter o Estado como principal operador; esse papel deve ser confiado à sociedade que, nas áreas em que não estiver ainda preparada (fruto da nossa história administrativa), seja devidamente preparada e incentivada ao exercício de uma cidadania ativa. Em obediência a este princípio, ao longo de dez anos, conseguir que nas áreas sociais — educação e ensino superior, da segurança social, cultura, entre outras —, até 2030, 30% dos organismos públicos passem para a gestão de parceiros oriundos da sociedade (IPSS, associações privadas, ONG, sociedades privadas, etc.).

A passagem de um Estado intervencionista (social, *welfare state*) para um Estado mais liberal vai ao encontro de um Estado regulador, e associa-se à ascensão de modelos de governação, como a governança e a nova governança pública, ou seja, o chamar à colação um conjunto de entidades de vários sectores que, no fundo, vão substituir o Estado na prossecução de diferentes serviços públicos, ainda que respeitando um conjunto de critérios e requisitos legais, comummente associados à «coisa pública» (interesse público, princípios do Código do Procedimento Administrativo, ...).

Nesse sentido, uma tendência de diminuição da máquina do Estado (na sua versão insustentável, despesista, não coordenada centralmente por, por exemplo, comissões de acompanhamento de execução da despesa primária, bem como de outros indicadores reveladores da saúde financeira — e não só — do país, é geradora de uma dívida pública praticamente impossível de gerir) faz sentido se for simultaneamente seguida pelo surgimento de um Estado regulador, e para isso não basta criar entidades reguladoras (ER). A tendência para a existência deste tipo de Estado pode ser vista de acordo com vários posicionamentos, por exemplo, encarando-o como uma nova forma de intervenção estadual — em vez de ser o principal jogador/agente, passa a outro nível de atuação; em vez de atuar diretamente como produtor e promotor de serviços, passa a regular maioritariamente, com recurso a instrumentos legais —, através da definição de regras e de supervisão, monitorização e controlo. Um exemplo: a criação da Entidade Reguladora para a Comunicação Social (ERC) não é, *per si*, condição bastante para se afirmar que estamos perante uma clara implementação de uma dimensão reguladora (metaforicamente, podemos dizer que não é por um indivíduo se equipar com equipamento de desporto de alta qualidade que faz dele um atleta de excelência, muito menos profissional).

Neste sentido, o Estado regulador deve estar dotado dos meios e recursos (humanos, organizacionais, legais e financeiros) que lhe permitam uma atuação efetiva, atempada e justa, e para tal é necessário considerar três fluxos que devem coexistir em momentos paralelos:

(1) A criação de entidades que regulem, monitorizem, acompanhem, mas que também sancionem de forma independente

(é certo que já temos as ER, mas a sua existência e importância pode ir muito além da atuação de hoje em dia) a atuação dos agentes de mercado (públicos e privados, sociais, ONG,...);

(2) A aplicação de sanções deve poder ser considerada num amplo espetro, no sentido de que, por um lado, deve ser uma forma de *soft regulation/soft law*, para levar os agentes de mercado a agir em determinado sentido, ou pelo menos a não agir em determinado sentido, prejudicial ao mercado, pois de nada vale termos a aplicação de uma sanção com base em recomendações que não são consideradas por não serem de natureza vinculativa, e por isso não servem de modelo nem de motivo para a alteração de condutas inibidoras de concorrência (por exemplo). Ou, por outro, quando aplicadas, não têm o impacto esperado por serem financeiramente pouco prejudiciais para quem não cumpre (no fundo, premeia-se indiretamente o incumprimento normativo). Aqui prevalece a ideia de que mais vale não cumprir, porque o não-cumprimento resulta financeiramente mais proveitoso para o incumpridor; e é este aspeto que me leva ao ponto seguinte:

(3) Uma estrutura legal adequada à governança desejada: a criação de diplomas legais que possam ajustar-se e assim oferecer respostas aos diferentes enquadramentos evolutivos. A ideia é a seguinte: para que se possa conseguir uma efetiva regulação, a lei tem de ser o ou um dos principais suportes para a existência de um Estado regulador.

No documento elaborado para o Grupo de Trabalho Finanças pelo nosso subgrupo, o professor doutor Joaquim Araújo elenca um conjunto de ações que podem contribuir para a agilização, simplificação e diminuição do peso do Estado. De seguida, apresentam-se algumas, nomeadamente:

(1) Consolidar e aprofundar o efeito das mudanças já implementadas, como seja dar maior significado à gestão estratégica e

à informação proveniente da avaliação de desempenho, para aproveitar o potencial da gestão pública na utilização dos recursos;

(2) Desenvolver motivação, além da avaliação do desempenho ou da tradicional motivação da profissão;

(3) Envolver os funcionários no seu desenvolvimento como forma de promover a evolução das organizações e a sua cultura;

(4) Continuar a melhorar a estruturação das atividades da Administração Pública, nomeadamente através *(i)* do achatamento de estruturas e *(ii)* da substituição do controlo hierárquico por outras formas de controlo mais ajustadas à realidade;

(5) Reforçar a qualidade dos serviços por meio de abordagens à gestão da qualidade total;

(6) Aprofundar a liderança da sociedade através de parcerias e redes, e de influência e apoio em áreas em que esta abordagem seja a mais adequada;

(7) Aprofundar a oportunidade de coprodução como estratégia para aumentar a participação dos cidadãos e contribuir para a eficácia na implementação das políticas públicas e melhorar a eficiência;

(8) Promover uma cultura orientada para a mudança e a melhoria contínua;

(9) A construção da capacidade de colaboração exige mudanças das organizações públicas, nomeadamente:

- Identificar e mapear sinergias interorganizacionais e registar áreas de colaboração que possam beneficiar as organizações;
- Mapear os recursos utilizados nas organizações para identificar onde é possível, através da ação conjunta, obter o maior *value for money*;
- Desenvolver nos funcionários e dirigentes competências de trabalho interorganizacional, e dotar as organizações de capacidade para desenvolver esse tipo de trabalho.

V CONGRESSO SEDES

Dia 4 de dezembro – 50 anos da SEDES – Fundação Calouste Gulbenkian – Lisboa

V CONGRESSO SEDES
Dia 28 de outubro – FCG – Fundação Calouste Gulbenkian – Lisboa

RAQUEL VAZ
PINTO

LUÍS CAMPOS E
CUNHA

FUNDAÇÃO
CALOUSTE GULBENKIAN

HENRIQUE
MONTEIRO

MANUEL

PAULO RANGEL

FUNDAÇÃO
CALOUSTE GULBENKIAN

FUNDAÇÃO
CALOUSTE GULBENKIAN

FUNDAÇÃO
CALOUSTE GULBENKIAN

FUNDAÇÃO
CALOUSTE GULBENKIAN

FUNDAÇÃO
CALOUSTE GULBENKIAN

FUNDAÇÃO
CALOUSTE GULBENKIAN

CLARA FERREIRA
ALVES

FRANCISCO
PEDRO
BALSEMÃO

MIGUEL POIARES
MADURO

HELENA MA

JOÃO MIGUEL
TAVARES

V CONGRESSO SEDES
Dias 5 e 6 de novembro – Palácio da Bolsa – Porto

SEDES
Alexandre Gouveia
SEDES

João Duque

SEDES
50 ANOS A PENSAR PORTUGAL
João Magro
SEDES
50 ANOS A PENSAR PORTUGAL
Congresso

Luís Mira Amaral

Finanças

SEDES
50 ANOS A PENSAR PORTUGAL

bel Mateus

Álvaro Beleza
SEDES
50 ANOS A PENSAR PORTUGAL
V Congresso

José Manuel Ferna

SEDES

SEDES
50 ANOS A PENSAR PORTUGAL
Economia
António

V CONGRESSO SEDES
Dia 12 de novembro – Culturgest – Lisboa

João Proença
SEDES
50 ANOS A PENSAR PORTUGAL
V Congresso

Adalberto Campos
Fernandes
SEDES
50 ANOS A PENSAR PORTUGAL
V Congresso

Paulo
Moita de Macedo
SEDES
50 ANOS A PENSAR PORTUGAL
V Congresso

Rui Nunes

Jorge Bravo

Miguel Guimarães

Óscar Gaspar

NADIM
HABIB

ÁLVARO
BELEZA

50 ANOS A
PENSAR PORTUGAL
SEDES

SEDES
50 ANOS A PENSAR PORTUGAL

V CONGRESSO SEDES

Dias 3, 4 e 5 de dezembro – Universidade Nova SBE – Campus de Carcavelos

SEDES
50 ANOS A PENSAR PORTUGAL
Abel Mateus

sedes

Daniel Traça

Carlos Carreiras
SEDES
50 ANOS A PENSAR PORTUGAL

Henrique Gouveia e Melo
SEDES
50 ANOS A PENSAR PORTUGAL
V Congresso

SEDES recebida pelo Presidente da República – Palácio de Belém

GRUPO DE TRABALHO SEGURANÇA SOCIAL E DEMOGRAFIA
Maria João Louro *(Coordenadora)*
Alexandre Patrício Gouveia / Jorge Bravo *(Relatores)*

6. SEGURANÇA SOCIAL. REFORMAR ESTRUTURALMENTE O SISTEMA DE PENSÕES

MARIA JOÃO LOURO, ALEXANDRE PATRÍCIO GOUVEIA, JORGE BRAVO

A segurança social é um tema universal que tem influência em todos nós, agora e no futuro, e em que é urgente proporcionar pensões adequadas e sustentáveis.

Tendo presente os 17 Objetivos de Desenvolvimento Sustentável (ODS), adotados pela Assembleia Geral das Nações Unidas, em 2015, vemos que estes refletem o compromisso mundial em «implementar, ao nível nacional, medidas e sistemas de proteção social adequados para todos, com o propósito de mitigar e prevenir a pobreza, a vulnerabilidade e a exclusão social.» Neste sentido, o tópico da adequação de prestações continua a ser o grande desafio económico, financeiro e social da proteção social, já que assenta no princípio da subsidiariedade, da justiça e da coesão social.

Sendo uma área com uma abrangência enorme, pelos vários sistemas e prestações que preconiza, propusemo-nos a concentrar nas prestações que mais pesam no sistema de proteção social, ou seja, as pensões de velhice/reforma.

6.1. Sistema de pensões

Basicamente, falamos de um contrato intergeracional, com carácter de longo prazo, estabelecido no financiamento de um mecanismo de repartição (como sabemos, este mecanismo pressupõe que os contribuintes ativos financiam as pensões que estão a ser pagas aos reformados).

Mas as dúvidas são cada vez maiores, em face das projeções para as próximas décadas e das várias dinâmicas desfavoráveis que teimam em se agravar. É o caso:

- da demografia — envelhecimento da população como resultado do aumento da esperança de vida, aliado a baixas continuadas das taxas de fertilidade, os movimentos migratórios...;
- da economia — crescimento do PIB, produtividade do trabalho;
- do mercado de trabalho — desemprego estrutural, novas formas de trabalho;
- da fiscalidade — carga fiscal, incentivos à declaração de rendimentos do trabalho, estabilidade das medidas;
- das políticas públicas — medidas paramétricas; visão de curto prazo, descontinuidade das políticas, descrédito do Estado...;
- da sociologia — literacia financeira, cultura da previdência, desconfiança dos mercados financeiros.

Estas projeções, via organismos nacionais e internacionais, desde logo as da Comissão Europeia e as do Ageing Report de 2021, com projeções até 2070, refletem as componentes demográfica e económica, e os respetivos impactos nas pensões da reforma e noutras relacionadas com o envelhecimento da população.

O Gráfico 1 mostra como a pirâmide de idades em 2060 da população portuguesa assume a forma de uma pirâmide invertida, por efeito da baixa taxa de fertilidade e do baixo nível de imigração.

GRÁFICO 1 – **PIRÂMIDE DE IDADES**

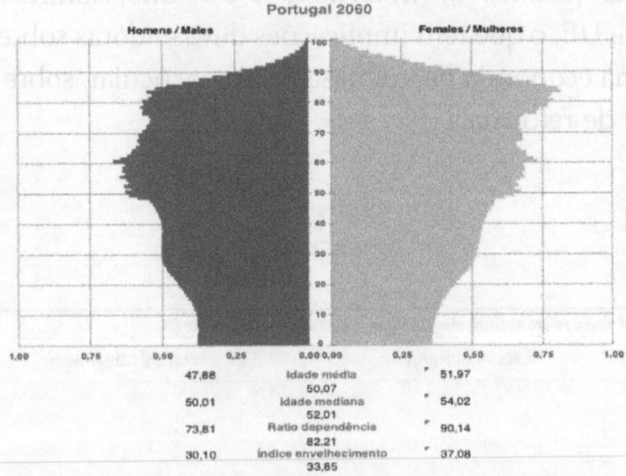

Fonte: Bravo *et al.* (2013, 2014, 2018). Estimativas dos autores.

Em consequência, a taxa de dependência — que mede o rácio entre as pessoas com mais de 65 anos sobre a população entre os 15 e os 64 anos — sofre um forte agravamento, de tal forma que Portugal, em 2050, terá a taxa de dependência mais elevada, de par com a Espanha, entre os países da UE.

GRÁFICO 2 – **POPULAÇÃO COM IDADE IGUAL OU SUPERIOR A 65 ANOS EM % DA POPULAÇÃO COM IDADE COMPREENDIDA ENTRE OS 15 E OS 64 ANOS**

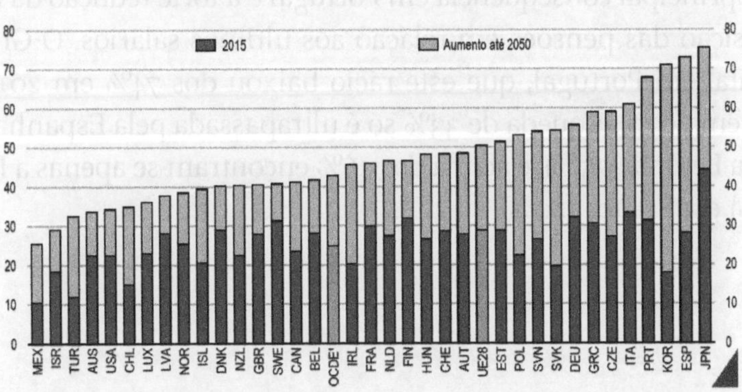

Fonte: Comissão Europeia

Esta evolução demográfica combina com um crescimento lento do PIB potencial (Gráfico 3), em torno de 1% ao ano, claramente abaixo da média da UE, o que tem implicações devastadoras sobre a falta de progresso na economia portuguesa e, em particular, sobre o sistema de pensões de reforma.

GRÁFICO 3

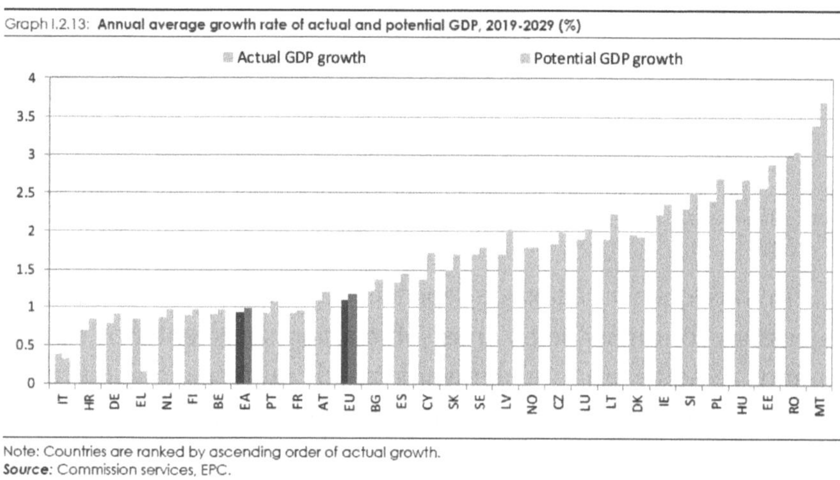

A principal consequência em Portugal é a forte redução da taxa de reposição das pensões em relação aos últimos salários. O Gráfico 4 aponta, em Portugal, que este rácio baixou dos 74% em 2019 para 41% em 2070. A queda de 33% só é ultrapassada pela Espanha (36%) e pela Letónia (35%), e acima dos 16% encontram-se apenas a Polónia (29%) e a França (20%).

GRÁFICO 4 – TAXA DE REPOSIÇÃO DE PENSÕES (2019 E 2070) (EM PERCENTAGEM)

	Public pensions: earnings-related			All pensions (public & private)		
	2019	2070	change (pps)	2019	2070	change (pps)
BE	35.1	33.2	-1.9			
BG	36.2	29.5	-6.7			
CZ	45.1	42.9	-2.2			
DK	35.6	28.0	-7.6	56.7	57.9	1.2
DE	39.8	37.2	-2.6			
EE	39.8	25.8	-13.9	41.4	43.7	2.3
IE	36.7	36.0	-0.7			
EL	69.0	56.2	-12.8			
ES	77.0	41.3	-35.7			
FR	54.4	34.7	-19.7			
HR	32.5	22.8	-9.7	30.8	22.2	-8.6
IT	66.9	51.5	-15.4			
CY	35.7	44.4	8.7			
LV	54.8	20.0	-34.7	55.5	30.5	-25.1
LT	31.7	21.2	-10.4	31.7	27.9	-3.8
LU	67.1	60.1	-7.0			
HU	44.8	48.2	3.3			
MT	48.4	57.1	8.7			
NL	30.9	29.2	-1.6	54.1	50.3	-3.8
AT	55.4	52.1	-3.3			
PL	54.1	25.1	-28.9			
PT	74.0	41.4	-32.7	72.2	39.9	-32.2
RO	27.1	27.6	0.5	32.0	35.6	3.6
SI	33.2	37.5	4.3			
SK	41.6	43.2	1.6	41.6	42.2	0.6
FI	45.9	37.3	-8.5			
SE	34.2	29.9	-4.4	41.3	36.0	-5.3
NO						
EA	49.3	40.0	-9.4			
EU	46.2	37.5	-8.7			

(1) The replacement rate expresses the average new pension as a share of the average gross wage at retirement.
(2) Flat-rate pension components are included in the earnings-related public pensions.
(3) Unweighted averages for EA/EU.
(4) EL & MT refer to 2020 instead of 2019.
(5) ES & PT: denominator is the average wage rather than the average wage at retirement.
Source: European Commission, EPC.

Fonte: Comissão Europeia

O Quadro 1 apresenta os principais resultados das projeções. A população portuguesa baixa de 10,3 milhões em 2019 para 8,5 milhões, em 2070. O PIB será apenas 73% superior ao de 2019, depois de 50 anos.

QUADRO 1 – **PRINCIPAIS RESULTADOS DAS PROJEÇÕES PARA PORTUGAL (2019-2070)**

	2019	2030	2045	2050	2060	2070
Despesas pensões em perc. PIB	12.7	14.2	13.7	12.5	11.0	9.5
Taxa de reposição pensões	74.0	65.0	59.0	53.0	46.0	41.4
Idade reforma estatutaria	66.4	67	67.7	68.3	68.8	69.3
Despesas saude perc. PIB	5.7	6.1	6.6	6.8	7.1	7.3
População em milhões	10.3	10.1	9.6	9.4	8.9	8.5
Taxa de dependência	37.3	49.4	65.9	66.6	67.8	69.3

Fonte: Comissão Europeia, Aging Report 2021 (novembro 2021)

A despesa do Estado com pensões em relação ao PIB sobe de 12,7% para 13,7%, entre 2019 e 2015, e depois cai para 9,5% em 2070. Contudo, o forte aumento da taxa de dependência, combinado com o baixo crescimento da economia, reflete-se sobretudo em duas variáveis:

(1) A idade de reforma aumenta dos 66 para os 69 anos; e
(2) A taxa de substituição (a medida que nos evidencia a relatividade entre o valor de pensão e o do último salário) das pensões em relação aos salários diminui drasticamente de 74% para 41%.

Para um salário médio anual de 18 mil euros em 2019, este deverá atingir os 36 mil euros em 2070. Com esta evolução da taxa de substituição, a pensão média neste período apenas cresce de 13,3 mil euros para 14,76 mil euros anuais, ou seja, apesar da duplicação do salário médio, a pensão média só aumenta 11% em termos reais, num período de 50 anos. Note-se que este cenário corresponde ao cenário-base, podendo a economia e a demografia evoluírem de forma diferente, ou pela positiva ou pela negativa.

Evidentemente, fazer projeções com manutenção das taxas de substituição implicaria dificuldades acrescidas de financiamento na proteção social, logo insustentabilidade e, consequentemente, iria exercer pressão sobre o equilíbrio das finanças públicas, exigindo para o efeito o recurso a fontes de financiamento externas (via transferências extraordinárias do OE). Estas conclusões são sobejamente conhecidas por vários reputados economistas e especialistas, que têm apresentado ao longo do tempo as suas reflexões e debates sérios sobre as vias alternativas para arquitetar um novo sistema de proteção social.

Em complemento, outros contributos importantes, de referir: a Associação Portuguesa de Fundos de Investimento, Pensões e Património (APFIPP) elaborou também uma projeção do sistema de pensões do regime contributivo até 2060, excluindo, portanto, as pensões sociais, em que considerou os seguintes pressupostos macroeconómicos:

- Taxa média anual de crescimento do PIB: 1,7%;
- Taxa média do desemprego: 8%;
- Aumento anual da produtividade do trabalho: 1,4%;
- Taxa de inflação anual: 2%.

Com base nestes apontamentos, foi estimada a evolução do défice total do sistema de pensões de reforma do regime contributivo, ou seja, incluindo o sistema da Segurança Social e da Caixa Geral de Aposentações (CGA) (ver Quadro 2 seguinte):

QUADRO 2 – QUOTAS/CONTRIBUIÇÕES – DESPESA COM PENSÕES EM % DO PIB

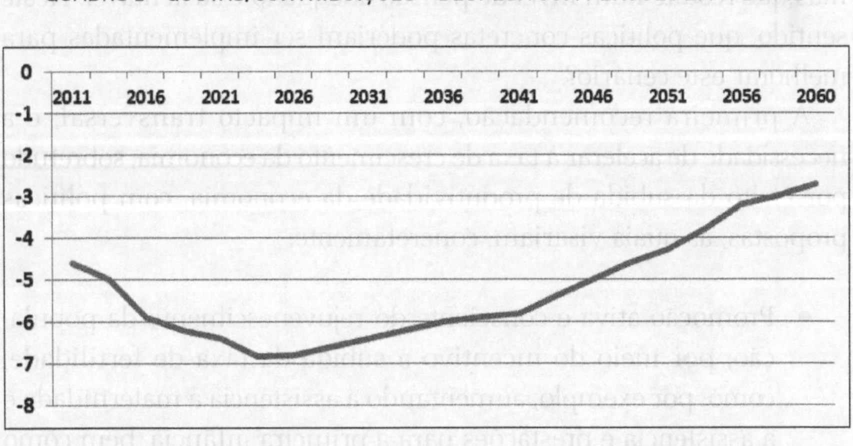

Fonte: Associação Portuguesa de Fundos de Investimento, Pensões e Património

Como se pode observar, mesmo com as referidas variáveis macroeconómicas — relativamente otimistas —, o défice das pensões de reforma, só do regime contributivo, agravar-se-á nos próximos anos, provocando até 2046 um défice orçamental superior a 5% do PIB. Se a estes valores acrescentarmos o das pensões sociais, que representam um défice de 1,6% do PIB, significa que o saldo primário do Orçamento Geral do Estado (OGE) necessário, só para equilibrar o défice das pensões da segurança social, não poderá ser inferior a 8% do PIB, entre 2021 e 2036. Parece um objetivo muito difícil de almejar.

Resumidamente, as dinâmicas demográfica, económica e financeira projetadas para as próximas décadas em Portugal colocam a descoberto a crescente incapacidade dos sistemas de pensões em operar, na sua componente contributiva, segundo o primado da autossustentabilidade presente na sua génese, agravando os já de si significativos encargos com pensões e outras prestações não contributivas suportados pelo esforço fiscal e pressionando substancialmente o equilíbrio das finanças públicas.

Então, a urgência de reforma das pensões deve estar já na agenda de hoje!

Na verdade, o importante é apresentar os méritos de soluções alternativas que permitam trabalhar para uma proposta, como dissemos, mas que resulte num nível de pensão adequado e sustentável. Neste sentido, que políticas concretas poderiam ser implementadas para melhorar este cenário?

A primeira recomendação, com um impacto transversal, é a necessidade de acelerar a taxa de crescimento da economia, sobretudo por efeito da subida de produtividade da economia, com políticas propostas, as quais visariam, concretamente:

- Promoção ativa e consciente do rejuvenescimento da população, por meio do incentivo à subida da taxa de fertilidade, como, por exemplo, aumentando a assistência à maternidade e a assistência e prestações para a primeira infância, bem como à proteção da carreira profissional da mãe;

- Regular novas formas de trabalho, o prolongamento e a flexibilidade da via laboral;
- Incentivo à imigração líquida para Portugal, com o objetivo de rejuvenescer a demografia no país, através de uma política de captação e de acolhimento mais favorável;

E outros que apresentaremos no decurso deste artigo, com mais pormenor.

No que se refere especificamente às políticas de reforma do sistema de pensões, perante a necessidade de os reformar estruturalmente para os tornar adequados, equitativos e sustentáveis, e de criar um vínculo mais forte entre contribuições e prestações sociais, incentivando a participação no mercado de trabalho e informando melhor a decisão quanto ao momento da reforma, tal significa a adoção de uma estrutura multipilar, já que é hoje evidente que não será possível um sistema assente apenas num único pilar — neste caso, o Estado. Daqui resulta que o modelo vai requerer uma partilha de responsabilidades, entre *(i)* o Estado, na função de redistribuição de rendimentos e no combate à pobreza, à solidariedade social,...; *(ii)* as organizações, no que toca a sistemas complementares de poupança, ou redistribuição intrapessoal de rendimento; e *(iii)* os indivíduos, à semelhança do ponto anterior.

Neste novo sistema, os atuais planos de benefício definidos são transformados em planos de contribuição definida, e são dados incentivos claros à poupança, características que reforçam claramente a responsabilidade individual na garantia dos níveis adequados de rendimento na reforma. É igualmente fortalecida, ao nível do segundo pilar, a importância dos planos complementares de iniciativa coletiva (empresarial, associativa) na formação de pensões adequadas e diversificadas na gestão dos riscos.

Assim, o novo sistema de segurança social assentaria em três modos de financiamento:

(1) Um sistema de contas individuais com acumulação virtual (nocional) e real para as contingências sociais de longo prazo (pensões de velhice);

(2) Mutualização para as contingências sociais imediatas (desemprego, doença, doença profissional, pensões de invalidez e sobrevivência);

(3) Fiscalidade geral ou dedicada para as contingências de âmbito familiar e de dependência, e para as prestações de natureza não contributiva.

Na Figura 1 seguinte representa-se, de forma esquemática, a arquitetura proposta para o novo sistema de pensões.

FIGURA 1 – **ARQUITETURA DO NOVO SISTEMA DE PENSÕES**

1º PILAR	2º PILAR	3º PILAR
• Sistema de Contas Individuais, em regime de acumulação nocional, de contribuição definida (NDC, PAYGO) • Pensão Complementar Integrada, em regime de acumulação real, de contribuição definida (FDC, Funded) • Pensão Garantida, financiada por via fiscal, em complemento social (Top up, Taxes)	• Planos de pensões Ocupacionais, totalmente fundeados, de participação voluntária, de contribuição definida (FDC or FDB, Funded)	• Regimes Complementares Não Integrados, em acumulação real, (FDC, funded)

Fonte: Elaboração dos autores

Segundo esta nossa proposta, o rendimento na reforma de cada participante resultaria, potencialmente, do acumular das pensões obtidas em cada um dos três pilares do sistema.

Desde logo, o primeiro pilar compreende quatro componentes:

(1) Um sistema maioritário, financiado em repartição, de natureza pública e obrigatória, unificado, universal, geral e integral, baseado em contas individuais, de contribuição definida, com revalorização anual nocional (ou virtual, NDC PAYGO System) das contribuições efetuadas usando uma taxa interna de rentabilidade do sistema (dependente de fundamentos

macroeconómicos, e.g., taxa de crescimento da massa salarial declarada, etc.);

(2) Um sistema complementar privado, integrado com capitalização real, fundeado (FDC Funded System), minoritário, de participação obrigatória, de contribuição definida, assente em contas individuais, com escolha das entidades gestoras do património (públicas, privadas, solidárias) da parte do trabalhador;

(3) Um sistema de complementos para a pensão garantida (mínima) do regime contributivo financiado com impostos (dotações gerais do OE — impostos —, ou através de uma contribuição social generalizada), calculado essencialmente com base nas contribuições efetuadas. A atribuição deste complemento para a pensão garantida estaria sujeita a condição de recursos, considerando quer o valor obtido pela soma das pensões geradas no âmbito dos sistemas, público de repartição (NDC) e do complementar privado (FDC), quer outros rendimentos e/ou património dos participantes;

(4) Pensões sociais de natureza não contributiva, financiadas também pela via fiscal.

O segundo pilar compreende os planos de pensões profissionais ou ocupacionais (o denominado 2.º Pilar do Sistema de Segurança Social), como complemento aos benefícios de reforma proporcionados pelos sistemas públicos. A sua constituição dependeria da livre iniciativa das empresas e/ou colaboradores, e assentaria na acumulação real de ativos (planos regulamentados e financiados por recursos próprios, fundeados). Caberia às instituições coletivas, promotoras de planos de pensões (empresas, institutos, sindicatos, associações profissionais, etc.) definirem:

- O tipo de planos de pensões;
- A seleção dos veículos de financiamento;

- A especificação dos benefícios a conceder (e.g., pré-reforma, reforma antecipada, reforma por idade, invalidez ou sobrevivência, etc.);
- Os participantes e beneficiários, entre outros aspetos.

  Os valores deste sistema podem ser geridos por entidades públicas ou privadas.

O terceiro pilar do sistema de pensões, de natureza voluntária, corresponde aos regimes complementares de pensões de iniciativa e adesão individual, não integrados (i.e., facultativos), totalmente financiados e assentes em distintos veículos de financiamento (fundos de pensões abertos, PPR, seguros de vida, etc.), e que podem ser geridos por entidades públicas ou privadas.

Embora este terceiro pilar seja igualmente importante, na medida em que complementa o sistema público do primeiro, em Portugal, com referência a 2019, abrangia apenas 7% das contribuições existentes. Esta situação contrasta com a de vários países europeus, como a Dinamarca, a Alemanha, a Chéquia, a Suécia, a Noruega ou os Países Baixos, onde as contribuições, de iniciativa individual, representam entre 23% e 62% do total.

A implementação de uma reforma estrutural com este alcance é exigente em múltiplos domínios, desde logo, nos campos legislativo, institucional e operacional, pelo que neste sumário faremos uma breve menção sobre alguns dos aspetos-chave a ter em conta no desenho do sistema e na sua entrada em funcionamento.

Pensando na transição, quais os temas? Desde logo, uma das primeiras decisões a tomar tem que ver com a definição das gerações abrangidas pela criação do novo sistema e a consideração dos direitos já constituídos pelas atuais gerações de contribuintes ativos e pensionistas. A reforma estrutural aqui formulada implica a criação de um novo e único sistema de pensões, incorporando todos os atuais participantes no sistema, em que decorre a extinção dos atuais subsistemas e a abolição de todos os regimes especiais com condições mais favoráveis de aposentação. Neste sentido, as regras de transição devem prever um princípio-base segundo o qual as pensões já constituídas (segundo as regras de formação aplicáveis no momento da passagem à reforma) devem ser alvo de uma proteção acrescida, o que significa que o *quantum* da pensão só pode ser ajustado em baixa no quadro de uma redução global das responsabilidades do sistema considerada indispensável para o reconduzir a uma trajetória de sustentabilidade financeira e intergeracional. Se tal for o caso, deve procurar assegurar-se de que a partilha dos custos do ajustamento é equilibrada e equitativa.

Outro fator importante da proposta é que a transição para o novo sistema seja imediata, salvaguardados os direitos de todos os participantes no atual sistema. Esta opção é justificada:

- Pela necessidade de harmonizar o mais rapidamente possível todos os participantes com as condições de acesso e de cálculo da pensão;
- Pela eliminação de regimes temporários de transição que aumentam a complexidade legislativa e operacional dos planos;
- Pela necessidade de rapidamente recuperar a confiança dos participantes;
- Pelo reforço dos princípios fundamentais da contributividade, da justiça e da transparência na gestão;
- Pela eliminação dos regimes especiais.

Outras variáveis relevantes:

- Definição de pensões mínimas (sociais, garantidas) e a calibragem das suas regras de atribuição (e.g., idade mínima de acesso à prestação, prazo de garantia) e cálculo;
- Escolha da taxa interna de rentabilidade do sistema;
- Fixação da taxa contributiva global do sistema de pensões;
- Definição do salário pensionável (que rendimentos sujeitos à contribuição?), da fixação de patamares mínimos e máximos

(plafonamento horizontal), da sua forma de atualização anual (e.g., à taxa de inflação);

- Importância do planeamento e da conceção de um sistema de reporte de informação financeira agregado, justificado pela necessidade de prestação de informação individual (evolução dos saldos acumulados nos sistemas NDC e FDC, e o valor previsível da pensão inicial a atribuir num determinado ano) e de forma agregada (incluindo os demais pilares da proteção social);
- «Fatura» fiscal que a sociedade está disposta a aceitar para satisfazer a política social.

Referidas de forma sucinta as variáveis que constituirão bases de solidez do novo sistema, importa apontar que estas reformas foram também adotadas internacionalmente, em países como a Suécia, a Polónia, a Letónia, a Noruega, a Itália e o Chile. A título de exemplo, no caso da Suécia, em 2009, o efeito da crise económica internacional determinou uma redução em 4% de todas as pensões em pagamento, assegurando assim que as responsabilidades futuras do sistema não ultrapassavam o valor atual das contribuições realizadas. Sendo um cálculo atuarial objetivo, que visava a sustentabilidade a longo prazo do sistema de pensões, a população entendeu a alteração necessária. Trata-se de um exemplo concreto de adaptação do sistema de pensões à conjuntura económico-social existente, e com isso assegura-se que cada euro a pagar em pensões está financiado e suportado pelas contribuições, traduzindo-se numa cobertura financeira sustentável. Nesses países, o novo sistema substituiu o antigo, de repartição, que, tal como em Portugal, estava subfinanciado e com profundos mecanismos de desequilíbrios. Além disso, importa evidenciar que esses países passaram por transições dos seus sistemas de pensões, dos quais temos a vantagem de ganhar a visibilidade, ao retirar ensinamentos e perceber as medidas bem-sucedidas — resultados esses que permitiram que, nesses países, desde então, o sistema de pensões tenha saído da agenda política.

Pelo exposto, e apesar do sistema contributivo do sistema de pensões de reforma estar profundamente desequilibrado em Portugal, estas evidências lançam um elemento de esperança, sabendo que a situação pode ser corrigida. Nesse sentido, vamos elencar algumas das principais linhas orientadoras para uma reforma do sistema de pensões no país:

(1) Dar os incentivos certos aos dois pilares privados deste sistema, que fazem parte de uma economia social de mercado, que são:

- Promoção de sistemas com base no emprego, regulando novas formas de emprego e envolvendo a reorganização dos locais de trabalho (ensinamentos trazidos da crise pandémica), promovendo a integração e a permanência dos jovens no mercado de trabalho, o ajustamento das funções dos trabalhadores às suas capacidades, o conhecimento e a experiência, a mudança de profissão na fase final do percurso laboral, etc.;
- Reforço do papel da organização no contributo para a responsabilização e formação de uma pensão de reforma, através de sistemas de seguros privados; e
- Promoção e incentivos de constituição de contas de poupança individual.

Desta forma, torna-se essencial a revitalização do sistema e o aumento dos incentivos fiscais, tornando a política fiscal estável, aplicável às pensões, às contas de poupança, aos investimentos individuais e, não menos importante, essa política promove um incentivo para a constituição de um necessário e adequado complemento de pensões (a receber no futuro, com o intuito de proporcionar um nível condigno de vida, para a população que, em atividade, financiou as suas reformas).

(2) Promoção ativa e consistente do necessário rejuvenescimento da população (em face da evolução da nossa pirâmide etária invertida), via:

- Implementação de políticas de família adequadas às decisões quanto à fecundidade e de conciliação entre vida pessoal e profissional;
- Atração das comunidades portuguesas no estrangeiro, com políticas de imigração seletiva;

(3) Associar a idade de reforma ao aumento da esperança de vida, ligada a uma necessária flexibilização da idade de reforma, incluindo a flexibilização da combinação entre trabalho e pensão, deixando à escolha do pensionista se este pretende continuar a contribuir para a economia, dado o esperado prolongamento da vida saudável, com os avanços da medicina.

(4) Disponibilizar informação transparente, credível e regular aos colaboradores sobre a pensão acumulada e agregada (provinda de várias fontes: pública e privada), para que estes tenham confiança e os elementos necessários para decidirem quando e como devem exercer a aplicação em veículos financeiros complementares, evitando assim a surpresa desagradável do confronto do valor relativo entre a sua primeira pensão pública *versus* último salário recebido. Desta forma, caberá a um colaborador informado não aceitar esperar uma redução tão significativa do seu rendimento após a reforma, constituir complementos de poupança adicionais à sua pensão pública, quer por via da poupança individual quer por via de sistemas complementares corporativos, planos de pensões profissionais ou ocupacionais;

(5) Finalmente, com a criação de um único sistema público de pensões por fusão do atual sistema de segurança social com o RPSC e demais sistemas existentes, torna-se necessário criar uma nova entidade autónoma que faça a gestão do sistema unificado, dotada de recursos humanos e materiais adequados à gestão corrente e prospetiva das prestações imediatas e diferidas, que proceda a uma avaliação/auditoria permanente da execução orçamental do sistema e da sua sustentabilidade no longo prazo.

Acreditamos que esta proposta pretende dar um contributo efetivo aos órgãos de decisão no desenho de um modelo que incorpore as dinâmicas e as variáveis atuais em Portugal.

O importante é que se vislumbra um caminho, suportado nas medidas partilhadas, e percebermos que, havendo um desígnio, esta transição tem de ser planeada com tempo, para que a mudança do contrato social seja justa, sustentável e credível.

É preciso ter a coragem para tomar as decisões certas, para mudar de paradigma, numa visão de longo prazo, apartidária, concertada com os parceiros sociais, com a sociedade civil e com os agentes económicos. Só assim será possível ultrapassar o impasse em que se encontram os sistemas de pensões em Portugal.

Vamos certamente a tempo de corrigir a trajetória para um futuro melhor.

GRUPO DE TRABALHO FINANÇAS

João Duque (Coordenador)

Alexandre Patrício Gouveia
António Capela
Carlos Alves
Duarte Lima Mayer
Irineu Mendes
João Bilhim
João Magro
Joaquim Miranda Sarmento
Joaquim Filipe Araújo
Lara Reis
Luís Valadares Tavares
Maria João Louro
Nuno Botelho
Nuno Cunha Rolo
Pedro Correia
Ricardo Reis

7. A URGÊNCIA DE MELHORAR A ESTRUTURA E EFICIÊNCIA DA DESPESA PÚBLICA

ALEXANDRE PATRÍCIO GOUVEIA, ABEL MATEUS

A. Estrutura da Despesa Pública

A estrutura da despesa alterou-se significativamente nos últimos 27 anos, com o peso do Estado a subir de forma acentuada, e em particular a percentagem da Despesa em Proteção Social sobre o PIB, em grande parte devido ao envelhecimento da população. O Programa de Ajustamento de 2011 a 2014 levou a uma forte travagem destas tendências, que em parte foram mantidas posteriormente devido ao risco que o País enfrenta com a elevada dívida pública e á elevada carga fiscal numa economia com fraco crescimento e estagnada no processo de convergência para a EU. Esta contenção voltou a inverter-se com a pandemia, não tendo o Estado revertido ainda à situação pré-pandémica. (Gráfico 1).

GRÁFICO 1 – **PORTUGAL: DESPESAS DO ESTADO (% DO PIB)**

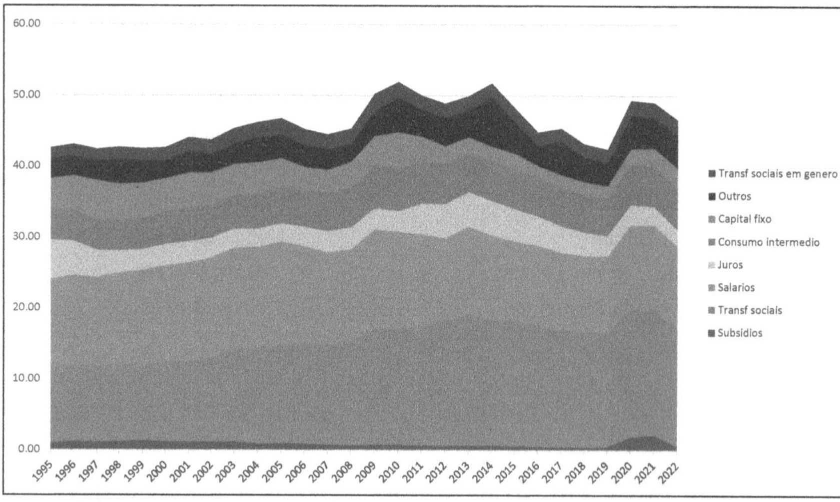

Fonte: Ameco

Podemos distinguir duas fases na evolução do peso e da estrutura da Despesa Pública em Portugal. A primeira, de 1995 a 2011 carateriza-se pelo aumento da despesa corrente do Estado em 8,2 pontos percentuais (p.p.) do PIB, devido ao aumento das transferências sociais (6,3 p.p.) (que incluem as pensões de reforma), do consumo público final (2,3 p.p.) (que incluem as despesas com o pessoal) e do consumo intermédio (1,7 p.p.). Esta evolução contrasta fortemente com a média da União Europeia. Apesar da redução do peso dos juros com a entrada na Zona Euro, Portugal não aproveitou a oportunidade para reduzir o peso do Sector Público como a UE (Gráfico 2), e expandiu ainda mais as transferências sociais e o consumo público. Dentro deste período denotam-se dois períodos distintos: Entre 2005 e 2009 uma certa contenção, fruto da pressão do PEC e de uma primeira, embora incipiente, consciencialização política de que se estava numa expansão da despesa algo forte. Porém, a crise financeira global, seguida da crise do Euro, de 2009-2011 levou a uma expansão da despesa, que levou o total da despesa pública a atingir o record de 52% do PIB em

2010. Uma rúbrica que registou forte expansão foram as despesas sociais, nomeadamente com os benefícios aos desempregados, tanto em Portugal como na UE.

O Programa de Ajustamento levou a uma inversão desta tendência expansionista, que não é tão notória na percentagem das despesas em termos do PIB, por causa da queda deste. Esta tendência de moderação foi seguida até 2019: neste ano, o peso da despesa pública total sobre o PIB regressava ao valor de 2000, fruto da conjuntura favorável e, em particular, do boom turístico. Neste período o peso da despesa pública total reduziu-se em 7,6% do PIB, verificando-se cortes em quase todas as rúbricas, mas os maiores cortes deram-se na massa salarial em 2,0%, juros (-1,4%), transferências sociais, devido sobretudo à redução do subsídio de desemprego (-0,9%), consumo intermédio (-0,9%) e a formação bruta de capital fixo (-1,7%).

Apesar da explosão da dívida pública, o peso da despesa com juros sobre o PIB baixou de 4,9% do PIB em 2012 para 2,3% em 2022, devido às compras de dívida púbica que o BCE tem feito no mercado. Por outro lado, esta compressão mostra o risco que o País corre com o retorno dos juros a uma situação normal dos mercados.

A pandemia veio a interromper brutalmente esta tendência, levando a despesa pública total a aumentar de 7% até 49,4% do PIB, sobretudo por efeito do aumento das transferências sociais. O retorno à situação pré-pandémica não se verificava mesmo nas estimativas da Comissão Europeia para 2023, com a previsão da despesa pública total de 45,6% do PIB.

GRÁFICO 2 – **UNIÃO EUROPEIA (27): DESPESAS DO ESTADO (% PIB)**

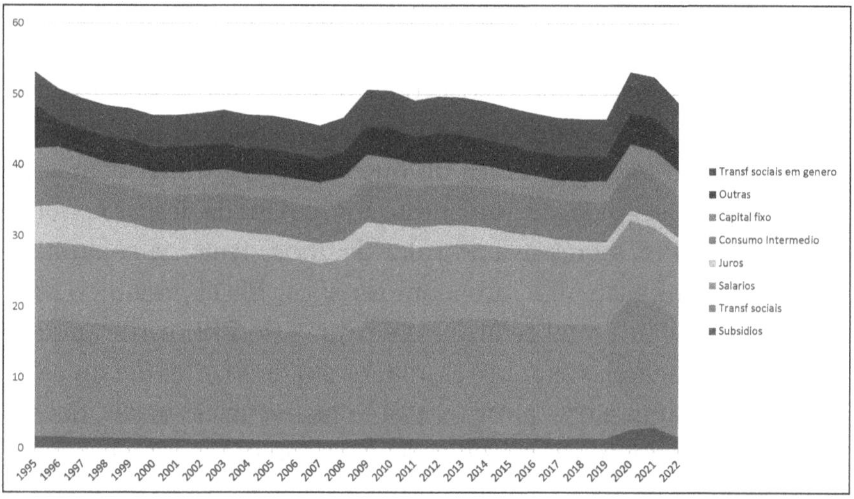

Fonte: Ameco

A desagregação funcional da despesa pública entre 2007 e 2019 mostra uma evolução semelhante (Gráfico 3). Foram as despesas com proteção social (que incluem as pensões de reforma em pagamento), que tiveram o maior acréscimo na estrutura da despesa, e são estas despesas as que mais pesam na despesa do Estado. Seguem-se as despesas com saúde, educação e serviços públicos gerais.

GRÁFICO 3 – PORTUGAL: DESPESA PÚBLICA POR FUNÇÃO

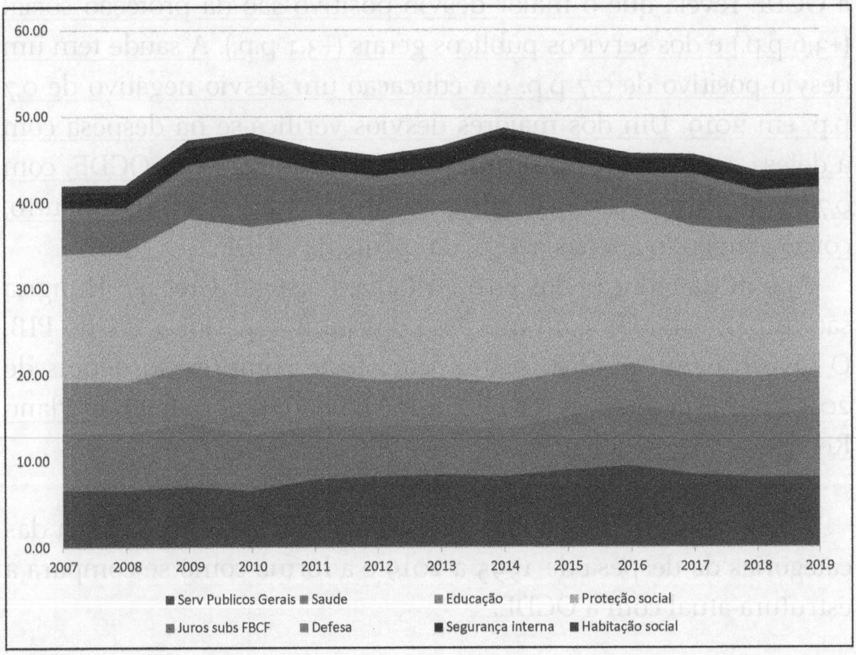

Fonte: Ameco e OCDE

O Quadro 1 mostra a evolução de cada uma das categorias da despesa de 1995 a 2019, e a forma como se compara a estrutura actual com a OCDE.

QUADRO 1

Portugal	1995	2007	2015	2019	2007-2019 Diff	1995-2019 Diff	OECD-average 2019	OECD-average Diff
Serv Publicos Gerais	7.30	6.65	8.96	8.08	1.43	0.78	4.96	3.13
Saude	5.40	6.67	6.29	7.94	1.27	2.54	7.29	0.65
Educação	5.90	5.88	5.08	4.39	-1.49	-1.51	5.12	-0.73
Proteção Social	10.65	14.87	18.5	16.86	1.99	6.21	13.27	3.59
Juros e subsidios FBCF	3.15	4.17	4.95	3.62	-0.55	0.47	4.00	-0.38
Defesa	1.30	1.17	1.02	0.78	-0.39	-0.52	2.18	-1.40
Segurança	2.00	1.81	1.85	1.68	-0.13	-0.32	1.74	-0.06
Habitação	0.60	0.69	0.48	0.45	-0.24	-0.15	0.58	-0.13

Fonte: Cálculos baseados na OCDE

Uma comparação entre as estruturas da despesa em Portugal com a OCDE revela que o maior desvio positivo são da proteção social (+3,6 p.p.) e dos serviços públicos gerais (+3,1 p.p.). A saúde tem um desvio positivo de 0,7 p.p. e a educação um desvio negativo de 0,7 p.p. em 2019. Um dos maiores desvios verifica-se na despesa com a defesa, em que Portugal tinha o valor mais baixo da OCDE, com 0,78% do PIB, só ultrapassado pela Áustria, que é um país neutro, correspondendo apenas a 38% da média da OCDE.

Apesar da redução dos juros, a Itália, Portugal, Grécia e Hungria são os países da UE com um peso dos juros superior a 2% do PIB. O investimento público sofreu uma forte compressão depois de 2015, mas está a recuperar para a média da UE por efeito do Plano Recuperação e Resiliência.

Por outro lado, o Quadro 2 mostra a evolução de cada uma das categorias da despesa de 1995 a 2019 e a forma como se compara a estrutura atual com a OCDE.

QUADRO 2 – **COMPOSIÇÃO DA DESPESA PÚBLICA EM PORTUGAL**

	Portugal	Czech Republic	Poland	Lithuania	Romania	Spain	Sweden	**OECD**
Serviços Publicos Gerais	6.7	4.4	4.2	3.5	4.2	5.5	6.9	5.4
Defesa	0.8	0.9	1.6	1.6	1.7	0.8	1.2	2.2
Seguranç a interna	1.7	1.9	2.1	1.4	2.2	1.8	1.3	1.7
Juros e subsidios	3.6	6.1	4.8	3.0	4.7	4.0	4.4	3.9
Ambiente	0.6	0.8	0.5	0.4	0.7	0.9	0.5	0.5
Habitação social	0.5	0.7	0.5	0.5	1.1	0.4	0.7	0.6
Saude	6.6	7.6	4.9	6.2	5.0	6.1	7.0	7.9
Cultura recriação	0.9	1.4	1.3	1.2	1.0	1.1	1.3	0.7
Educação	4.4	4.9	5.0	4.6	3.6	4.0	6.9	5.1
Proteção Social	16.9	12.6	16.7	12.3	11.9	17.4	19.0	13.3
Total	**42.5**	**41.3**	**41.8**	**34.6**	**36.2**	**42.1**	**49.3**	**41.2**

Fonte: Dados da OCDE

Se analisarmos esta evolução da despesa pública, entre 2005 e 2020, nos 28 países da União Europeia, podemos separar estes países em dois grupos: Na metade superior do Gráfico 4, encontram-se os países que, de forma contínua, apresentaram um maior peso do sector público no PIB, e na metade inferior os países com menor peso do sector público no PIB. Vemos então que, por regra, os países da metade inferior registaram, nesses quinze anos, uma taxa de crescimento económico mais alta:

GRÁFICO 4 – RELAÇÃO ENTRE O PESO DO SECTOR PÚBLICO NO PIB E AS TAXAS DE CRESCIMENTO ANUAIS

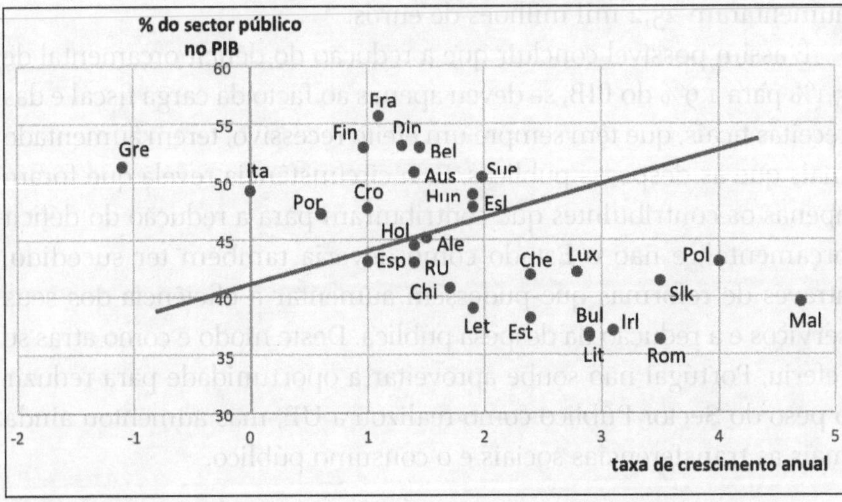

Fonte: Ameco

É assim clara a relação inversa entre o crescimento económico e o peso do sector público na economia. Com efeito, os países que apresentam um maior peso do Estado na economia, e consequentemente uma maior carga fiscal, ou seja, os que estão acima da linha encarnada, são também os países que menos cresceram. Não é assim uma surpresa que países como a Grécia, Itália, Portugal, Bélgica, Espanha, França,

Croácia ou Finlândia estejam acima desta linha encarnada, ou seja, os países com maior despesa pública e carga fiscal. Também não é uma surpresa que os países da Europa de Leste, que desde o ano 2000 têm registado as mais altas taxas de crescimento, tenham frequentemente um peso do sector público abaixo dos 40% do PIB.

Considerando a evolução da despesa pública total atrás referida, entre 2013 e 2022, podemos verificar, no quadro 3, que aumentou 21,9 mil milhões de euros. Este aumento ficou sobretudo a dever-se ao aumento das «despesas com o pessoal» e ao aumento das «prestações sociais», respectivamente em 4,6 mil milhões de euros e 8 mil milhões de euros. No mesmo período a receita fiscal e outras receitas aumentaram 25,2 mil milhões de euros.

É assim possível concluir que a redução do déficit orçamental de 5,1% para 1,9% do PIB, se deveu apenas ao facto da carga fiscal e das receitas ficais, que têm sempre um efeito recessivo, terem aumentado mais que as despesas públicas. Esta circunstância revela que foram apenas os contribuintes que contribuíram para a redução do déficit orçamental, e não o Estado como deveria também ter sucedido, através de reformas que pudessem aumentar a eficiência dos seus serviços e a redução da despesa pública. Deste modo e como atrás se referiu, Portugal não soube aproveitar a oportunidade para reduzir o peso do Sector Público como realizou a UE, mas aumentou ainda mais as transferências sociais e o consumo público.

QUADRO 3 – AUMENTO DAS RECEITAS E DAS DESPESAS PÚBLICAS, ENTRE 2013 E 2022: (EM MIL MILHÕES DE EUROS)

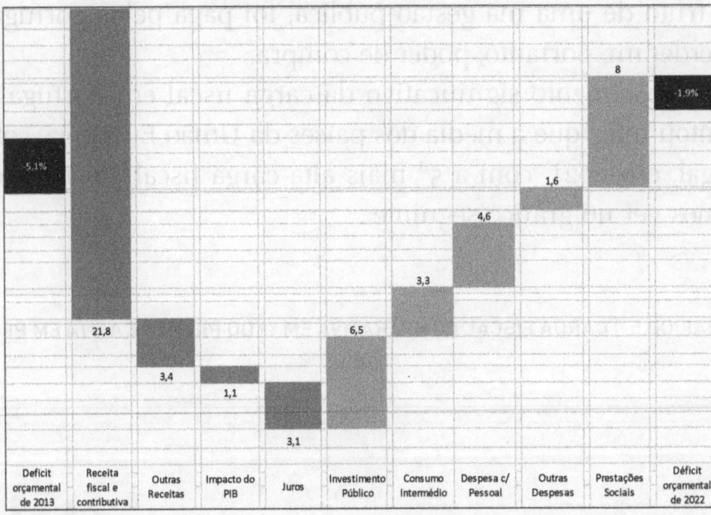

Esta tendência permanente de aumento da despesa pública em Portugal levou a um correspondente aumento da carga fiscal, como se pode verificar no gráfico 5:

GRÁFICO 5 – IMPOSTOS DIRETOS + IMPOSTOS INDIRETOS + CONTRIBUIÇÕES PARA A SEGURANÇA SOCIAL (EM % DO PIB)

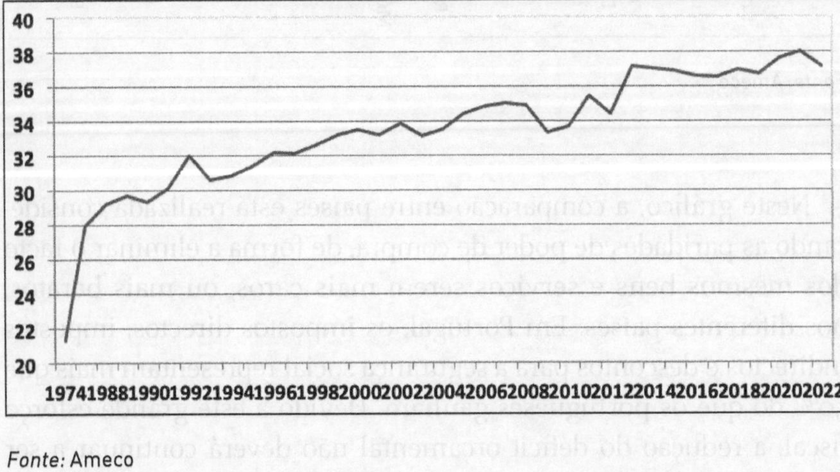

Fonte: Ameco

A carga fiscal aumentou assim de 21,3% em 1974, para 37,1% do PIB em 2022. O aumento excessivo das despesas públicas, muitas vezes fruto de uma má gestão pública, foi paga pelos portugueses que perderam, portanto, poder de compra.

Este crescimento significativo da carga fiscal em Portugal, que aumentou mais que a média dos países da União Europeia, colocou Portugal, em 2021, com a 5ª mais alta carga fiscal em PPC, como podemos ver no gráfico seguinte:

GRÁFICO 5 – **CARGA FISCAL COMPARATIVA EM % DO PIB *PER CAPITA* EM PPC 2021**

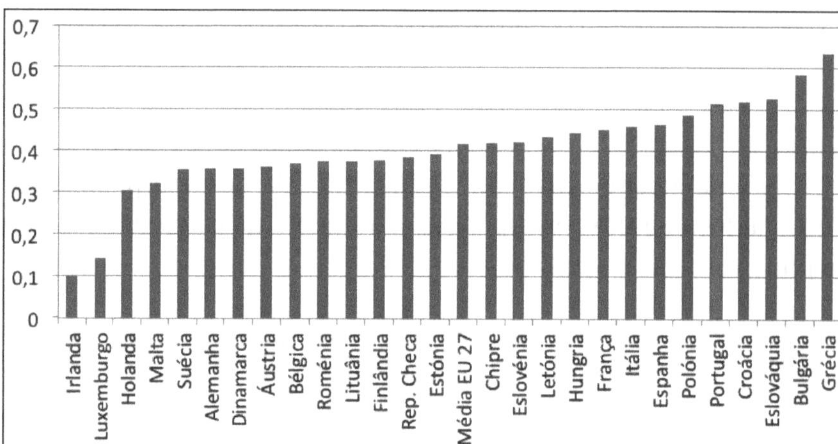

Fonte: Ameco

Neste gráfico, a comparação entre países está realizada considerando as paridades de poder de compra, de forma a eliminar o facto dos mesmos bens e serviços serem mais caros, ou mais baratos, nos diferentes países. Em Portugal, os impostos directos, impostos indirectos e descontos para a segurança social representam mais que 50% do que os portugueses ganham. Devido a este grande esforço fiscal, a redução do déficit orçamental não deverá continuar a ser alcançada através do aumento dos impostos. Existindo em Portugal um déficit orçamental elevado e simultaneamente um excesso de despesas públicas e de receitas fiscais, torna-se evidente que a redução do déficit orçamental deve ser obtida pela redução das despesas públicas. Contudo, nos últimos anos, têm aumentado significativamente as despesas públicas, pelo que a redução do déficit orçamental foi conseguida apenas através do aumento dos impostos e pelo crescimento do PIB. É relevante referir que por exemplo nos EUA a carga fiscal é cerca de 18%, em comparação com uma média de 41% nos 27 países da União Europeia, o que prova não ser o elevado nível de despesas públicas que promove o crescimento económico ou o aumento do nível de vida dos cidadãos.

Este aumento da carga fiscal tem outra consequência nociva para a economia portuguesa, pois ao pressupor que o Estado sabe gastar melhor o dinheiro que os particulares e as empresas, provoca uma quebra na poupança e no investimento privado. Esta má utilização dos recursos financeiros é uma das principais causas do fraco crescimento económico que Portugal tem experimentado nos últimos vinte anos, pois não há maior travão ao crescimento que a existência de despesas públicas inúteis ou pouco produtivas, não só porque têm pouco ou nenhum impacto no PIB, como impedem o investimento privado de atingir níveis mais elevados.

Sendo as «prestações sociais» e as «despesas com o pessoal» as componentes mais elevadas dentro das despesas públicas, interessa analisar a diferencia que Portugal tem em relação a sete dos países da União Europeia que mais cresceram na última década, ou sejam, a Eslováquia, Polónia, Irlanda, Malta, Roménia, Bulgária e Lituânia.

É assim possível construir o quadro seguinte, referente a 2021, comparando a média destas duas despesas em relação ao PIB:

	(em % do PIB)	
	Gastos com o Pessoal	**Prestações Sociais**
Média de		
Malta, Eslováquia, Polónia, Irlanda, Roménia, Bulgária e Lituânia:	10,6	12,2
Portugal:	11,8	17,6

Para que tenha a mesmo gasto em «despesas com o pessoal» que os referidos sete países europeus, a partir dos 741.000 funcionários públicos existentes no início de 2022, Portugal terá que dispensar cerca de 74.000 funcionários públicos.

Passando a ter a mesma percentagem de gastos que os referidos sete países europeus, Portugal poderá obter as seguintes poupanças:

Gastos com o Pessoal	Prestações Sociais
2,5 mil milhões de euros	11,4 mil milhões de euros

Estas poupanças nas despesas públicas permitiriam, só por si, reduzir a taxa de IRS e IRC para:

a) no IRS:

Para os escalões de rendimento anuais de 5.000 a 100.000 euros,

As taxas médias de IRS actuais de 22,6% a 40% podem ser reduzidas em 16 pontos, ou seja, poderiam passar para 6,6% a 24%.

Uma redução das taxas de IRS em 4%, significa uma redução da receita fiscal de 1,4 mil milhões de euros

b) no IRC:

A taxa de IRC, com derramas, pode ser reduzida de 31,5% para 15%.

Num período mais alargado, desde 1995 até 2020, podemos também verificar o excesso de despesas públicas que Portugal tem em «despesas com pessoal» e em «despesas em proteção social», relativamente aos restantes países da União Europeia, nomeadamente com países que têm crescido mais que Portugal, como a Irlanda, a Dinamarca e a Holanda:

	em % do PIB					
Total das Despesas com Pessoal	1995	2000	2005	2010	2015	2020
Irlanda	10,6	8,2	9,7	11,5	7,3	7
Dinamarca	16,1	15,5	15,7	17,3	16	15,8
Holanda	9,5	8,5	8,7	9,1	8,5	9
Portugal	12,5	13,7	14,5	13,7	11,3	12,1
Média da EU 27	10,9	10,4	10,5	10,9	10,3	11,1

A evolução das «despesas com o pessoal» está bem expressa no gráfico 6:

GRÁFICO 6 – **DESPESAS COM O PESSOAL EM % DO PIB**

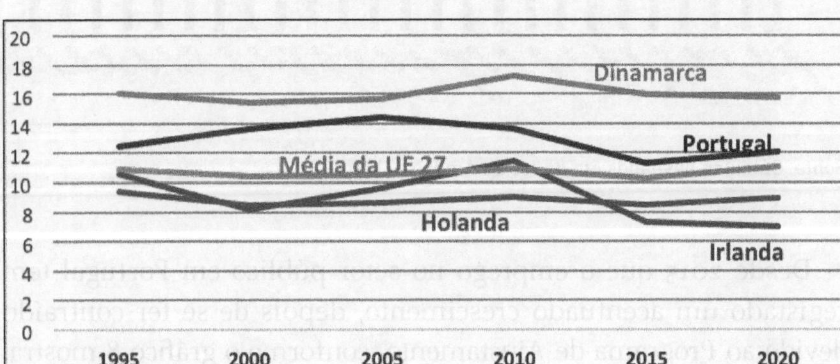

Fonte: Ameco

Sobre as «despesas com o pessoal», uma medida da posição relativa da remuneração média por empregado público é dada pelo rácio entre os gastos com remunerações e a proporção de emprego no setor público. Como o Gráfico 7 mostra, Portugal está entre os países onde as remunerações relativas dos funcionários públicos em relação ao PIB per capita são mais elevadas, juntamente com o Luxemburgo, Itália e Alemanha.

GRÁFICO 7 – **RACIO REMUNERAÇÕES DOS FUNCIONÁRIOS PÚBLICOS SOBRE EMPREGO SP EM RELAÇÃO TOTAL (2019)**

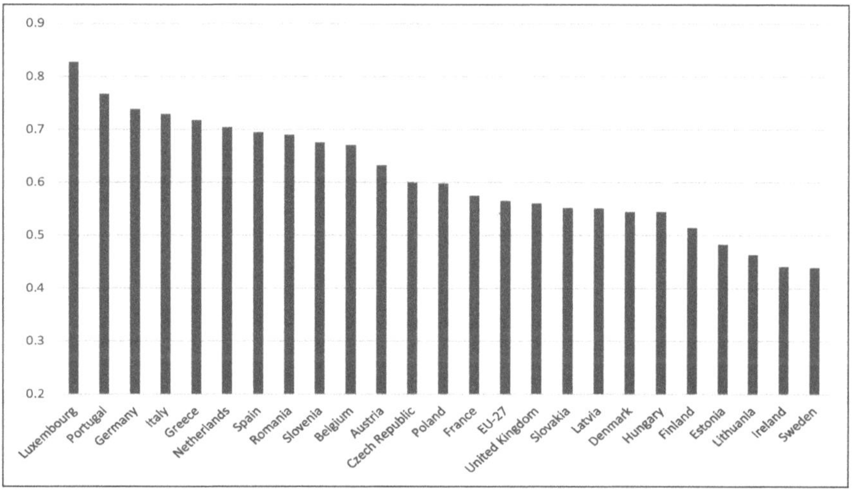

Fonte: Cálculos baseados em dados da Ameco e OCDE

Desde 2015 que o emprego no setor público em Portugal tem registado um acentuado crescimento, depois de se ter contraído devido ao Programa de Ajustamento, conforme o gráfico 8 mostra. Desde 2011 a 2015 o emprego reduziu-se de 727 para 657 mil, tendo atingido o valor record de 741 mil no 1º trimestre de 2022. Por função, os maiores acréscimos verificaram-se na saúde com 28 mil funcionários, na educação com 26 mil, apesar da redução de alunos no sistema educacional por efeito demográfico, e nas administrações locais com 20 mil. Esta evolução levanta o problema da deterioração da eficiência no setor público, na medida em que em nenhum dos setores se verificou um aumento dos utentes, assunto que passaremos a analisar na secção seguinte.

GRÁFICO 8 – **EMPREGO SECTOR PÚBLICO POR FUNÇÃO**

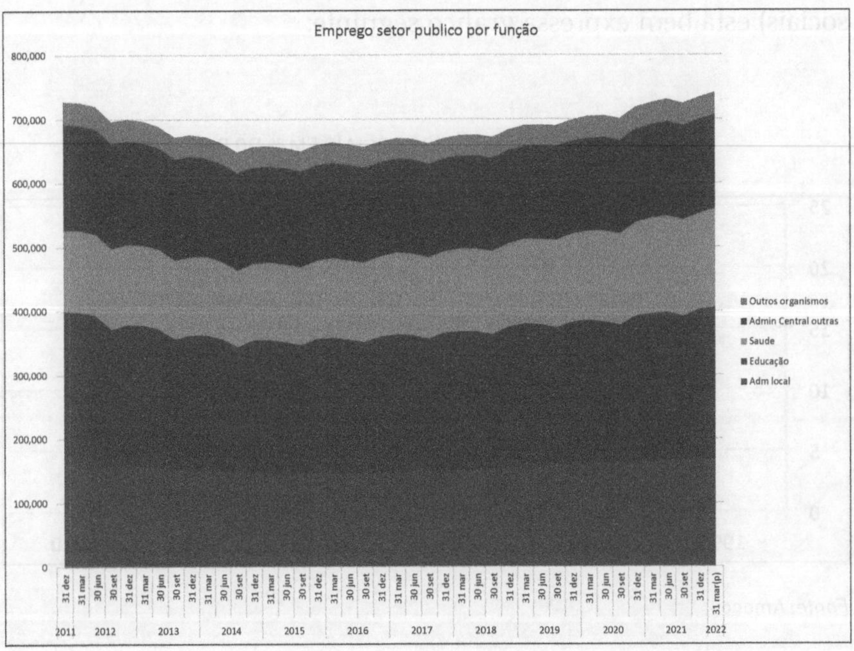

Fonte: DGAEP

Analisando seguidamente a evolução das «despesas com proteção social» (benefícios sociais), também desde 1995 até 2020, relativamente aos mesmos países europeus, podemos verificar:

				em % do PIB		
Total dos Benefícios Sociais	1995	2000	2005	2010	2015	2020
Irlanda	10,7	7,4	8,9	14,3	8,8	9,1
Dinamarca	19,5	16,3	16,2	17,1	17	17,1
Holanda	14,1	10,4	10,2	10,8	11,3	11,2
Portugal	10,8	11,3	14,2	16,6	17,6	18,5
Média da EU 27	16,3	15,4	15,6	16,7	16,6	19,2

Esta evolução das «despesas com proteção social» (benefícios sociais) está bem expressa gráfico seguinte:

GRÁFICO 9 – **BENEFÍCIOS SOCIAIS EM % DO PIB**

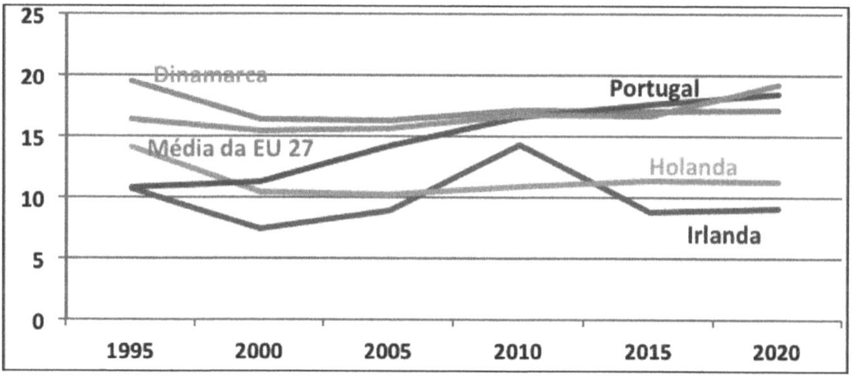

Fonte: Ameco

Estes dois gráficos são também importantes, pois mostram que o facto de num período tão alargado as «despesas com o pessoal» e as «despesas com proteção social» terem sido, por regra, mais reduzidas nesses três países, contribuiu certamente para que tenham tido um maior crescimento económico, nomeadamente pela menor carga fiscal que impuseram ao sector privado.

Vejamos agora uma análise mais detalhada dos diferentes tipos de despesa.

Uma primeira questão é saber quais os fatores que explicam a sobre-despesa em proteção social em Portugal, tendo em conta o nosso nível de rendimento per capita. O Gráfico 9 mostra o peso das despesas públicas em proteção social total, bem como a evolução dessas despesas por certos países e pela média da União Europeia. É claramente percetível que Portugal tem tido um nível de proteção social semelhante à média da UE, mas que se tornaria superior se considerássemos apenas o sistema de pensões, como revela o gráfico 10.

Uma segunda questão é saber quais as causas do forte acréscimo das transferências sociais e pensões, e se os atuais elevados níveis são devidos a uma pensão elevada, per capita, ou a uma proporção elevada de pensionistas.

O Gráfico 10 mostra o peso das pensões por reforma no PIB para a UE, que representam cerca de 60% das despesas de proteção social. Portugal é o sexto país com maior peso das pensões por reforma (10,2%) em 2019, a seguir à Grécia, Finlândia, Áustria e Itália. No oposto do espetro encontram-se a Irlanda, Estónia e Malta com uma participação inferior a 5%.

GRÁFICO 10 – **GASTOS EM PENSÕES REFORMA SOBRE PIB (2019) (%)**

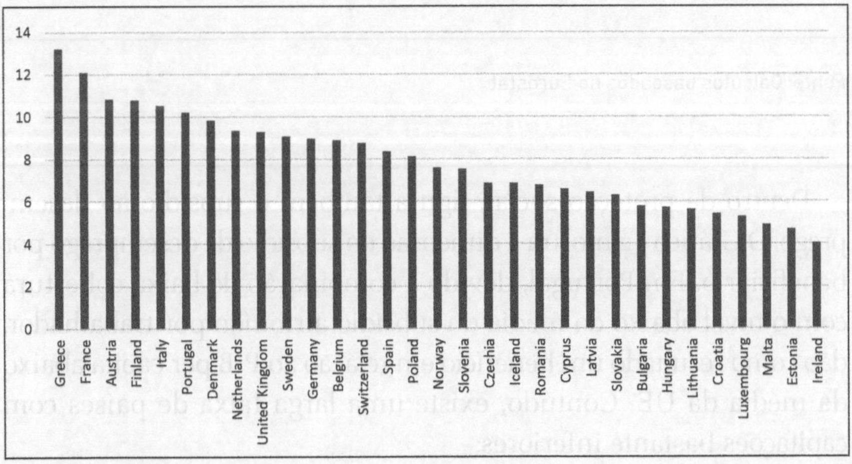

Fonte: Eurostat

Analisando as pensões por velhice em Portugal verificamos que o elevado peso é em primeiro lugar devido ao grande número de pensionistas em relação à população total (Gráfico 11). Portugal está no grupo dos países com um peso de pensionistas mais elevado que a média da UE (superior a 20% - Suíça, Lituânia, França, Finlândia, Bulgária e Letónia).

GRÁFICO 11 – **BENEFICIÁRIOS PENSÃO DE REFORMA SOBRE POPULAÇÃO EM 2019 (%)**

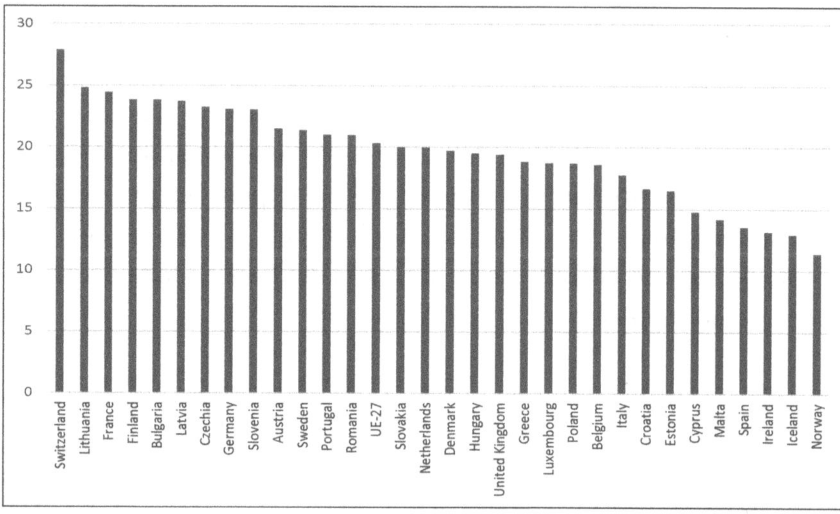

Fonte: Cálculos baseados no Eurostat

Dentro da proteção social, figura também o subsídio ao desemprego. O Gráfico 12 mostra a dimensão do subsídio de desemprego por beneficiário. Em Portugal, devido à combinação de baixa cobertura com o nível abaixo da média do subsídio atribuído por trabalhador, dão como resultado um benefício em relação ao PIB per capita abaixo da média da UE. Contudo, existe uma larga faixa de países com capitações bastante inferiores:

GRÁFICO 12 – PESO SUBSÍDIOS SOBRE TAXA DESEMPREGO (2014-2019)

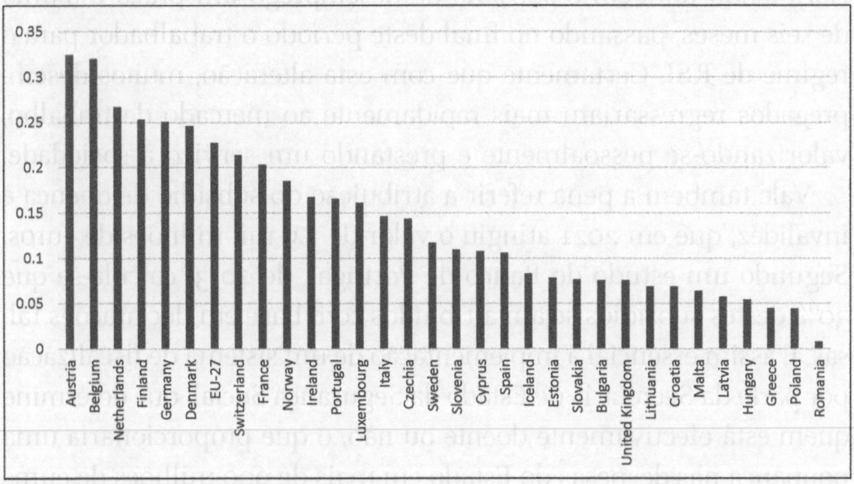

Fonte: Cálculos baseados no Eurostat

A este respeito vale a pena referir que as despesas com o subsídio de desemprego, que atingiram 2.7 mil milhões de euros em 2021, são frequentemente um incentivo claro para manter trabalhadores(as) numa situação de desemprego, em vez de promoverem o seu regresso ao emprego. Com efeito, desde que um trabalhador tenha trabalhado 360 dias, pode depois ficar no subsídio de desemprego até 12 meses se tiver menos de 30 anos, ou até 15 meses se tiver menos de 40 anos, e com o direito a rejeitar ofertas de emprego. Esta situação é absurda, pois permite que um trabalhador se mantenha inativo, apesar de haver falta de mão-de-obra na sua região. São conhecidos os frequentes casos de falta de mão-de-obra, nomeadamente em restaurantes, no comércio, ou na construção civil, pois os beneficiários do subsídio de desemprego preferem recusar essas ofertas de emprego e manterem-se no desemprego até ao fim do subsídio. Como solução para este problema os prazos de atribuição de subsídio de desemprego devem ser reduzidos para 6 meses, ou quando o trabalhador desempregado receber uma proposta de emprego, (mesmo que a Segurança Social pague a diferença da nova remuneração com o valor do salário anterior), tendo também o subsídio de desemprego um prazo máximo de seis meses, passando no final deste período o trabalhador para o regime de RSI. Certamente que com esta alteração, muitos desempregados regressariam mais rapidamente ao mercado de trabalho, valorizando-se pessoalmente e prestando um serviço á sociedade.

Vale também a pena referir a atribuição do subsídio de doença e invalidez, que em 2021 atingiu o valor de 2.9 mil milhões de euros. Segundo um estudo do Banco de Portugal, de 2013, calcula-se que 30% destes subsídios sejam atribuídos com base em declarações falsas. É assim essencial a implementação de um sistema de fiscalização por parte da Secretaria de Estado da Segurança Social, que determine quem está efectivamente doente ou não, o que proporcionaria uma poupança nas despesas do Estado em mais de 900 milhões de euros por ano. Não se justifica que todos os portugueses estejam a pagar por declarações falsas de uma minoria de utentes.

São reformas como estas que aumentam a eficiência dos serviços do Estado, e reduzem simultaneamente o montante das despesas públicas.

Tendo Portugal, como atrás se verificou, duas componentes da despesa pública que se apresentam actualmente como particularmente excessivas, as «despesas com pensões de reforma» e as «despesas com pessoal», é relevante poder ser indicado o tipo de medidas conducentes à solução deste problema:

a) Despesas com pensões de reforma

Apesar do elevado número de pensionista, devido á alta percentagem da população com mais de 66 anos e dos baixos salários existentes, o déficit do sistema de pensões de reforma no sistema contributivo poderia ser nulo em Portugal. Com efeito, em contraste com o déficit actual entre pensões em pagamento e contribuições para a segurança social de empresas e de trabalhadores, que atinge, em 2022, um saldo negativo de 9 mil milhões de euros, equivalente a 4% do PIB, Portugal poderia ter este déficit nulo, o que só por si permitiria equilibrar o déficit orçamental. Para esse efeito será suficiente realizar a reforma do sistema de pensões, implementando a transição de um sistema de repartição pura, como temos actualmente, para um sistema de capitalização virtual, á semelhança do que já realizaram, com sucesso, países como a Suécia, a Polónia, a Itália, a Eslováquia ou a Irlanda. Todos estes países já têm as suas contas das pensões de reforma equilibradas, como é o caso da Suécia, ou tê-las-ão dentro de poucos anos. Não há assim nenhuma razão para Portugal não seguir o mesmo caminho.

Este regime de capitalização virtual é financiado em regime de repartição, mas em contas individuais, que registam as contribuições de cada trabalhador ao longo da sua vida activa e das respectivas empresas, valorizadas a uma taxa de juro virtual que é calculada pelo Estado e que depende de parâmetros estruturais da economia, como o crescimento económico, a taxa de crescimento real das contribuições para o sistema de pensões, o número de pensionistas ou o número de contribuintes para o sistema. Cada trabalhador tem assim uma conta individual em seu nome, que pode consultar em qualquer momento. O trabalhador pode assim verificar que quanto mais contribuir, maior será o saldo da sua conta individual. Este sistema constitui também um estímulo ao trabalho, incluindo o regresso ao trabalho após situações de desemprego, pois quantos mais anos o trabalhador descontar para a sua conta individual, maior será a sua reforma.

Este novo sistema assegura o equilíbrio e a sustentabilidade a longo prazo do sistema de pensões de reforma, através de duas formas: em primeiro lugar, a referida taxa de juro virtual, que reflecte alterações demográficas como um envelhecimento da população ou as dificuldades da economia; em segundo lugar as pensões em pagamento podem ter ajustamentos anuais em função dessas mesmas variáveis. A título de exemplo na Suécia, em 2009, o efeito da crise económica internacional determinou uma redução em 4% de todas as pensões em pagamento, assegurando assim que as responsabilidades futuras do sistema não ultrapassavam o valor actual das contribuições. Desta forma o sistema contributivo está sempre equilibrado, sem necessidade de contribuições do Estado, pois o regime assegura que, no médio e longo prazo, as contribuições da segurança social são sempre iguais ao valor a pagar em pensões, mesmo que, como se referiu, se tenha que proceder a alterações no valor das pensões em função da conjuntura económica.

Nada impede que esta reforma do sistema de pensões de reforma seja, desde já, introduzida em Portugal. Bastará para tal, como sucedeu nomeadamente nos referidos sete países europeus, que os principais partidos portugueses acordem na sua urgência e se empenhem na sua implementação, o que não só estimulará a poupança individual, como reduzirá significativamente o déficit orçamental.

b) Despesas com pessoal

As medidas para o aumento da produtividade dos funcionários públicos e para a redução do seu número, estão apresentadas neste grupo de trabalho sobre as Finanças Públicas, no capítulo Reforma do Estado/Administração Pública. São particularmente relevantes as medidas apresentadas no ponto 4, «Uma proposta de Boa Governança para Portugal», nas áreas «Eficácia administrativa», «Recursos humanos» e no ponto 5.2 «Propostas».

Em conclusão:

As recomendações sobre a melhoria na afetação dos recursos à despesa pública implicam, nesta análise resumida: (i) continuar a contenção das despesas correntes, e em particular, das despesas com pessoal, em serviços públicos gerais (especialmente nas administrações públicas a diversos níveis) e em proteção social,

dados os níveis já elevados atingidos para o nosso rendimento per capita; (ii) aumentar o peso do investimento público produtivo, em cerca de 1 p.p. do PIB, em infraestruturas sociais, em particular em investigação, educação e saúde e infraestruturas físicas, em especial na ferrovia de ligação à Europa em bitola europeia; (iii) aumentar as despesas em defesa, em cerca de 1-1,5 p.p. do PIB, o que assume especial urgência depois da guerra da Rússia à Ucrânia e as ameaças que representa à Europa; e (iv) aumentar a eficiência do sistema de pensões, passando de um sistema de repartição puro para um sistema de capitalização virtual; (v) proceder á reforma da administração pública, nomeadamente nos setores de educação e saúde como veremos mais detalhadamente a seguir; (vi) com a implementação destas medidas, será possível reduzir a despesa corrente primária (que excluiu os juros da dívida pública) dos actuais 40% para um máximo de 35% do PIB, num período de 5 anos; (vii) com esta redução será possível reduzir a carga fiscal sobre os particulares e empresas, também em cerca de 5 p.p. do PIB, permitindo que Portugal deixe de ser o 5º país na Europa a 27 com maior nível de carga fiscal. Com esta redução poder-se-á estimular o crescimento económico, pois ao contrário do que o Estado frequentemente pressupõe, os particulares e as empresas utilizam de forma mais produtiva e eficiente os recursos financeiros, nomeadamente para poupança e investimento.

Para se conseguir esta redução da despesa corrente primária em 5 pontos percentuais do PIB, é fundamental seguir a regra de que o salário médio na função pública e a pensão média não subam mais do que o ritmo de aumento da produtividade média do País.

Mais uma vez, o que significa é que se o País continuar a ter um crescimento da produtividade do trabalho próxima de zero, como se tem verificado nas últimas duas décadas, não é possível aumentar salários e pensões, o que irá colocar um grande desafio à manutenção da paz social. Só com a adoção da estratégia aqui proposta se poderá aumentar o ritmo de crescimento da produtividade

para cerca de 3% ao ano, o que implicaria a possibilidade de duplicar os salários públicos e as pensões na mesma proporção, e assim duplica-las, em termos reais, pelo menos todas as duas décadas.

B. EFICIÊNCIA DO ESTADO PORTUGUÊS

Estas questões levariam muito tempo para merecer a importância que têm.[1] Não é possível reduzir a carga fiscal sem aumentar a eficiência do Estado, dado que temos que colocar o rácio da dívida numa trajetória decrescente. É elementar em termos de economia. Mas jamais nenhum governo em Portugal (ao contrário de muitos países desenvolvidos, como a Holanda ou Reino Unido) se preocupou em abordar o tema de forma programática, ou seja, estabelecer metas concretas, programas para o alcançar e monitorar se de facto se está a conseguir.

Nem nenhum partido interpelou o Governo sobre questões de eficiência dos serviços públicos. Para resolver os problemas de falta de serviços públicos é sempre aumentar a despesa e o número de funcionários.

Mas estamos num beco sem saída, para estimular o crescimento temos que reduzir os impostos (sobretudo as elevadas taxas marginais) e mudar profundamente de estratégia. A prioridade da eficiência já apareceu nalguns programas eleitorais, como o PSD de 2019 (que previa uma redução de 3 a 4 pontos percentuais na despesa corrente primária).

Alguns conceitos básicos: Eficiência ou produtividade económica é o rácio entre os outputs e inputs. Deve medir-se em termos quantitativos (por exemplo, número de diplomados) e em termos qualitativos

---

[1] Fonte básica: A. Mateus, et al. Orçamento, Economia e Democracia, 2018, da FFMS, que pode ser consultado e baixado gratuitamente aqui https://www.ffms.pt/publicacoes/detalhe/2783/orcamento-economia-e-democracia

Em especial Anexo F: https://www.ffms.pt/publicacoes/detalhe/2783/orcamento-economia-e-democracia#page-documents-2783 (testes sobre os conhecimentos adquiridos). Eficácia é a relação entre o impacto nos grupos populacionais objetivo, em relação aos inputs utilizados. Por exemplo, qual o impacto de um dado mix de recursos sobre o estado de saúde de uma dada população.

Não é possível fazer a gestão de uma empresa sem um balanço e demonstração de resultados, que são os instrumentos que registam os recursos da empresa e as suas aplicações (balanço) ou o excedente conseguido pela empresa de produção em relação aos seus custos (conta de ganhos e perdas). São tudo instrumentos que medem a eficiência da empresa. Ora, como é possível que se faça uma gestão dos serviços do Estado, seja a nível dum hospital, de uma escola ou de um tribunal, ou de um ministério, sem que haja uma contabilidade rigorosa e indicadores de gestão que meçam como a produção de serviços públicos está a evoluir em relação aos recursos consumidos?

Conclusões gerais dos setores educação, saúde e justiça: em termos de despesa pública ou despesa pública mais privada, sobre o PIB, Portugal está na média ou mesmo acima da média da EU ou OCDE. Porém, todos os indicadores de output, como taxas de diplomados, número de consultas por médico ou número de processos judiciais por juiz, o colocam claramente abaixo da média. Ou seja, em geral, Portugal tem um défice de eficiência nos serviços públicos, em relação à média da UE, em torno dos 30 a 40%. Esta conclusão não é muito diferente do que se passa na economia privada, pois a produtividade do trabalho das empresas portuguesas é, em média, cerca de 30-35% inferior à média da UE e da OCDE.

Vejamos o caso da educação básica e do secundário:

- Os recursos atribuídos à educação seja do Estado ou privados estão em linha com a media da OCDE, portanto não é por falta de recursos que Portugal está atrasado
- Devido à redução da fertilidade, o número de alunos matriculados no Ensino Básico e Secundário baixou de 1,8 milhões em 1990 para 1,3 em 2020

- O número de docentes subiu de 134 para 166 mil em 2005, tendo depois baixado para 125 mil em 2015: forte aumento da produtividade entre 2005 e 2013
- A partir de 2015 o pessoal (20 mil) e a despesa no setor público volta a subir significativamente: 30% por aluno!: redução da produtividade a partir de 2015, só atenuada pela menor taxa de abandono escolar
- Estimamos que o grau de ineficiência do Sistema de Ensino Básico e Secundário é de cerca de 20-30% em relação à média da OCDE e de 55-60% em relação ao top 3 da OCDE

PRODUTIVIDADE SISTEMA ENSINO BÁSICO E SECUNDÁRIO (1990-100)

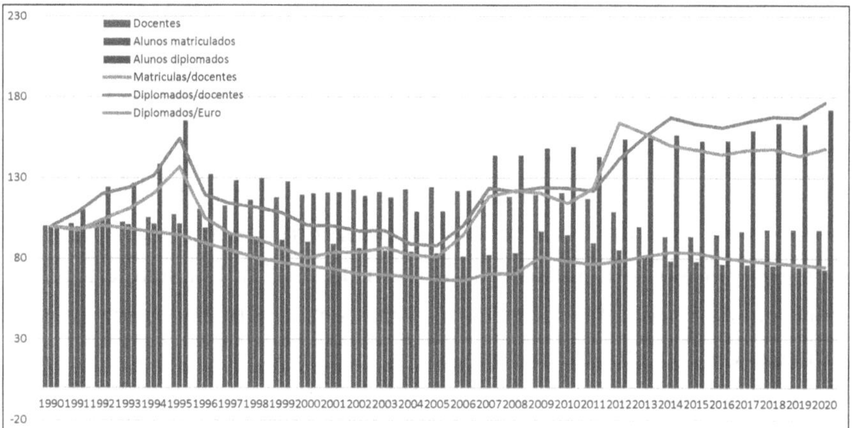

Repare-se que os indicadores de eficiência (linhas) diplomados por docente e diplomados por euro gasto, subiram acentuadamente entre 2005 e 2012, e depois estagnaram. O rácio de matriculados por docente baixou desde 2015.

Os programas de melhoria da eficiência e eficácia deveriam fazer parte integrante do Programa Nacional de Reformas e Orçamento Geral do Estado de todos os anos.

O impacto da baixa eficiência do Estado na economia é mais sério do que os défices de eficiência acima referidos, porque é necessário captar impostos para financiar o Estado, e as distorções causadas pelos impostos (desincentivos de investimento, poupança ou trabalho) que a teoria económica e a vasta literatura empírica demonstram existir, causam um impacto ainda maior de redução do PIB, bem-estar e crescimento económico.

8. DÍVIDA PÚBLICA E CRESCIMENTO ECONÓMICO

JOÃO DUQUE

8.1. A situação atual

O financiamento de um país condiciona o seu desenvolvimento por várias vias, nomeadamente através do fim para o qual é usado.

De um modo geral, podemos tipificar o financiamento da atividade económica como a liquidação de atividades não cobertas por receitas correntes ou a da liquidação de atividades de investimento. Nas empresas ou nas famílias, as atividades de curto prazo, não cobertas por receitas correntes, geram dívidas. Estas são posteriormente — e supostamente — remíveis por fluxos de caixa excedentários, libertos em anos subsequentes. Nos Estados, estas atividades de curto prazo não cobertas por receitas correntes geram impostos que, quando não cobrem a totalidade dos custos destas atividades, geram igualmente dívidas também remíveis em impostos de anos subsequentes.

Este tipo de dívidas que são geradas por atividades deficitárias (empresas) ou não cobertas por impostos (Estado) são transferências de encargos entre diferentes momentos no tempo. Nas empresas, este movimento ocorre entre exercícios, e o seu reflexo acaba por se verificar em termos da forma como evoluem os lucros e de como estes se libertam. Nos Estados, porventura, esta transferência de exercícios, se muito prolongada no tempo, acaba por afetar gerações, e assim podem repercutir-se em gerações posteriores os excessos de uma geração, independentemente da razão para a sua ocorrência.

Mas de um modo ou de outro, estas atividades correntes não são geradoras de fluxos de caixa posteriores sustentáveis, normalmente reconhecidos como o resultado das atividades de investimento, isto é, é suposto que as atividades de investimento, quer de natureza privada quer pública, tenham de algum modo um ciclo de vida que permita a sua recuperação através de mais atividades sujeitas a taxas de imposto. Se assim não for, então deve assumir-se socialmente o carácter não reprodutivo desse investimento, sendo o mesmo suportado na consciência do seu custo. Cita-se, por exemplo, o caso da construção de um teatro nacional com a finalidade de não se fazer repercutir nos preços de bilheteira a recuperação do investimento. No entanto, nesse caso, compete ao governo anunciar aos cidadãos qual a carga fiscal que reporta a este tipo de despesas. Não se tratando deste tipo de investimentos, a despesa pública realiza-se em função da atividade socialmente desejada pela sociedade, tendo em conta o custo incorrido por aquela e por essa via os impostos que a servem.

A acumulação sucessiva de défices orçamentais públicos gera um crescimento do seu endividamento e traz seguramente consequências: *(i)* aumentam-se os juros pagos; *(ii)* aumenta-se o risco de incumprimento em função do volume de impostos, que terão de se arrecadar para fazer o pagamento do serviço da dívida; e *(iii)* aumenta-se o risco de não renovação dos empréstimos em momentos de escassez de liquidez e de grande concorrência no mercado da procura de meios de financiamento. No entanto, se os financiamentos públicos forem dirigidos a atividades reprodutoras, o endividamento é o fator que permitirá gerar os meios para liquidar e amortizar os empréstimos contraídos para os ativar, ou ainda para outros empréstimos já anteriormente contraídos.

Por isso resta sempre a dúvida: Será o endividamento público positivo ou negativo? A literatura académica não surge com uma posição unânime e simples sobre a matéria, pois o endividamento público é um fenómeno complexo que exige uma análise cuidada quanto ao prazo dos efeitos, à dimensão ou até à associação com o comportamento de outras variáveis. Se, por um lado, se podem encontrar efeitos benéficos no curto prazo (e a recente crise é um exemplo de como o défice e o aumento da dívida pública podem mitigar a profundidade e as negativas consequências económicas), por outro, no longo prazo, o seu mérito é altamente discutível, especialmente se esse excesso de endividamento foi canalizado para uma despesa não reprodutiva. Com efeito, em teoria, se o aumento da dívida pública não é acompanhado por um aumento da poupança privada, isso tem impacto na capacidade de investimento ou, alternativamente, no recurso à poupança externa que, por sua vez, leva a um serviço da dívida que escoará para fora a remuneração e a amortização dessa dívida, além de impor uma incerteza maior nos ciclos de reinvestimento.

Este fenómeno torna-se dramático quando é feito com uma base fortemente assente no endividamento externo, pois o serviço da dívida em termos de juros e reembolsos acaba por fazer exportar do país todo o valor acrescentado que foi gerado e acumulado pelo capital injetado, o qual volta depois à origem, isto é, ao exterior. Adicionalmente, não havendo poupança e acumulação de capital no país, coloca-se sempre a questão do reinvestimento com origem externa, o que aumenta a incerteza quanto à capacidade de continuidade de produção e manutenção do emprego e de geração de rendimento ao fim de cada ciclo de investimento com base no financiamento externo. Por isso, quando o endividamento das empresas e das famílias é elevado, mas feito com base no capital nacional, esse flagelo deixa de ser tão preocupante, pois o rendimento gerado apenas será trocado internamente entre financiadores e geradores de rendimento.

Um aumento descontrolado do volume da dívida pública potencia ainda a dúvida sobre a capacidade do seu serviço, e assim aumenta a desconfiança sobre futuros incumprimentos ou confiscos que possibilitem a sua amortização, isto é, qualquer dos cenários é mau, sendo, pois, negativa a geração de expectativas sobre os países perigosamente endividados. Se bem que possam também haver efeitos positivos do endividamento público no longo prazo, pela proteção em momentos recessivos do curto prazo, Elmendorf e Mankiw (1999) estimaram que $1,00 de aumento marginal do endividamento público possa trazer uma perda de $0,10 no produto numa perspetiva de longo prazo para os norte-americanos. Panizza e Presbitero (2013) apontam valores semelhantes para os países da OCDE, e também Afonso e Jalles (2013) encontraram uma relação negativa empírica entre endividamento e crescimento para países significativamente endividados.

Em suma, se podemos entender o benefício de choques de endividamento de curto prazo, e para acudir a efeitos inesperados, como as crises bruscas ou as catástrofes naturais, a sua manutenção e permanência parecem apontar para um empobrecimento da sociedade que neles incorre e se vicia.

8.2. As razões da evolução

A evolução das recentes décadas da dívida portuguesa foi marcada por dois fortes elementos estruturais: por um lado, pelos persistentes défices orçamentais e, por outro, pela consolidação da dívida em perímetro alargado e bem definido.

Desde meados da década de 1990 e até 2008, os saldos orçamentais mantiveram-se relativamente contidos, quer em termos de valores absolutos quer em termos relativos ao PIB nominal. Assim, os valores oscilavam em termos absolutos entre os 3,500 milhões de euros e os 10 mil milhões de euros, representando valores relativos entre os 3% e os 6% do PIB. Por isso, a dívida pública manteve-se sempre abaixo de 80% do PIB (ver Gráficos 1 a 5). No entanto, esta evolução foi o resultado de muita dívida sistematicamente parqueada fora da alçada do perímetro de consolidação e, por outro lado, pelo benefício de taxas de juro relativamente baixas, comparadas com as que verificaram na primeira metade da década de 1990 e com a abertura a um mercado de dívida em euros vasto e ainda inexperiente na diferenciação de emitentes soberanos na mesma moeda. Desde a introdução do euro que Portugal tem acesso a um imenso mercado de dívida em euros, que até aí se confinava ao mercado de dívida em escudos. A própria regulamentação bancária, ao validar as dívidas em euros, aconselhava a uma diversificação por emitentes, o que trouxe à dívida portuguesa uma fonte de procura até aí pouco habitual.

GRÁFICO 1 – **TAXA DE RENDIBILIDADE OT TAXA FIXA POR PRAZO RESIDUAL – 10 ANOS – MENSAL**

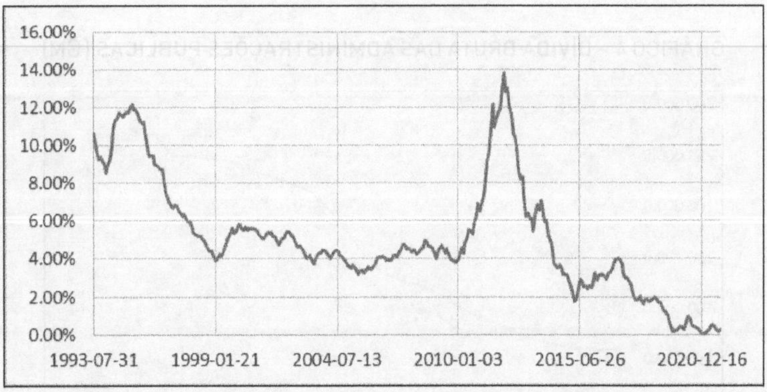

GRÁFICO 2 – **DÉFICE DAS ADMINISTRAÇÕES PÚBLICAS (€M)**

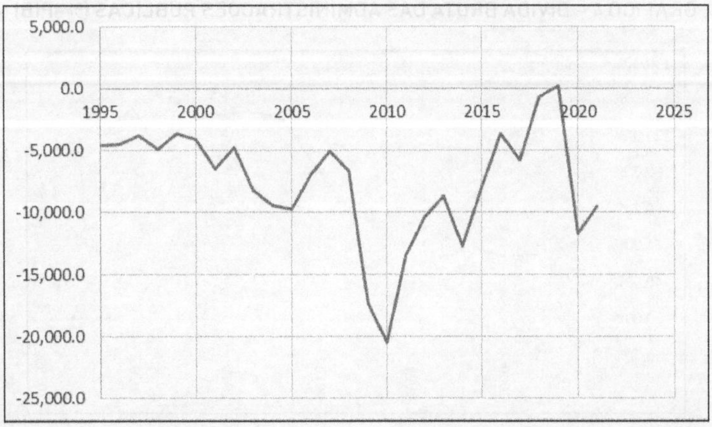

GRÁFICO 3 – **DÉFICE DAS ADMINISTRAÇÕES PÚBLICAS (%-PIB)**

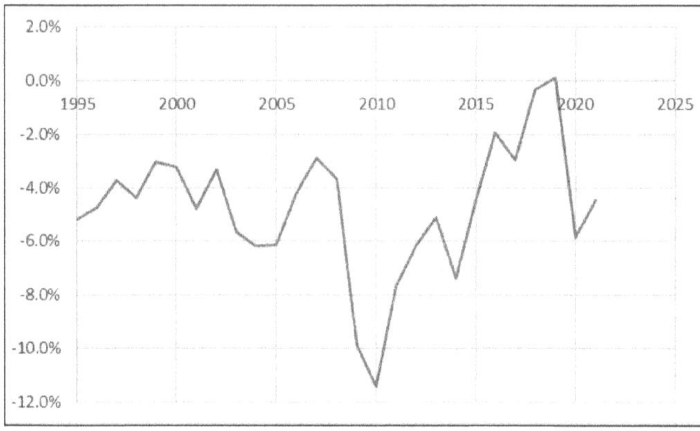

GRÁFICO 4 – **DÍVIDA BRUTA DAS ADMINISTRAÇÕES PÚBLICAS (€M)**

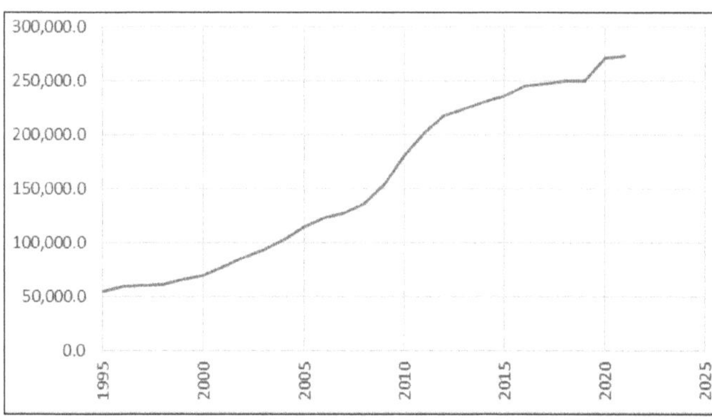

GRÁFICO 4 – **DÍVIDA BRUTA DAS ADMINISTRAÇÕES PÚBLICAS (%-PIB)**

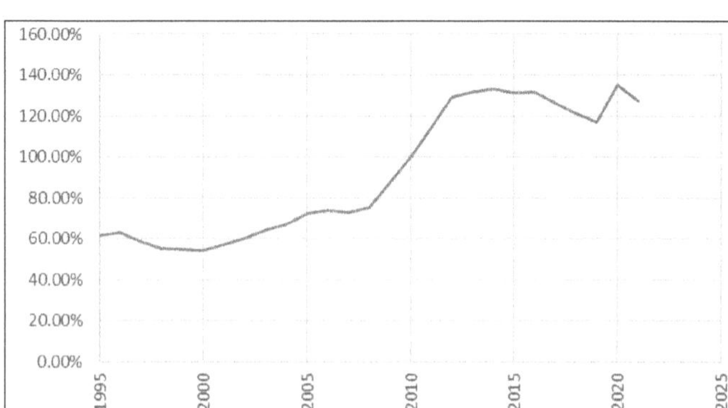

Apesar de estáveis, estes valores acabaram por criar uma pressão crescente no orçamento, visto que, com a subida das taxas de juro que se seguiu a 2008, o esforço do serviço da dívida no orçamento cresceu enormemente, reduzindo o espaço para despesa social ou para o investimento. Apesar de durante uns anos a descida das taxas de juro ter favorecido o serviço da dívida, fazendo com que os juros fossem de ano para ano pesando cada vez menos no Orçamento do Estado, e chegando a representar apenas 3,500 milhões de euros em 1998, o crescente volume de dívida acumulada e a subida das taxas de juro fizeram elevar essa conta para os 5,500 milhões de euros, logo em 2008, e os 8,400 milhões de euros em 2010. Nesse ano, os juros absorveram 10% da totalidade da despesa orçamental.

GRÁFICO 6 – DESPESA COM JUROS (% OE)

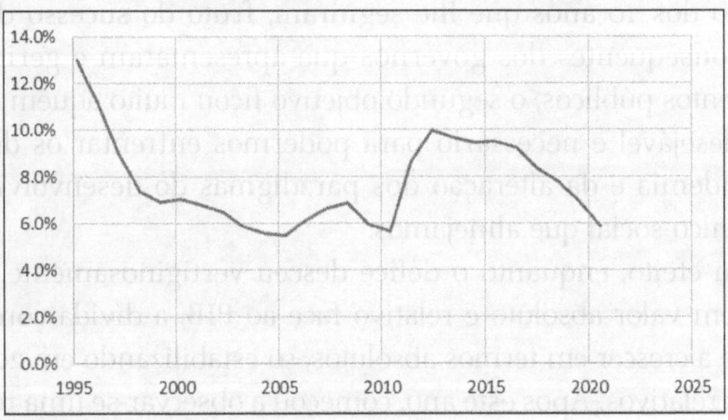

Porém, é com o desequilíbrio orçamental de 2009–2010 que se dá o colapso das finanças públicas e se assiste a mais uma profunda crise orçamental que termina com o pedido de auxílio financeiro do governo de José Sócrates ao Fundo Monetário Internacional e à União Europeia.

Em 2009, a dívida que tinha demorado 13 anos a subir 14% do PIB (de 62% para 75%) subiu 53% do PIB em apenas 4 anos, e em 2013 a dívida pública representava 129% do PIB. Este salto súbito fica a dever-se a três razões: *(i)* aos défices orçamentais muito elevados, nos anos compreendidos entre 2009 e 2012;[1] *(ii)* ao processo de reconhecimento como dívida pública de muita da dívida que estava parqueada nos ativos de várias instituições públicas, em resultado de uma imposição da *troika*; e *(iii)* à redução real e nominal do PIB.

O nível de degradação a que chegaram as contas públicas foi de tal forma elevado que o financiamento externo, sempre necessário para suprir a falta de poupança interna, foi interrompido. Perante a incapacidade de quer o Estado quer a banca nacional conseguirem aquele financiamento para alimentar as permanentes necessidades da balança comercial, o governo viu-se obrigado a recorrer ao apoio externo em 2011. A partir dessa data começaram dois movimentos: o primeiro, o da acentuada redução do défice orçamental; e o segundo, o da redução do peso da dívida pública no PIB.

Contudo, se o primeiro objetivo foi alcançado com sucesso no período dos 10 anos que lhe seguiram, fruto do sucesso de políticas consequentes dos governos que apresentaram e geriram os orçamentos públicos, o segundo objetivo ficou muito aquém do que seria desejável e necessário para podermos enfrentar os desafios da pandemia e da alteração dos paradigmas do desenvolvimento económico-social que almejamos.

Com efeito, enquanto o défice desceu vertiginosamente, desde 2010, em valor absoluto e relativo face ao PIB, a dívida continuou sempre a crescer em termos absolutos, só estabilizando em 2014 em termos relativos. Após este ano, começou a observar-se uma redução assinalável no seu valor relativo, embora sempre crescente em termos absolutos. De 133% do PIB em 2014 passou para 117% em 2019, o que representou uma descida média anual de 3,2% do PIB. Note-se que não fosse o apressado programa de privatizações iniciado após 2011, em desfavoráveis condições de mercado, este saldo seria, seguramente, ainda maior.

---

[1] Os défices dos quatro anos que decorrem entre 2009 e 2012 são todos superiores a 10 mil milhões de euros e totalizam 61 700 milhões!

A pandemia de COVID-19 trouxe às finanças públicas portuguesas um choque para o qual não estavam preparadas. Se, felizmente, tínhamos conseguido eliminar o défice orçamental, o volume de dívida existente não permitiu usar a política orçamental para acudir, como seria desejável, na proteção social e do tecido produtivo empresarial. E assim, o choque verificado expôs a fragilidade do «sucesso» que alguns ainda defendem. De facto, a economia portuguesa estava tão bem preparada para o choque e foi tão bem defendida que, registando uma quebra de 8,4% em termos reais, foi o terceiro pior desenvolvimento da União Europeia, só tendo sido ultrapassada pela Itália (−8,9%) e pela Espanha (10,8%). Em finais de 2020, e após o violento choque pandémico, a dívida pública portuguesa representava 135% do PIB em termos brutos.

Desta forma, e porque este valor volta a ser extremamente elevado, é importante um olhar cuidado sobre este problema e delinear estratégicas para a sua superação. Não é uma tarefa para um governo ou dois, mas é seguramente um dos mais importantes desígnios que se podem colocar aos portugueses, ciosos da preservação da sua independência, do seu desenvolvimento e do seu bem-estar.

8.3. O futuro

A superação do desafio das finanças públicas passa, novamente, por equilibrar os saldos orçamentais e reduzir a dívida acumulada sem colocar em causa o crescimento económico do país.

Até ao momento, Portugal pagou um elevado prémio de risco pelo potencial risco de incumprimento. No entanto, mesmo nos difíceis anos de recuperação após 2011, Portugal nunca incumpriu no serviço da dívida. É certo que houve o apoio da *troika* que permitiu evitar o que seria uma fatalidade às mãos dos mercados de dívida, mas pode dizer-se que pagou um prémio de risco que não se verificou existir.

Agora, Portugal volta a fazer face aos dois desafios citados, embora em circunstâncias diferentes. Temos uma dinâmica e um governo que continua empenhado em manter o equilíbrio das contas públicas, o que nos permite voltar mais rapidamente a esse equilíbrio se os problemas de natureza sanitária se superarem rapidamente e os fluxos de turistas voltarem a chegar a Portugal. Temos, é certo, um país mais endividado ainda com a dívida mais suportada pelo Banco Central; um país mais envelhecido; um país mais inflexível; um país mais dependente do Estado e com um peso maior do Orçamento do Estado na economia. As sucessivas reversões que se foram fazendo nunca assentaram em regimes flexíveis e condicionais. Esse tipo de progresso, portanto, torna o empreendedorismo mais avesso ao risco e potencialmente de menor quantidade e qualidade. Por fim, não se promove publicamente o mérito, a ambição ou o sucesso.

Por outro lado, a carga fiscal é elevada, sem que isso se reflita, na maioria das vezes, numa excelente qualidade de serviço prestado. A este respeito, e tal como se defende no Grupo de Trabalho Desenvolvimento Económico, preconizamos que a taxa de IRC e de IRS se reduzam da seguinte forma:

(1) A taxa de IRC deve reduzir-se para 15%, bem como a eliminação das derramas municipais e estaduais:

Estas reduções constituem um meio essencial para se promover o investimento privado, a criação de emprego e a aceleração do crescimento económico. A perda fiscal associada acaba por ser nula, pelo alargamento da base tributária, mas sobretudo pelo aumento das receitas fiscais associadas a um PIB mais elevado e à redução de despesas públicas, como o subsídio de desemprego, devido ao emprego criado. Exemplos das vantagens da redução do IRC, são as economias da Irlanda e da Eslováquia e dos países de Leste da União Europeia.

(2) Redução da taxa de IRS para 20%, para trabalhadores com menos de 35 anos:

Um dos graves problemas de que Portugal sofre é que os seus recém-licenciados abandonam o país em busca de melhores perspetivas de trabalho e de melhores salários. Países como a Inglaterra, a França, a Alemanha, a Suíça, a Irlanda, a Suécia ou os Países Baixos oferecem não só melhores salários, como uma taxa de IRS não superior a 15% ou 20% para rendimentos até 80 000 euros por ano. Portugal, além de menores salários, aplica taxas de IRS de 45% para rendimentos superiores 37 000 euros por ano, ou seja, superiores a 2643 euros por mês. A redução desta taxa para 20% para jovens até 35 anos contribuiria significativamente para que estes recém-licenciados iniciassem as suas vidas profissionais em Portugal e que aqui criassem raízes, aumentando a probabilidade de aqui viverem para sempre, contribuindo, portanto, para o aumento do PIB. A perda destes jovens, geração após geração, é uma das causas do fraco crescimento económico do país.

O exercício que realizámos é um exercício de simulação a 20 anos que projeta as contas públicas para 2042 e estima quais os limites ou linhas vermelhas que devemos estabelecer para podermos aspirar a uma duplicação do PIB real *per capita*, isto é, será possível crescer de modo a duplicar o produto real *per capita* nos próximos 20 anos para que se aproxime dos valores que países como os Países Baixos já têm hoje? E dados os condicionalismos de partida, será que se não crescermos poderemos aspirar a manter o que hoje temos? O que sucederá se crescermos nos próximos anos o mesmo que crescemos em média nos últimos?

O enquadramento futuro é feito de uma expectativa:

- De um Portugal mais envelhecido;
- Com taxas de juro mais elevadas do que aquelas com que se viveram nos últimos anos;
- Sem aumentos da carga fiscal;
- Sem perda da qualidade dos serviços públicos, pelo menos a que se pode refletir por evolução dos gastos *per capita*.

Para realizarmos a simulação estabelecemos vários cenários.

8.3.1. Os pressupostos gerais

Os pressupostos que assumimos dependem do cenário em que estamos a trabalhar, nomeadamente:

a) Índice de Preços no Consumidor (IPC)

O IPC assume-se constante e igual a 2% a partir de 2021.

b) Taxa de Crescimento Real do PIB

A Taxa de Crescimento Real do PIB assume-se em 4,5% em 2021 e 5,5% em 2022, sendo constante a partir dessa data. O valor usado para os anos subsequentes até ao final da janela de previsão (2042) depende da simulação ou do cenário previsto.

c) Taxa de Crescimento Nominal do PIB

A taxa de crescimento nominal do PIB foi calculada recorrendo-se a várias metodologias. A primeira foi através da média histórica do deflator do PIB nos últimos 20 anos. Com essa média estimou-se a variação nominal do PIB em função do IPC objetivo previsto para as próximas duas décadas. Historicamente, esta média tem sido ligeiramente superior ao IPC (+0,2% em média). Recorreu-se igualmente a outras formas de avaliar a relação histórica do IPC com o deflator do PIB, nomeadamente por meio da estimação de equações de regressão entre ambas as variáveis. Os resultados mostram que, sistematicamente, o deflator do PIB tende a ser ligeiramente superior ao IPC. Isso permitiu gerar uma série previsional do PIB nominal a par da sua evolução em termos reais.

d) Evolução da dívida

A dívida pública de um ano t (D_t) assume-se a variar de acordo com a soma do saldo anterior em $t-1$ (D_{t-1}), ao qual acresce o saldo total do OE do ano t (OE_t) adicionado da variação não explicada pelo saldo do OE no ano t (ΔNOE_t).

$$D_t = D_{t-1} + OE_t + \Delta NOE_t$$

Todos os anos se verificam movimentos na dívida que não resultam do saldo do OE. Com efeito, nos últimos 25 anos, o saldo da dívida aumentou em média 1,100 milhões de euros além do saldo registado pelo OE. Estes movimentos têm origem diversa, e admite-se que se continuem a verificar, nomeadamente pela necessidade de acudir a variações patrimoniais de empresas participadas pelo Estado. Este valor inicial considera-se atualizado, de acordo com o deflator do PIB.

e) Evolução da população portuguesa

A evolução demográfica futura segue a projeção do INE para a população portuguesa para as próximas décadas, de acordo com o seu cenário central. Este cenário prevê uma população de 9 582,425 habitantes, procedendo-se à evolução por grupos etários repartidos entre grupos etários de 5 anos de idade cada, sendo depois agregados nos seguintes grupos etários finais: [0 anos, 4 anos], [5 anos, 19 anos], [20 anos, 44 anos], [45 anos, 64 anos], [65 anos, ...].

Esta evolução foi feita assumindo um equilíbrio entre homens e mulheres ao nascimento, uma taxa de fecundidade de 38 por mil habitantes, e uma evolução dos vários grupos etários, deixando-se como grupo etário de folga («válvula de escape») o grupo dos mais velhos, isto é, os portugueses com mais de 85 anos. Esta projeção, que não toma em consideração a mortalidade por grupos etários, é a mais otimista em termos orçamentais, uma vez que reduz o número dos mais idosos com idade de 85 ou mais anos, pois são eles que maior pressão provocam sobre as contas públicas, com o pagamento de pensões e despesas com a saúde.

f) Evolução do Orçamento do Estado com a saúde

Seguidamente, apurou-se o custo *per capita* por grupo etário com a saúde, através da rede de cuidados de saúde pública, o qual toma em atenção os dados de custo relativo ao longo da vida por grupo etário, a evolução histórica da despesa com a saúde e a evolução da dimensão de cada grupo etário. Uma vez que possuíamos duas fontes com informações sobre o custo relativo ao longo da vida por grupo etário, assumimos como custo o valor médio das duas fontes. O quadro seguinte mostra os pressupostos da evolução relativa *per capita* por grupo etário. De acordo com as duas fontes consultadas, uma pessoa do grupo etário acima dos 65 anos gasta, em média e por ano, 4,56 vezes mais do que uma pessoa com 4 anos ou menos.

QUADRO 1 – ***PER CAPITA***

Idade	Média do Consumo relativo per capita e por ano
<4	1.00
5 - 19	0.56
20 - 44	0.93
45 - 64	2.67
>65	4.56

Fonte: INE

Foi assim possível, a partir da despesa *per capita* e por grupo etário de 2020, projetar a evolução das despesas totais com a saúde, admitindo a evolução da população tal como é previsto pelo INE e assumindo que os gastos se vão manter ao nível real atual. A evolução nominal do custo é feita ajustando-o a uma taxa de inflação específica para o sector da saúde. De 1995 a 2019, a taxa média de inflação do sector da saúde foi 0,3% superior à taxa média de inflação global do país. Assim, e apesar de essa ser uma estimativa inferior à taxa usada noutros trabalhos para o mercado americano, considerámos esse *spread* sobre a taxa de inflação considerando que o orçamento da saúde vai sofrer uma variação média anual constante de 2,3% (= 2,0% do IPC geral + 0,3% do spread do IPC para o sector da saúde).

g) Evolução do Orçamento do Estado com as pensões

A partir da execução orçamental de 2020 e do número de portugueses em idade de aposentação, calculou-se o valor médio por habitante nesta idade. Depois de 2021, atualizou-se o valor médio da pensão paga por habitante em idade de aposentação à taxa anual do IPC. Posteriormente, calculou-se o volume total de pensões a pagar anualmente em função do número de aposentados.

h) Evolução das receitas correntes do Orçamento do Estado

Assumiu-se o peso das receitas correntes no PIB se a matéria fosse constante e igual ao valor atual, de modo a prevenir um excessivo peso do esforço fiscal sobre a população ativa em decrescimento.

i) Evolução das despesas correntes do Orçamento do Estado

Assumiu-se que as despesas correntes cresciam globalmente a uma taxa que mantém a sua relação histórica com o IPC. Nos últimos 25 anos, observou-se que a receita corrente cresceu a uma taxa ligeiramente inferior à taxa do IPC. Para o futuro, teve-se em conta o mesmo comportamento. Contudo, alguns dos componentes da despesa corrente foram projetados de forma autónoma, para permitir calcular o peso da despesa corrente *per capita*, que vai além das pensões, das despesas com a saúde e dos juros. Desta forma, ao modelizarmos um crescimento da receita corrente a crescer a uma taxa superior à da despesa corrente, projetámos o equilíbrio orçamental a prazo.

8.3.2. Cenários

a) *Statu quo* quase sem restrições

O primeiro cenário leva a considerar que a economia portuguesa crescerá anualmente no período compreendido entre 2022 e 2042 o mesmo que cresceu nos últimos 20 anos e de modo semelhante nas suas várias componentes. Este cenário impõe um limite ao crescimento do peso da receita corrente do OE no PIB igual ao valor de 2021, mas não prevê qualquer restrição ao endividamento nem ao cumprimento das restrições impostas aos países através do Pacto de Estabilidade e Crescimento.

	Média do período entre 2000 e 2019	**Cenário-base**
Taxa de crescimento real do PIB	0,9%	0,9%
Taxa de crescimento nominal do PIB	3,0%	3,0%
Deflator do PIB	2,1%	2,1%
IPC	1,9%	2,0%
População em idade de aposentação (>65) em 2022 (10^6)		2,296
População em idade de aposentação (>65) em 2042 (10^6)		3,193
População em idade ativa (20<X<65) em 2022 (10^6)		6,040
População em idade ativa (20<X<65) em 2042 (10^6)		4,916
Peso da Receita corrente do OE no PIB	40,8%	42,9%
Receita corrente / Capita da população em idade ativa		Livre
Rácio do *stock* de dívida pública / PIB (2021)	127,7%	Livre

Este cenário permite projetar uma evolução muito ténue da economia portuguesa, a qual acaba por apresentar os seguintes resultados ao fim do período prospetivo e relativamente ao ano inicial de 2022:

(Variações relativas acumuladas face a 2022)	Cenário-base Resultados	Média entre 2000 e 2019
ECONOMIA		
Variação cumulativa real do PIB	19,9%	
Variação cumulativa nominal do PIB	80,3%	
Variação do PIB real / Capita	27,7%	
Variação cumulativa da produto real por pessoa em idade ativa	46,4%	
Taxa de variação anual média da produtividade	1,83%	1,37%
FINANÇAS PÚBLICAS		
OE		
Saldo do OE em final do período	–8,310 ME	
Saldo do OE em final do período face ao inicial	29,7%	
Défice do OE / PIB	–2,0%	
Ano em que se atinge meta dos –3,0% de Saldo OE / PIB	2036	
DESPESA OE		
Variação cumulativa nominal da Despesa corrente do OE	67,6%	
Variação cumulativa nominal da Despesa c/ saúde do OE	70,0%	
Variação cumulativa nominal da Despesa c/ pensões do OE	103,3%	
Variação cumulativa nominal da Despesa c/ juros do OE	146,6%	
RECEITA OE		
Peso da Receita corrente do OE no PIB (FIXO)	42,9%	
Variação cumulativa nominal da Receita corrente do OE	80,3%	
Variação cumulativa nominal da Receita corrente / #Pop. ativa	120,2%	
DÍVIDA PÚBLICA		
Stock da dívida pública em final do período de previsão	524,700 ME	
Rácio do *stock* de dívida pública / PIB em final do período de previsão	126,7%	

Várias questões se colocam logo à partida sobre este cenário:

(1) Saber se serão ou não impostas / derrogadas as regras do Pacto de Estabilidade e Crescimento;
(2) Saber se as gerações futuras estão dispostas a sofrer um aumento de 120% das receitas correntes do OE (as quais são fundamentalmente devidas a impostos, e destes são diretos e indiretos, na maioria dos casos suportados pela população em idade ativa), quando o PIB cresce nominalmente apenas 80,3%. No entanto, apesar disso, há que sublinhar que o PIB será gerado (e potencialmente apropriado) por essa geração menos numerosa.

Este segundo item é muito sensível, pois ele remete para duas questões essenciais: *(i)* A diferença entre PIB e PNB. O financiamento externo excessivo irá acentuar a diferença entre os dois indicadores, o que irá impor uma pressão social grande para uma limitação aos impostos sobre residentes; e *(ii)* A distribuição socialmente aceitável do rendimento para aumentar a distribuição da tributação e assim gerará um crescimento saudável do ponto de vista social.

b) *Statu quo* com restrições PEC

Neste segundo cenário, assumimos que se introduziram as restrições PEC, admitindo: *(i)* A derrogação da regra dos saldos orçamentais limitados a 3% durante 2022; *(ii)* A redução de 1/20 do excedente do rácio de *stock* de dívida pública / PIB acima dos 80% (admite-se uma revisão do valor dos 60% atualmente em vigor, em resultado de uma situação europeia muito degradada em termos gerais). Isso implica o excesso de 47,7% (127,7%–80%), a abater ao longo de 20 anos. O valor anual a abater será de 2,385%.

Como a dívida terá de evoluir de um modo mais acelerado, os juros terão um peso menor e os saldos orçamentais serão mais rapidamente equilibrados. A variável de folga usada foi a conta de capital do OE.

Este cenário não altera a evolução da economia portuguesa, a qual acaba por apresentar os seguintes resultados ao fim do período prospetivo e relativamente ao ano inicial de 2022:

(Variações relativas acumuladas face a 2022)	Cenário-base Resultados	Média entre 2000 e 2019
FINANÇAS PÚBLICAS		
OE		
Saldo do OE em final do período	+994 ME	
Saldo do OE em final do período face ao inicial	−108,4%	
Défice do OE / PIB	−0,2%	
Ano em que se atinge meta dos −3,0% de Saldo OE / PIB	2023	
DESPESA OE		
Variação cumulativa nominal da Despesa corrente do OE	67,6%	
Variação cumulativa nominal da Despesa c/ saúde do OE	70,0%	
Variação cumulativa nominal da Despesa c/ pensões do OE	103,3%	
Variação cumulativa nominal da Despesa c/ juros do OE	55,7%	
RECEITA OE		
Peso da Receita corrente do OE no PIB (FIXO)	42,9%	
Variação cumulativa nominal da Receita corrente do OE	80,3%	
Variação cumulativa nominal da Receita corrente / #Pop. ativa	120,2%	
DÍVIDA PÚBLICA		
Stock da dívida pública em final do período de previsão	331,358 ME	
Rácio do *stock* dívida pública / PIB em final do período de previsão	80,0%	

A principal conclusão é a de que o investimento público deixaria de existir, exigindo-se um saldo positivo durante 6 anos na conta de capital, e nunca chegando a recuperar os níveis de hoje! Mesmo considerando uma boa ajuda dos fundos comunitários exclusivamente dedicados ao investimento público, estamos em crer que tal cenário nunca será suficiente para colmatar a amputação que apresenta.

8.4. Conclusões

Quaisquer dos cenários apresentados apontam para projeções que demonstram uma economia profundamente debilitada, em virtude do excessivo endividamento público.

Estes desequilíbrios tenderão a prejudicar o financiamento da economia em geral, pressionarão fortemente o rendimento disponível dos contribuintes, e deixarão pouca folga para uma poupança dirigida ao investimento. Estes desequilíbrios imporão, posteriormente, um desaconselhado afastamento entre o PIB e o PNB, pois o rendimento gerado no espaço nacional tenderá a esvair-se legalmente em retribuição do investimento não residente.

Perante este cenário há duas soluções possíveis:

(1) Uma gestão muito eficiente da despesa corrente, e sem cedências a promessas que esta economia não permite;
(2) Um crescimento económico audaz que permita uma saída mais sustentável e menos dolorosa ao programa de ajustamento que as finanças públicas e privadas terão de realizar.

9. SECTOR FINANCEIRO E BANCA: DIAGNÓSTICO E PROPOSTAS DE REFORMA

JOÃO MAGRO

A situação hoje vivida na banca portuguesa tem motivado diversas análises sobre as suas origens e a natureza do seu percurso.

A razão de ser de todas essas reflexões prende-se quer com a importância que a banca tem em todas as economias, e muito especialmente na economia portuguesa (com um sistema financeiro assente nos bancos), quer com a dimensão dos recursos que têm sido injetados necessariamente no sistema bancário, no sentido de assegurar condições de solvabilidade, quer ainda com o montante das perdas que já foram suportadas pelos acionistas e por outros investidores nas instituições financeiras nacionais.

Nos últimos 20 anos, o sistema financeiro português conheceu mudanças significativas na sua atividade que devem ser analisadas sob a perspetiva de alguns acontecimentos externos, ou sistémicos, determinantes. Assim, pode dividir-se a história recente do sector bancário, no essencial, em períodos de tempo definidos por esses mesmos fenómenos:

(1) Período antecedente: o processo de liberalização financeira da economia portuguesa, a reprivatização de grande parte

do sistema bancário (1989–1996), a adesão de Portugal ao Sistema Monetário Europeu (1992) e à zona Euro (1999);

(2) Um período de crescimento acentuado do sector bancário e do *stock* de crédito concedido (2000–2008), alicerçado no endividamento externo e dirigido a atividades económicas de bens não transacionáveis (NT). Este período foi também marcado por uma crescente introdução de novas tecnologias na atividade bancária;

(3) Uma crise financeira, desencadeada em 2008, que veio a requerer um Programa de Assistência Económica e Financeira (PAEF), entre 2011 e 2014;

(4) O período pós-PAEF, caracterizado por uma recuperação gradual da atividade económica e pela manutenção de uma política monetária acomodatícia, que esteve na base de um ambiente de (muito) baixas taxas de juro;

(5) O período de impacto da pandemia de COVID-19 foi marcado por uma contração brusca e inesperada da atividade económica, pela criação de moratórias regulamentares de capital e de juros para diversas operações de crédito, e pela concessão de crédito com garantias públicas. Estas respostas foram acrescidas de um reforço da política monetária acomodatícia do BCE (através do Programa de Compras de Emergência Pandémica).

Este diagnóstico visa refletir acerca dos riscos e das vulnerabilidades atuais do sector bancário português, enfocando as implicações negativas do seu papel dominante no sistema financeiro do país. Para isso, não avalia apenas as condições criadas no último período (2020–21) e os fatores de vulnerabilidade à crise pandémica; procura também desconstruir os desequilíbrios estruturais sobre os quais esse sector bancário foi construído e se sobredimensionou. Muitos desses desequilíbrios remontam à década de 90 do século XX e ao início do período em estudo.

Vamos iniciar com uma análise dos efeitos das privatizações no sector bancário, que implicaram uma alteração significativa da estrutura concorrencial do mercado, que tinha até aí sido largamente preservada pela gestão pública. A maior concentração e progressiva absorção de instituições e redes bancárias de estrutura mais local e arcaica não evitaram — antes vieram a potenciar — o sobredimensionamento de operações e recursos humanos. Este fenómeno foi mais acentuado nos bancos, cujo crescimento foi marcadamente não-orgânico, antes resultando de aquisições diversas e sequenciais de bancos concorrentes.

A reorganização do sector trouxe também geometrias de estrutura de controlo e *governance* muito variáveis entre os principais grupos bancários. Estes aspetos, que tiveram repercussão em crises acionistas pontuais, foram sobretudo determinantes para a orientação do financiamento a empresas (e do crédito, de forma geral) para atividades não transacionáveis. Esta preferência decorreu em parte do privilégio de agentes económicos com participação no capital dos bancos portugueses, ou nos quais os bancos detinham participações de capital. O peso do financiamento aos sectores «não transacionáveis», desproporcionado face à estrutura da economia, teve uma concentração importante no sector da construção e na atividade imobiliária.

Embora Portugal tenha evitado uma «bolha» de preços comparável à de outros mercados, como o espanhol, na década de 2000, as dinâmicas cíclicas deste sector criaram exposições não produtivas (NPE) e imparidades de valor significativo. A esse *stock* acresce um conjunto vasto de exposições originadas no período seguinte ao PAEF, que comportam riscos significativos para os próximos anos. O período 2014–2019 foi mais uma vez caracterizado por uma inflação significativa no sector imobiliário residencial.

Após um período de profunda crise financeira internacional (2008–2009), o sector mantinha ainda os seus principais fatores de desequilíbrio, que seriam tardiamente debelados a partir de 2011, com o PAEF. Na secção 10.6, avaliamos de que forma o sector foi sujeito a um novo modelo de supervisão, cuja tutela foi diretamente assumida pelo Banco Central Europeu, quanto aos cinco principais grupos bancários. Esta mudança evidenciou o descontrolo atingido pelo sector na concessão de crédito a entidades «politicamente expostas» e nas participações de capital em grandes grupos económicos não financeiros.

A resolução do Banco Espírito Santo foi o evento mais perturbador de um período de ajustamento prolongado. Impuseram-se reduções acentuadas do *stock* de empréstimos e exposições em incumprimento, bem como a contração da carteira de crédito e das estruturas operacionais. O sector teve ainda de suportar o reembolso oneroso e prolongado dos instrumentos financeiros de assistência (CoCos), enquanto se procedia a um corte da exposição a dívida pública, pelo recurso às operações especiais de financiamento do BCE.

No entanto, permanecem desafios estruturais relevantes: *(i)* a reduzida rentabilidade do negócio, muito dependente da margem financeira, que se prevê manter diminuta; *(ii)* a insuficiente expansão de outros serviços e produtos financeiros; *(iii)* a sobre-exposição a atividades económicas de grande exposição cíclica e baixo valor acrescentado, como o turismo; ou *(iv)* o relativo atraso na adaptação das estruturas operacionais a um contexto de negócio digitalizado.

A crise económico-social causada pela pandemia exponencia muitos dos fatores de risco que se perfilavam para uma eventual crise cíclica, de origem endógena. Foram adotadas soluções regulatórias inéditas, de que se destacam: a sujeição de um conjunto vasto de instrumentos de crédito a moratórias, tanto de origem legal, como sectorial, bem como a originação de uma carteira de crédito com garantias públicas de 90% («linhas COVID-19»).

9.1. Fatores estruturais de evolução do sistema bancário português (2000-2020)

9.1.1. Efeitos das privatizações no sector bancário/riscos estruturais resultantes

A privatização quase simultânea de grande parte do sector bancário, num contexto económico de alguma escassez de capital, gerou uma situação incomum, com alguns aspetos «experimentais» no contexto europeu. Tendo sido escasso (mas não inexistente) o recurso a capital estrangeiro no controlo dos bancos portugueses, na década de 1990 foi de certa forma inevitável o recurso a soluções de controlo pelos principais grupos económicos não financeiros.

De um modo geral, as participações qualificadas adquiridas por investidores estrangeiros neste período corresponderam a um perfil (ou estereótipo) de influência limitada, provindo de instituições financeiras de menor dimensão nos seus mercados (e.g. Banco Sabadell/BCP, La Caixa/BPI), ou com o intuito claro de suportar acionistas nacionais de referência (e.g. Crédit Agricole/BES). (Este processo será discutido com maior pormenor na secção 10.2.)

Aquando da transformação do sector, na viragem do século, ainda não seriam previsíveis as necessidades de capital regulatório adicional motivadas pelos acordos Basileia II e III. Verificar-se-ia não haver uma capacidade de resposta adequada dos novos acionistas de referência deste período. Como o sector passou essencialmente ao lado de movimentos de consolidação transnacional (frequentes em outros países europeus da nossa dimensão), este problema de subcapitalização implícita foi-se progressivamente agravando até ao PAEF de 2011.

O processo de capitalização não foi, em suma, um processo *one-off*. Foi sendo cumprido, tendencialmente, de forma exígua, face ao risco de crédito efetivo das carteiras de crédito de alguns dos principais bancos portugueses. Com o impulso inicial da explosão da carteira de crédito concedido a particulares, em particular do crédito à habitação, no final dos anos 1990, os principais indicadores de solvabilidade dos bancos portugueses agravaram-se de forma acelerada. Destaca-se a subida do rácio de transformação «crédito/depósitos» em 55 pontos percentuais no período 1995–2000 (1996–1999: taxa de crescimento anual de crédito de 26%), que teria continuidade entre 2000 e 2005 (+30 p.p.) e ainda entre 2005 e 2010 (+15 p.p.).[1]

Num outro plano, a reconfiguração do sistema bancário português coincidiu com um aumento dos níveis de concorrência, apesar da tendência de concentração das quotas de mercado nos principais indicadores de negócio.[2]

As práticas de gestão mais competitivas e o *pricing* mais concorrencial tiveram de ser articuladas com níveis de custos estruturalmente mais elevados do que os dos bancos congéneres europeus, desde logo pela reduzida escala de operação do mercado português. Registou-se assim uma queda extraordinariamente rápida das margens de intermediação, não compensada (pelo contrário) por reforço dos outros proveitos.[3] Como consequência destes factos, observou-se uma quebra progressiva e sensível da rentabilidade das aplicações do sistema. Para esta tendência contribuiu igualmente a tendência decrescente das taxas de juro no final dos anos 1990. Os níveis de custos e a escala da operação viriam a revelar-se um problema estrutural do sector, acentuado pelas reduzidas taxas de juro e margens financeiras proporcionadas pelo mercado nos anos seguintes.

Embora a concentração do sector, no final deste processo, tenha atingido valores muito superiores aos verificados nos principais países da UE, mas próximos dos observados em vários pequenos países como a Dinamarca, os Países Baixos, a Áustria ou a Bélgica, pode inferir-se, isto é, que o movimento verificado em Portugal já teria

---

[1] Alves, C. & Tavares, C. (2017). *A Banca e a Economia Portuguesa*. Nomics.

[2] As operações de privatização e aquisição dos anos 1990 conduziram o sistema bancário português a um grau de concentração semelhante aos mais elevados observados na União Europeia. Com efeito, os três maiores bancos/grupos que representavam cerca de 40% do mercado passaram a aproximar-se dos dois terços. E os cinco maiores passaram de cerca de 55% do mercado para valores próximos dos 80%.

[3] Alves, C. & Tavares, C. *Op. cit.*

sido julgado necessário e concretizado em outros países europeus de dimensão económica mais próxima.

No rescaldo do período de privatização, a rede de cobertura bancária estava já sobredimensionada por indicadores como, por exemplo, o baixo número médio de habitantes por balcão, ou o elevado número médio de empregados por balcão, acusando baixas produtividades.

No contexto europeu, sobressai desde logo o acréscimo na quota de mercado dos cinco maiores bancos portugueses entre 1999 e 2007 (23 p.p.), atingindo, em 2007, um dos valores mais elevados de toda a União Europeia (Figura 1). Em outros Estados-membros com maior concentração no sector (Chipre, Espanha, Grécia, Letónia), a consolidação do mercado ocorreu sobretudo após 2010, no ajustamento do sector à crise financeira de 2008 e à crise das dívidas soberanas.

Em contrapartida, o sector bancário português seguiu nos últimos 20 anos a tendência europeia de contenção nos seus quadros de pessoal, tendo-se operado reduções líquidas no rácio entre o número de colaboradores / população para os dois períodos analisados, que permitem a Portugal ter um valor inferior ao da média da zona euro. Esta contenção, alcançada através de vários programas de redução de pessoal, não conseguiu, todavia, anular as desvantagens competitivas na escala de operação. Um dos indicadores que melhor reflete as várias limitações operacionais é o rácio número de agências / população, que foi em 2017 de 0,45 por mil habitantes, e apenas superado pelos rácios de Espanha (0,59) e da França (0,56).[4]

À semelhança de Espanha, Portugal operou a partir de 2010 uma redução acentuada da capilaridade das suas redes bancárias, que mesmo assim se revela diminuta face às discrepâncias de escala dos mercados. Em consequência, Portugal tinha em 2017 um rácio moderado de colaboradores para a sua população (por 100 000 habitantes) de 4,5, em quebra acentuada face a 2010 (5,8).

[4] Segundo dados históricos compilados pelo Banco Central Europeu.

Em Portugal, o sobredimensionamento das redes comerciais resultou sobretudo da consolidação de vários pequenos e médios bancos e de um número ainda superior de redes comerciais, nos anos 1990 e 2000. Esta consolidação revelou-se incompleta, do ponto de vista das redundâncias operacionais, tendo as redes bancárias em Portugal tido ainda uma tendência de ligeiro crescimento entre 1999 e 2007, já em contraciclo com outros mercados. Com esta demorada transição, foram remetidas para os anos subsequentes necessidades de redução de balcões.

O rácio ativo / número de empregados é porventura o indicador mais sintomático do impacto nefasto da escala de operação sobre a rentabilidade potencial do sector. Em Portugal, é historicamente inferior a 600 mil euros por habitante, em contraste com os principais mercados bancários europeus, onde este rácio vem excedendo 1 milhão de euros por habitante (Alemanha, Espanha, Itália) ou, nos casos mais rentáveis (Reino Unido, França, Bélgica), excedendo 2 milhões de euros por cem mil habitantes, em períodos cíclicos favoráveis das últimas décadas.[5]

A persistência deste problema estrutural coexistiu com a evolução natural de outros indicadores: uma menor dispersão da rede bancária por zonas de baixa densidade populacional e uma maior concentração por município; ou ainda o envelhecimento e o aumento do nível médio de qualificação dos recursos humanos do sector.[6] Muitas destas alterações reduziram progressivamente a margem de manobra dos principais bancos portugueses para ajustarem as suas operações, sem que esses ajustamentos comportassem custos fixos elevados (e.g. reduções de pessoal) ou atingissem diretamente o padrão de serviço prestado e a geração de proveitos.

---

5 Alves, C. & Tavares, C. *Op. cit.*

6 Banco de Portugal, *Séries Longas do Sector Bancário Português.*

9.1.2. Estrutura de capital e exposições de crédito a entidades relacionadas

É necessária melhor compreensão de algumas opções estratégicas do sector na concessão de crédito. Nesse sentido, é relevante analisar ao pormenor o perfil dos investidores nacionais que vieram suprir as necessidades de capitalização do sistema.

Na génese da reconfiguração acionista, encontramos grupos empresariais familiares, de génese industrial, como o Grupo Amorim, a Sonae e o Grupo Champalimaud. Esta tendência não era inédita, tendo a lógica de «participações cruzadas» entre o sector financeiro e o sector industrial já sido uma opção estratégica clara do sector no período do Estado Novo, cujo legado permaneceu na carteira de investimento não financeiros dos bancos nacionalizados. Todavia, este tipo de investimento cederia, em grande medida, às primeiras crises de *governance* no sistema privatizado, como é exemplificado pelo desinvestimento desses dois investidores, ainda na década de 1990.

Num outro plano, destacaram-se as participações de grupos económicos com génese nos sectores não transacionáveis (e em particular do sector da construção), de onde provieram acionistas de referência como o Grupo Teixeira Duarte, a Cimpor, a Ongoing e a EDP. Estas participações implicaram, em grande parte dos casos, que alguns dos maiores acionistas dos bancos portugueses fossem direta e indiretamente devedores de valores consideráveis, para efeitos da sua atividade de negócio principal. Esta opção traduziu-se numa alavancagem indireta do capital desses mesmos bancos. O potencial conflito de interesses gerado materializou-se sobretudo nos casos em que a atividade dos «acionistas clientes» se revelou pouco rentável, ou até mesmo insolvente. Estas situações geraram maior controvérsia quando associadas a conflitos de governança, quer ocorridos nos próprios bancos (como no caso do BCP), quer, sobretudo, em empresas não financeiras participadas, onde os bancos exerciam a sua influência através de outros acionistas (como no caso do BES e da PT).

Uma situação particular, e que adquiriria maior gravidade, foi a configurada pela existência de um grande grupo bancário de génese familiar, o BES. Como se viria a comprovar após 2011, a insuficiência dos recursos da família acionista para capitalizar o grupo promoveu desde cedo a construção de uma complexa estrutura financeira envolvendo o seu restante universo de negócios (o Grupo Espírito Santo – GES) e os restantes acionistas, visando alavancar o capital do banco de forma indireta. Este padrão de atuação, apesar de mais evidente no universo Espírito Santo, não foi de todo exclusivo no sector em Portugal.

9.1.3. Erros cometidos na concessão de crédito

Às deficiências estruturais do país e do mercado bancário, acresceram opções estratégicas erradas, que foram em grande medida comuns a todas as instituições bancárias, em diferentes escalas. A estrutura acionista e a governança das instituições teve um papel importante nesses erros, como discutido na secção anterior, pela influência de determinados sectores empresariais, bem como de diversos atores políticos. São conhecidos os efeitos nefastos destas opções sobre os níveis de imparidades e exposições em incumprimento (NPE) do sector. Este efeito direto pode ser caracterizado pela subida da probabilidade de incumprimento (PD) de alguns dos portefólios sectoriais de crédito de maior valor dos bancos portugueses. Entre os principais exemplos de grandes exposições sectoriais, destacam-se a promoção imobiliária, o segmento *corporate* (grandes empresas) e o crédito hipotecário.

Um outro efeito muito relevante (de segunda ordem) foi a incerteza em torno dos balanços das principais instituições financeiras, e a perda da confiança dos mercados no processo de reconhecimento de imparidades. Em estreita relação com esta incerteza, foram adotadas estratégias tardias e subótimas de recuperação de crédito e de mitigação das perdas por imparidade. A alienação de grandes portefólios de crédito veio a decorrer, em muitos casos, sob grandes constrangimentos de calendário, e para responder a necessidades prementes de capital (para cumprir os requisitos regulatórios).

Porém, seria um erro reduzir a fatores institucionais, ou de captura por interesses, as causas estruturais para os elevados níveis de incumprimento do sector. A economia portuguesa teve, como um todo, nos anos 1990 e 2000 uma evolução muito enviesada para os chamados bens não transacionáveis (NT). A dinâmica de crescimento económico foi desde cedo marcada por pressão para alocar recursos de investimento público e privado, assim como de despesa pública corrente, a atividades e sectores não expostos à concorrência internacional. A oferta de financiamento — em Portugal quase limitada ao sector bancário — acabou por acompanhar a dinâmica da procura, tendo-a, infelizmente, reforçado. Os bancos portugueses concederam crédito ao sector NT em proporções sistematicamente superiores ao seu já elevado peso no Valor Acrescentado Bruto (VAB) da economia portuguesa. Assim se reforçou uma espiral de forte atratividade relativa do sector NT sobre os fluxos de investimento e emprego em Portugal, e um sistema de incentivos perverso, nomeadamente através de maior facilidade de crédito, maior oferta de emprego e melhores salários.

Esse sistema teve as suas primeiras consequências visíveis ainda nos anos 1990, quando o país teve de apoiar a convergência. Neste contexto, deve ser realçado o sector da construção, que se estima ter absorvido (direta e indiretamente) cerca de quatro quintos do total dos fluxos de crédito bancário entre 2001 e 2015.[7] A alocação de recursos a investimentos em construção e infraestruturas, a atividades monopolistas, de carácter regulado (por exemplo, a energia), ou a atividades de importação orientadas à procura interna, teve um forte contributo da atividade bancária. Isso veio a proporcionar uma baixa rentabilidade aos capitais investidos, e, particularmente, a expor os bancos portugueses ao peso global da dívida externa do país, ao

---

[7] Alves, C. & Tavares, C. *Op. cit.*

risco específico de certas atividades, como a construção, e ao forte impacto das suas variações cíclicas, sem a mitigação proporcionada pela procura externa.

Acresceram a estas limitações erros na estruturação das operações e nas escolhas dos instrumentos de financiamento, designadamente no financiamento de alguns grandes grupos económicos privados e a empresas do sector público ou com maior influência dos poderes públicos. Não se pode ignorar o impacto financeiro das ligações privilegiadas do sector a alguns grandes grupos económicos. Estes grupos, com um acesso geralmente abrangente ao crédito em todas, ou quase todas, as instituições financeiras, beneficiaram de exigências de garantias desproporcionadas face ao risco inerente das suas operações, assim como de condições de reestruturação privilegiadas e exageradamente flexíveis, em contexto de incumprimento.

Por outro lado, alguns desses erros estão associados à estrutura precária do sector empresarial de PME, que, por exemplo, impõe uma grande prevalência de garantias pessoais, tais como avales e livranças, em operações de crédito bancário a empresas. No financiamento às empresas, destaca-se ainda a maior complexidade da avaliação do risco de algumas operações, cujas características peculiares de sector e estrutura de concorrência não foram muitas vezes tidas em conta. Do ponto de vista técnico, determinar o custo do risco e *pricing* em portefólios de crédito menos tipificados (por oposição a portefólios mais homogéneos, como o de crédito hipotecário) é uma tarefa pouco compatível com as metodologias *standard* utilizadas na estimação dos parâmetros de risco até à década de 2010.

Em certa medida, estas deficiências podem ser imputadas à ausência de um sector financeiro não bancário dinâmico, com o perfil apropriado à tomada de risco em operações mais ajustadas ao financiamento por instrumentos híbridos ou de capital próprio. A escassez do acesso aos mercados de capitais e a fundos de capital de risco terá assim, de forma plausível, contribuído para a originação e aprovação de operações de crédito sem racionalidade económica, ou para um *pricing* exequível do seu risco de crédito.

Este é um problema comum a quase toda a Europa continental, mas não deixa de afetar mais prementemente as economias mais dependentes do financiamento externo, como a portuguesa.

9.1.4. Modelos de negócio. Dependência da **Net Interest Margin,** *em detrimento de outros proveitos (comissões e similares)*

Sem surpresa, o sector bancário veio a ter uma das mais baixas rentabilidades do contexto europeu.

TABELA 1 – EVOLUÇÃO DA RENTABILIDADE DO CAPITAL PRÓPRIO, DO ATIVO E DA ALAVANCAGEM (1998–2015)

	2015	2014	2013	2012	2011	2010	2009	2008	2007	2003	1998
ROE	0,5%	–17,3%	–10,2%	–3,7%	–5,6%	4,4%	3,5%	1,9%	11,8%	10,9%	10,5%
ROA	0,0%	–1,3%	–0,7%	–0,2%	–0,3%	0,3%	0,2%	0,1%	0,8%	0,6%	0,7%
EM	12,5	13,8	15,4	15,5%	19,8%	16,2	16,1	18,1%	15,7	17,3	16,1%

Fonte: Dados do Banco de Portugal; cálculos dos autores.
Observações: ROE (Return on Equity) é o resultado líquido a dividir pelo capital próprio; ROA (Return on Assets) é o resultado líquido a dividir pelo ativo total; EM (Equity Multiplier) é o ativo total a dividir pelo capital próprio.

O modelo de negócio dos bancos portugueses assentou numa «bancarização» excessiva da atividade económica, aproveitando a tendência descente das taxas de juro nas décadas de 1990 e 2000. Em particular, foi promovido um modelo de gestão muito alavancado das médias e grandes empresas. Foram assim dados escassos incentivos para que as empresas acedessem aos mercados de capitais, que mantiveram uma dimensão incipiente. A sobre-exposição ao crédito comprometeu o desenvolvimento de outras vertentes de negócio e deixou o sector ainda mais dependente dos níveis de imparidade e da evolução das taxas de juro.

Continuam a observar-se operações com um *pricing* que não cobre o custo do capital que tem de lhes ser afeto; a prestação de serviços de desintermediação muito insuficientemente remunerados, muitas vezes com a tomada firme das respetivas operações, a troco de comissões que também não cobrem o custo do capital e, muito menos, o risco; a captação de recursos a preços que claramente excedem o rendimento das aplicações marginais disponíveis, num período de grande fraqueza da procura do crédito. O prolongamento destes comportamentos levaria a uma deterioração ainda maior das margens financeiras, sem compensação pela via dos proveitos complementares.

Outro elemento importante do atual sistema bancário português é que parece caracterizar um excesso de oferta de serviços bancários. Existem vários indicadores que sustentam esta afirmação. Em primeiro lugar, podemos observar que o crédito a empresas e particulares — afinal, a principal razão da existência dos bancos — representa uma parte reduzida (cerca de 38%) das aplicações totais dos bancos portugueses, e o chamado grau de transformação dos depósitos em crédito situa-se normalmente na ordem dos 60%, contra valores que se aproximam frequentemente dos 100% em outros países. Em contrapartida, os bancos portugueses mantêm no seu balanço ativos característicos de desintermediação e que, naturalmente, deveriam estar na posse do público não bancário.

Tal significa que uma mudança de hábitos dos investidores, preferindo a aquisição direta dos títulos (em particular, da dívida pública), poderá retirar aos bancos uma parte significativa do seu negócio. Significa também que, tratando-se de componentes de remuneração relativamente baixa, isso refletir-se-á ou nas margens dos bancos ou no preço do crédito. Contrariamente, tratando-se de uma componente de menor risco, tem permitido aos bancos uma melhor resistência nos períodos de conjuntura mais difícil.

Como consequência desta forte expansão creditícia, o peso do crédito bancário no PIB já tinha passado dos cerca de 61% em 1995 para 98% em 1999, valor já semelhante ao verificado nos principais países europeus, ao mesmo tempo que a taxa de transformação dos depósitos em crédito aumentava de 64% em 1995 para cerca de 115% em 2000. A lacuna criada pela ultrapassagem dos 100% no rácio de transformação foi então colmatada sobretudo pelo recurso ao mercado interbancário externo, conduzindo a um rápido aumento do endividamento do sistema bancário face ao exterior.

Esta característica manter-se-ia em geral na década seguinte, variando, todavia, as fontes de financiamento externo (com recurso relevante ao mercado de capitais até 2007 e ao BCE a partir daí). Seria igualmente uma componente importante do financiamento dos défices da balança corrente, eles próprios induzidos pelo acréscimo de procura interna gerado pela forte expansão do crédito bancário (em 2010–2011, o conjunto das componentes de financiamento líquido interbancário e do banco central ultrapassou os 50% do PIB).

A forte expansão do crédito, não acompanhada por uma correspondente captação de recursos, rapidamente influenciou a taxa de transformação dos depósitos em crédito dos referidos recursos, cerca de 60% em 1995 para 115% em 2000, 144% em 2005 e para próximo dos 160% em 2010, obrigando a uma forte desalavancagem para menos de 110% em 2014.[8]

9.1.5. A inclusão tardia do sector bancário nas dinâmicas de consolidação europeias

A peculiar situação geográfica de Portugal na Europa dissuadiu a integração (mais precoce) do sector nas dinâmicas de consolidação transnacional que se prefiguraram, no final dos anos 1990 e nos anos 2000, em outros países médios da União Europeia.

O padrão de comércio e de relações internacionais económicas centrado em Espanha retardou os movimentos de integração, mas foi sobretudo determinante na busca de formas alternativas de capitalização dos bancos portugueses, em face das necessidades regulatórias crescentes do sector. Foi compreensível, e sensata, a preocupação em deter o possível controlo do sector, ou da sua maior

[8] Alves, C. & Tavares, C. *Op. cit.*

parte, pela banca espanhola. Procuraram-se outras opções de capitalização, seguindo uma tendência temporal sempre crescente, em face dos requisitos do sector. No entanto, mesmo quando e onde a capitalização dos bancos portugueses foi ajustada, não puderam ser replicadas outras sinergias determinantes. Perderam-se sinergias de rendimentos e alguma diversificação do risco cíclico, que adviriam de um espaço mais extenso e economicamente mais diversificado. Além disso, evidencia-se sobretudo a menor escala de operação. O sector veio por isso a apresentar indicadores de ativo e de rentabilidade por dependência bancária muito inferiores aos de países europeus comparáveis.

Ao mesmo tempo, Portugal destacou-se, no contexto europeu, pelo crescimento acelerado do *stock* de crédito bancário verificado até ao Programa de Ajustamento (PAEF: 2011–2014). Esta estatística é especialmente relevante por ter conferido à economia portuguesa uma posição relativa entre os cinco países da União Europeia com maior volume de crédito relativo ao PIB, ainda que a economia portuguesa tenha permanecido como uma das de menor dimensão do espaço europeu. A Espanha, os Países Baixos e a Dinamarca eram, em 2013, os únicos Estados-membros com um peso relativo superior do crédito bancário.

Portugal não teve sequer uma das correções mais significativas deste rácio nos últimos anos do período — que corresponderam à crise financeira internacional e ao início do PAEF —, ao contrário de outros Estados-membros, como a Grã-Bretanha, a Espanha, o Luxemburgo e a Irlanda. Pode assim concluir-se que existe efetivamente margem para uma redução da oferta de serviços de banca de retalho em Portugal e que o aproveitamento dessa margem será necessário para assegurar efetivas condições de competitividade num quadro de grande abertura ao exterior.

Encontra-se, aliás, um fundamento histórico para esta situação de excesso de cobertura: o preenchimento do mercado doméstico com vista a evitar a entrada/expansão de concorrentes, designadamente estrangeiros. Num certo sentido, os bancos portugueses estiveram dispostos a suportar um sobrecusto com a sua implantação geográfica, com o objetivo de preservar a sua presença no mercado doméstico.

O número total de transações de M&A (fusões e aquisições) no sector bancário português nas décadas de 1990 e 2000 acompanhou globalmente a tendência europeia; no entanto, Portugal destacou-se pela prevalência quase total de transações de controlo internas, no que se distinguiu de países congéneres europeus de média dimensão.

Ao sobredimensionamento total do sector acresceu por isso o efeito natural de sobreposição de sucursais e carteiras de clientes nos processos de consolidação internos. Em alguns casos, a preservação de redes e marcas distintas, após as aquisições (e.g. BCP/BPA/SottoMayor/NovaRede/Mello; Totta e Açores/CPP), foi por largos anos incentivada. Mesmo após a fusão dessas mesmas marcas, tendeu-se a uma consolidação incompleta das redes, motivada em parte por fatores de estratificação da carteira de clientes, mas também por alguma inércia organizacional, em estruturas já sobrecarregadas com reduções de postos de trabalho em serviços centrais e de *backoffice*.

O excesso de capacidade instalado deveria ser, idealmente, também suprido por um aumento da procura. E não é de excluir que exista uma margem considerável para tal, sobretudo nas zonas não urbanas. Mas este é um processo que tem raízes culturais e que, por isso, leva tempo a desenvolver-se. Além disso, não parece que a expansão das redes de retalho tenha sempre tido em conta este tipo de diagnóstico. Todavia, uma estratégia deste género conheceria limites temporais, tendo-se a forte expansão das redes físicas de retalho revelado desajustada ao desenvolvimento acelerado da banca digital e das novas formas de relação com o cliente. Em contexto concorrencial, o sobredimensionamento da estrutura viria a revelar-se uma desvantagem estrutural. Foi assim questionada a viabilidade da filosofia das redes de retalho tradicionais. Neste contexto, o período do ajustamento financeiro (2011–2014) e os anos seguintes foram marcados por severas medidas de contração do sector do lado operacional. Se as reduções de indicadores «de volume», como o número de colaboradores, tiveram expressão, no panorama europeu, apesar de tudo modesta, por limitações estruturais, o mesmo não se pode afirmar sobre os indicadores «de valor», como a estrutura salarial, que foram persistentemente reduzidos — a necessidade de atingir metas ambiciosas em matéria de rácios *cost-to-income*, num contexto de baixa rentabilidade, quer do lado da margem financeira, quer de outros rendimentos.

Importa perceber se poderá, nos próximos anos, libertar-se espaço para o crescimento do sector financeiro não bancário, de modo a responder à procura de serviços financeiros menos ajustados aos requisitos de estrutura e capitalização dos bancos.

9.2. Propostas para reforma do sector financeiro – banca e mercado de capitais

9.2.1. Objetivos gerais

Numa economia mais proficuamente financiada por fundos privados, com investimento privado criterioso e rentável, o papel dos recursos financeiros não bancários será no futuro essencial.

Os bancos deverão — idealmente — ter um papel agregador nos restantes mercados do sector financeiro (por exemplo, como bancos de investimento e gestores de fundos), criando importantes sinergias. No entanto, a escassez de investimento direto estrangeiro (IDE) reforça o carácter distinto e complementar de outros canais financeiros: menos restringidos pelos requisitos de capitalização, liquidez e conformidade do negócio bancário.

O ciclo económico que antecedeu a pandemia de COVID-19 foi marcado pela emergência de novos mecanismos de financiamento a empresas no espaço europeu. Os clientes empresariais de média e grande dimensão aumentaram o seu recurso a financiamentos subscritos por contrapartes predeterminadas, mas titularizados desde a originação das operações e/ou fora do canal da banca de retalho. Os empréstimos alavancados (*collateralized loan obligations*) são o exemplo mais significativo dos novos mecanismos titularizados, enquanto os empréstimos diretos (*direct lending*) por fundos de capital de risco exemplificam a substituição dos bancos por outros agentes de mercado em operações de crédito.

Um novo modelo deverá envolver a flexibilização dos requisitos de licenciamento para a entrada de novos concorrentes nos mercados de serviços financeiros não bancários (FinTech, etc.). Deve também incluir um regime de acesso facilitado a novos mercados e categorias de serviços financeiros pelos bancos portugueses (FinTech, corretagem de criptoativos, etc.).

A inclusão de novos serviços poderá diversificar a carteira de negócio dos bancos portugueses com exposições mais rentáveis e com maior potencial de crescimento de volume de negócios. A maior rentabilidade global das instituições financeiras concorreria ainda para melhores padrões de serviço na própria «atividade bancária» de retalho. Com efeito, do ponto de vista das políticas económicas, a atividade bancária tradicional deve também ser considerada como serviço público, para o qual os bancos devem estar capacitados num contexto de taxas de juro baixas. Todavia, as condições institucionais e regulatórias que se lhes impõem tornam indispensável a avaliação rigorosa das exposições aos outros agentes de mercado do sistema financeiro.

O que as políticas económicas dirigidas ao financiamento privado da economia devem visar, por conseguinte, é um espectro de opções disponíveis a empresas e agentes económicos com diversos perfis de risco. Esta diversidade tem como referência a realidade dos sistemas financeiros de algumas das principais economias desenvolvidas. De entre os sistemas financeiros mais propícios ao investimento e à inovação, podem destacar-se os países anglo-saxónicos (Estados Unidos, Grã-Bretanha, Austrália) e outras economias de média dimensão, como Israel e a África do Sul.

Medidas de incentivo à reconfiguração da estrutura de capital das empresas[9]

- Introdução de um novo requisito macroprudencial pelo Banco de Portugal, aplicável às exposições de crédito de retalho classificadas como «Empréstimos a PME» (COREP), ao nível de cada instituição: uma proporção máxima de *exposure value* coberta com garantias pessoais (avales, livranças);
- Seria um valor único, aplicável a todo o sistema financeiro, e sujeito a revisão anual;
- A calibração anual teria em vista travar uma subida desta proporção no sistema financeiro e fornecer um incentivo à redução progressiva desta proporção, em magnitude compatível com a renovação do *stock* de crédito a empresas;
- O amplo objetivo político desta medida seria o de atenuar a «bancarização» do financiamento das PME e a descapitalização. Procuraria atuar sobre as empresas cujo perfil de crédito é avaliado em insuscetível de financiamento por dívida a custos de mercado comportáveis, sem prejuízo da responsabilidade limitada dos seus sócios/detentores de capital;
- A médio prazo, poderia também contribuir para a redução dos custos sociais e de contexto dos processos de insolvência, que são muitas vezes potenciados pela implicação do património pessoal dos gestores das mesmas empresas.

Criação de uma nova dedução de IRC, correspondente a um custo de capital próprio

O valor da dedução resultaria da aplicação de uma taxa de retorno legal ao *stock* de capital elegível. A taxa de retorno seria indexada ao custo mercado das OT com maturidade de 10 anos. Esta dedução seria

[9] Os princípios foram articulados com a Direção-Geral de Política Macroprudencial e de Estabilidade Financeira do BCE.

inspirada no regime de *intérêt notionel* aplicado pela Bélgica a todas. Seria, no entanto, restringida ao capital próprio realizado através de um conjunto fechado de instrumentos financeiros: *(i)* Títulos de capital próprio de subscrição aberta, colocados através do mercado de capitais; *(ii)* Participações de capital por fundos de capital de risco; e *(iii)* Participações de capital resultantes de programas públicos de capitalização de empresas.

Financiamento por programas públicos – medidas de valorização da governança das empresas

- Lançamento de um Programa de Formação Acreditada em Gestão Financeira, focado em instrumentos de capitalização e financiamento por dívida, gerido pelos Ministérios da Economia e do Ensino Superior:
  - O programa seria exclusiva ou prioritariamente destinado a sócios-gerentes e membros de órgãos sociais de pequenas e médias empresas e, se possível, desenvolvido em articulação com instituições de referência do ensino superior e instituições do sector financeiro não bancário;
  - A médio prazo, a Acreditação poderia ser um critério de ponderação positiva, em regimes específicos de acesso a programas públicos de capitalização e/ou a fundos comunitários.

Financiamento por programas públicos – medidas de valorização da solvabilidade das empresas

- Extensão do âmbito do Programa SIFIDE, acrescendo outros benefícios às deduções à coleta de IRC (opções) — dedução direta ao pagamento de PEC; crédito sobre o pagamento trimestral de IVA; crédito futuro de impostos diferidos em sede de IRC:

- As deduções adicionais seriam disponibilizadas quando as empresas beneficiárias não tivessem coleta de IRC de valor suficiente para a utilização deste benefício fiscal potencial;
- Com a revisão do âmbito do programa, pretender-se-ia incluir o vasto universo de empresas com projetos elegíveis de I&D com resultados líquidos negativos;
- Considerando o largo horizonte temporal dos investimentos em inovação, a restrição de Programas de Apoio a empresas com resultado líquido positivo exclui maioritariamente aquelas no início do seu ciclo de vida ou em fase de reestruturação. Se a sua atividade se concentrar em produtos ou serviços dependentes de despesas de I&D, dificilmente serão beneficiárias deste regime;
- Uma revisão do âmbito do Programa visaria também consolidar o seu estatuto, prevenindo iniciativas políticas futuras para o descontinuar.

- Flexibilização do requisito de não-dívida à Autoridade Tributária e à Segurança Social, no acesso aos programas públicos de capitalização. Este requisito seria substituído por uma norma ajustada, que excetuaria os casos de incumprimento originados desde o início da crise pandémica em empresas beneficiárias:

  - O novo requisito procuraria dar resposta às dificuldades de tesouraria das empresas do sector transacionável que têm até aqui recorrido ao *lay-off* simplificado e ao Apoio à Retoma Progressiva;
  - Uma proporção relevante das empresas industriais tem reduzido drasticamente o seu tempo de laboração semanal, de forma continuada, em função da diminuição abrupta das encomendas do mercado externo. Este impacto foi evidente em sectores como os do vestuário e do calçado, ou a fileira aeronáutica;

- Com a retirada progressiva destes apoios, muitas destas empresas poderão vir a incumprir com suas obrigações fiscais e contributivas, perdendo a elegibilidade para os apoios públicos ao investimento. Isto aconteceria no momento em que esses apoios poderiam ser mais rentáveis e necessários, permitindo que estas empresas recuperassem a sua posição competitiva e o seu acesso aos mercados internacionais, aquando da retoma.

- Flexibilização dos pagamentos à Autoridade Temporária e Segurança Social às empresas financiadas pelas *Linhas COVID-19*, nos primeiros 12 meses após o período de carência desses empréstimos: sem juros, em regime assimilado a uma moratória.

  - Esta medida replicaria em parte os benefícios concedidos nos períodos de maior incidência das medidas de confinamento — com o pagamento faseado de impostos;
  - Neste caso, promover-se-ia a suspensão dos pagamentos por um período de 12 meses (que poderia ser apenas parcial, por opção do credor) e o seu vencimento faseado ao longo do ano seguinte, com o diferimento de cada prestação por 12 meses exatos;
  - É conhecido o potencial de incentivos aquando da concessão destes empréstimos, uma vez que as instituições financiadoras assumiram apenas 10% do risco de crédito dos instrumentos;
  - Existe um elevado potencial de incumprimento nestas linhas, que poderá assumir características dolosas da parte dos devedores. Será por isso essencial reduzir ao mínimo as situações de incumprimentos originadas por problemas legítimos e temporários de liquidez;
  - O diferimento de pagamentos à Autoridade Tributária e à Segurança Social, cujo incumprimento comporta

consequências severas sobre as empresas e os seus gestores, é um dos poucos mecanismos de apoio possíveis que mitigariam um risco exponenciado de incumprimento doloso.

Políticas de apoio ao desenvolvimento de novos mercados de intermediação financeira

- Alocação de aplicações de tesouraria do Estado (por exemplo, Fundo de Estabilização da Segurança Social) à subscrição de títulos emitidos por sociedades não financeiras nacionais;

    - O programa de investimento poderia ainda prever a sua aquisição em mercado secundário, bem como de fundos de capital (ou dívida) de risco de âmbito nacional;

- Criação de um sistema público de notação de crédito, de aplicação universal e gratuita a todas as empresas acima de um limiar mínimo de dimensão, a gerir pelo Banco de Portugal;
- Novos regimes de deduções à coleta de IRS e IRC para despesas com gestão de ativos, abrangendo comissões de corretagem, comissões de gestão de títulos, e outras despesas similares;

    - A dedução deveria ter um limite máximo de elegibilidade, de acordo com a coleta total — quer em sede de IRC, quer de IRC. Ou, em alternativa, um valor absoluto máximo. Não estaria associada a rendimentos de mais-valias;
    - O propósito da medida seria o de contribuir para redução dos custos de acesso a estas operações: quer para empresas com pequenos saldos de liquidez excedentária, quer para particulares com menores saldos disponíveis para poupança;
    - No contexto do sector bancário, visa-se o desenvolvimento do negócio independente da margem financeira líquida e uma maior prevalência das comissões de natureza variável nos proveitos das instituições financeiras.

GRUPO DE TRABALHO INDÚSTRIA, ENERGIA E AMBIENTE

Luís Mira Amaral *(Coordenador)*

Amado da Silva	Nuno Botelho
Clemente Pedro Nunes	Miguel Miranda
David Santos	Paula Policarpo
Henrique Neto	Paulo Carmona
José Cordeiro	Paulo Neves
José Manuel Fernandes	Ricardo Nunes
Lara Reis	Rita Nabeiro
Luís Alves Monteiro	Rui Dias Ferreira
Luís Todo Bom	Rui Paiva

10. PROGRAMA DE INDUSTRIALIZAÇÃO
LUÍS MIRA AMARAL

a) A aposta na indústria

Em termos económicos, Portugal perdeu as duas primeiras décadas do século XXI — há 20 anos que a economia portuguesa praticamente que não cresce.

É um país num estádio intermédio de desenvolvimento, mantendo um modelo económico que, infelizmente, se aproxima dos países menos desenvolvidos, em que o PIB ainda tem uma dependência significativa dos sectores do turismo, do comércio e dos serviços de baixo valor acrescentado.

Desta forma, é importante mudar este modelo, através de um processo de industrialização que não pode significar apenas investir no que temos, mantendo as mesmas tecnologias e processos de fabrico, mas antes que comporte uma alteração significativa dos processos em toda a cadeia de valor, com grande incorporação de inovação empresarial e tecnológica, o que pressupõe o acompanhamento, da parte de Portugal, da industrialização europeia com transformação digital (Indústria 4.0) e a transição ambiental (com economia circular) — um novo paradigma de produção industrial com a inclusão de serviços de valor acrescentado, inovação (ecoinovação, inclusive) e as tecnologias da IV Revolução Industrial. Tal tem de ser acompanhado pelo investimento, designadamente do tipo IDE, em unidades produtivas de bens transacionáveis, alinhadas com esse novo paradigma.

Reindustrializar não significa regressar a modelos do passado assentes em mão de obra barata. Trata-se, pelo contrário, de aderir ao modelo da economia do conhecimento, em que se injeta conhecimento e engenheiros nas empresas em articulação com as universidades, os politécnicos e o sistema da ciência e da tecnologia. Reindustrialização, portanto, atualmente, não é apenas a manufatura; inclui a produção de todos os bens e serviços transacionáveis que conseguirmos não só exportar, mas também reduzir em mercado aberto e concorrencial as importações, através da produção nacional.

Acontece que já se desenvolveu em Portugal engenharia e escolas de engenharia com qualidade europeia, e o mesmo se poderá dizer das nossas melhores escolas de gestão e da nossa infraestrutura de comunicações, e que esperamos que se mantenha com o avanço para a quinta geração tecnológica (5G). Adicionalmente, devido ao bom nível das infraestruturas digitais e à qualidade dos nossos engenheiros, podemos também ser uma fábrica para o mundo, na área dos serviços executados por via digital, e um *gateway* (cabos submarinos, *data centres* ou estações de controlo de satélites.

Mas para permitir esta reindustrialização, Portugal deve remover os chamados «custos de contexto» que existem e que dependem apenas de decisões políticas internas. Para tornar possível essa evolução industrial, o nosso país deve dispor de fatores competitivos de produção, nomeadamente de rapidez na aprovação de projetos industriais; de impostos que incentivem a produção ou o reinvestimento de resultados, nomeadamente ao nível do IRC; de mão de obra técnica qualificada; de uma legislação laboral que permita aumentar ou diminuir o número de colaboradores em função das necessidades do mercado; ou ainda de uma energia barata. Sobre este último aspeto, é importante referir que Portugal tem atualmente uma das mais altas tarifas de eletricidade na União Europeia para as PME.

A reindustrialização do nosso país exigirá um enorme conjunto de recursos — físicos, logísticos, financeiros e de conhecimento. As verbas provenientes da União Europeia parecem muito elevadas, mas não produzirão qualquer alteração significativa na nossa matriz industrial se não forem bem aplicadas. (Mesmo bem aplicadas podem ser escassas para a profunda alteração de que a nossa estrutura industrial necessita.)

Só conseguiremos uma alteração razoável aproximando-nos mais dos restantes países europeus, se construirmos um modelo estruturado e lógico, com a participação dos vários *players* no desejado processo de reindustrialização do país, bem percetível pelos destinatários, que serão prioritariamente as empresas. Este processo estruturado deve iniciar-se pelo estudo e construção pormenorizados da nossa matriz atual *Sectores / Tecnologias*, a partir da qual se traçará um programa de robustecimento.

b) Exportações e industrialização

O objetivo desta década de 2020 — que é uma condição para a sobrevivência da economia moderna em Portugal — será atingir 60% do PIB em exportações até 2030, com significativo aumento do valor acrescentado nacional, o qual dá o contributo das exportações para o PIB. Todos os sectores da economia podem e devem concorrer para esse objetivo, com relevo para a indústria, a agroindústria, a agricultura, as pescas e os serviços, nomeadamente os tecnológicos, mas também as indústrias culturais e criativas, e o turismo baseado na qualidade e na beleza do país, articulado com as indústrias culturais e criativas, e não com base em baixos salários que não contribuem para o aumento da produtividade nacional. Neste contexto importa também estimular a integração das nossas PME nas cadeias de valor globais, e o investimento direto das empresas portuguesas nos mercados para os quais exportam.

O tão desejado aumento das exportações e do seu valor acrescentado, e do redimensionamento das empresas na sustentabilidade dos negócios pela internacionalização, investimento físico produtivo ou comercial no exterior, é fundamental.

c) A atração do IDE

A localização geográfica de Portugal nas rotas do Atlântico e no centro dos dois maiores mercados mundiais — a Europa e os Estados Unidos — permite apostar na atração do investimento direto estrangeiro (IDE) com confiança. O objetivo principal é atrair empresas industriais que exportem produtos globais e com mercados assegurados. Trata-se, sobretudo, de empresas integradoras, as quais importam um número elevado de componentes e de sistemas e exportam os seus produtos finais, razão por que a qualidade e a competitividade da logística são essenciais.

Também a qualidade das infraestruturas digitais nos permite a atração de IDE para a criação de centros de serviços digitais para a economia global. Nesta perspetiva, deveríamos nomear um embaixador para os contactos com as empresas digitais globais, seguindo o exemplo da Dinamarca.

O IDE deve ser levado a cabo na prática por duas vias distintas mas complementares: *(i)* a forma ativa, sobre o potencial da oferta aos investidores identificados nos fluxos dos interesses estratégicos dos grupos empresariais ou por sectores em mobilidade geográfica; e *(ii)* a forma passiva, no acolhimento dos investidores que nos procuram, em que a nossa posição terá de ser baseada num conhecimento da nossa concorrência, do que ela oferece, a fim de sermos competitivos com o interesse nacional bem identificado nas suas várias vertentes.

d) Logística

A localização estratégica de Portugal no centro das rotas atlânticas oferece uma logística marítima de excecional qualidade e competitividade. Contudo, o mesmo não acontece com as importações e exportações para os outros países europeus. Somos fisicamente periféricos em relação ao centro europeu, de modo que é imprescindível desenvolver uma logística que minimize essa desvantagem. Esta é uma razão para a urgência da construção de uma linha férrea nova e interoperável com o resto da Europa em bitola UIC (bitola europeia). Trata-se de um recurso central na estratégia de atração do investimento estrangeiro e de incremento das exportações para o centro da Europa. A incompreensão da importância deste fator é trágica e inaceitável.

e) Propostas

Propõe-se um programa de incentivos focado e robusto que contemple as seguintes ações essenciais:

(1) Reforço dos capitais próprios das empresas, nomeadamente as industriais. A forma mais simples e pragmática de reforçar a capitalização das empresas é por meio da redução da taxa de IRC, em simultâneo com a eliminação do IRC para os lucros reinvestidos na própria empresa. Trata-se de um incentivo duplamente virtuoso, pois não só incentiva os acionistas a «deixarem» o dinheiro na empresa, como «premeia quem já demonstrou na arena dos mercados competitivos que consegue ganhar dinheiro.» E, além disso, reduz ao mínimo a intervenção do Estado, que no caso português tem sido nefasta e por vezes motivo para «uma excessiva e pesada carga burocrática e/ou para promiscuidades indesejáveis.»;

(2) Incentivos financeiros e fiscais ao crescimento das empresas nacionais, por fusões e aquisições, de modo a atingirem massa crítica que lhes permita adotar processos de inovação radical;

(3) Reforço do balanço das empresas resultantes destes processos de fusão e aquisição, por meio da injeção de quase-capital [uma espécie de *contingent-convertibles* (COCO) para a economia real] pelo Banco de Fomento. O Banco de Fomento deve concentrar-se nas falhas de mercado e de sistema do sector financeiro privado, designadamente o bancário;
(4) Apoio à criação de uma empresa-líder e de uma empresa-*challenger* em cada sector industrial, que imprimam o ritmo de desenvolvimento do sector;
(5) Incremento da capacidade de engenharia e de gestão das empresas industriais, com a reposição do programa dos Jovens Técnicos para a Indústria (JTI) e a criação de um novo programa equivalente, Jovens Doutorados para a Indústria (JDI), aumentando, deste modo, a capacidade para a inovação radical, promovendo, ao mesmo tempo, a obtenção de doutoramentos para a indústria em ambiente empresarial, através de programas desenhados com as empresas;
(6) Desenvolver e multiplicar programas de colaboração entre instituições do sistema científico e tecnológico, nacionais e estrangeiras, com a participação das nossas empresas;
(7) Criação de um programa de robustecimento dos centros tecnológicos sectoriais que estabeleçam contratos com objetivos a atingir com as respetivas Associações Empresariais Sectoriais;
(8) Desenvolvimento das Indústrias Culturais e Criativas (ICC). Trata-se de um sector fortemente exportador e em rápido crescimento, que pode e deve ser articulado com um sector turístico de qualidade e com plataformas digitais, e o *cluster* das Tecnologias de Informação e Comunicação.

f) Ambiente, clima e emissões de gases com efeito estufa

O mundo tem vindo a despertar para os problemas climáticos. A emissão de gases com efeito estufa (GEE) — entre outras causas, que também contribuirão para as alterações climáticas — são a consequência de uma economia baseada no modelo linear «extrair-produzir-consumir-eliminar», dependente de combustíveis fósseis e que não gere os recursos a longo prazo.

Hoje, existe uma grande discussão científica e económica sobre os objetivos das políticas climatéricas, a qual é totalmente ignorada pela classe política e pelos *media*.[1] Por exemplo, a política ideal, calculada por William D. Nordhaus, vencedor do Prémio Nobel da Economia em 2018, consiste numa evolução mais gradual das emissões de dióxido de carbono, limitando a subida da temperatura a 3,5 ºC e levando a um preço do carbono que atinge os 100 euros por tonelada só em 2050. Ora, a política escolhida pelo Acordo de Paris, e aprovada pela União Europeia, seguindo em grande parte o relatório Stern, implica reduções mais drásticas das emissões, com uma limitação da subida da temperatura entre 1,5 a 2 ºC. Porém, se fosse seguida com todo o rigor, implicaria preços do carbono de várias centenas de euros, o que seria dificilmente exequível, por causa das suas implicações económicas, nomeadamente por envolver a renegociação das regras do comércio internacional com as «novas grandes potencias emergentes», como a China, a Índia, a Indonésia, o Brasil e a África do Sul. Note-se que a China é já hoje o maior emissor de dióxido de carbono (CO_2).

Por outro lado, esta transição energética procura evitar o consumo intensivo de combustíveis fósseis, mas é altamente intensiva em recursos minerais e metais raros, para alimentar as energias eólica e solar, as baterias, as células de combustíveis, os motores elétricos, seja dos veículos a baterias (BEV) seja dos veículos com células de combustíveis alimentados a hidrogénio (FCEV), e de um modo geral toda a eletrificação que se pretende fazer. Assim sendo, os problemas do lado da oferta, tais como a escassez desses recursos minerais e metais raros, e a dependência de zonas do mundo que não controlamos, como é o caso da China, ou o constrangimento de espaços disponíveis para as renováveis, podem atrasar o ritmo da

[1] Mateus, A. (2021). *Regulação em Portugal*. Aletheia.

transição, embora a economia circular e a reciclagem possam minorar essa restrição ativa. Por exemplo, as empresas mineiras, ao nível global, teriam de aumentar a produção em 500%. Mais ainda, cerca de 2% do território dos EUA teria de ser afetado à produção solar e fotovoltaica.[2]

g) As políticas climáticas e o caso português

Assumindo que o controlo e a redução das emissões de CO_2 endógeno a saldo zero são suficientes para conter as alterações climáticas, trata-se de um grande desafio para a humanidade, mas é essencial considerar o sentido das proporções. O país com maior participação nas emissões de CO_2 em 2017 (Dados da Comissão Europeia, Edgar) foi a China, contribuindo com 29,3% do total global, seguindo-se os EUA, com 13,8%. A Alemanha contribuía com 2,15%, e Portugal com uns meros 0,15%. Se dividirmos a proporção da emissão pela proporção da população respetiva, verificamos que este rácio é de 3,2 para os EUA, 1,97 para a Alemanha e apenas de 1,13 para Portugal. Portanto, não só temos uma proporção muito reduzida na contribuição para as emissões globais, como também a nossa taxa já é muito inferior à destes grandes países.

Não tem, pois, fundamento colocar no topo da agenda portuguesa, para o nosso bem-estar ou para «salvar o clima do planeta», o objetivo da redução drástica do carbono: uma rápida redução em 50% das nossas emissões apenas diminui as emissões globais em 0,075% e com um elevado custo para o país — isto seguindo as políticas climático-ambientais propostas, quando, no plano económico, estamos a caminho de ser um dos países mais pobres da UE. Consequentemente, a nossa contribuição para as emissões globais deve ser negociada com a Comissão Europeia de forma equitativa, nomeadamente com base em valores de consumo e de emissão de

[2] Segundo o jornal *The Economist* (12–18 junho de 2021).

CO_2 *per capita*. Por outro lado, não faz qualquer sentido — como acontece no Programa Nacional Energia Clima (PNEC2030) e noutros documentos governamentais — querer implementar em Portugal metas mais ambiciosas do que as próprias metas comunitárias! Não podemos, em termos climático-ambientais, ter a ambição de liderar a Europa, quiçá o Mundo (na medida em que a Europa já é o bloco mais ambicioso nestas matérias ao nível mundial), enquanto nos resignamos a vir a ser o país mais pobre da UE! Por exemplo, quanto poupou o Brasil ao abrir o investimento à produção eólica há poucos anos, na altura em que os países mais ricos pagaram os sobrecustos do seu desenvolvimento na fase cara da «curva de experiência», como foi o caso da precocidade nacional?

Quando um país como Portugal, com as suas tremendas dificuldades e vulnerabilidades económico-financeiras, se coloca na linha da frente, com uma ambição maior do que a anunciada por outros países mais ricos e muito mais poluentes e emissores de CO_2, é inevitável questionarmos se não estamos a dar um passo maior do que a nossa perna.

h) Clima e economia circular: duas faces da mesma moeda

Começámos na já referida economia linear, passámos depois, com a evolução tecnológica, para a economia da reciclagem, e estamos agora no alcance da economia circular, que no fundo pretende seguir a velha máxima «Na natureza nada se cria, nada se perde, tudo se transforma.» A economia circular vai completar o cenário de redução de emissões ao transformar o modo como se produzem e utilizam os produtos. Portanto, todos — empresas e cidadãos — têm de contribuir com soluções para os problemas climáticos e ambientais por meio deste tipo de economia, suporte indispensável do desenvolvimento sustentável.

i) Política energética em Portugal

Embora sendo importante, a política climático-ambiental não pode continuar a empobrecer os portugueses e a prejudicar a economia através de políticas energéticas que não têm em conta a competitividade das empresas, sendo apenas um subproduto daquela política.

Portugal tem sido avesso a fazer contas sobre as implicações a prazo das políticas que adota. Apesar de dispor, à partida, de uma razoável quota de produção renovável (sistema hidroeléteuco), assumiu voluntariosamente as políticas da UE de promoção e subsidiação das renováveis variáveis em fase muito inicial. Desta forma, este alinhamento da política energética no sector elétrico nacional tem sido um dos outros fatores de bloqueio do crescimento português. Os consumidores portugueses já pagaram mais de 22 mil milhões de euros de sobrecustos devido à produção de eletricidade por fontes renováveis intermitentes (quase 4 anos do custo total da eletricidade para o consumidor final), que inclui um sistema perverso de atribuição de um regime contratual designado por Produção em Regime Especial – PRE (em inglês, Feed in Tariffs – FIT) a quantidades maciças de potencias elétricas intermitentes, regime esse que, além de conceder sempre aos respetivos beneficiários um preço garantido, dá-lhes também prioridade no acesso à rede para venderem a produção, precisemos ou não dela.

A política energética só contribui para o crescimento se houver redução dos custos de produção, substituindo fontes mais caras por outras mais baratas, ou dos custos de utilização da energia, como é o caso dos projetos de eficiência energética. A introdução de fontes de energia mais caras, que venham a substituir as mais baratas, poderá reduzir as emissões de CO_2, mas representa um sacrifício para o nosso rendimento e para a nossa competitividade, afetando as exportações e o emprego, com compensação pouco relevante dada pelo fabrico nacional sob licença destes equipamentos. Portugal tem atualmente na União Europeia a quarta mais alta tarifa de eletricidade para as PME, e a mais elevada em paridade do poder de compra para as famílias.

Importa então no sistema energético nacional desenvolver as seguintes linhas de atuação:

(1) Voltar a ter um sistema de planeamento indicativo para a produção de eletricidade, tendo como objetivo um modelo de otimização da utilização dos recursos, em que a meta é a minimização dos custos para a economia, sujeitos às restrições climáticas predefinidas;
(2) Desenhar um novo sistema elétrico que não esteja assente nas FIT, com um mercado de energia destinado a fornecer a eletricidade, utilizando o planeamento indicativo atrás referido, e um mercado de capacidade negociando os *backups* necessários às renováveis intermitentes — o chamado mercado de capacidade que fornece a potência firme quando não há vento nem sol;
(3) Negociar com os atuais produtores uma renovação das centrais eólicas existentes, por forma que eles invistam em novos equipamentos, fazendo uma substituição dos antigos para os novos, fazendo uso de uma filosofia de *bad bank* que absorve os *legacy costs*;
(4) Apoiar as comunidades energéticas e a produção descentralizada de energia elétrica, designadamente a produção para consumo próprio, estimulando a emergência dos *prosumers* e os fluxos bidirecionais de informação e energia entre a rede e os consumidores;
(5) Incentivar a biomassa florestal, que tem sido um parente pobre e esquecido das energias renováveis, construindo uma rede de pequenas centrais dedicadas à produção de eletricidade alimentada pelos resíduos florestais, o que terá também óbvias externalidades positivas na minimização da propagação dos fogos florestais;
(6) Aprofundar os mercados de produtos de *hedging*, que continuam sem grande liquidez e expressividade no médio e longo prazo;

(7) Armazenamento como *game changer*: o armazenamento será a resposta para muitas das ineficiências económicas, financeiras ou técnicas que as energias renováveis introduzem no sistema;
(8) Reforço das interligações entre Espanha e França, por forma que o MIBEL se integre num verdadeiro mercado europeu da eletricidade;
(9) Continuar a manter o gás natural como combustível ideal nesta transição energética para o bem-estar dos portugueses e para a nossa competitividade empresarial;
(10) O hidrogénio verde apareceu em Portugal como uma espécie de «remédio santo» para tudo, sem justificação de custo/benefício e ponderação de alternativas. O recurso ao hidrogénio deve ser desmistificado e desdramatizado, constituindo-se antes como um instrumento, entre outros, no caminho para uma economia neutra em emissões de gases de efeito estufa. Como é habitual, não se fizeram contas, o que é, aliás, perfeitamente evidente no binómio eletricidade/hidrogénio, em que não se calculou o custo nivelado do conjunto, o que permitiria cotejá-lo com alternativas;
(11) Reduzir o consumo de energias fósseis nos transportes, através da ferrovia e do crescimento dos transportes coletivos de qualidade.
(12) Também é urgente a redução da volumosa dívida tarifária no sector elétrico, que ainda ascende a cerca de 3000 milhões de euros, e que Portugal se tinha comprometido a extinguir no Plano de Ajustamento Económico Financeiro negociado com a *troika* em 2011!

j) A diversificação energética da Europa

A estratégia alemã de transição energética, a famosa *Energiewende*, lançada há 20 anos, está num impasse total e é no fundo um misto de alarmismo climático-ambiental e de ingenuidade estratégica em face da Rússia.

Os acontecimentos globais que sucederam nos últimos meses — a pandemia, a crise energética, e mais recentemente a invasão da Ucrânia — vieram dar razão a todos aqueles que, embora muito criticados, foram chamando a atenção do erro da política energética alemã e europeia, tanto no ritmo e na urgência das políticas ambientais, como principalmente na crescente dependência energética europeia face aos países de cariz menos democrático, como é o caso da Rússia.

Apesar dos 550 mil milhões de euros investidos nas renováveis intermitentes, eólica e solar (alarmismo climático-ambiental), não se conseguiu reduzir os gases de efeito de estufa, e o CO_2 e os preços da eletricidade dispararam. Com efeito, as renováveis intermitentes, que produzem ao ritmo da natureza e não dos nossos consumos, criam dois problemas principais: *(i)* em nada contribuem (fotovoltaicas) e muito pouco (eólicas) em potência firme para a potência da ponta de carga noturna, o que obriga a dispor de outras tecnologias para o garantir; e *(ii)* o progressivo aumento da sua penetração, embora reduza a energia produzida em térmicas fósseis, criará enormes excedentes energéticos. Reconheça-se que, em 2022, ainda não se tem tecnologias de armazenamento suficientemente desenvolvidas que poderão ajudar a resolver estes dois problemas, e que o desenvolvimento das redes transfronteiriças continua insuficiente para dispersar os tais excedentes pelos países vizinhos, mesmo que a preços negativos. Deste modo, as renováveis intermitentes não conseguiram substituir o carvão e o nuclear que se pretendiam abandonar, forçando a Alemanha a utilizar mais carvão (25% da produção de eletricidade, neste momento) e gás natural, do qual 60% vem da Rússia. Ingenuidade estratégica que nós, europeus, estamos todos a pagar neste momento!

Assim, e como se referiu, no estado atual da tecnologia, um sistema elétrico com renováveis intermitentes continua a precisar do consistente *backup* de fontes de energia que sejam despacháveis e garantam margem suficiente em potência firme. Em períodos sem sol e sem vento, e não havendo centrais hidroelétricas de albufeira suficientes e com afluências razoáveis, ou a carvão, disponíveis, a entrada no *mix* energético das centrais a gás natural é indispensável e insubstituível. Na Alemanha, e um pouco por toda a Europa, as renováveis intermitentes levaram, pois, à imprescindibilidade do gás natural e agora, face à guerra, pode colocar-se a necessidade de utilizar o gasóleo nas centrais de gás natural que permitam a queima dual (gás e gasoleo)!

Por outro lado, é irrealista tentar dimensionar um parque de renováveis intermitentes cuja produção satisfaça completamente o consumo, porque as produções ocorrerão parcialmente a horas diferentes dos consumos, levando a problemas ainda complicados de armazenagem dessa energia quando em excesso para a injetar na rede quando a produção renovável é inferior ao consumo, nomeadamente de armazenagem de longo prazo (por exemplo, transferir excedentes de produção fotovoltaica do verão para o inverno). Sem o armazenamento desenvolvido que permita fazer uma *switch* de produção entre horas diferentes, é impossível que a solução seja eficiente em termos técnico-económicos, pois convém não esquecer que a armazenagem é mais um custo de investimento e que não contribui com energia «nova».

Uma das novas tecnologias apresentada por alguns responsáveis políticos para armazenar, no longo prazo, a eletricidade intermitente, eólica e solar, é o designado Hidrogénio Verde, que não é mais do que hidrogénio eletrolítico em que a eletricidade utilizada é renovável. Os dois grandes problemas desta solução é que as respetivas tecnologias não estão maduras e são muito dispendiosas e, por outro lado, irão provavelmente necessitar de materiais/metais com elevados constrangimentos de produção e com potenciais impactos ambientais. O mesmo já se está a passar com as gigabaterias, que são a outra forma mais referida para armazenar a eletricidade intermitente (embora para armazenagem de curto prazo, tipo ciclos diários). Mas não admira que a defesa destas soluções seja muito preconizada pelos defensores das renováveis, pois implica ainda maiores investimentos nestas tecnologias, comparativamente com guardar alguma quota de produção economicamente satisfatória para térmicas descarbonizadas e não emissoras de CO_2, proporcionadoras de outras vantagens de regulação do sistema, além da de assegurarem potência firme e fazer alguma limitação em correspondência da penetração das renováveis intermitentes.

Após muito e pesado investimento e várias más decisões, a Alemanha está agora, face às dramáticas ameaças do presidente Putin, a mudar drasticamente a sua *Energiewende*, indo prolongar a vida dos três grupos nucleares que ainda não fecharam e das centrais a carvão, e construindo (finalmente!) dois terminais de gás natural liquefeito (GNL) na sua costa marítima para se aprovisionar de GNL do resto do mundo, e tentando assim desesperadamente fugir à dependência dos gasodutos pelos quais recebe o gás da Rússia.

O novo desenho geoestratégico e a desconfiança que perdurará após a invasão russa obrigam a Europa a desencadear urgentemente uma estratégia energética europeia comum, com uma diversificação das fontes de energia e uma redução da dependência em relação à Rússia, assente nos seguintes vetores:

(1) Manutenção das centrais a carvão, e no caso português, a reativação das centrais de Sines e do Pego, como diversificação face às centrais a gás, em termos de *backup* térmico para as renováveis intermitentes, em termos de potência firme e energia;

(2) Controlo da aposta na energia nuclear, como os franceses e os finlandeses estão a fazer. Haverá novos e promissores desenvolvimentos na tecnologia nuclear, quer com as centrais de quarta geração, que permitirão a utilização na reação nuclear dos resíduos radioativos das atuais centrais, resíduos esses que correspondem ao plutónio, o qual não é mais do que urânio empobrecido na reação nuclear; quer com os pequenos reatores nucleares de 350 MW, os chamados *Small Modular Reactors* (SMR);

(3) O recurso à biomassa (infelizmente esquecida em Portugal) para a produção de eletricidade, como os finlandeses estão a fazer, que asseguram um *mix* entre biomassa e nuclear menos volátil e mais estável do que o *mix* entre renováveis e gás;
(4) Construção de terminais de gás natural liquefeito (GNL) nas costas marítimas e aproveitamento dos terminais de GNL da Península Ibérica (entre os quais o de Sines), com vista ao reforço do aprovisionamento europeu em GNL e redução da dependência do fornecimento de gás natural da Rússia, através dos gasodutos;
(5) Reforço entre Espanha e França, quer das interligações gasistas, com vista a colocar os terminais ibéricos de GNL no mercado europeu de gás, quer das interligações elétricas, procurando reduzir o efeito de ilha elétrica que tem sido a Península Ibérica em relação à Europa, permitindo no espaço europeu otimizar a utilização de excedentes em relação aos consumos produzidos pelas renováveis intermitentes;
(6) Modernização e desenvolvimento dos terminais de GNL já existentes, para que sejam dotados de maior capacidade e flexibilidade;
(7) Definição de uma política europeia comum para compra de GNL e gás natural (à semelhança do que foi feito para as vacinas contra a COVID-19);
(8) Definição de metas comuns a todos os países europeus no que diz respeito ao armazenamento de gás;
(9) No que diz respeito a Portugal e Espanha, aproveitamento da nossa proximidade aos EUA e África, para o desenvolvimento tecnológico e técnico dos terminais de GNL da Península Ibérica (entre os quais o de Sines), com vista ao reforço do aprovisionamento europeu em GNL;
(10) Uma vez que as interligações funcionem corretamente na Europa, os mercados grossistas de gás e de eletricidade devem ter regras comuns em todo o continente, para que possamos ambicionar ter um preço de energia o mais próximo possível

nos diferentes países europeus. O mesmo se aplica ao mercado regulado e liberalizado nos diferentes países que fazem parte da UE, que devem ter as regras harmonizadas entre todos membros. Numa zona comum que permite liberdade de pessoas, bens e capitais, a energia não deve ser um elemento restritivo ao projeto europeu;

(11) Novo impulso às políticas que promovam o aumento da eficiência energética no espaço europeu, por exemplo com medidas que acelerem a substituição do aquecimento a gás por bombas de calor.

Por último, é de realçar que a Comissão Europeia, no seu recente REpowerEU, aceita que sejam aplicadas algumas medidas de emergência atenuadoras do acoplamento dos elevados preços do gás ao sector elétrico, nomeadamente o controlo de preços no mercado retalhista de eletricidade para os consumidores domésticos e pequenas empresas; que, no mercado grossista de eletricidade, a produção inframarginal possa ser taxada para reduzir os seus *windfall profits* ou lucros inframarginais. São naturalmente medidas de curto prazo que não podem esquecer a urgência das alterações estruturais que propomos.

GRUPO DE TRABALHO INVESTIGAÇÃO E DESENVOLVIMENTO

Sandra Maximiano *(Coordenadora)*

José Epifânio Franca *(Relator)*

Amílcar Falcão
Carlos Brito
Carlos Pascoal Neto
Clemente Pedro Nunes
Daniel Traça
Eduardo Marçal Grilo
Fausto Pinto
Francisco Goiana da Silva
Joana Alexandre
João Gabriel Silva
José Cordeiro
Luís M. Amaral
Luís Todo Bom
Luís Valadares Tavares
Nuno Carrapatoso
Pedro Nunes Costa
Rui Dias Ferreira
Rui Paiva
Sebastião Feyo

11. REVIGORAÇÃO DA INVESTIGAÇÃO E DO DESENVOLVIMENTO E DO EMPREENDEDORISMO

ABEL MATEUS, JOSÉ EPIFÂNIO DE FRANCA

O desenvolvimento económico e a convergência da economia portuguesa dependem crucialmente do desenvolvimento tecnológico, das boas políticas de afetação de recursos e da melhoria das instituições, que correspondem ao que os economistas do crescimento designam por produtividade total dos fatores, também conhecido por inovação ou acumulação de conhecimento, *software* ou intangíveis. Portugal possui um sistema nacional de investigação e desenvolvimento (I&D) ao nível intermédio na escala internacional, com algumas valências positivas, mas ainda com múltiplas dimensões claramente insuficientes.

Para um país do nosso estádio de desenvolvimento são essenciais o progresso tecnológico e a melhoria da eficiência da economia, de modo que o processo de inovação contínua deve assentar na investigação e no desenvolvimento e empreendedorismo do país, o que obriga a aumentar os recursos e a eficiência da I&D, com vista a aperfeiçoar a produtividade e o nível tecnológico das empresas, através da inovação, que permitirá aumentar o conteúdo tecnológico das exportações.

11.1. Diagnóstico e desafios

A acumulação de capital humano continua a desempenhar um papel fundamental em todo o processo de crescimento, mas passa a ter cada vez maior importância a qualidade desses recursos, que se mede, por exemplo, pela proporção de especialização em ciências, tecnologia e gestão. São as dificuldades dos governantes em compreender esta viragem que têm determinado a estagnação e a divergência do nosso país dentro da UE.

São muitos os indicadores que demonstram esta dificuldade na transição, começando pelos níveis e pelas taxas de evolução da eficácia dos sistemas de I&D, inovação e empreendedorismo, assim como as taxas de crescimento negativas ou quase nulas da Produtividade Total dos Fatores (PTF) (Figura 1), que mede a diferença entre a taxa de crescimento do PIB real e a média ponderada do crescimento do capital físico e humano,[1] também designado por resíduo de Solow. Nos últimos 20 anos, a taxa de crescimento média da PTF foi de −0,02%, o que é revelador dos problemas sérios que a economia portuguesa atravessa.

O Estado já gasta com a investigação ao ensino superior uma proporção do PIB ao nível da OCDE, mas a sua eficácia em termos de impacto na economia é ainda diminuta. A I&D ao nível empresarial é ainda muito baixa, e as grandes empresas carecem de níveis tecnológicos avançados e de um esforço de I&D que estimule o progresso tecnológico da economia. O mesmo se verifica nas PME. Mas vivemos num país de contradições: temos hoje a maior taxa de formação de doutorados da OCDE, mas a maioria não foi preparada, nem está empenhada no desenvolvimento científico e tecnológico de Portugal.

---

[1] Ponderados pelas quotas de cada fator no rendimento nacional.

FIGURA 1 – **PT: PRODUTIVIDADE TOTAL FATORES**

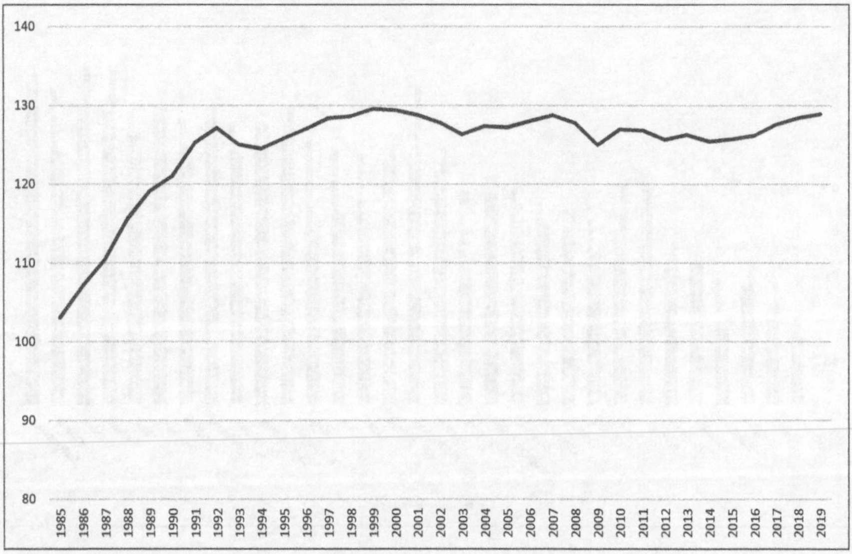

Fonte: OCDE

Segundo a Comissão Europeia, Portugal distingue-se atualmente por um índice de desenvolvimento do sistema de inovação (*Innovation Scoreboard*) próximo da média da UE, tendo progredido significativamente na última década e meia. O problema é que o índice sofre de uma séria deficiência ao confundir *inputs* com os *outputs* do sistema. A Figura 2 mostra este índice com a desagregação de indicadores dos dois tipos.

As estatísticas para Portugal apontam para um número de investigadores a par de países com níveis intermédios a elevados de PIB per capita e nível tecnológico, mas um nível de despesas empresariais só comparável com países com baixos níveis de PIB e tecnologia (Figura 3). Esta comparação sinaliza um tema recorrente nesta área: o baixo nível tecnológico das nossas empresas para os níveis de despesa e recursos humanos do país em I&D.

FIGURA 2 – **INNOVATION SCOREBOARD**

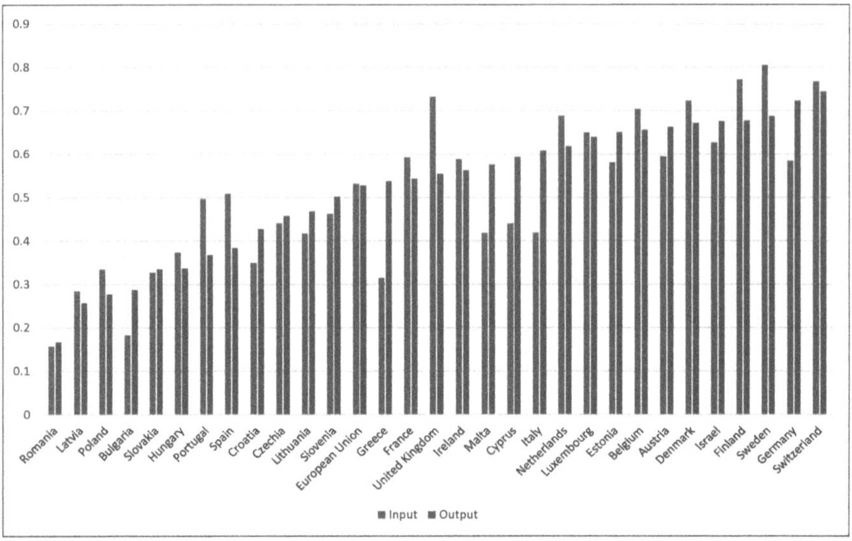

Fonte: Cálculos do autor com base nos dados da Comissão Europeia

FIGURA 3 – **PORTUGAL: BAIXO NÍVEL DA I&D NAS EMPRESAS**

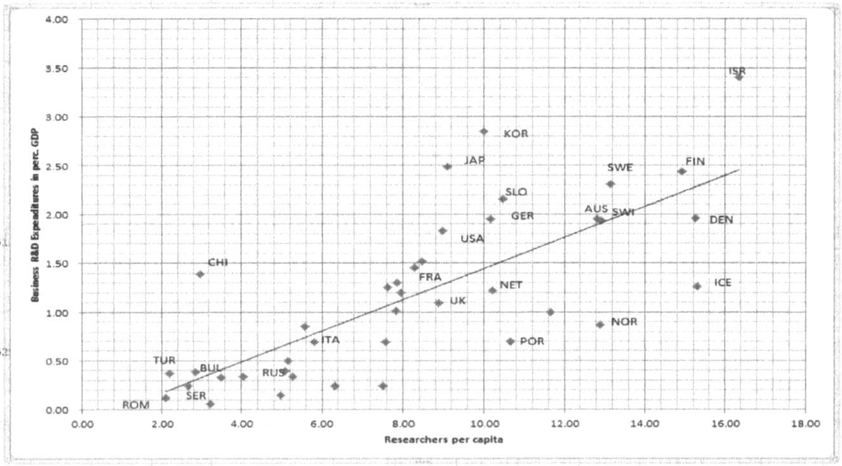

Fonte: Cálculos do autor

Um terceiro indicador que mostra o atraso da economia portuguesa é a proporção de exportações de alta tecnologia, que em Portugal não ultrapassam os 7%, o valor mais baixo da amostra da Figura 4.

FIGURA 4 – EXPORTAÇÕES ALTA TECNOLOGIA (% TOTAL)

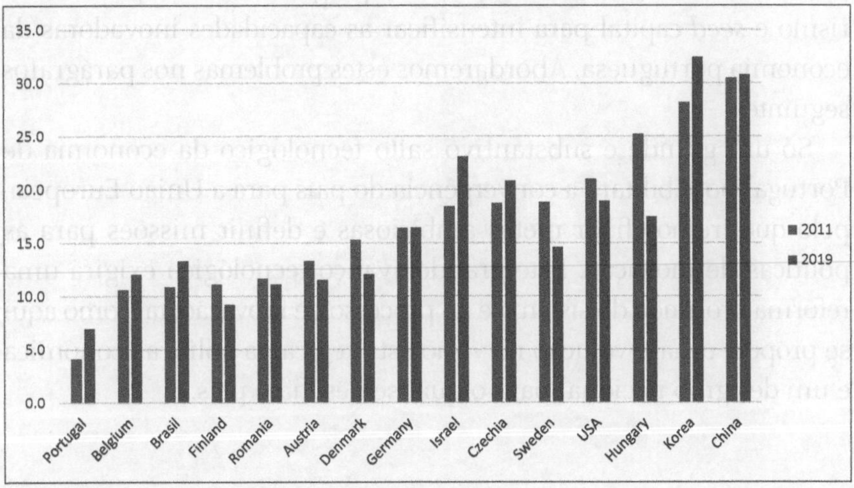

Fonte: Banco Mundial

Os principais problemas são: *(i)* A maior parte da I&D não é especializada em áreas em que reside a especialização competitiva da economia portuguesa. É necessário estender a I&D a especialidades como alimentos e agroindústrias, incluindo indústrias marítimas e pesqueiras, têxteis, automotivas, celulose e silvicultura; *(ii)* Há necessidade de acompanhar as principais investigações mundiais em áreas em que novas capacidades para o país ofereçam oportunidades, como novos materiais, a biotecnologia e a nanotecnologia; *(iii)* Necessidade de identificar claramente as capacidades científicas dos investigadores e ajudá-los a comercializar ideias de investigação, em instituições públicas e privadas, e dar incentivos para a investigação orientada para a comercialização; *(iv)* Necessidade de intensificar os vínculos com empresas, principalmente com *clusters* de manufatura e agroindustriais; *(v)* Necessidade de desenvolver mais projetos de investigação binacionais ou multinacionais e cooperação internacional; *(vi)* Necessidade de intensificar a articulação da investigação universitária com a investigação desenvolvida fora das universidades, quer com empresas quer com outras instituições; *(vii)* Necessidade de articulação com programas de empreendedorismo e *seed* capital para intensificar as capacidades inovadoras da economia portuguesa. Abordaremos estes problemas nos parágrafos seguintes.

Só um grande e substantivo salto tecnológico da economia de Portugal possibilitará a convergência do país para a União Europeia, pelo que iremos fixar metas ambiciosas e definir missões para as políticas de inovação. Este grande avanço tecnológico exigirá uma reforma profunda do sistema e do processo de inovação, tal como aqui se propõe, uma revolução na visão estratégica da política económica e um desígnio nacional para o qual se desafia o país.

11.2. Objetivos e missões

Propomos as seguintes missões para as políticas de I&D e de inovação para 2021–2030:

(1) Aumentar o conteúdo tecnológico das exportações de 20% para 30%, e aumentar as exportações de elevado conteúdo tecnológico, de 5% para 15%;
(2) Captar quatro grandes multinacionais com conteúdo tecnológico, para criarem em Portugal centros de I&D com dimensão superior a duzentos técnicos;
(3) Colocar Portugal na faixa superior dos quatro a cinco países acima da média da UE no Índice de Inovação;

a) Intensificar a formação nas áreas de STEM, de forma criar um centro de atração de talentos no país.

a) *Principais medidas propostas*

Para alcançar estas metas propomos as seguintes medidas de:

- Políticas de I&D e Inovação
  - Aumentar os recursos dedicados a I&D — o financiamento em proporção do PIB deveria subir do nível oficial total de 1,4% do PIB em 2019 para 2,5% do PIB em 2030;[2]
  - O financiamento de I&D empresarial deveria aumentar do nível oficial atual de 0,7% do PIB para 1,65% em 2030, subindo dos atuais 50% do total para 66%, mais em linha com os países mais avançados.[3] O financiamento do ensino superior e outras instituições subiria apenas de 0,7% para 0,85% do PIB;
  - Igualmente fundamental é incrementar a eficiência da I&D que é realizada nas universidades e o seu contributo para o desenvolvimento tecnológico das empresas e do Estado. Este passa pelo reforço das transações entre as universidades e as empresas, através de contratos de I&D, nomeação de professores-convidados baseados nas empresas, e o reforço dos sistemas de empresarialização das universidades;
  - Outro eixo da política de I&D é aumentar a sofisticação tecnológica das grandes empresas portuguesas, atrair multinacionais com elevado conteúdo tecnológico e as suas atividades de I&D, e contribuir para uma maior difusão do progresso tecnológico das PME, de forma a potenciar o nível médio tecnológico das exportações, e em termos estratégicos, das exportações com elevado conteúdo tecnológico;
  - Também é importante reformar os laboratórios de investigação do Estado, tornando-os mais eficientes e orientados para

[2] Com as correções aqui efetuadas, esta progressão significa passar dos atuais 1% do PIB para 2,1% em 2030.

[3] Tendo por base as correções apontadas, o aumento seria de 0,5% para 1,4% do PIB.

o desenvolvimento das vantagens competitivas da economia nacional;

- E, finalmente, criar instituições e laboratórios de iniciativa conjunta do Estado e do sector privado, e revitalizar e melhorar a coordenação dos centros de investigação públicos e privados;
- A formação de doutorados é o alicerce do sistema de I&D. É urgente uma reforma profunda, orientada para a melhoria da qualidade dos doutoramentos (definição de regras mínimas de qualidade), uma política de bolsas com prioridade para a STEM, em consonância com as orientações estratégicas tecnológicas futuras do país, e o reforço das políticas de incentivos à colocação de doutorados nas empresas;
- Criar um programa de colocação de doutorados em empresas, para ter como finalidade de que pelo menos 20% dos doutorados trabalhem em empresas e/ou em entidades não estatais. Ter também como meta que pelo menos 50% dos doutoramentos STEM sejam feitos através de BDE – Bolsas de Doutoramento Empresarial;

- É essencial reformar profundamente o Sistema Nacional de Investigação e Inovação. Recomenda-se, com base na experiência portuguesa e no *benchmark* internacional:

  - Criação do Gabinete de Ciência, Tecnologia e Inovação, permanente e com pessoal próprio, com autonomia, mas com tutela do primeiro-ministro, com poderes executivos, e com a finalidade de definir e conduzir a estratégia nacional e políticas globais de C&T e Inovação. Este Gabinete é presidido por um cientista principal (*Chief Scientist*) com três vogais (ciência, tecnologia e empreendedorismo);
  - Criação do Conselho Nacional de Ciência, Tecnologia e Inovação — um conselho consultivo, que tem como secretariado aquele gabinete e que é presidido também

pelo primeiro-ministro. Este órgão deveria reunir todos os trimestres;

- Para execução da política de C&T e inovação, deveria criar-se uma agência única com as seguintes funções: criação de uma nova agência para a Ciência, Tecnologia e Inovação, integrando a Agência para a Inovação, FTC e coordenação dos laboratórios estatais e centros de investigação estatais;

- Como base da nova política de I&D e inovação, propõe-se a elaboração de um plano de desenvolvimento tecnológico, que define uma estratégia de *upgrading* tecnológico em sectores tradicionais e a criação de novos sectores, em consonância com a complexidade tecnológica da indústria portuguesa, baseada nas vantagens comparativas endógenas e num estudo das cadeias de valor internacionais;
- Central a uma nova política de I&D e inovação é a atração de IDE de multinacionais, com base em centros de investigação tecnológicos. Já estão presentes em Portugal alguns centros de multinacionais alemãs, pelo que é crucial continuar a atrair e a reforçar estes centros. A AICEP deveria orientar e concentrar a sua estratégia de captação do IDE com base no plano tecnológico a definir para os próximos 10 a 20 anos do país, que seria assente numa estratégia de formação de técnicos ao nível intermédio, superior e avançado para estes sectores estratégicos. Seria nestas políticas de atração e desenvolvimento da internacionalização das nossas empresas que se deveriam concentrar os subsídios e recursos financeiros do país;
- É essencial redefinir a política de I&D e inovação com base na reorientação para as:

- Grandes empresas — contratos multianuais com subsídios à I&D que possibilitem a concretização de algumas linhas de política: *(i)* nomeação de um *Chief Technology Officer* (diretor de tecnologia); *(ii)* programa de inserção de doutorados com benefícios fiscais na empresa; *(iii)* programa de colaboração com universidades ou laboratórios bem definidos; e *(iv)* resultados a monitorizar do programa;

- Para as PME, e englobando eventualmente também as grandes empresas, é fundamental reforçar e expandir os centros tecnológicos do país. Estes devem ser verdadeiros centros de colaboração entre empresas (e associações patronais sectoriais), politécnicos e laboratórios. Deverão ser criados novos centros com base na estratégia de desenvolvimento tecnológico a definir. Devem estar orientados para a solução dos problemas concretos das empresas em termos de tecnologia, *design* e *marketing*. A estratégia de mercados seria um novo vetor a adicionar aos centros, com participação do AICEP, para desenvolver contactos com parceiros estrangeiros e apoiar a internacionalização das empresas;
- É exatamente para o desenvolvimento e a implementação das políticas sectoriais locais e dos projetos dos centros tecnológicos que os politécnicos deveriam contribuir. Primeiro, em termos de formação dos técnicos especializados que as indústrias, a agricultura ou os serviços locais necessitam, e da solução para os problemas das empresas locais, e em especial através dos centros tecnológicos;
- Já existem em Portugal ninhos de *start-ups* e instituições de financiamento do tipo *venture capital*, e até já se criaram alguns, mas poucos unicórnios; o problema é que toda a estrutura é ainda incipiente e com representatividade ainda muito fraca ao nível internacional. É essencial continuar a acarinhar os fundos privados de *venture capital* e reforçar o apoio aos ninhos de *start-ups*, especialmente os patrocinados pelas universidades tecnológicas do país;
- Já existem em Portugal alguns parques tecnológicos, nomeadamente o caso do Tagus Park. O problema é que ainda estão longe de ter a dinâmica e a capacidade de I&D e inovação dos líderes internacionais. É útil começar por dois ou três

casos (Lisboa, Porto e Coimbra) e aprofundar e reforçar os existentes, começando pelo eixo fundamental que é uma universidade líder em termos tecnológicos e um conjunto de centros de investigação, dos quais pelo menos dois ou três deveriam ser de multinacionais.

12. AGRICULTURA: CAMINHOS PARA UMA AGRICULTURA SUSTENTÁVEL

FRANCISCO AVILEZ

12.1. Introdução

Os aspetos mais significativos e, simultaneamente, mais preocupantes sobre a agricultura portuguesa nas últimas décadas foram a evolução negativa do produto agrícola bruto e a perda de competitividade média das suas explorações agrícolas.

Entre 1990 e 2020, o produto agrícola bruto nacional evoluiu a uma taxa de crescimento média anual de –1,3%, a qual foi consequência de dois fatores principais: *(i)* por um lado, o decréscimo da superfície agrícola cultivada (–1,4%/ano), o qual foi, no entanto, parcialmente compensado pela evolução positiva da produtividade do fator terra (+1,9%/ano); e *(ii)*, por outro, pela evolução desfavorável da produtividade dos fatores intermédios (–1,8%/ano), que resultou de um crescimento do respetivo consumo (+2,4%/ano) muito superior ao do volume da produção agrícola (+0,5%/ano). Por seu lado, a competitividade média das explorações agrícolas portuguesas sofreu um decréscimo no conjunto das últimas três décadas (–0,6%/ano), por consequência de um ligeiro crescimento da respetiva produtividade (+0,7%/ano), que só muito parcialmente conseguiu compensar o efeito negativo para as explorações agrícolas portuguesas da evolução sofrida pelas relações entre os preços agrícolas e os não agrícolas (–1,3%/ano).

Esta significativa perda de competitividade média das explorações agrícolas foi, no entanto, reparada por uma evolução ligeiramente positiva, entre 1990 e 2020, do respetivo rendimento médio (+0,4%/ano), devido a uma evolução muito favorável verificada para o valor das transferências de rendimento geradas pelos apoios diretos em vigor na PAC (+4,9%), o que assegurou a viabilidade económica de um número considerável de explorações agrícolas não competitivas.

É de realçar que, na última década, se verificou uma inversão favorável nas tendências negativas anteriormente identificadas, tendo-se assistido, entre 2010 e 2020, a:

- um crescimento de +1,1% do produto agrícola bruto, decorrente de uma evolução favorável quer da superfície agrícola cultivada (+0,8%/ano), quer da produtividade do fator terra (+1,7%);
- um crescimento de +2,9% da competitividade média das explorações agrícolas portuguesas, resultante de um ganho da sua produtividade média (+1,7%) e uma evolução favorável nas relações entre os preços agrícolas e não agrícolas (+0,4%);
- um aumento no rendimento médio das explorações agrícolas (+2,4%/ano) que, no entanto, beneficiou menos do que nas décadas anteriores da evolução dos apoios diretos aos produtores (+1,1%/ano).

Do anteriormente exposto, pode concluir-se que foram quatro os principais fatores explicativos do comportamento económico pouco favorável do sector agrícola português nas últimas décadas:

(1) O primeiro fator diz respeito à importância assumida dos resultados das explorações agrícolas das transferências de rendimento geradas pelas medidas de apoio ao rendimento dos produtores em vigor, que, assegurando a viabilidade

económica dos sistemas de produção praticados, têm muitas vezes desincentivado a obtenção de ganhos de produtividade capazes de contribuir para a sua competitividade;

(2) Outro fator tem que ver com o progresso muito desfavorável da relação entre os preços agrícolas e não agrícolas, em geral, e dos preços dos produtos e dos fatores agrícolas de produção, em particular;

(3) Um terceiro fator está relacionado com a acentuada redução observada na superfície agrícola cultivada, motivada, no essencial, por uma progressiva perda de produtividade de grande parte dos nossos solos e pelo crescente agravamento dos seus défices hídricos;

(4) Finalmente, o último fator diz respeito à abundância de tecnologias e práticas agrícolas baseadas predominantemente num modelo de intensificação tecnológico em que os ganhos de produção implicam uma crescente utilização de fatores intermédios de produção, quase sempre com impactos negativos do ponto de vista ambiental.

A evolução mais favorável na última década do crescimento e da competitividade agrícolas foi consequência da inversão positiva ocorrida no conjunto dos fatores em causa.

Para se poder estabelecer que caminhos se deverão privilegiar nas próximas décadas vai ser necessário adicionar aos fatores de âmbito sectorial em causa outros de âmbito mais geral, que concernem, no essencial:

- à necessidade de se vir a contribuir para a satisfação das necessidades alimentares de uma população mundial crescente, com base em dietas saudáveis e acessíveis a todos, baseadas em sistemas agrícolas e alimentares sustentáveis;
- aos compromissos assumidos no âmbito dos objetivos da neutralidade carbónica, assentando em opções produtivas e tecnológicas capazes de contribuir para a mitigação das emissões

de GEE, para o sequestro de CO_2 no solo e na vegetação, e para a adaptação dos sistemas de produção agrícolas e florestais ao processo das alterações climáticas em curso.

Que estratégia adotar para inverter as tendências negativas do passado e avançar de forma sustentável para um crescimento significativo da agricultura portuguesa é o que iremos abordar de regadio.

12.2. Visão estratégica

Portugal vai ter de ser capaz de fazer crescer na próxima década, de forma significativa, a produção de bens agrícolas e alimentares de qualidade reconhecida, destinados aos mercados interno e externo, na medida em que, contribuindo para o crescimento do valor acrescentado nacional e para uma maior segurança alimentar, sejam baseados em sistemas e estruturas de produção agrícolas e florestais economicamente viáveis, ambientalmente sustentáveis, e territorialmente equilibrados.

Dadas as características edafoclimáticas, socioestruturais e técnico-económicas muito diversas da agricultura portuguesa, só será possível assegurar a concretização desta visão estratégica, se forem criadas as condições político-institucionais capazes, simultaneamente, de:

- promover ganhos crescentes de produtividade económica nos sistemas e estruturas de produção agrícola capazes de competir no contexto de mercados cada vez mais alargados e concorrenciais, e crescentemente sujeitos a uma procura alimentar cada vez mais exigente do ponto de vista sanitário e ambiental;
- assegurar a viabilidade económica daqueles sistemas de ocupação e o uso dos solos agrícolas e florestais que, sendo produtivos, mas não tendo condições para virem a ser competitivos, possam desempenhar funções relevantes do ponto de vista da gestão

dos recursos solo, água e ar, da descarbonização da economia, da preservação da biodiversidade e das paisagens agrícolas, e de coesão económica e social das zonas rurais;
- incentivar a inovação e a internacionalização do sistema agro-alimentar e florestal.

A concretização destes três grandes objetivos vai depender, essencialmente, da promoção de um tecido empresarial agrícola e rural cada vez mais bem organizado, mais bem qualificado, mais dinâmico e mais inovador, cujas opções produtivas, tecnológicas e estruturais, sendo economicamente viáveis, sejam baseadas num modelo de intensificação tecnológico sustentável, numa gestão sustentável dos solos e da água, e na preservação da biodiversidade e das paisagens agrícolas.

Para o efeito, vai ser necessária a adoção de um conjunto coerente de intervenções estratégias por parte do Governo português em que seja dada prioridade:

- a um sistema de apoio direto aos produtores mais equitativo e mais bem orientado para uma maior resiliência dos sistemas de produção;
- a incentivos à adoção de tecnologias e práticas agrícolas, capazes de promover um aumento do teor de matéria orgânica dos solos e uma maior eficiência dos fatores de produção;
- à modernização e expansão dos regadios privados e públicos;
- ao reforço da organização dos produtores e da sua posição no âmbito da cadeia alimentar.

12.3. Áreas de intervenção estratégicas

São, portanto, quatro as áreas de intervenção das políticas públicas que, em nossa opinião, irão assumir uma importância estratégica para o futuro da agricultura portuguesa:

(1) o sistema de apoios diretos ao rendimento dos produtores e à produção agrícola;
(2) a gestão dos solos e a eficiência no uso dos fatores de produção agrícolas;
(3) a eficiência no uso da água e a expansão dos regadios públicos e privados;
(4) o reforço da posição dos produtores agrícolas no âmbito das cadeias alimentares.

12.3.1. Sistemas de apoios diretos ao rendimento e à produção

Em 2019, o valor total dos pagamentos diretos de que beneficiaram os produtores agrícolas de Portugal Continental, no âmbito das medidas de política do 1.º e do 2.º pilar da Política Agrícola Comum (PAC), foi de 841 milhões de euros. Na sua maioria (69,3%), tais pagamentos diziam respeito a apoios diretos ao rendimento (56,1%) e à produção (13,2%), repartindo-se os restantes (30,7%) pelas medidas agroambientais (17,5%) e pelos apoios aos produtores das zonas desfavorecidas (33,2%).

A quase totalidade (88,8%) dos apoios diretos aos rendimentos dos produtores diziam respeito ao Pagamento-base (53,3%) e ao Pagamento *Greening* (35,5%), correspondendo os restantes ao Pagamento Redistributivo e aos Apoios à Pequena Agricultura (11,2%). No seu conjunto, estes apoios diretos ao rendimento representavam, em 2019, cerca de 14% do valor total da produção agrícola das explorações em causa.

São duas as principais críticas associadas com este tipo de apoios ao rendimento: *(i)* que é muito desigual a sua repartição pelos diferentes tipos de sistemas de produção, dimensão de explorações agrícolas e regiões, o que é consequência, no essencial, do modelo de cálculo e de atribuição dos direitos aos pagamentos-base que esteve na sua origem aquando da reforma da PAC de 1992; e *(ii)* que, assumindo para muitas explorações agrícolas um contributo muito significativo para assegurar a sua viabilidade económica, tem constituído um claro desincentivo à obtenção de ganhos de produtividade que assegurem a respetiva competitividade.

Neste contexto, consideramos ser indispensável a implementação, em vigor no início de 2023, das propostas apresentadas pelo Governo português no âmbito do seu Plano Estratégico da PAC (PEPAC), que preconizam a opção por:

- um processo de convergência total dos Pagamentos-base (PB), de forma que se atinja, em 2026, uma *flat rate*;
- um abandono do modelo histórico de atribuição dos direitos ao PB para um que contribua não só para o aumento da superfície elegível por parte dos atuais beneficiários, como também para a inclusão no sistema de novos beneficiários que, atualmente, não têm direitos PB;
- um reforço das verbas atribuídas ao Pagamento Redistributivo (PR) e uma sua atribuição prioritária às muito pequenas e pequenas explorações agrícolas;
- um reforço das verbas atribuídas aos apoios aos produtores em zonas desfavorecidas (MZD) e uma sua atribuição prioritária às muito pequenas e pequenas explorações agrícolas.

Por seu lado, os apoios diretos à produção agrícola incidem maioritariamente (92,3%) sobre a produção pecuária nacional em geral, e os sistemas de produção extensivos em particular (81,6%), correspondendo os restantes (7,8%) aos pagamentos ligados à produção de arroz (4,9%) e de tomate para indústria (2,9%).

A crise pandémica que temos vindo a atravessar, a importância crescente de uma maior segurança alimentar, e a penalização muito significativa que alguns sistemas de produção irão sofrer com o processo de convergência total do valor dos pagamentos-base, tornam indispensável promover uma maior resiliência da capacidade produtiva dos sectores mais afetados (leite, arroz e tomate para indústria) e um mais elevado grau de autoabastecimento daqueles produtos que têm atualmente uma exagerada dependência em relação ao exterior (cereais e proteaginosas). Neste contexto, estamos igualmente de acordo com as propostas que constam do PEPAC, que apontam para um reforço significativo dos apoios unitários ao arroz, ao tomate para indústria, às vacas leiteiras e aos ovinos e caprinos, e para a introdução de novos apoios à produção dos cereais de outono/inverno e do milho e de proteaginosas.

12.3.2. Gestão sustentável dos solos agrícolas e eficiência no uso dos fatores de produção

É nossa opinião de que só vai ser possível fazer crescer de forma significativa e sustentável o produto agrícola bruto nacional e a competitividade das suas explorações agrícolas através da adoção generalizada de soluções produtivas e tecnológicas que sejam capazes de promover simultaneamente *(i)* uma melhoria do potencial produtivo dos nossos solos, ou seja, um aumento da sua capacidade para disponibilizarem mais nutrientes, para reterem mais humidade e drenarem melhor o excesso de água; e *(ii)* uma mais precisa e dirigida utilização de quantidades cada vez menores de fertilizantes sintéticos, fitofármacos, água de rega e alimentos compostos para animais por unidade de produção agrícola final.

Só assim nos parece plausível conciliar a obtenção de ganhos de produtividade e competitividade agrícolas com o combate às alterações climáticas, com uma gestão sustentável dos recursos naturais, e com a preservação da biodiversidade e, deste modo, potenciar um aumento da produção agrícola nacional no respeito pelos compromissos assumidos no contexto da neutralidade carbónica e do *Green Deal* (Pacto Ecológico).

A qualidade dos solos agrícolas está dependente dos fatores naturais da sua formação e da atividade do Homem. Quanto mais desfavoráveis são os fatores naturais, maior importância assume o nosso papel. Associada às causas naturais, os sistemas de agricultura tradicionalmente praticados não têm acautelado a conservação do solo e da água, contribuindo para a degradação dos nossos solos. É necessário e urgente colocar o solo no centro das preocupações com a nossa agricultura. É indispensável desenvolver sistemas e tecnologias de produção que controlem a erosão do solo e aumentem o seu teor de matéria orgânica. É igualmente relevante atender à melhoria da drenagem, muito em particular dos *Luvissolos*, dada a sua importância no contexto nacional.

A solução para todas estas questões passa pela redução drástica da intensidade dos sistemas de mobilização, pela cobertura permanente do solo com os resíduos das culturas, e por incluir nas rotações culturas capazes de fazerem crescer raízes em profundidade, de forma a desenvolver uma rede abundante e extensa de canais contínuos no solo, que permitam ultrapassar as limitações à sua drenagem interna. Nos solos mais marginais há ainda a necessidade frequente de correção da acidez pelas limitações impostas por toxicidades de manganês e/ou de alumínio. Esta mudança não é fácil, pois obriga a repensar os sistemas de culturas e respetivos itinerários técnicos. No entanto, a informação disponível mostra que é possível aumentar consideravelmente o potencial produtivo dos nossos solos e, simultaneamente, incrementar a eficiência no uso de fatores de produção, como é o caso dos fertilizantes, o que são contribuições decisivas para a sustentabilidade económico-ambiental de muitos sectores da agricultura portuguesa.

Irá assumir, neste contexto, particular relevância a futura expansão em Portugal de um modelo de extensificação tecnológica agrícola sustentável.

Na generalidade dos países desenvolvidos e, mais tarde, em muitos dos países em desenvolvimento, difundiu-se, a partir da Segunda Guerra Mundial, o modelo tecnológico agrícola que, face à escassez crescente da população cativa agrícola absorvida pela expansão da indústria e dos serviços, tinha como principal objetivo o aumento da produtividade do trabalho, com base numa dupla substituição: *(i)* do trabalho humano e animal, até então dominante, por máquinas e motores; e *(ii)* dos processos biológicos por *inputs* químicos de origem industrial.

O primeiro tipo de substituição — componente mecânica do modelo — contribuiu para o aumento da superfície cultivada por unidade de trabalho, enquanto o segundo tipo — componente química do modelo — promoveu ganhos de produtividade por cada hectare de superfície cultivada. Nasceu, assim, um novo modelo tecnológico de intensificação agrícola, usualmente designado por modelo químico-mecânico, cujo desenvolvimento assentou não só em indiscutíveis progressos no domínio da ciência e da agronomia (melhoramento genético de plantas, proteção das plantas, sistemas de rega,...), como também numa dependência crescente da energia fóssil utilizada na produção, quer das máquinas e combustíveis, quer dos fertilizantes industriais e pesticidas.

A generalização, à escala mundial, do modelo químico-mecânico teve consequências muito positivas do ponto de vista económico (libertação de mão de obra para os outros sectores da economia, crescimento da produção agrícola, redução dos riscos de insuficiência alimentar, ...), mas provocou, ao mesmo tempo, graves problemas de poluição, perdas de biodiversidade e um contributo crescente para o aquecimento global, através da emissão de GEE.

Existe um consenso cada vez mais alargado de que o modelo tecnológico de intensificação agrícola atualmente dominante (modelo químico-mecânico) não só tem consequências ambientais e sociais muito negativas, como também se encontra economicamente esgotado. Em primeiro lugar, porque o melhoramento genético das plantas parece estar a atingir os seus limites face ao desejado aumento da produtividade e de redução dos custos. Em segundo lugar, porque sendo um modelo altamente consumidor de *inputs* químicos, de água e de energia fóssil, tem implicações sobre a poluição, os recursos hídricos e as emissões de GEE dificilmente mitigáveis. Em terceiro lugar, devido à sua expansão por solos ocupados por sistemas de agricultura de baixa intensidade tecnológica e consequente artificialização dos respetivos ecossistemas, é responsável por perdas crescentes de biodiversidade e de abandono dos solos. Em quarto e último lugar, porque a sua dependência de energia fóssil o torna particularmente sensível a níveis elevados dos preços do petróleo, que tenderão a pôr em causa a sua viabilidade futura.

Em consequência destes sinais de esgotamento económico e dos impactos ambientais e climáticos negativos, é que se encara cada vez mais como inevitável a substituição do modelo químico-mecânico atualmente dominante por um modelo de intensificação agrícola sustentável.

No essencial, o que se pretende com esta nova orientação é substituir um modelo tecnológico cujos aumentos de produtividade por hectares foram, geralmente, obtidos à custa de aumentos do nível de consumo de *inputs* por hectare, tendo como resultado a redução na eficiência da sua utilização e o aumento de problemas ambientais, por um modelo capaz de desligar, tanto quanto vier a ser possível, a produção por hectare do respetivo nível de utilização de *inputs* de origem industrial e de recursos escassos.

Este novo modelo de intensificação sustentável deverá, de acordo com a Organização para a Alimentação e Agricultura (FAO), basear-se nos três seguintes princípios: *(i)* na obtenção, em simultâneo, de ganhos de produtividade e de uma melhor valorização do capital natural e dos serviços ecossistémicos agrícolas; *(ii)* em melhorias significativas de eficiência no uso dos fatores terra, água, agroquímicos e trabalho; *(iii)* na utilização da biodiversidade natural na procura de formas mais resilientes aos fatores de risco abióticos e bióticos.

No caso português, o modelo tecnológico de intensificação sustentável deverá basear-se numa combinação equilibrada entre:

- tecnologias orientadas para o aumento da eficiência no uso dos *inputs* agrícolas (agroquímicos, água e energia), através de uma sua aplicação mais precisa e dirigida (máquinas e técnicas agrícolas de precisão, novos métodos de rega, produção integrada,...), com base numa difusão mais generalizada das novas tecnologias de informação e da biotecnologia;

- práticas agronómicas que visam a substituição parcial dos *inputs* agrícolas, através do controlo da erosão, da melhoria da estrutura e da fertilidade dos solos, do aumento da capacidade de retenção da água pelos solos (mobilização mínima, enrelvamento, rotações culturais com culturas melhoradas e fixadoras de azoto no solo, modo de produção biológico,...), e que exigirão um conhecimento mais aprofundado do funcionamento dos ecossistemas agrícolas.

Para que estas alterações se venham a concretizar vão ser necessárias intervenções públicas, coerentes e estáveis, que sejam capazes de responder às seguintes principais prioridades:

(1) Numa evolução do sistema de pagamentos diretos aos produtores que privilegie em geral os apoios de natureza ambiental, climática e territorial, em detrimento dos apoios ao rendimento e à produção, hoje em dia dominantes, e, em particular, medidas agroambientais e agroclimáticas orientadas prioritariamente para:

  - uma redução das perdas de matéria orgânica do solo, para a adoção de tecnologias e práticas agrícolas que promovam uma diminuição da mobilização, da erosão e da mineralização dos solos;
  - um aumento dos ganhos de matéria orgânica, através da adição de compostos orgânicos, uma melhor gestão dos resíduos, e um maior equilíbrio nas rotações e adubações.

Neste contexto, vão assumir particular relevo medidas de tipo agroambientais e climáticas, que assegurem a viabilização económica dos sistemas de agricultura de precisão e de conservação, em geral, e os apoios à instalação e manutenção de pastagens permanentes melhoradoras do tipo das biodiversas, em particular, as quais deverão constituir uma adequada concretização dos compromissos assumidos no âmbito do RNC 2050, nomeadamente no contexto dos sistemas agroflorestais;

(2) a promoção de um modelo tecnológico de intensificação sustentável, capaz de contribuir para o crescimento económico do sector baseado numa melhoria da eficiência no uso dos fatores intermédios de produção e numa gestão e conservação sustentável dos recursos terra e água;

(3) a promoção de uma rede de Organização de Produtores (OP) que possibilite a implementação de medidas de gestão de risco e de estabilização de rendimentos, e que contribuam para uma mais fácil divulgação e difusão generalizada das inovações tecnológicas que melhor assegurem uma mais eficiente utilização dos recursos disponíveis e que contribuam para a descarbonização da economia nacional;

(4) o reforço de uma fileira do conhecimento baseada numa rede de estações experimentais distribuídas no território nacional que, através de uma investigação aplicada, sejam capazes de promover o acesso às inovações tecnológicas em causa por parte do maior número possível de produtores agrícolas, assim como assegurar o respetivo apoio técnico.

É de nossa opinião que, apesar das propostas do PEPAC estarem alinhadas com estas prioridades, a sua concretização pode vir a estar limitada pela sua pouca ambição expressa, quer pelos níveis de apoios unitários propostos, quer pelas verbas totais afetas ao seu financiamento, nomeadamente no que refere aos pagamentos ecorregime, às medidas agroambientais e de clima, e aos investimentos nos regadios públicos e privados.

12.3.3. Uso eficiente da água e expansão dos regadios públicos e privados

Para a agricultura e um mundo rural com as características edafoclimáticas e socioeconómicas que se apresentam em Portugal, a disponibilidade de água em quantidade e com qualidade adequadas assume uma importância estratégica decisiva: *(i)* porque os sistemas de produção agrícola nacionais, com condições para virem a ser economicamente competitivos no futuro de forma sustentável, necessitam de poder vir a dispor, pelo menos parcialmente, de água para regar as respetivas áreas cultivadas; *(ii)* porque no contexto das alterações climáticas previstas para Portugal nas próximas décadas, mesmo os sistemas de ocupação de uso dos solos de sequeiro do tipo agroflorestal orientados predominantemente para objetivos de natureza ambiental e social, terão quase sempre de contar com áreas complementares de regadio que contribuam para a sua viabilidade futura; *(iii)* visto que a agricultura de regadio constitui, para a generalidade dos territórios rurais em Portugal, um fator determinante para o reforço e diversificação do seu tecido económico e social, é condição indispensável para a tão desejada coesão económico-social; e *(iv)* é importante sublinhar que as relações entre a água e a produção agrícola em Portugal não se reduzem à problemática da disponibilidade de água para rega e à maior ou menor eficiência com que ela é utilizada. De facto, a problemática do uso da água pela agricultura está também estreitamente relacionada com a da gestão e conservação mais ou menos sustentável do solo que, influenciando o teor de matéria orgânica do solo e a respetiva estrutura, contribui para uma maior ou menor capacidade de retenção de água pelos solos e para a sua drenagem.

O clima marcadamente mediterrânico da maior parte do território de Portugal Continental caracteriza-se por uma forte concentração da precipitação anual no período outono-invernal e pela ocorrência de verões quentes e secos. Daqui resulta que é no período primavera-verão que as temperaturas são mais favoráveis ao desenvolvimento das plantas, que as necessidades de água pelas plantas são mais elevadas, mas em que a precipitação é quase nula, o que faz com que o regadio seja um fator decisivo para a produtividade e viabilidade económica da maior parte dos sistemas de produção agrícola nacionais.

Se a disponibilidade de água assume, atualmente, uma importância decisiva para a agricultura portuguesa, os impactos previstos em consequência das alterações climáticas irão potenciar ainda mais a importância estratégica dos recursos hídricos. Ao contribuir para o aumento da temperatura média da atmosfera, ao modificar o regime pluviométrico, e ao alterar a intensidade e a frequência dos fenómenos climáticos extremos, as alterações climáticas vão provocar:

- variações no volume e na distribuição das disponibilidades de águas superficiais e subterrâneas e, consequentemente, uma redução da oferta de água para uso pelos sistemas de produção agrícolas e florestais;
- alterações na qualidade da água disponível decorrentes do aumento das temperaturas;
- variações nos volumes de água utilizados pelas plantas consequentes da redução do teor de água nos solos e dos aumentos da evapotranspiração vegetal, o que irá conduzir a um acréscimo da procura de água por parte dos sistemas de produção agrícola e florestais.

Uma resposta coerente e consistente a estes diferentes tipos de impactos vai implicar a adoção de um conjunto de medidas de adaptação orientadas para:

- o aumento da capacidade de retenção da água pelos solos agrícolas;
- a redução do escoamento superficial da água das chuvas durante o inverno;
- o aumento da eficiência na utilização da água de rega;
- o incremento da disponibilidade de água para rega nas regiões do país que irão ser mais afetadas pelos efeitos das alterações climáticas.

No que diz respeito aos outros tipos de medidas de adaptação previamente identificadas, importa realçar que elas estão diretamente relacionadas com outras vertentes das relações da água com a agricultura, ou seja, a da criação das condições indispensáveis a um aumento da capacidade de retenção da água pelos solos agrícolas, a qual irá implicar medidas específicas de apoio no contexto da PAC pós-2020.

No essencial, estes diferentes tipos de medidas de adaptação às alterações climáticas são, simultaneamente, medidas de mitigação dos impactos previstos, as quais irão corresponder a um conjunto de tecnologias e práticas agronómicas orientadas para uma gestão criteriosa dos diferentes tipos de *inputs* utilizados nos diferentes processos produtivos, com especial relevo para aqueles responsáveis por uma mais elevada contribuição para as emissões de GEE, nomeadamente os fertilizantes sintéticos, os combustíveis e a energia elétrica.

De acordo com o Recenseamento Agrícola de 2019, a superfície agrícola regada (562 mil hectares) ocupa apenas 14% da superfície agrícola utilizada (SAU) nacional, a qual corresponde a regadios coletivos públicos (42%), a pequenos regadios coletivos privados (9%) e a regadios privados individuais (49%), cuja água tem origem em furos, barragens ou represas construídas pelos próprios agricultores.

Segundo um estudo recentemente apresentado pelo Ministério da Agricultura, estima-se que existe uma necessidade de investimento global de cerca de 2,257 milhões de euros, 46,8% dos quais se prevê virem a ser implementados no curto-médio prazo (2021–2030). No seu conjunto, o investimento total previsto reparte-se do seguinte modo: 1,027 milhões de euros para a modernização e reabilitação dos regadios existentes; 30 milhões de euros para reabilitação e segurança das barragens; e 1,207 milhões de euros para novos regadios. Se a estes valores adicionarmos os 197 milhões de euros previstos pela Federação Nacional de Regantes (FENAREG) para a realização de investimentos complementares ao nível das explorações agrícolas, o valor global dos investimentos considerados necessários para o regadio em Portugal nas próximas décadas será da ordem dos 2,5 mil milhões de euros.

Com base na informação relativa às origens do financiamento disponíveis para este efeito, quer no atual, quer no próximo Quadro

Comunitário, é de apenas 336 milhões de euros a despesa pública disponível, a qual corresponde a: 27% das necessidades de investimento identificadas para o curto-médio prazo; e a 14% da totalidade das necessidades em causa.

Esta verificação levou a AGRO.GES, num estudo recente realizado para a FENAREG, a concluir que «(...)as verbas atualmente previstas para apoiar os investimentos no Regadio Coletivo são manifestamente insuficientes em face das necessidades, e registam uma redução significativa em face dos anteriores quadros comunitários, denotando uma tendência de desinvestimento por parte do Governo Português numa área que, como se demonstrou, é estratégica para a competitividade da agricultura nacional, para a coesão social e territorial, para o combate à desertificação e para a adaptação às alterações climáticas.»

A importância estratégica dos recursos hídricos para o futuro da agricultura e do mundo rural português deverá implicar um esforço por parte do governo para mobilizar para estes investimentos os diferentes tipos de fundos disponíveis (Fundo de Coesão e FEDER, PRR, FEADER/BEI e Fundo Ambiental), os quais deverão ser alavancados ou reforçados com recurso a verbas do Orçamento de Estado.

Sublinhamos, adicionalmente, que os obstáculos criados ao aumento da capacidade de armazenamento de água e à expansão das áreas regadas em geral e dos pequenos regadios privados em particular têm muitas vezes dependido menos de recursos financeiros disponíveis do que da falta de visão estratégica dos centros de decisão política nacionais.

12.3.4. Reforço das Organizações de Produtores e da sua posição na cadeia de abastecimento alimentar

Um crescimento sustentável do produto agrícola bruto nacional, na próxima década, só será possível se se vier a verificar um aumento significativo da competitividade das explorações agrícolas portuguesas. Na nossa opinião, este aumento só se concretizará — por muito favoráveis que sejam os resultados das intervenções públicas anteriormente identificadas — com uma clara melhoria das relações futuras entre os preços agrícolas e não-agrícolas, a qual irá exigir um reforço da posição dos produtores agrícolas na cadeia de abastecimento alimentar.

Em Portugal, são cerca de 259 mil as explorações responsáveis pela produção de produtos agrícolas, parte das quais irão ser transformadas em 11 mil empresas de indústria agroalimentar. Os bens alimentares assim obtidos vão ser comercializados por cerca de 48 mil empresas ligadas ao sector da distribuição alimentar (grossistas e retalhistas) e por cerca de 76 mil empresas do sector da restauração, e, portanto, vendidos a cerca de dez milhões de consumidores nacionais. Trata-se, portanto, de um conjunto de mercados com características oligopolistas e oligopsonistas, em que uma produção primária muito atomizada se confronta a jusante na cadeia com um número cada vez menor de agentes económicos que atuam no sector da distribuição alimentar, no qual as trinta empresas com mais de 250 trabalhadores (0,1% do total) geram 45% do VAB do sector.

Neste contexto, os preços dos produtos agrícolas têm estado condicionados a estratégias de distribuição, em que os níveis de preços mais baixos nos produtores estão associados à obtenção de níveis de preços mais baixos nos consumidores.

Para fazer face às imperfeições que caracterizam o processo de formação de preços neste tipo de mercados, foram tomadas em Portugal, desde 2010, várias iniciativas de regulação e autorregulação, das quais importa realçar a criação, em 2011, da Plataforma de Acompanhamento das Relações na Cadeia Alimentar (PARCA), por despacho conjunto dos Ministérios da Agricultura e da Economia (Despacho n.º 15480/2011). A missão atribuída à PARCA é a de promover a análise das relações entre os sectores da produção, da transformação e da distribuição dos produtos agrícolas e alimentares, com vista ao fomento da equidade e do equilíbrio na cadeia alimentar, promovendo ao mesmo tempo a competitividade da economia portuguesa, estabelecendo uma concorrência saudável, e contribuindo para o aumento da produção nacional e da autossuficiência do sector alimentar.

Um dos factos mais relevantes no contexto da atividade da PARCA foi a assinatura, em 2016, do Código de Boas Práticas Comerciais para a Cadeia de Abastecimento Agroalimentar, que se aplica às relações comercias e aos contratos de fornecimento de bens agroalimentares em Portugal e visa, particularmente, reforçar a transparência no processo de formação de preços entre as entidades privadas da PARCA.

Não obstante os passos positivos já dados, é consensual que é ainda muito escassa a transparência nas relações na cadeia alimentar e sobretudo no processo de formação de preços. Por este motivo, no processo de elaboração do PEPAC, foram identificadas as seguintes principais necessidades de intervenção:

- Promover a organização da produção, através da criação e do reforço dos agrupamentos e das organizações de produtores;
- Promover a cooperação vertical entre os vários intervenientes na cadeia de abastecimento alimentar, com base na criação e no reforço das organizações interprofissionais;
- Promover relações comerciais justas e equilibradas ao longo da cadeia alimentar, através de uma mais eficaz aplicação da legislação relativa às Práticas Comerciais Desleais;
- Promover as cadeias de distribuição curtas e os mercados locais de proximidade, como forma de aproximação dos produtores e dos consumidores.

Um associativismo agrícola cada vez mais dinâmico, tecnicamente competente e financeiramente sólido, vai ser, portanto, essencial para que a posição dos produtores agrícolas na cadeia de abastecimento alimentar contribua para a concretização dos objetivos que presidiram à criação da PARCA e que irão ser decisivos para a promoção da competitividade e da sustentabilidade futura dos sistemas de produção agrícola nacionais.

13. FLORESTAS E INTERIOR
CLEMENTE PEDRO NUNES

Os programas até agora introduzidos por este governo para solucionar o problema das florestas e auxiliar no combate aos fogos florestais têm-se revelado um fracasso dramático, que culminaram no maior desastre de que houve memória. Não se conseguirá resolver este problema com multas e decretos. Chegou o momento de implementar novas soluções, com bases económica e empresarial, para resolver este problema, aproveitando a ocasião única dos recursos adicionais postos à nossa disposição pela UE.

O que se propõe começa por distinguir três subprogramas dirigidos a realidades distintas: *(i)* os terrenos e as florestas do Estado, cuja negligência e falta de manutenção e investimento levaram a situações como a do Pinhal de Leiria; *(ii)* o latifúndio, que tem sido relativamente bem explorado e tido apoios da PAC, assim como as explorações florestais ligadas às celuloses; e *(iii)* o minifúndio florestal do centro e do norte do país, e algumas regiões do Algarve, que é a maior causa de preocupações e cuja solução não é fácil.

No caso dos terrenos e florestas do Estado, propõe-se *(i)* o reforço dos meios de manutenção e vigilância, assim como de reflorestação dos terrenos que se decide manter sob a responsabilidade do Estado; e *(ii)* a atribuição de concessões a privados das restantes áreas, mediante leilão e com caderno de encargos preciso, para um horizonte temporal adequado ao ciclo florestal.

No caso dos latifúndios sugere-se um reforço adicional do programa da PAC, para aumentar a eficiência da exploração e reduzir o risco de incêndios.

No caso das vastas zonas de minifúndio, é evidente que existe uma falha de mercado, a exigir uma solução coletiva. Propõe-se, em primeiro lugar, constituir uma comissão multimunicipal com o fim de estudar e implementar uma solução para cada região. Como as situações dos terrenos são muito diversas e retalhadas, por vezes até em áreas de difícil acesso, terá de se desenhar uma solução económico-jurídica invocando o interesse público. Estas comissões poderão apontar entre três soluções: *(i)* a atribuição de uma concessão a privados da reflorestação, conservação e combate aos fogos; *(ii)* a constituição de empresas público-privadas com o mesmo objeto; ou *(iii)* a formação de empresas públicas multimunicipais com a mesma meta. Designaremos estas Empresas de Gestão Florestal da Região X; *(iv)* e um programa de incentivos à modernização e dinamização de rebanhos de ovinos e caprinos, como forma de limpeza de ervas, matos e arbustos.

De facto, a solução é transpor para estas zonas rurais o esquema que existe nos principais centros urbanos de recolha e tratamento de lixos e resíduos, embora esta seja mais complexa, devido ao diferencial de propriedade dos terrenos. Para serem efetivas, estas empresas devem ter o poder de se substituir ao proprietário ausente, desconhecido (baldios), ou sem capacidade de exploração, para exercerem as suas funções em nome do bem-público que é a preservação da floresta e a redução do risco de incêndio.

Para aumentar a possibilidade de sustentabilidade e rentabilidade destas empresas, devem tomar-se duas ações: *(i)* os subsídios; e *(ii)* a integração vertical do processo de tratamento do produto da floresta. Os subprodutos da exploração florestal, entre outros, são o restolho, péletes e madeiras que são vendidas no mercado para produção de energia, para combustível de várias indústrias e para a indústria da madeira, em particular. Para incentivar a apanha do restolho, este deveria ser adquirido por estas empresas a um preço mínimo regulado que seria subsidiado.

Com vista a valorizar a utilização destes recursos, serão concessionadas cerca de cinco a seis centrais de biomassa, situadas nas zonas de exploração florestal. Estas centrais podem também ser integradas nas concessões das empresas de gestão florestal, para aumentar a cadeia de valor.

Para financiar este programa de gestão florestal seria constituído um Fundo para a Reflorestação e Prevenção de Incêndios Florestais (FRPIF), com a dotação inicial de mil milhões de euros, para financiar as ações de reflorestação das áreas ardidas, de prevenção de novos fogos; para dinamizar a atividade económica nas áreas do minifúndio rurais e do interior em acelerada desertificação; e para promover a inclusão social e criar uma economia mais verde. Inicialmente, o Fundo seria dotado das transferências do Programa de Recuperação e Resiliência e, posteriormente, financiar-se-ia através de receitas decorrentes da sua participação nas Empresas da Indústria Florestal, e do IMI dessas regiões, podendo receber dotações anuais do Estado ou capitais privados. O Fundo iria inicialmente capitalizar as Empresas de Gestão Florestal das diferentes regiões e, por seu turno, poderia fazer empréstimos a empresas ou proprietários privados para a exploração florestal. O Fundo funcionaria junto do Banco de Fomento.

No que diz respeito ao programa de incentivos à modernização e dinamização dos rebanhos de caprinos e ovinos na zona do minifúndio interior, este deve incluir incentivos fiscais e de formação profissional de toda a respetiva fileira, incluindo os sectores dos lacticínios e das carnes a jusante, o que permitirá fomentar a limpeza da biomassa espontânea das regiões mais orograficamente acidentadas, numa lógica de economia circular e de reforço da coesão social economicamente sustentada nestas regiões de muito baixa densidade humana.

GRUPO DE TRABALHO MAR
Assunção Cristas *(Coordenadora)*

Bernardo Carvalho
Joana Balsemão
Jorge d'Almeida
Maria João Bebiano
Macieira Fragoso
Rúben Eiras
Tiago Pitta e Cunha

14. MAR
ASSUNÇÃO CRISTAS

Fazendo uso dos mesmos dados divulgados no relatório da COM 2021, observa-se que Portugal se situa bem acima da média europeia no que respeita ao peso da economia do mar em termos de valor acrescentado bruto (VAB) (3,3%) e do emprego (5,6%), números que cresceram de forma significativa face a 2009, quando se situavam, respetivamente, em 2,2% e 3,6%, o que correspondeu a um acréscimo respetivo de 73% e 54%. No contexto da economia portuguesa, o acréscimo do peso da economia do mar ao seu conjunto aumentou 53% no que respeita ao VAB e 54% ao emprego. Note-se que a economia do mar cresceu a um ritmo bastante superior ao do conjunto da economia portuguesa (que cresceu apenas 13%) e ao do emprego (que decresceu 0,6% face a 2009).

Ao nível nacional, o turismo costeiro representa 77% do VAB e 82% do emprego, seguindo-se o sector dos recursos marinhos vivos, com 13,2% do VAB e 13,8% do emprego, e a atividade portuária com 6,3% do VAB e 1,7% do emprego. Atentemos, por exemplo, à debilidade do transporte marítimo em Portugal: 0,6% do emprego e 1,3 do VAB na economia azul contra a média da UE-27, de 8,8% e 17,0%, respetivamente. Estes dados mostram como o desenvolvimento da economia do mar no país precisa de se robustecer, diversificar e abarcar em outras dimensões, nomeadamente no domínio da bioeconomia, do transporte marítimo, ou da energia oceânica.[1]

Analisando os dados da conta satélite do mar, que permite captar os efeitos direitos e indiretos da economia do mar no total da economia portuguesa, verifica-se que, em 2018, a economia do mar representou 5,4% do VAB nacional e 5,1% do PIB.[2] Expurgados os efeitos indiretos, a economia do mar representou 3,9% do VAB nacional e 4% do emprego no triénio 2016–2018, tendo-se sobreposto ao crescimento do conjunto do VAB nacional. Na composição das várias atividades, os dados revelam um incremento do peso do turismo costeiro face à primeira edição da conta (relativa a 2013), que passou de 26% para 40% do VAB e de 27% para 36% do emprego. O segundo agregado com maior peso é o da pesca, da aquacultura, da transformação e comercialização de pescado, sendo o terceiro representado pelos portos, transportes e logística.

A Estratégia Nacional do Mar 2021–2030 toca todas as áreas com ligação ou relevo para a economia do mar, através de um alinhamento de dez objetivos estratégicos e 13 áreas prioritárias. A vantagem da abrangência é a desvantagem da efetividade. Tanta abrangência requer escolhas e o alinhamento de prioridades, sob pena de ser difícil de avançar em todos os pontos a bom ritmo.

Sinalizam-se, em particular, as áreas seguintes:

(1) No planeamento do espaço marítimo, apesar da melhoria na disponibilização da informação com o GeoPortal Mar Português, importa garantir que está permanentemente atualizado (identificar os constrangimentos e encontrar solução — 2022);

[1] Os dados do relatório da COM, sendo relativos a 2018, ainda não refletem os progressos na eólica *off-shore* em Portugal, que se deve desenvolver nos próximos anos.

[2] INE. (2020). *Ocean economy more dynamic than the national economy in the 2016–2018 triennium.* [https://www.ine.pt/xportal/xmain?xpid=INE&xpgid=ine_destaques&DESTAQUESdest_boui=459803212&DESTAQUESmodo=2&xlang=pt].

(2) Em relação à obtenção de licenças, não obstante a melhoria com a criação do interlocutor único para as licenças de atividade/uso do espaço marítimo, a resposta do conjunto de autoridades que se têm de pronunciar não é uniforme: algumas demoram muito a responder, por vezes atuam de forma descoordenada, não conhecem bem o processo que devem seguir ou o seu âmbito de competências. Importa fazer um levantamento exaustivo destes bloqueios e encontrar forma de garantir a coordenação de todas as entidades, nomeadamente através da conferência de serviços, garantindo que todas as entidades se pronunciem ao mesmo tempo sobre todos os assuntos relacionados com um projeto ou investimento (até ao final de 2022);

(3) As licenças de construção para atividades de apoio em terra continuam condicionadas a processos difíceis nas câmaras municipais ou no espaço portuário, cujos planos de ordenamento não levaram em conta as atividades económicas nascentes no mar. Importa criar um mecanismo de diálogo entre o interlocutor único para a obtenção de licenças (ao nível da administração central) e a câmara ou autoridade portuária envolvida nos apoios em terra, de forma a agilizar os processos (até ao final de 2022);

(4) Há um défice de qualificações técnicas, sobretudo quando se trata de conhecimento aplicado às necessidades das empresas. Importa fazer um inquérito rápido às empresas, de modo a caracterizar as necessidades (2022) e encontrar soluções (final de 2022) para concretizar no médio prazo (até 2024 deve ter as formações e os cursos adequados a funcionar);

(5) Há falta de empresários e empreendedores profissionais que saibam construir empresas com modelos de negócio inovadores e de alto valor acrescentado. Para colmatar este défice é necessário atuar em duas dimensões: *(i)* na dimensão interna, desenvolver ou afinar a formação existente nas escolas de

gestão, de modo a dar a conhecer as oportunidades deste sector (ao nível de cadeiras de licenciatura e mestrado), estimulando o aparecimento de trabalhos de empreendedorismo sobre os sectores do mar, e intensificar o esforço de ensino e estímulo do empreendedorismo nas áreas mais ligadas às ciências naturais e tecnológicas; *(ii)* na dimensão externa, fornecer informação relevante à AICEP para integrar a economia azul como prioritária na captação de investimento direto estrangeiro;

(6) No domínio do financiamento há várias dificuldades;

(7) Apesar de alguma melhoria, há ainda poucos investidores privados no sector do mar, sobretudo nas fases iniciais de uma nova empresa, em especial na fase semente e série A. Deve continuar-se a estimular o interesse de fundos de investimento na economia sustentável do mar;

(8) No que respeita à banca, não se tem revelado vocacionada para financiar negócios novos, sobretudo num sector com pouco histórico como o mar. É crítico fornecer-lhe informação relevante para que se interesse por conhecer e desenvolver *expertise* interna sobre este sector, devendo a Caixa Geral de Depósitos, como banco público, ter um papel de liderança;

(9) O *crowdfunding* pode ser uma via para certos casos, pelo que deve ser reconhecido e divulgado;

(10) Por fim, o financiamento público (PT2020) é pago com atraso e requer uma elevada carga burocrática. É necessária uma alteração relevante neste domínio, o que depende essencialmente de vontade e empenho políticos ao nível do governo, com reflexo nos ajustamentos necessários na administração. Espera-se que o PRRMar e a dinâmica das agendas mobilizadoras possam ser mais ágeis, bem como o funcionamento do PT2030;

(11) Há dois obstáculos que não são específicos do sector do mar, mas que também o afetam de forma muito significativa, pelo

que devem ser sinalizados: *(i)* a lei laboral, que desincentiva a produtividade e dificulta a adaptabilidade das empresas; e *(ii)* a lentidão do sistema de justiça.

A escolha das prioridades para o investimento na economia do mar em Portugal deve pautar-se pela orientação transversal para garantir uma economia neutra em carvão e promover a inovação empresarial assente em modelos de negócio ESG.

Esta mesma orientação deve servir de barómetro para a escolha do foco de empenho público e privado. Os agentes económicos são livres de fazer as suas escolhas, no estrito cumprimento da lei, porém, faz sentido que as entidades públicas, em especial as que têm como missão apoiar o investimento nacional e atrair o investimento direto estrangeiro, façam escolhas racionais e percetíveis para os agentes económicos, de modo a servirem de motor para o desenvolvimento da economia sustentável do mar.

Orientados pelo objetivo transversal de descarbonizar através da aliança entre economia e ambiente, elencam-se cinco domínios económicos prioritários:

(1) bioeconomia (incluindo pesca e aquacultura sustentáveis);
(2) energias limpas oceânicas;
(3) recuperação dos ecossistemas e sequestro de carbono;
(4) bem-estar (desporto, turismo e ligação espiritual);
(5) *green shipping* e portos sustentáveis.

Estes sectores são selecionados atendendo à sua relevância prospetiva para o futuro e às suas características específicas. Não significa que outros não possam ser desenvolvidos, mas estes convocam um olhar específico: ou pela sua juventude (como é o caso da biotecnologia azul ou das energias oceânicas); pela sua dimensão e peso na economia do mar em Portugal (caso do turismo costeiro ou da pesca); pelo contributo superlativo que podem dar aos grande problemas globais (caso da recuperação dos ecossistemas e sequestro de carbono);

pela importância ao nível global e pequena dimensão em Portugal, o que sugere grande potencial (caso do sector do *shipping* e dos portos).

É possível agregar a estes sectores, tendo em vista as necessidades, a alimentação, a energia, a saúde e o bem-estar, sendo que todos os sectores referidos, direta ou indiretamente, influem nestes temas. Estes domínios, em muitos casos, podem e devem relacionar-se numa lógica colaborativa e de complementaridade entre as várias atividades. Transversal a todas deverá ser o compromisso com o desenvolvimento das atividades alinhadas com os desafios ESG e a aliança com a criação de condições para melhor conhecimento, monitorização e supervisão do oceano.

Neste contexto são especialmente relevantes as tecnologias digitais para a economia azul, em especial com ligação ao desenvolvimento tecnológico de veículos autónomos e a uma estreita aliança colaborativa entre academias, centros de investigação e empresas, de modo que investigadores e empresas estreitem interações e desenvolvam projetos em conjunto. Os laboratórios colaborativos (CoLabs) têm um papel de destaque, bem como os centros de interface e os *clusters* de competitividade.

Para o desenvolvimento destas áreas é crítico:

(1) desburocratizar e reduzir custos de contexto, diminuindo o número de entidades envolvidas nas decisões — missão a desenvolver ao nível do governo numa formação específica das reuniões do Conselho de Ministros [coincidente ou não com a Comissão Interministerial para os Assuntos do Mar (CIAM), praticamente sem atividade] e a monitorizar numa base quinzenal; a redução do número de entidades envolvidas pode ser alcançado mediante a existência de pontos de contacto das entidades relevantes na entidade líder do processo, com ela trabalhando como se pertencesse «à casa» [por exemplo, a Direção-Geral de Recursos Naturais, Segurança e Serviços Marítimos (DGRM)];

(2) garantir as qualificações necessárias para cada sector, o que implica, nomeadamente, ao nível dos trabalhadores marítimos, melhoramentos significativos na Escola Náutica Infante D. Henrique e no Formar;

(3) tornar o ordenamento do espaço marítimo num fator de atração de (bom) investimento, através do estudo prévio e definição de áreas para o desenvolvimento de atividades, com os estudos de impacto ambiental relevantes, numa lógica de concessões ou licenciamento «chave na mão» e de uma ação de promoção concertada de atração de investimento nacional e de investimento direto estrangeiro para essas áreas, ao nível do governo e das entidades da administração ao nível nacional (AICEP), regional (agências regionais e governos regionais) e local (entidades municipais que têm como missão atrair investimento);

(4) definir zonas tecnológicas livres no oceano para a criação de atividades de inovação e desenvolvimento que impliquem experimentação e desenvolvimento em contexto real, com especial foco para a bioeconomia, incluindo a pesca e a aquacultura sustentáveis, as energias limpas oceânicas, o *green shipping* e a robótica, aproveitando o nosso recente enquadramento legal;

(5) liderar um *hub* de biotecnologia azul ao nível mundial;

(6) caminhar para uma aquacultura de carbono zero (algas, bivalves e outros invertebrados), em equilíbrio com a de pescado e crustáceos, devendo aumentar 70% (até 2030);

(7) liderar ao nível mundial um *hub* de tecnologias digitais azuis, aplicáveis transversalmente às áreas da economia azul, nomeadamente ao *shipping* e portos;

(8) fornecer energia de fonte *offshore* renovável, aplicável, nomeadamente, à produção de hidrogénio verde, ao *mix* energético em Portugal, pelo menos em linha com a média prevista para a Europa[3] (até 2030);

[3] De acordo com o relatório da Missão Estrela-do-Mar, deverá ser de 35%.

(9) garantir 100% de novas propulsões (livres de hidrocarbonetos) para os motores de barcos de recreio, de pescas e de *ferries* (até 2030);
(10) apostar em portos inteligentes, infraestruturados para o fornecimento aos navios de energia elétrica (*cold ironing*) e combustíveis não-poluentes (metanol, amónia, hidrogénio) ou menos poluentes (GNL) (até 2030);
(11) garantir que o sector do *shipping* em Portugal adota as melhores práticas do *green shipping* e o quadro regulatório ESG, diferenciando-se por esta via;
(12) em virtude da sua localização de charneira no Mediterrâneo e no Atlântico, garantir que Sines figura obrigatoriamente num ou em mais corredores verdes definidos até 2025;
(13) desenvolver um turismo azul de carbono zero, garantindo que 100% das marinas são eletrificadas e neutras em carbono (até 2030).

GRUPO DE TRABALHO EDUCAÇÃO, CIÊNCIA E CULTURA
Alexandre Homem Cristo *(Coordenador)*

Amílcar Falcão	José Epifânio Franca
Carlos Brito	Mamede Fernandes
Clemente Pedro Nunes	Nuno Carrapatoso
Daniel Traça	Margarida Mano
Eduardo Marçal Grilo	Nadim Habib
Fausto Pinto	Paulo Matos
Henrique Neto	Pedro Cunha
Inês Gregório	Pedro Santa Clara
Joana Alexandre	Raquel Trindade
João Batista	Rui Claro
João Duque	Sandra Maximiano
José Fateixa	

15. REFORMA DA EDUCAÇÃO PRÉ-ESCOLAR, BÁSICA E PROFISSIONAL
ALEXANDRE HOMEM CRISTO

A aceleração das transformações sociais, tecnológicas e económicas tornou o futuro mais imprevisível do que alguma vez o foi. Esse deve ser o ponto de partida para qualquer reflexão sobre as políticas públicas para a educação, uma vez que, sendo um sector com efeitos de longo prazo, as implicações são particularmente profundas. Quando inicia a sua escolaridade obrigatória, tal como ela está definida, uma criança de 6 anos de idade tem pela frente 12 anos de ensino básico e secundário e, se assim o ambicionar, um percurso no ensino superior, seguidos de 40 anos de vida ativa, ou seja, as opções das políticas educativas (que enquadram a oferta educativa, a organização das escolas, o perfil dos professores) manifestar-se-ão no seu perfil de qualificações e na aprendizagem ao longo de toda a sua vida.

A questão soa, por isso, a dilema irresolúvel: num mundo em mudança, como preparar crianças e jovens para a sua vida adulta se, ao contrário do que sucedeu no passado, não nos é possível antecipar que desafios terão de enfrentar, que conhecimentos lhes serão mais solicitados e que competências exigirão as suas atividades profissionais?

Neste capítulo, defende-se que, qualquer que seja a resposta, esta arrastará necessariamente uma visão reformista para o sistema educativo português, assente em três pilares: pluralismo, conhecimento e competências sólidos, e elevadas expectativas. As propostas destacadas fazem parte da visão reformista que a SEDES apresentou.

15.1. Mais autonomia: o ministro da Educação não é o diretor de todas as escolas

15.1.1. Ponto de situação

A autonomia das escolas é um conceito introduzido na legislação portuguesa no início da década de 1980 e, no abstrato, goza de alargado consenso partidário e nas comunidades educativas. Contudo, os seus avanços têm sido lentos. Isto porque, na prática, a aplicação dessa autonomia gerou sucessivamente desentendimentos políticos e corporativos sobre as áreas e o grau em que as escolas devem exercer o seu poder de decisão. Os atuais documentos orientadores advogam a autonomia das escolas e promovem a inovação e a flexibilidade curricular. Mas, objetivamente, a sua concretização esbarra num obstáculo até agora intransponível: a autonomia das escolas permanece muito limitada nas suas várias vertentes, nomeadamente as que correspondem à seleção e ao recrutamento dos professores.

O desenvolvimento da educação em Portugal requer acelerar a implementação dessa autonomia escolar. A evolução do sistema educativo em democracia foi definida pelas prioridades de cada momento histórico: primeiro, alargar e garantir o acesso à escola por parte de todos os jovens em idade escolar; segundo, elevar a qualidade do ensino e da aprendizagem nas escolas portuguesas; terceiro, diversificar a oferta educativa, tornando-a o mais plural possível. As duas primeiras fases implicaram um forte controlo do Estado, como motor do sistema educativo, no desenvolvimento do acesso e da qualidade do ensino — e com inquestionáveis bons resultados (seja na taxa de escolarização, no menor abandono escolar, ou nos desempenhos competitivos dos alunos portugueses nas avaliações internacionais do PISA, PIRLS e TIMSS). Atualmente, a diversificação da oferta educativa requer, pelo contrário, um recuo dos poderes de decisão do Estado.

Na comparação internacional sobre a autonomia das escolas, Portugal é o país europeu com maior percentagem (77%) de decisões tomadas ao nível central (à exceção do Luxemburgo, que é um pequeno Estado). A média UE-23 é de 33%. Consequentemente, Portugal está entre os países onde uma menor percentagem (14,6%) de decisões é tomada ao nível da escola. Nos Países Baixos (91,7%), em Inglaterra (67,7%), na Estónia (58,3%) e na Itália (30,2%), as escolas têm uma quota de decisão maioritária ou, pelo menos, muito significativa. Em França e na Espanha (ambas com 10,4%), a decisão ao nível de escola é inferior à de Portugal, mas há cerca de 26% (França) a 21% (Espanha) das decisões que passam por uma autoridade regional.

Se olharmos especificamente para as subcategorias de autonomia, tal como a OCDE as avalia (organização da instrução, gestão do pessoal, planeamento, gestão dos recursos materiais), Portugal surge entre os países europeus com maior percentagem de decisão tomada ao nível central (75%) quanto aos recursos humanos, apenas superado pela França (83%) e pelo Luxemburgo (100%). A decisão está ainda mais centralizada na gestão dos recursos materiais, em que o Estado central controla 100% — Luxemburgo é igual, mas França apenas 38%. De resto, Portugal também tem 100% do seu planeamento definido ao nível central.

Ainda tendo em conta as decisões tomadas pelas escolas portuguesas em autonomia, no total (14%), apenas 4 pontos percentuais correspondem a decisões tomadas em autonomia completa.

Os restantes 10 pontos percentuais são uma autonomia enquadrada por regulamentação ou orientações do Ministério da Educação.

15.1.2. Propostas da SEDES

O papel do Ministério da Educação deve ser revisto, devendo operar como regulador, e não como decisor sobre o funcionamento de todas as escolas, ou seja, o ministro da Educação não deve atuar como o diretor de todas as escolas. Para esse efeito, as escolas devem usufruir de reforço da sua autonomia na gestão dos recursos humanos e materiais.

O reforço da autonomia das escolas deve manifestar-se nas várias áreas de decisão, nomeadamente na gestão dos recursos humanos (autonomia para contratar professores) e na gestão financeira. Essa autonomia reforçada deve vir acompanhada de apoio à decisão e de mecanismos de prestação de contas. Resumindo, melhorar a recolha de indicadores de desempenho dos alunos, mas também de gestão e administração escolar.

15.2. Mais diversidade: a rede pública deve ser aberta e plural

15.2.1. Ponto de situação

As escolas não são todas iguais, embora durante anos tenha vigorado o entendimento de «escola pública», no singular. Ora, neste estádio do desenvolvimento do sistema educativo, o que é exigido é, precisamente, a pluralização de ofertas educativas e dos projetos das próprias escolas, através do seu poder para flexibilizar o currículo e afirmar a sua identidade educativa — ou seja, «escolas públicas», no plural.

Essa aspiração de pluralismo no sistema educativo implica a introdução de mecanismos de escolha da escola na rede pública

— se as escolas são diferentes entre si, deve permitir-se às famílias que avaliem qual a que melhor responde às necessidades dos seus filhos. Eis que emerge um obstáculo: a impossibilidade prática de as famílias escolherem a escola para os filhos na rede pública. Com as atuais regras de matriculação nas escolas da rede pública, o que se observa é uma elevada segregação social na composição estudantil das escolas, que reflete a segregação residencial das moradas das respetivas famílias. Nesta perspetiva, os alunos mais desfavorecidos residem em bairros onde a habitação é mais barata e as escolas aí localizadas servem sobretudo alunos com esse perfil socioeconómico. E vice-versa: nos bairros onde a habitação é mais cara, as escolas aí localizadas servem os alunos oriundos de famílias de elevado perfil socioeconómico. Os dados da DGEEC mostram, para vários concelhos, como há uma fortíssima disparidade entre a composição das escolas, quando se mede pela percentagem de alunos com Ação Social Escolar.

As alterações legislativas no despacho das matrículas (em 2018) visaram dois objetivos: *(i)* vincular a residência dos alunos à sua morada fiscal, de modo a acabar com as fraudes das «moradas falsas», através das quais as famílias conseguiam matricular os seus filhos em escolas fora da sua real área de residência; e *(ii)* dar prioridade aos alunos da Ação Social Escolar (residentes ou local de trabalho dos pais), que teriam acesso às vagas disponíveis antes de residentes não-ASE. Até hoje, não há indicadores sobre a eficácia destas medidas na diminuição da segregação social na composição das escolas, mas a expectativa é que, apesar de bem-intencionada, os efeitos desta medida tenham sido residuais.

De resto, a participação das escolas privadas na rede de oferta pública, através de financiamento público, é meramente pontual, por via dos contratos simples (que têm uma escala pequena) e dos contratos de associação ainda existentes. Desde 2016, o número de contratos de associação tem vindo a diminuir de forma acentuada, estando hoje esses contratos circunscritos às áreas onde a oferta estatal não é suficiente para o número de alunos aí residentes. Ora, a rápida redução dos contratos de associação não veio acompanhada de um novo modelo de financiamento às escolas privadas, de modo a integrá-las na rede pública e oferecer mais diversidade aos alunos. Pelo contrário, reforçou-se a dicotomia entre escolas públicas e escolas privadas e, por consequência, entre alunos com famílias que podem pagar a frequência do ensino privado e alunos com famílias que não podem fazê-lo.

A comparação internacional mostra que Portugal está entre os poucos países europeus onde as escolas privadas estão praticamente excluídas da rede pública — sendo que o padrão europeu é o de integração das escolas privadas na oferta pública, tanto no básico como no secundário. Consequentemente, Portugal é o país europeu onde mais alunos do ensino secundário pagam propinas para frequentar o ensino secundário, evidenciando que a escolha atualmente existente é uma manifestação de poder económico (e não de liberdade).

15.2.2. Propostas da SEDES

(1) Adotar a diversidade como prioridade estratégica de desenvolvimento do sistema educativo, o que deve aparecer desde logo nos documentos orientadores. Por exemplo, adotando a terminologia de «escolas públicas» (no plural), em vez de «escola pública» (singular);

(2) Introduzir, no despacho das matrículas, uma percentagem de vagas (a definir, mas que poderia ser, e.g., de 20%) para os anos de início dos ciclos de estudos, com prioridade máxima destinada a alunos com Ação Social Escolar, independentemente da sua área de residência ou local de trabalho dos pais. Ainda, assegurar, por via das autarquias, transporte escolar eficaz para os alunos, de modo que a sua liberdade de escolha não fique restringida pela sua capacidade financeira;

(3) Utilizar critérios de diversidade no desenho das áreas de influência geográfica das escolas públicas, procurando que cada uma integre um conjunto equilibrado de zonas

residenciais adjacentes de diferentes perfis, sempre que possível, e evitando traçar fronteiras que decalquem as zonas de segregação residencial;

(4) Equilibrar o acesso de alunos com Ação Social Escolar ao ensino privado, através de financiamento público, sobretudo nos territórios onde os resultados escolares apontem para riscos elevados de insucesso escolar, através de um reforço e maior amplitude atribuída aos contratos simples.

(5) Providenciar informação mais completa sobre a diversidade de oferta educativa existente, permitindo a justa comparação entre escolas e ofertas educativas num mesmo concelho. Essa informação deve ser o mais acessível possível, garantindo que todas as famílias a podem usar e dela tirar proveito, em particular as de contextos socioeconómicos mais desfavorecidos.

15.3. Mais competitividade e maior reconhecimento dos professores

15.3.1. Ponto de situação

Segundo o Conselho Nacional de Educação, entre 2020 e 2030, irão aposentar-se perto de cinquenta mil professores dos quadros, o que equivale a cerca de metade dos docentes em quadro de escola/agrupamento ou em quadro de zona pedagógica. A aposentação de professores não terá efeitos uniformes nas diferentes disciplinas (grupos de recrutamento), havendo algumas particularmente atingidas: Educação pré-escolar (–73%), Português e Estudos Sociais/História (–80%), Matemática e Ciências Naturais (–62%), Filosofia (–71%).

Sobre a formação e o recrutamento de novos professores, importa reconhecer um desafio central: a baixa atratividade da profissão. Os professores portugueses não se sentem valorizados pela sociedade (apenas 9% se sente valorizado, de acordo com o TALIS 2018–II.2.1, em que nos classificamos na cauda). Não surpreende que, por isso, ser-se professor seja também pouco atrativo para os mais jovens em geral. Em particular, os alunos de 15 anos que, no PISA da OCDE, assumem ter essa ambição têm desempenhos significativamente inferiores aos colegas que ambicionam outras funções profissionais. Por outras palavras, os bons alunos procuram outras áreas profissionais e não querem ser professores. A tendência é internacional (apesar de algumas exceções), mas acentuada em Portugal: somos um dos países europeus onde é mais elevada a diferença de desempenhos entre a média nacional e os alunos que querem ser professores.

No acesso ao ensino superior, a procura dos estudantes por cursos de Educação diminuiu fortemente nos últimos 10 anos. Atualmente, apenas 1,7% dos primeiros inscritos opta por licenciaturas em Educação. Consequentemente, e porque a oferta é elevada, muitas licenciaturas desta área ficam com vagas por preencher, tornando o acesso a estes cursos pouco competitivo. De resto, as classificações mínimas de entrada em cursos de Educação Básica, desde 2010, atingem, no máximo, os 15 valores e, no mínimo, rondam os 10 valores (ou menos), consoante as instituições de ensino superior. Comparativamente a outros cursos, são mais acessíveis.

A análise da rede de oferta de cursos de Educação sugere que esta se encontra desajustada das necessidades do sistema educativo. De referir que, entre as instituições que mais formaram docentes atualmente em exercício, há uma elevadíssima percentagem de entidades privadas. Essa percentagem é particularmente relevante se se atentar aos docentes formados desde 1999. O que o explica? Por um lado, candidaturas de acesso ao ensino superior com baixas classificações; por outro, algumas entidades privadas de formação inicial tendem a inflacionar as classificações finais dos seus estudantes, sabendo que esse é um critério determinante para o futuro recrutamento dos docentes, ou seja, desta forma aumentam a probabilidade de ultrapassar a concorrência de outros docentes com idênticos anos de experiência e assim justificam o investimento financeiro dos estudantes em propinas.

Face à iminente aposentação de quase metade dos docentes do quadro até 2030 (menos cinquenta mil), os professores que serão vinculados ao quadro nessa janela temporal correspondem ao perfil de formação acima descrito. Quer isto dizer que o perfil dos professores portugueses será, maioritariamente, pouco competitivo, quando comparado com outras áreas profissionais. Esse perfil de qualificações pouco exigente é problemático porquê? Porque, de acordo com a literatura académica, e excluindo-se as variáveis socioeconómicas, o desempenho dos professores é fator determinante para o sucesso ou insucesso escolar dos alunos.

Na comparação internacional, identificam-se diferentes estratégias para elevar a fasquia na formação e seleção dos professores. Na maioria dos países europeus, o modelo de acesso ao ensino superior permite às próprias instituições definir critérios de seleção. Isso não impede, contudo, que nos cursos de Educação haja políticas nacionais que regulamentem especificamente o acesso a essas formações — como em parte acontece em Portugal. Na Finlândia, a formação inicial de professores está a cargo de instituições de ensino superior público, sendo a seleção efetuada em dois momentos: desempenho académico (nota de candidatura) e entrevista. Uma vez que a profissão é vista de forma prestigiada na Finlândia, o processo é competitivo por existirem muito mais candidatos do que vagas. Em Inglaterra, a seleção também inclui métodos de avaliação de atributos não-cognitivos (havendo alguma investigação sobre a eficácia de diferentes testes e abordagens).

Em alguns países europeus, houve uma aposta política em aumentar os padrões de exigência na formação inicial dos professores e rever o currículo da sua formação, de modo a alinhá-lo com uma visão moderna do exercício da profissão e os parâmetros de avaliação existentes. Na Estónia, em 2013, os critérios foram revistos, de modo a orientar os programas curriculares das instituições de ensino superior (que ajustaram a sua oferta), informando sobre quais eram as necessidades-chave da formação que tinham de ser cobertas (por exemplo, revisão das áreas curriculares, mínimos de 50 dias de prática em sala de aula, inclusão de mentorias).

Nos países da UE, é prática comum haver planeamento prospetivo, isto é, previsões sobre as necessidades do sistema educativo em termos de recrutamento de docentes e consequentes ajustes na oferta/procura de formação. Em Portugal, o planeamento prospetivo não está implementado.

Para combater os problemas de escassez de professores, vários países aplicaram incentivos à frequência dos cursos de Educação, definindo quais os grupos disciplinares prioritários. Em Inglaterra, o Department of Education oferece bolsas de estudo para essas formações. Na Chéquia, abriu-se, desde 2015, o recrutamento a profissionais com diferentes qualificações e, posteriormente, aumentou-se o orçamento para salários de professores. Na Suécia, também se aumentaram os salários e aceleraram as progressões na carreira, medidas que foram acompanhadas de uma campanha de sensibilização para incentivar os mais jovens a seguirem essa via profissional. Na Estónia, também se aplicou um aumento de salários, com enfoque na fase inicial da carreira, para atrair os mais novos. Além disso, introduziu-se um programa que recrutou jovens de outras áreas para trabalharem com alunos nas escolas durante dois anos, para dinamizar a profissão e diversificar o perfil dos jovens-professores nas escolas.

15.3.2. Propostas da SEDES

(1) Ajustar a rede de oferta dos cursos de Educação às necessidades, definidas através do planeamento prospetivo, concentrando a oferta pública num grupo restrito de instituições, para reunir os melhores especialistas (melhor formação inicial) e para tornar o acesso aos cursos mais competitivo. Definir linhas orientadoras para a formação dos professores, nomeadamente para recuperar os períodos de estágio supervisionado e introduzir um período probatório antes do acesso ao quadro, de modo que as instituições de ensino superior possam elevar os padrões de exigência;

(2) Regras de acesso aos cursos de Educação devem ser definidas pelas instituições nesse grupo, seguindo critérios mínimos e cumprindo a regulamentação da tutela;

(3) Tornar a profissão docente atrativa para os jovens com elevados desempenhos académicos, seja através de campanhas de sensibilização, seja através da revisão em alta dos salários em início de carreira e reforço dos mecanismos de progressão com base no mérito;

(4) Permitir que o exercício de funções docentes seja acessível a profissionais formados noutras áreas, especialmente em grupos de recrutamento com grave escassez de docentes. Os profissionais de outras áreas deverão obter formação pedagógica especializada: começar pela coadjuvação docente e passar por um processo exigente de estágios profissionais e períodos experimentais em diferentes escolas, com duração significativamente superior aos diplomados em cursos de Educação. Só quem tenha ultrapassado este processo com bons resultados, conforme afiançado pelas escolas em que passou, poderá continuar a lecionar e integrar a carreira docente.

15.4. Por um novo concurso de colocação de professores: duas propostas

15.4.1. Ponto de situação

As escolas públicas em Portugal constituem um universo amplo e heterogéneo. Temos escolas inseridas em regiões e contextos socioeconómicos muito distintos, apresentando ofertas e projetos educativos diversos. Dada a sua crescente autonomia, as escolas podem adotar estratégias pedagógicas próprias para responder aos desafios locais que enfrentam.

Contudo, quando falamos do recrutamento dos seus docentes, a autonomia das escolas é nula. Os concursos de colocação de professores nas escolas públicas são realizados por meio de um algoritmo central que ignora totalmente a heterogeneidade das escolas e a adequação do candidato às características específicas da escola que o receberá. Nos concursos para preenchimento de vagas, os critérios de seleção utilizam uma graduação única baseada sobretudo no número de anos de serviço docente e na classificação de final de curso, não permitindo qualquer conhecimento aprofundado dos candidatos e não tendo em conta a sua adequação ao perfil qualitativo desejado pela escola. Por exemplo, para o preenchimento de uma vaga de quadro aberta numa escola inserida num contexto socioeconómico particularmente difícil, o facto de o candidato ter ou não ter experiência em escolas de contexto semelhante é, atualmente, totalmente irrelevante para a sua candidatura. Um segundo exemplo: se uma escola pública tem um projeto educativo apostado no desenvolvimento dos cursos profissionais e surge uma vaga de quadro com uma forte componente letiva dedicada a estes cursos, o facto de o candidato ter experiência anterior com alunos do ensino profissional ou já ter desenvolvido projetos de ligação entre escolas e empresas é também, atualmente, totalmente irrelevante para a sua candidatura.

Além de originar desajustes entre o perfil dos candidatos escolhidos e as necessidades das escolas, o atual sistema transmite um incentivo errado aos jovens docentes, indicando que os concursos se ganham apenas acumulando anos de serviço, sem qualquer consideração pela natureza e qualidade da experiência profissional. As escolas não conhecem os docentes que entram para o seu quadro e o sistema não incentiva um comprometimento duradouro entre o professor e a escola.

Para selecionar os candidatos mais ajustados à escola e às tarefas que terão pela frente, importa adotar métodos de colocação de professores que utilizem um conjunto abrangente e diversificado de critérios de seleção, equilibrando os atuais critérios quantitativos transversais, como o número de anos de experiência profissional, com os critérios qualitativos e locais, como a natureza da experiência profissional e a sua adequação às necessidades e projetos específicos da escola à qual se candidatam.

Internacionalmente, os sistemas de recrutamento dos professores podem ser classificados em três modelos: recrutamento aberto; procedimento concursal; e listas de candidatos. Portugal adotou o sistema mais rígido e com menor autonomia das escolas: as listas de candidatos. No contexto europeu, o método largamente maioritário é o recrutamento aberto — no qual são as escolas ou as autoridades locais a assumir a responsabilidade pela contratação, com vagas e regras definidas localmente, através de um processo altamente regulamentado ao nível central, incluindo sistemas de auditoria e *accountability* para prevenir arbitrariedades.

Importa, por isso, modificar significativamente o funcionamento dos atuais concursos de colocação professores, transferindo para as escolas parte da responsabilidade de seleção dos candidatos. Os novos concursos deverão ser regulamentados e fortemente transparentes. As regras de funcionamento dos concursos deverão depender do tipo de concurso e de contrato em causa.

15.4.2. Propostas da SEDES

a) Proposta 1 – Concursos para o quadro da escola

Os concursos para contratos por tempo indeterminado no quadro da escola visam responder a necessidades permanentes do estabelecimento de ensino. Ao resultarem numa vinculação permanente do docente à escola, são mais consequentes para a escola e para o docente do que os concursos para contratos a termo certo, pelo que devem ser precedidos de uma avaliação aprofundada da adequação do candidato às necessidades específicas da escola. São também menos numerosos do que os concursos para contratos a termo certo, o que permite que decorram com mais tempo após uma preparação antecipada pela escola.

Propõe-se que os concursos para os quadros da escola passem a ter duas fases: *(i)* uma primeira etapa, implementada centralmente ao nível nacional, visando a seriação dos candidatos para uma pequena *shortlist* de cinco finalistas associada à vaga de quadro. Processo semiautomático, semelhante ao atual, baseado na graduação profissional conjugada com outros parâmetros transversais definidos previamente pela escola. Sendo uma seriação nacional, a direção da escola não pode nomear ninguém diretamente para a *shortlist*, o que previne eventuais arbitrariedades; e *(ii)* uma segunda fase para ordenação final dos candidatos desta *shortlist*. Processo qualitativo e aprofundado, implementado pelo júri local da escola, baseado em análise documental e de portefólios, aulas ilustrativas ou entrevistas aos cinco finalistas, permitindo à escola conhecer e escolher o candidato mais adequado às suas necessidades.

Para reforçar a transparência do processo, a gestão administrativa dos concursos e candidaturas deve decorrer numa plataforma eletrónica centralizada, mantida pelos serviços competentes do Ministério de Educação, ficando registados os respetivos procedimentos e avaliações. Esta plataforma deve anunciar publicamente todas vagas e concursos abertos ao nível nacional, os respetivos critérios para seriação de candidatos, a composição nominativa do júri de seleção e, posteriormente, o resultado final do concurso.

O candidato vencedor do concurso poderá lecionar na escola em questão a partir do ano letivo subsequente ao concurso, sendo a confirmação do seu vínculo ao quadro permanente da escola efetivada, mediante mútuo acordo, após um período mínimo de um ano letivo. Após este período experimental, caso a escola decida não efetivar no seu quadro o docente selecionado, deverá anunciar e abrir novo concurso para a vaga.

Todos os procedimentos concursais abertos pelas escolas estão sujeitos a posterior auditoria externa amostral a realizar pelos serviços competentes do Ministério de Educação.

b) Proposta 2 – Contratações temporárias e substituições

Os concursos para contratações de docentes a termo certo procuram suprir necessidades temporárias das escolas, habitualmente identificadas no final do ano letivo após as decisões de transição/retenção dos alunos e após a receção das matrículas para o ano letivo seguinte. Estes concursos devem decorrer com rapidez durante o verão para estarem concluídos antes do início do novo ano letivo, pelo que neste caso é mais difícil implementar métodos aprofundados de avaliação dos candidatos, sobretudos quando as candidaturas são numerosas.

Contudo, mesmo métodos centralizados e semiautomáticos de seriação dos candidatos podem ser ajustados para que a escola possa definir o perfil desejado do docente. Este perfil deve ter em conta aspetos qualitativos do trabalho anterior do candidato, identificados pelas escolas em que trabalhou anteriormente, juntamente com aspetos quantitativos da sua experiência, como o número de anos de serviço.

Por exemplo, no final de cada contrato a termo certo, o coordenador da área disciplinar na escola poderá registar na plataforma eletrónica dos concursos um conjunto de menções qualitativas refletindo a sua perceção sobre as várias vertentes do trabalho, agora findo, do docente na escola. Estas vertentes podem incluir o trabalho pedagógico geral com os alunos, o trabalho colaborativo com os colegas, o rigor científico, a inovação pedagógica, ou o trabalho específico com alunos com dificuldades. Regista ainda se gostaria de receber o docente na escola caso, no futuro, surja uma vaga para novo contrato temporário.

O historial das menções qualitativas obtidas pelo docente nos seus vários contratos a termo certo, obtidas nas várias escolas por onde passou, contribuirá para a definição de um perfil profissional qualitativo que deve ser tido em conta a cada novo concurso, após ponderação com outros critérios mais tradicionais como a duração da experiência profissional. Desta forma, quando uma escola identificar a necessidade de receber um novo docente a termo certo, ao registar esta necessidade na plataforma dos concursos poderá traçar o perfil desejado dos candidatos, ajustando as ponderações das diferentes vertentes qualitativas a aplicar na futura seriação. Por exemplo, uma escola inserida num contexto socioeconómico particularmente difícil poderá indicar que, além da duração da experiência profissional, valoriza candidatos com um historial de menções qualitativas elevadas na vertente do trabalho com alunos com dificuldades. Esta preferência será então refletida nas pontuações de seriação dos candidatos para o concurso em questão.

Em todos os concursos, as vagas em aberto nas escolas públicas nacionais devem ser previamente tornadas públicas na plataforma eletrónica dos concursos, juntamente com os perfis desejados e respetivos critérios de seriação. Os candidatos deverão então selecionar a lista (possivelmente longa) de escolas e vagas às quais pretendem concorrer, ordenando-as pela sua preferência. O mecanismo de cálculo das pontuações e de colocação dos candidatos nas vagas poderá então seguir um algoritmo técnico de seriação semelhante ao existente no concurso nacional de acesso ao ensino superior.

A adequação dos perfis e critérios definidos pela escola nos seus concursos são elementos relevantes que deverão ser tidos em conta no âmbito do processo regular de Avaliação Externa das Escolas, nomeadamente na avaliação do domínio relativo à liderança e gestão. A liderança da escola deve prestar contas pela seleção realizada e pelos resultados obtidos.

15.5. Apostar nos mais novos: mais acesso e melhor qualidade educativa para as crianças dos 0 aos 6 anos

15.5.1. Ponto de situação

Historicamente, fez-se uma distinção entre as dimensões do cuidado e da educação na infância. As respostas para as crianças mais pequenas focavam-se na sua proteção e no apoio às famílias, enquanto os serviços para as crianças com mais de 3 anos se assumiam como respostas eminentemente educativas, alinhadas com a transição para a escolaridade. Esta distinção é artificial e não tem qualquer suporte científico. Em Portugal, as respostas educativas para as crianças até aos 6 anos ainda estão sob a responsabilidade de duas tutelas: o Ministério da Segurança Social encarrega-se das respostas desde o nascimento até aos 3 anos de vida, e o Ministério da Educação tem a tutela pedagógica a partir dos 3 anos de idade. Quer isto dizer que não existe uma abordagem pedagógica integrada e sequencial desde o nascimento até ao final da escolaridade. Existem referenciais de qualidade distintos (e conflituantes), carreiras profissionais e sistemas de financiamento desalinhados; por exemplo, são inexistentes as orientações pedagógicas para o período 0–3 anos.

A evidência indica que os sistemas integrados, sob responsabilidade de uma única entidade, estão associados a maior qualidade e acessibilidade, têm pessoal mais qualificado, e transições mais suaves entre contextos educativos. Em contraste, os sistemas divididos, como o português, são menos acessíveis, têm pessoal menos qualificado e têm piores condições de funcionamento. Cerca de 70% dos países da OCDE têm um sistema unificado e tipicamente sob responsabilidade do Ministério com a tutela da Educação. E alguns países que tinham sistemas com dupla tutela, como o português, converteram-no recentemente em sistemas integrados, com tutela única (e.g. Itália, Luxemburgo).

Apesar dos progressos, a oferta de serviços de educação e acolhimento na primeira infância (EAPI) em Portugal ainda é muito inferior às necessidades das famílias. No período dos 0 aos 3 anos de idade, a taxa de cobertura é de apenas 48%, sendo que a taxa de pré-escolarização (período dos 3 aos 5 anos) é de 92%. As zonas litorais do Norte, AML e Algarve são as que apresentam os maiores desajustamentos entre a oferta e a procura. Além da escassez de vagas, subsistem dificuldades nos transportes, horários, regimes de frequência e, sobretudo, nos custos associados à frequência destas respostas educativas.

A evidência sugere que o acesso a educação de qualidade na infância pode resultar em melhores desempenhos ao longo da vida (académicos, sociais, económicos, na saúde, entre outros), na redução da pobreza e da desigualdade social. Além disso, os problemas na acessibilidade a EAPI também estão associados a taxas de fertilidade e de participação feminina no mercado de trabalho mais baixas, o que coloca sérios desafios económico-sociais num país como Portugal.

Em Portugal, o direito legal à educação tem início aos 4 anos de idade. Em toda a Europa este direito tem vindo a alargar-se progressivamente e pode iniciar-se em idades muito mais precoces. Aliás, muitos países tornaram a educação pré-escolar (EPE) obrigatória, embora com durações distintas (a título de exemplo, na França e na Hungria, a frequência de EPE é obrigatória a partir dos 3 anos de idade). De facto, vários países criaram incentivos para o envolvimento precoce das crianças mais vulneráveis em EAPI — universalismo progressivo — por via da comparticipação financeira, cheques EAPI, prioridade na matrícula, oferta de refeições e de transporte.

Naturalmente, a simples criação de novas vagas em serviços de EAPI não garante os impactos desejados no desenvolvimento das crianças e do país. O investimento público deve ser associado a objetivos de elevada qualidade pedagógica, suportados pela evidência científica. Ora, não existem dados robustos sobre a qualidade pedagógica dos serviços de EAPI em Portugal. Os referenciais existentes centram-se em variáveis estruturais ou apriorísticas (instalações, recursos humanos, materiais, funcionamento) e os escassos estudos disponíveis sobre a qualidade dos processos educativos não são generalizáveis para a realidade nacional. Ainda em Portugal, não existem quaisquer orientações curriculares para o período dos 0–3 anos, apesar das neurociências já terem demonstrado que o pico da sensibilidade cerebral em áreas importantes do desenvolvimento, como o controlo emocional, competências sociais, linguagem e numeracia, ocorre antes dos 3 anos de idade.

Apesar de ser bastante diversificada no que respeita à natureza dos prestadores (público, privado com e sem fins lucrativos), o que é positivo, a rede de respostas para a EAPI tem vindo a perder diversidade nas modalidades das respostas, que estão cada vez mais concentradas em instituições como creches ou jardins de infância. Mas a evolução demográfica, as profundas transformações nas estruturas familiares e nas relações laborais trazem a necessidade de inovar no formato das ofertas, tornando-as mais flexíveis ao nível do acesso e condições de participação, horários e envolvimento dos cuidadores. Além da escassez de vagas nos grandes centros urbanos do litoral (e do excesso de oferta no interior), o formato da oferta existente (horários, locais, condições de frequência) compromete a acessibilidade, em particular das populações mais vulneráveis (famílias monoparentais, migrantes e minorias étnicas).

Ao nível internacional, alguns destes desafios encontram soluções noutras tipologias de EAPI, que incluem creches familiares/amas, *drop-off centers* ou *playgroups* que permitem às famílias complementar a educação das crianças em casa com pequenos períodos de interação com outras crianças e com profissionais qualificados. Em Portugal, a metodologia *playgroups* foi testada com bastante sucesso, particularmente junto das populações que menos procuram (e que mais podem beneficiar de) serviços de EAPI.

15.5.2. Propostas da SEDES

(1) Rever o conceito da escolaridade obrigatória, tornando obrigatória a frequência da educação pré-escolar a partir dos 3 anos de idade;

(2) Alargar a tutela do Ministério da Educação ao período 0–3 anos de vida e alargar o regime de competências das autarquias no domínio da EAPI, de forma a adequar as ofertas às necessidades locais. Produzir orientações curriculares vinculativas para o período 0–6 anos, de forma a assegurar transições suaves aos níveis pedagógico, profissional e de desenvolvimento;

(3) Alargar a oferta de serviços de EAPI nas regiões mais deficitárias, por via da construção de novos equipamentos ou da contratualização com o sector privado, com base em critérios rigorosos de qualidade pedagógica. Diversificar os formatos das ofertas para os 0–3 anos: durações diárias e custos variáveis; reforço da rede de creche familiar e de *playgroups*; apoio a ofertas de base comunitária. Rever o sistema de comparticipações pelo Estado, tornando-o mais progressivo e extensível, de forma a abranger as famílias da classe média e a majorar o financiamento no caso de crianças vulneráveis;

(4) Reforçar a formação inicial e contínua de educadores sobre o período 0–3 anos, assim como reforçar os mecanismos de formação, de recrutamento e de contratação de auxiliares de ação educativa. Melhorar os mecanismos de avaliação e supervisão da qualidade;

(5) Reduzir o número de crianças por educador, aproximando-o das melhores práticas europeias. Reforçar a dotação das instituições com materiais educativos de qualidade nas áreas das linguagens (oral, escrita, artísticas e digitais), da matemática, das ciências e da motricidade.

15.6. Um ensino profissional que dialoga com as empresas

15.6.1. Ponto de situação

O sistema de ensino profissional (conceito utilizado para referir todos os cursos de dupla certificação) transporta, desde sempre, um estigma que o associa a alunos provenientes de classes sociais menos favorecidas. Durante o Estado Novo, era associado à educação dos filhos dos operários e visto como um elemento discriminatório que perpetuava desigualdades sociais e que impedia qualquer tipo de mobilidade social. Por este motivo, uma das primeiras medidas após a transição democrática foi precisamente a abolição do ensino técnico e a unificação das vias de ensino, medida que era encarada como fundamental para o projeto de «democratização do ensino». Apenas em 1989 — no seguimento da adesão de Portugal à CEE e da aprovação da Lei de Bases do Sistema Educativo em 1986 — se voltou a colocar o ensino profissional no centro do debate educativo, com a criação das primeiras escolas profissionais, privadas e financiadas através de contratos-programa com o Estado, com forte envolvimento da comunidade de parceiros locais. A partir de 2004–2005, regista-se o período de maior expansão do ensino profissional em Portugal, quando as escolas secundárias são envolvidas nesta oferta formativa, com o objetivo de fazer face à procura elevada por este tipo de ensino, para o qual as escolas profissionais não conseguiam dar resposta.

Atualmente, no ensino secundário, o número de alunos a frequentar o ensino profissional em Portugal é de aproximadamente 40%, ainda que a oferta formativa de ensino profissional seja superior a 50%. As taxas de conclusão deste tipo de cursos encontram-se atualmente perto dos 90%, com cerca de 50% dos graduados a trabalhar. Sobre a natureza institucional dos estabelecimentos de ensino associados à oferta de cursos de dupla certificação, atualmente, a maioria dos alunos frequenta estabelecimentos públicos.

De acordo com um estudo de opinião realizado pelo Cedefop, em 2016, em Portugal existe ainda um grau de desinformação preocupante relativamente ao ensino profissional. Quase 50% dos inquiridos acredita que o ensino profissional não permite o prosseguimento de estudos de nível superior. Mais de 50% dos alunos que frequentaram o ensino geral afirmaram nunca ter recebido qualquer informação sobre o ensino profissional e, para 75% dos inquiridos, vigora a perceção de que o ensino profissional constitui uma forma mais fácil de concluir a escolaridade e que se destina a alunos com dificuldades de aprendizagem.

Um dos desafios que prevalece no ensino profissional é a falta de preparação dos alunos para o mercado de trabalho, uma vez que estas ofertas muitas vezes não correspondem, em conteúdo e em qualidade, às necessidades das empresas. Por exemplo, a excessiva concentração de oferta e de alunos em escolas secundárias públicas (65%) tem por vezes resultado na distorção do projeto e dos objetivos do ensino profissional, por falta de tradição entre os professores e por falta de adequação das infraestruturas: *(i)* falta de ligação com a comunidade local de empresas; *(ii)* componente prática pouco significativa; *(iii)* «licealização» do ensino profissional pelos professores; *(iv)* utilização do ensino profissional como forma de «limpar» turmas e resolver problemas de alunos com dificuldades de aprendizagem.

Ao nível internacional, as melhores práticas de políticas educativas em ensino profissional são geralmente associadas à Alemanha, à Áustria, à Dinamarca, aos Países Baixos ou à Suíça. Nestes, verifica-se prevalência de *work-based training*: 70% de formação em local de trabalho, 30% de formação em escola profissional, sendo os alunos formandos e colaboradores (com contrato assinado) das empresas. Noutros países, tais como a França, a Itália, a Espanha, a Suécia ou o Reino Unido, dominam os programas *school-based*, em que o período de formação prática corresponde a 25–30% do total apenas.

15.6.2. Propostas da SEDES

(1) Especialização de escolas em academias: desenvolver a oferta de ensino profissional em estabelecimentos de ensino com tradição e vocação própria, em vez de utilizar as escolas secundárias onde a tradição é liceal e de cursos científico-humanísticos — porque dispõem das estruturas físicas apropriadas, dos equipamentos necessários, e de professores e formadores capacitados que conhecem as particularidades deste tipo de ensino;

(2) Apostar no ensino em alternância: recuperar cursos de ensino dual, não como mecanismo de recuperação para alunos com dificuldades no percurso educativo, nem como mecanismo de formação de jovens adultos (como cursos de aprendizagem), mas como oferta educativa inspirada nas melhores práticas

de outros sistemas de educação europeus e que promove uma maior participação do tecido empresarial, quando há desejo manifesto de formação;

(3) Promover um maior envolvimento dos parceiros sociais (sindicatos e associações de empregadores) — um envolvimento real, que permita que influenciem a definição das estratégias e políticas adotadas, porque são estes atores, e não os órgãos governamentais ou administrativos, que melhor conhecem a realidade das atividades económicas e as exigências próprias do mercado de trabalho, principalmente do ponto de vista local;

(4) Dinamização da estrutura institucional: introduzir maior dinamismo e reduzir os obstáculos no processo de atualização do Catálogo Nacional de Qualificações, por forma a garantir que existe uma correspondência entre o que são as competências promovidas pelos perfis profissionais/referenciais de qualificação e as que são exigidas pelo mercado de trabalho e que correspondem às necessidades reais das empresas;

(5) Desenvolver ferramentas de *tracking* estatístico que forneçam dados sobre a empregabilidade e inserção profissional dos diplomados dos vários cursos de cada região, segundo as melhores práticas internacionais, assim contribuindo para uma melhor avaliação e planificação da rede de escolas e cursos;

(6) Eliminar qualquer prática que possa revelar indícios de discriminação contra o ensino profissional, de que é exemplo a utilização de expressões como «ensino regular» ou «via de prosseguimento de estudos», para fazer referência aos cursos científico-humanísticos, o que dá a entender que o ensino profissional é, por oposição, «irregular» ou que não permite prosseguir estudos. Promover e divulgar as ofertas profissionais junto das famílias e dos jovens através *(i)* do alargamento da orientação vocacional a todos os alunos do 9.º ano e, gradualmente, a todos os anos seguintes até 12.º ano;

do recurso a ferramentas estatísticas que mapeiam a correspondência entre cursos/competências e desempenho no mercado de trabalho; a criação de campanhas publicitárias em meios de comunicação, convidando profissionais de sucesso.

16. REFORMA DO ENSINO SUPERIOR

ABEL MATEUS, CARLOS BRITO

Vários estudos chegam à conclusão de que a Idade de Ouro das universidades nos países desenvolvidos está no fim.[1]

Os custos crescentes deixaram de ter contrapartida na vontade de governos e estudantes os financiarem, e o modelo operacional tradicional da universidade não consegue ganhos suficientes de produtividade para cobrir aquele *gap*.

O futuro do ensino superior depara-se com enormes desafios, nomeadamente: *(i)* o declínio demográfico, que tem levado a um estreitar da base da pirâmide etária; *(ii)* a rentabilidade do ensino superior, que tem decrescido em muitos países; *(iii)* o desafio da digitalização e da internacionalização, e a crescente importância das redes; e *(iv)* o crescente endividamento das famílias e dos estudantes. É, por isso, fundamental lançar a discussão sobre a Universidade do Futuro e o seu papel na sociedade e na economia, e sobre um conjunto de políticas e medidas que possam melhorar a qualidade do ensino e responder às necessidades de cientistas, técnicos e professores de que o nosso país precisará.

[1] KPMG. (2020). *The Future of Higher Education in a Disruptive World.*

16.1. Necessidade de especializações das universidades e dos politécnicos

O sistema do ensino superior ou terciário tem de ser visto de uma forma estratificada e especializada. Não faz sentido vermos o sistema como um todo homogéneo, nem tão-pouco planear a sua homogeneização. Uma primeira especialização é entre as universidades e os politécnicos. As universidades devem estar vocacionadas para o ensino das Ciências, Tecnologias e Engenharias, Matemática, Gestão, Ciências Sociais e Humanidades, enquanto os politécnicos devem estar vocacionados para a criação de ecossistemas de formação de mão de obra e inovação das regiões que cobrem (à semelhança de um *community college* norte-americano).

Este trabalho dirige-se sobretudo à problemática das universidades. Mas as próprias universidades também devem ser especializadas, conforme um projeto específico (*charter*). Podemos distinguir três tipos: *(i)* a universidade internacional, que concorre ao nível internacional no recrutamento de alunos e docentes, e que, em geral, é conhecida como universidade de investigação (*research university*); *(ii)* a universidade nacional, que concorre ao nível nacional no recrutamento de alunos e docentes, e visa a preparação de técnicos e altos quadros do país; e *(iii)* a universidade regional, que tem como principal objetivo a inserção na economia regional, em grande parte complementando os politécnicos.

É um erro crucial querer homogeneizar todos os estabelecimentos do ensino superior, e um total desperdício de recursos. Em termos económicos, um dos princípios que justifica o sucesso das universidades americanas, além da larga experimentação institucional e baixas barreiras à entrada, é o processo de *matching* entre alunos e professores por graus de aptidões (*habilities*) e interesses, o que exige autonomia e liberdade de escolha.[2] Nos EUA, os estabelecimentos do

[2] Este *matching* é em grande parte feito pela fixação de notas mínimas ou resultados de testes de capacidade como os SAT ou GRE por cada instituição.

ensino superior classificam-se em *(i)* universidades de alta ou média investigação; *(ii)* universidades predominantemente dedicadas a licenciaturas; *(iii) community colleges*; e *(iv) minority colleges*. Do total destes estabelecimentos, 37% são públicos, 40% são privados sem fins lucrativos, e 23% são privados com fins lucrativos.

É importante sublinhar que apenas 115 universidades de alta investigação, de um total de 4400 estabelecimentos do ensino superior, concedem 63% do total dos doutoramentos, o que mostra a elevada concentração na atribuição de doutoramentos.

Não nos podemos esquecer de que a distribuição e *ranking* destas instituições superiores dependem dos recursos humanos e financeiros de um país. É evidente que um país de pequena dimensão não tem uma base de recursos humanos que possa competir com um grande país, e o nível de rendimento *per capita* limita a capacidade de financiamento. Para sobressair acima destas restrições, a instituição terá de reunir um conjunto de capacidades que transcendam as restrições e poderão, em casos excecionais, afirmar-se no contexto das melhores universidades ao nível internacional. Vejamos quais os ingredientes de excelência no ensino superior.

Como se classifica o nível científico e pedagógico de uma universidade? Os diferentes critérios para estabelecer os *rankings* internacionais apontam para três pontos fundamentais: *(i)* o número de publicações científicas em revistas ou livros de elevada reputação e respetivas citações; *(ii)* os salários dos graduados e carreiras profissionais associadas, sobretudo nos ramos tecnológicos e de gestão; e *(iii)* a qualidade do corpo docente, medido também pelo número de prémios Nobel.

O Times Higher Education[3] faz o *ranking* baseado em cinco critérios: *(i)* o ensino, que mede o ambiente estudantil, começando pela reputação (15%), rácio estudantes/professores (4,5%), rácio doutorados/licenciados (2,25%), e o rendimento institucional (2,25%);

[3] Times Higher Education. (2021). *World University Rankings 2022: methodology*. THE. [https://www.timeshighereducation.com/world-university-rankings/world-university-rankings-2022-methodology].

(ii) a investigação, baseada na reputação (18%), no rendimento de investigação (6%) e na produtividade da investigação (6%); *(iii)* as citações, que medem a influência da universidade em termos de conhecimento (30%); *(iv)* a internacionalização de estudantes, docentes e colaboração em investigação (cada com 2%); e *(v)* a transferência de tecnologias para a indústria, medida pelo rendimento (2,5%). Por conseguinte, os três critérios mais importantes são a reputação do ensino e da investigação medida através de um inquérito entre as próprias universidades e as citações. No *ranking* de 2022, as *top*-13 são: Oxford, Caltech, Harvard, Stanford, Cambridge, MIT, Princeton, Berkeley, Yale, Chicago, Columbia, Imperial College, Johns Hopkins e Pennsylvania. São todas universidades dos EUA e do Reino Unido.

16.2. Autonomia das universidades

A verdadeira autonomia da universidade portuguesa é uma das principais políticas a adotar, e que está na raiz de outras políticas.

Este desígnio comporta vários objetivos parcelares. O primeiro consiste numa efetiva autonomia administrativa, como a competência e a capacidade para definir livremente a estrutura organizativa e funcional dos diferentes níveis de responsabilidade. Esta competência e capacidade de funcionamento deverão incluir a possibilidade de selecionar os seus alunos (corpo discente) de acordo com critérios claros e preestabelecidos e devidamente homologados pelas entidades responsáveis, dando maior atenção aos testes de aptidão. Tal implica o abandono da colocação dos alunos candidatos à universidade pelo Estado, da forma centralizada e atualmente praticada. É necessário dissociar o exame nacional de conclusão do ensino secundário das provas de acesso ao ensino superior, e acabar com os *numerus clausus*, de forma gradual, para garantir um certo equilíbrio entre a eficiência e a equidade.

Igual autonomia deve ser conferida à fixação do valor das propinas em cada universidade. Ao Estado compete apenas garantir que os alunos elegíveis para entrar no ensino superior, num dado ano, não são discriminados negativamente pela sua incapacidade de pagar as correspondentes propinas, seja pela atribuição de um certo número de bolsas, previamente estabelecidas para cada formação/universidade; seja por acordo com cada uma do rácio número de bolsas concedidas pela própria instituição / alunos admitidos na mesma. Do mesmo modo, deverão ser especificadas e esclarecidas questões como as condições para renovação das bolsas, o valor das propinas em caso de reprovação, bem como o número de reprovações consentido numa dada disciplina, e as condições exigidas (nomeadamente em termos de tempo) para completar um determinado grau.

O que precede é extensível e deverá igualmente ser aplicado, com as justas e necessárias adaptações, aos mestrados, por forma que eles não sejam fonte de discriminação, mas sim de promoção e garantia de igualdade de oportunidades, tendo em conta o mérito e a competência.

É necessário dar-lhes maior autonomia financeira, para que possam atrair os melhores professores e acabar com a endogamia que caracteriza os seus corpos docentes. Uma das formas é permitir que as universidades que demonstrarem capacidade financeira se transformem em FUNDAÇÕES, com autonomia para fixarem as suas próprias escalas de remunerações. Tal autonomia deverá igualmente ser conferida ao recrutamento do pessoal docente e auxiliar, quer no que respeita ao seu número em cada categoria, quer no que respeita à sua remuneração e progressão na carreira. Sobre estas, devem as mesmas ser clara e inequivocamente estabelecidas, tendo em conta os objetivos visados, e com base em critérios de mérito; igualmente, devem ser objeto de avaliação periódica. As correspondentes remunerações deverão ser fixadas tendo em conta fatores de concorrência. Isto pressupõe, também, a eliminação da prática da endogamia, ainda largamente existente, como resultado de um corpo docente largamente formado na instituição e sem experiência e vivência de outras culturas.

Como é evidente, a finalidade última das reformas aqui sugeridas visa a melhoria do ensino e a formação ao nível universitário e correspondente relevância.

É fundamental que as universidades desenvolvam sistemas de captação de financiamentos diversificados, desde a prestação de serviços e a realização de projetos de investigação para as empresas, como campanhas de angariação de fundos, de dotação de «cadeiras» e de doações para laboratórios e edifícios, à semelhança das universidades americanas.

16.3. A Universidade do Futuro: diversidade, digitalização, abertura à sociedade e integração em redes/plataformas

As universidades estão a passar por grandes alterações, que se aceleraram com a pandemia de COVID-19. De uma relativa uniformidade, as universidades caminham para uma grande diversidade, não só no tipo de provedores, como também no modo como formam os alunos. Do ponto de vista físico, veremos uma mistura de *campus* reais, onde se combinam a presença física e o mundo real, e os ambientes de aprendizagem virtual. Central para o sucesso é a qualidade da aprendizagem personalizada do aluno.

Os cursos serão desenhados para serem administrados, primeiro, por via digital e, depois, suplementados por sessões face a face com instrutores. As apresentações orais, cada vez mais no futuro, serão acompanhadas por vídeo, realidade mista (*mixed reality*) e simulações. *Smart bots* para cada tema abrem a possibilidade da aprendizagem personalizada, monitorada por *advanced learning analytics*.

Os programas e *curricula* poderão ser mais compartimentalizados, permitindo mais combinações e escolha por parte dos alunos, guiados por um tutor. Outra tendência importante é a chamada aprendizagem por experiência (*experiential learning*), em que seja possível uma maior integração entre a exposição teórica e a experiência prática da realidade profissional, no hospital, fábrica ou laboratório, sem que seja necessária a deslocação. Estes tipos de conhecimentos poderão ser administrados em plataformas digitais criadas pelas instituições.

Outra importante tendência é a maior importância da aprendizagem ao longo da vida, na medida em que a evolução tecnológica requer uma constante atualização de técnicas e conhecimentos, que a revolução da inteligência artificial, dos grandes dados e de *machine learning* em geral irão acentuar, potenciados pela Internet das Coisas.

A outra é uma maior integração com o estilo de vida de cada estudante, que poderá estar a trabalhar ou a tomar conta dos filhos, o que implica uma aprendizagem mais espaçada.

16.4. Financiamento e ação social

Uma parte significativa do financiamento do ensino em Portugal é feito através do Orçamento Geral do Estado, que impõe fortes restrições não só devido à restrição orçamental global, como também à baixa prioridade atribuída a esta despesa e, sobretudo à forma distorcida de alocação do orçamento. A fórmula atual baseia-se numa capitação por aluno, sem atender a elementos de prioridade nacional no tipo de formação, nem na qualidade do ensino ministrado.

É um erro seguir a política de abaixamento das propinas só com o intuito de reduzir os custos de acesso e prosseguir uma política social de auxílio aos alunos com menores rendimentos. Desta forma, tem-se vindo a diminuir a proporção de financiamento com base nas propinas, que são «votos» dados pelos alunos, e o aumento da proporção coberta por impostos. Aliás, a autonomia na fixação das propinas, eventualmente balizada por algum mínimo, permitiria uma maior diferenciação da qualidade das universidades e assim um melhor *matching* entre alunos e escola. Por outro lado, a política de ação social prosseguida na maioria dos países é a atribuição de bolsas de estudo aos alunos com família de menores rendimentos. Deve reconhecer-se que a propina é apenas uma parte, e das menos significativas no total, dos custos para o aluno obter um diploma universitário; os mais significativos são os de alojamento para os que têm de se deslocar da residência dos pais ou familiares e o custo implícito de não trabalhar.

Assim, propomos que se combine a autonomia de fixação das propinas por cada universidade com um reforço significativo do montante por bolsa, testado pelo rendimento dos pais, e alargamento do número de bolsas, combinado com políticas de habitação para residências universitárias.

16.5. Criar *campus* universitários e universidades líderes

Urge formular um projeto-piloto para uma universidade que integre as faculdades e os departamentos numa lógica de *campus* universitário, à semelhança das universidades americanas e inglesas, estabelecer projetos concretos e dar-lhe recursos para que consigam aceder ao topo das cem melhores universidades do mundo, contrariando assim o facto de as melhores universidades portuguesas apenas conseguirem estar no escalão das quatrocentas melhores.

Como afirmamos acima, não é possível nem desejável ter todas as universidades ao mesmo nível científico, mas isso não significa que não possamos ter universidades no topo dos *rankings* mundiais, seja no topo dos cem, duzentos ou trezentos — o que significaria um enorme progresso em relação à situação atual.

Sugerimos que se estude um projeto a que podem concorrer as universidades em Portugal, com recursos financeiros suficientes (estimados em 2 mil milhões de euros programados em 5 anos), com o objetivo de colocar uma universidade em cada patamar do topo dos cem, duzentos ou trezentos. Os programas deveriam ser elaborados por uma *task-force* internacional, envolvendo os professores das melhores universidades ao nível mundial que atingiram aqueles níveis no *ranking* e que constituiriam um júri para escolha da(s) universidade(s) respetivas.

16.6. Combater a endogamia e rejuvenescer os quadros superiores das universidades

A endogamia é um problema grave das nossas universidades que tem de ser combatido. Propomos que seja feito através da regulação, estabelecendo um rácio máximo de docentes que podem ser recrutados a partir de doutorandos da mesma universidade.

Outro problema é o corporativismo dos conselhos superiores das universidades, em que os professores catedráticos ocupam um número restrito de lugares e tapam a carreira dos restantes docentes, alguns com carreiras brilhantes e de elevado potencial. É outro obstáculo à renovação do corpo docente e à atualização científica de muitos estabelecimentos. Também só nos parece possível contrariar por meio de uma regulação que estabeleça um número mínimo de lugares a substituir por grupo de anos ou de lugares a abrir, conforme as necessidades específicas de cada universidade.

16.7. Melhorar a qualidade e a atribuição dos graus de mestrado e doutoramento

É preocupante a inflação de graus de doutoramento que o ensino superior está a atribuir em Portugal, e que tem uma das taxas anuais mais elevadas do mundo. É evidente que a criação de talentos e a I&D necessitam de doutorados, mas quando as exigências mínimas para a entrada nos programas de doutoramento e na atribuição do grau são muito baixas, banaliza-se o grau e cria-se uma espécie de «proletariado dos doutorados», que está a criar uma pressão da oferta de docentes e investigadores no ensino superior. Esta pressão da oferta cria uma forte procura de fundos das instituições financiadoras, como da FTC e OGE, e faz deprimir as remunerações nestes mercados.

As políticas que recomendamos para resolver este problema são: *(i)* restringir o número de universidades que podem atribuir o grau de doutor, através de um conjunto de critérios bem definidos e transparentes, de forma que sejam as melhores a poderem ter maior peso na formação destes graduados; *(ii)* reorientar as bolsas de doutoramento de acordo com as necessidades estratégicas do país; e *(iii)* definir um conjunto de critérios mínimos para os trabalhos da tese e provas de doutoramento, de forma a aumentar o nível técnico e científico das mesmas. A definição concreta destes critérios e *guidelines* deveria ser entregue a um grupo de trabalho com participação maioritária internacional.

16.8. Incentivar a ligação universidades e empresas

Embora este tema esteja mais desenvolvido no Grupo de Trabalho Investigação e Desenvolvimento, a sua relevância merece aqui uma referência, embora breve. Primeiro, em termos da organização das universidades, que devem ter um conselho consultivo ou orientador com representantes das empresas, para poderem ajudar a formular políticas e *curricula* apropriados para as empresas. Segundo, as grandes empresas, começando pelas multinacionais, devem estabelecer protocolos de formação e/ou investigação com as universidades apropriadas, instalando, por exemplo, os seus centros de investigação na proximidade daquelas. Terceiro, as empresas devem ter programas anuais de recrutamento dentro das universidades para recrutar os estudantes mais apropriados para as suas necessidades. Quarto, as empresas deverão financiar certos programas, sobretudo programas de formação ou investigação ligados às necessidades específicas para o seu desenvolvimento. Quinto, para atrair recursos para resolver problemas específicos das empresas, estas deveriam estabelecer projetos de investigação com as universidades e por ela financiados. Sexto, outra forma de financiamento é a doação para a construção de instalações ou a aquisição de equipamentos, como foi conseguido, por exemplo, pela Nova SBE, em Carcavelos. Sétimo, para atrair professores de elevada reputação é necessário pagar salários internacionais, pelo que as empresas poderão dotar cadeiras com fundos suficientes para esta finalidade. Oitavo, também de grande importância, são os programas para executivos, que permitem formar pessoal das empresas em *part-time* e à medida das necessidades de cada empresa.

16.9. Internacionalizar universidades; geminação com universidades estrangeiras

Para uma universidade se internacionalizar tem de *(i)* ser competitiva e ganhar um nicho de vantagem comparativa no contexto internacional (europeu ou mundial) em que se insere; e *(ii)* criar a reputação correspondente. Ambas as ações exigem políticas e medidas deliberadas, que levam em geral anos, e mesmo uma década, a construir.

A internacionalização da universidade implica vários fatores, quer no que respeita ao seu corpo discente (percentagem de alunos de outras nacionalidades no total dos alunos), quer de docentes/investigadores (através de intercâmbios/projetos com universidades estrangeiras reputadas), quer, ainda, de uma política de recrutamento de pessoal qualificado, no exterior.

As universidades têm de se abrir à sociedade, internacionalizar-se e funcionar em redes de conhecimento em múltiplos países. A internacionalização passa por três eixos: *(i)* o recrutamento da faculdade ao nível internacional, mediante concursos abertos, e o recrutamento ativo nos congressos realizados para o efeito; *(ii)* o recrutamento de alunos ao nível internacional, através de campanhas de informação internacionais e junto de entidades associativas em países europeus; e *(iii)* os projetos de investigação de diversas universidades, envolvendo universidades estrangeiras de reputação.

Existem dois eixos fundamentais de internacionalização das nossas universidades. Um deles é o mercado europeu, como a Nova SBE conquistou, em que o MBA já tem cerca de 60% de estudantes estrangeiros, em que predominam os alemães e os italianos. A outra são os países de expressão portuguesa, como o caso da Universidade

Católica do Porto que criou um MBA que era administrado em três países, um em cada termo (Portugal, Angola e Brasil), em cooperação com outras universidades.

Outra política importante para a atração de jovens para uma universidade internacional é a criação de um ecossistema de ensino, vivência e cultura suficientemente atrativo ao nível internacional. Este ecossistema exige, por exemplo, que haja circundante à universidade instalações, tais como residências e recintos culturais e desportivos, e que a universidade tenha um conjunto de iniciativas culturais, de desporto e sociais que possam complementar o ensino académico. É evidente que no caso de departamentos tecnológicos terá de haver os laboratórios e equipamentos necessários.

16.10. Melhorar e compatibilizar o ensino com a investigação

É fundamental promover a ligação/articulação das atividades de investigação/ensino com a realidade empresarial e nacional — o que pressupõe, também, a criação de estímulos para esse desenvolvimento, incluindo a criação de laboratórios de ideias (verdadeiros *think-thank*) independentes.

Um dos problemas correntes em muitas universidades de investigação é a compatibilização entre o ensino e a investigação dos docentes. Primeiramente, é necessário reconhecer que ambas as contribuições são importantes e fundamentais para a universidade, e depende da vocação de cada professor qual a função em que tem vantagens comparativas. Assim, a ocupação dos tempos em ambas as funções deve contar da mesma forma para o preenchimento dos tempos letivos requeridos.

Algumas universidades incentivam os contactos com as empresas e mesmo o trabalho de investigação aplicada/consultadoria, alocando aos seus docentes um dia por semana para se dedicarem a essa tarefa.

16.11. Criação de ecossistemas de *start-ups* e empreendedorismo

Este tema é mais largamente abordado no Grupo de Trabalho I&D. Aqui acentuamos a necessidade de clarificar a questão dos IP, da contribuição dos investigadores para os *overheads* e o estabelecimento de gabinetes em cada departamento que façam a ponte entre os centros de investigação e as *start-ups* ou empresas, facilitando o processo de empresarialização e aluguer ou venda de patentes.

GRUPO DE TRABALHO SAÚDE E SOLIDARIEDADE

Nadim Habib *(Coordenador)*

Catarina Delauny *(Relatora)*

Adalberto Campos Fernandes
Afonso Lobo Machado
Alexandre José Lourenço
Amílcar Falcão
Ana Lopes
Ana Paula Martins
Ana Rita Cavaco
Andreia Lima
António Alvim
António Tavares
Carlos Cortes
Catarina Marques
Daniel Guedelha
Diogo Nogueira Leite
Fausto Pinto
Francisco Cabral
Francisco Goiana da Silva
Francisco Velez Roxo
João Paulo Cruz
João Proença
João Queiroz e Melo
João Varandas Fernandes
Jorge Penedo
José Martins Nunes
José Ribeiro Nunes
Luís Filipe Pereira
Luís Rocha
Manuel Carvalho
Maria do Céu Machado
Miguel Guimarães
Paulo Duarte
Paulo Neves
Orlando Monteiro
Óscar Gaspar
Rui Julião
Tiago Correia

17. REFORMA DO SISTEMA NACIONAL DE SAÚDE
NADIM HABIB, CATARINA DELAUNY

Nos 40 anos decorridos desde a criação do Serviço Nacional de Saúde (SNS), o Sistema de Saúde Português (SSP) tem gerado melhorias significativas na saúde e na qualidade de vida dos cidadãos, que comparam muito favoravelmente com os resultados de outros sistemas de saúde. Os progressos assinaláveis observados nesse período nos principais indicadores de saúde, como sejam a esperança média de vida, a mortalidade prematura, a mortalidade infantil ou a prevalência de doenças infeciosas, permitem que o sistema de saúde português apresente resultados ao nível dos países mais desenvolvidos (que devem sempre servir como referência e termo de comparação).

Não obstante as conquistas importantes do SNS, a última década tem sido muito mais desafiante. O SNS desenhado nos anos 1970 permitiu resolver muitos dos problemas da saúde do passado, mas está pouco preparado para enfrentar os desafios de saúde de hoje ou de amanhã. Primeiro, porque o elevado desenvolvimento científico, tecnológico, social e económico verificado nas últimas décadas espoletou uma transição epidemiológica. Assistimos, ao longo das últimas décadas, a um aumento progressivo da esperança média de vida dos cidadãos e da prevalência de doenças não transmissíveis. Na verdade, muito antes da pandemia de COVID-19, estava já em curso uma outra pandemia silenciosa, responsável por mais de 70% das mortes prematuras em Portugal: a pandemia das doenças dos estilos de vida. Ao contrário da COVID-19, essa pandemia já dura há décadas, e se queremos combatê-la, mudanças estruturais no SNS tal como o conhecemos são urgentes. Portugal é hoje um país mais envelhecido, com carga de doença mais pesada, e o sistema de saúde enfrenta mais doenças crónicas e doentes com mais comorbilidades.

Segundo, porque o sistema continua organizado com base numa lógica de planeamento central, com instituições centrais (que governam e regulam os sectores público, privado e social), instituições intermédias (Administrações Regionais de Saúde) que fazem a ponte entre os órgãos de gestão central e as entidades prestadoras de cuidados de saúde às populações, gerando uma complexidade desnecessária e consequente entropia na tomada de decisão.

Um mundo de evolução científica acelerada, com uma população mais qualificada que necessita cuidados personalizados e próximos, exige um sistema de saúde mais simples e mais ágil. Este fenómeno não é exclusivo a Portugal; prova disso é o facto de «a necessidade urgente de simplificação drástica do sistema» ter sido identificada como prioritária no plano de reforma do Serviço Nacional de Saúde inglês.[1]

---

[1] Darzi *et al.* (2018). *Better health and care for all: A 10-point plan for the 2020s.*

O SNS está desenhado e organizado para desafios que já não existem e, consequentemente, tem dificuldade em lidar com aqueles que enfrenta hoje: *(i)* desafios de acesso, com um número significativo de portugueses com acesso limitado a serviços de saúde; e *(ii)* desafios de eficiência num sistema aparentemente incapaz de gerar melhorias de produtividade que permitem libertar recursos para investimentos críticos. Um sistema sem capacidade de melhorar o acesso e a produtividade enfrenta, naturalmente, desafios sérios de financiamento, que, por sua vez, acabam por tornar o sistema pouco atrativo para o talento tão necessário para cumprir a sua missão.

17.1. Desafios do SNS

17.1.1. Acesso

Existem hoje desafios significativos de acesso, com mais de 900 mil portugueses sem atribuição de médico de família. Em 2019, 39% das consultas de especialidade e 22% das consultas urgentes ultrapassaram os tempos máximos de resposta. No final de 2019, havia mais de 245 mil pessoas em lista de espera para cirurgia, das quais 50 mil a ultrapassar os tempos máximos, e 22 hospitais do SNS não estavam a cumprir os períodos máximos de espera para cirurgias oncológicas prioritárias. Segundo a Entidade Reguladora da Saúde (ERS), os desafios de acesso em 2018 já eram «um problema sistémico, e não circunscrito a um número reduzido de prestadores.»[2] As promessas de acesso alargado a cuidados de saúde oral, visual e mental continuam por cumprir, bem como o acesso a cuidados continuados e paliativos.

Como consequência, cerca de três milhões de portugueses têm hoje seguro de saúde e recorrem de forma generalizada ao sector

[2] ERS. (maio, 2019). *Informação de Monitorização Tempos de Espera no SNS – Janeiro a maio de 2018* [https://www.ers.pt/uploads/writer_file/document/2518/ERS_-_Tempos_de_espera_Mai.2019__publicar_.pdf]

privado por falta de resposta do SNS. Existem ainda cerca de um milhão de portugueses que escolhem o sector privado através de outros subsistemas de saúde, como a ADSE.

Finalmente, existe o problema menos visível de acesso à inovação terapêutica e tecnológica, em que Portugal continua a mostrar atrasos, em comparação com outros países da União Europeia.

17.1.2. Eficiência

O SNS tem demonstrado ineficiências significativas na gestão dos seus recursos. Múltiplos estudos indicam que os custos com elas relacionadas podem totalizar até 2,5 mil milhões de euros por ano, ou seja, perto de 25% do orçamento de custos do SNS em 2019. Estas ineficiências têm causas múltiplas:

a) Governança

- Os mecanismos de contratualização são pouco transparentes, não incentivam a eficiência e tendem a ignorar os *outcomes* de saúde;
- Falta de ferramentas de reconhecimento e de recompensa do desempenho;
- Falta de autonomia na gestão conduz à potencial desresponsabilização das equipas de direção;
- Excessiva politização das estruturas de gestão hospitalar, que resulta em fraca qualidade de gestão e decisões orientadas para o curto prazo.

b) Ferramentas de gestão inadequadas

- Não existe um único sistema de monitorização e avaliação de desempenho, tornando difícil o controlo de eficiência e a disseminação de melhores práticas;

- A existência de múltiplas ferramentas informáticas e dados não harmonizados tornam a gestão diária mais complexa;
- Excessiva burocracia e complexidade nos processos de gestão com consequências na produtividade e, consequentemente, nos custos;
- O recente relatório do Tribunal de Contas sobre os PPP na saúde confirmou os desafios de eficiência no SNS, concluindo que a gestão privada de quatro hospitais gerou poupanças efetivas para o Estado de cerca de 203 milhões de euros. Sem uma governança e ferramentas de gestão adequadas aos desafios que enfrenta, o SNS não será capaz de gerar os ganhos de eficiência necessários para continuar a investir no seu futuro.

17.1.3. Financiamento

Os dados da Direção-Geral de Orçamento demonstram claramente o persistente subfinanciamento do SNS. Entre 2011 e 2019, o cumulativo das transferências do Orçamento do Estado para o SNS foram inferiores à despesa do SNS em mais de 10,5 mil milhões de euros. Segundo o Conselho de Finanças Públicas, «a prevalência destes défices orçamentais e de dívida estrutural indicia que o SNS necessitará de fundos adicionais para efeitos de satisfação das necessidades de saúde da população e coloca desafios de sustentabilidade financeira...» Além do impacto imediato na capacidade de resposta do sistema, este subfinanciamento tem tido consequências negativas na gestão de fornecedores (com atrasos significativos no pagamento dos mesmos e consequentes dificuldades na negociação dos preços e condições) e na capacidade das equipas de gestão para construírem e cumprirem planos a médio/longo prazo.

Dada a sua dependência do Orçamento do Estado, o Ministério de Saúde tem sofrido de um excessivo controlo da parte do Ministério das Finanças. As políticas financeiras que caracterizaram a última década (cativações, aprovações obrigatórias pelo Ministério das

Finanças, etc.) não só minaram as hipóteses de o sistema de saúde cumprir com as suas promessas, mas, igualmente preocupante, geraram uma incerteza que transformou o planeamento a médio e longo prazo numa missão impossível. Com planos irrealistas e uma gestão sem autonomia, não tem sido possível apostar num sistema de saúde robusto e com capacidade de resposta alinhada com as necessidades do país.

Não obstante alguns esforços para atribuir mais verbas à saúde, a realidade da última década tem sido a quebra sistemática das «promessas» relacionadas com o financiamento. O efeito cumulativo debilitou gravemente os ativos do SNS e colocou (ainda) mais longe os objetivos essenciais: melhorar o desempenho do sistema, a motivação dos profissionais de saúde e a qualidade da experiência do doente.

17.1.4. Recursos Humanos

Nenhum plano para a saúde pode ignorar o papel central que os profissionais de saúde têm na garantia de prestação de serviços de saúde de qualidade e na evolução do sistema. A melhoria significativa do SSP resulta do trabalho, da dedicação e da excelência dos profissionais de saúde portugueses que todos os dias dão o seu melhor para a prevenção e o tratamento da doença, garantindo a qualidade proporcionada pelo SNS. Infelizmente, e em grande parte por causa dos desafios de acesso, eficiência e financiamento, muitos deles foram perdendo motivação e envolvimento nas últimas décadas, e hoje encontram-se desmotivados, mal remunerados e sem perspetivas de progressão de carreira.

Ao longo da década passada e, em consequência da limitação de recursos do SNS, verificou-se um aumento significativo de trabalho administrativo alocado aos médicos; menos estabilidade das equipas clínicas; menos formação vocacionada para enfermeiros, e, deixou-se para «mais tarde», a importância dada às *soft skills* e ao trabalho de equipa do pessoal auxiliar. Tudo isto, juntamente com a estagnação salarial, resultou numa combinação explosiva de excesso de horas de trabalho, de decréscimo de produtividade e de aumento exponencial da frustração e desmotivação dos profissionais de saúde.

Um outro problema ao nível dos recursos humanos é o baixo nível de autonomia que muitos profissionais de saúde têm relativamente à gestão e estratégia das suas equipas. Consequentemente, há pouca capacidade para ajustar práticas às necessidades locais, e a introdução de práticas inovadoras é tendencialmente mais difícil. Estes fatores não só geram um efeito negativo na motivação dos profissionais de saúde, como também constituem uma barreira à adoção e disseminação de potenciais boas práticas dentro do sistema de saúde. O envolvimento de profissionais de saúde na formulação estratégica e planeamento da prestação de cuidados, bem como no recrutamento, na gestão e liderança das suas equipas é crucial para melhorar os resultados e a inovação.

Qualquer política de Recursos Humanos para a saúde deve ser desenvolvida tendo em conta que medidas potenciadoras de produtividade e inovação são, necessariamente, o resultado da experimentação e o desenvolvimento de novas formas de trabalhar e colaborar. Tal requer o desenvolvimento de competências de gestão, mas também a garantia de que existe tempo para dedicar à inovação organizacional e à melhoria nos processos de trabalho.

17.1.5. Recomendações

a) Primeiro: garantir o fundamental

(1) Garantir e melhorar o acesso

O acesso a cuidados de saúde deve ser baseado no respeito pelos direitos individuais dos cidadãos. Tal como consagrado na Constituição da República Portuguesa, o Estado tem de garantir o direito à proteção na saúde através da organização de serviços que permitam responder às necessidades dos cidadãos em tempo adequado e num contexto de qualidade.

Deve ter como elemento central as necessidades de saúde dos cidadãos identificadas pelos próprios ou pelos profissionais de saúde, garantindo que todos os cidadãos, residentes no território nacional, tenham acesso a cuidados de saúde de proximidade baseados na disponibilização de uma equipa de saúde (médico e enfermeiro de família).

Os cidadãos que optarem por não utilizar os serviços públicos não deverão ser discriminados, podendo aceder às diferentes componentes do sistema com iguais direitos e garantias. Os direitos de acesso deverão estar regulados em termos de tempos máximos de resposta garantida. Ao Estado cumpre a obrigação de assegurar a resposta adequada, em tempo certo e em conformidade com as necessidades identificadas.

O SNS tem como primeira responsabilidade dar resposta às necessidades dos cidadãos. Por essa razão, sempre que essa resposta não puder ser assegurada pelo SNS, o utente ficará habilitado a recorrer a outras unidades integrantes do próprio SNS ou, na comprovada impossibilidade deste, ao sector convencionado social ou privado com quem o Estado tenha definidos protocolos ou acordos. Em nenhuma circunstância deverá o cidadão ser prejudicado nos seus direitos de acesso, devendo os encargos com essa prestação ser imputados à entidade responsável pela não-satisfação das necessidades do utente nos prazos definidos na lei ou nos termos determinados pelo médico de família ou assistente.

O enquadramento legal atualmente existente deverá ser revisto e atualizado tendo em vista a salvaguarda dos direitos de acesso e de proteção na saúde a todos os cidadãos, independente da sua condição económica e social. Os prazos definidos na lei deverão ter carácter de compulsivo cumprimento, por parte das entidades que integram o SNS, ou de outras com ele convencionadas, as quais complementarmente deverão assegurar a resposta às necessidades identificadas a cada um dos cidadãos.

(2) Assegurar acesso precoce, mais próximo e mais abrangente

É crítico reforçar a capacidade de resposta dos cuidados de saúde primários e de proximidade, no sentido de abranger toda a população ao nível nacional, garantindo o direito de acesso à proteção da saúde consagrado no plano constitucional.

Os cidadãos deverão ter acesso a uma equipa de saúde familiar de forma adaptada ao seu percurso individual de saúde e fase do ciclo de vida.

Do mesmo modo, o acesso aos cuidados de saúde primários deverá ser facilitado através de uma melhor adaptação dos horários e do recurso às novas tecnologias de informação, nomeadamente aos serviços de telessaúde e de teleassistência. Os cuidados de proximidade deverão assegurar uma maior multiplicidade de respostas, em particular aos cuidados de saúde oral e à saúde visual, à psicologia clínica e à nutrição, permitindo igualmente o atendimento a necessidades de saúde não programadas, evitando desse modo o recurso inapropriado a urgências hospitalares diferenciadas.

Deverá prosseguir, com reforço de meios, a reforma iniciada em 2016, relativa à implementação da hospitalização domiciliária, através da formação específica de profissionais e de equipas de apoio aos utentes e às famílias, bem como da criação de incentivos para melhoria dos processos e procedimentos às instituições hospitalares.

(3) Acesso à inovação terapêutica e tecnológica

Os cidadãos deverão ter acesso à inovação terapêutica e tecnológica de qualidade, em tempo útil e em função das suas necessidades específicas. As autoridades regulamentares deverão cumprir escrupulosamente os prazos definidos na lei para se pronunciarem pela admissão ou introdução no mercado dos medicamentos e tecnologias que acrescentem valor comprovadamente efetivo.

(4) Um sistema assente em talento

Nenhum plano para a saúde pode ignorar o papel central que os profissionais de saúde têm na garantia de prestação de serviços de saúde de qualidade e na evolução do sistema. Por isso, é fundamental proporcionar aos profissionais de saúde perspetivas realistas de uma carreira com algum grau de previsibilidade. Isto inclui, por exemplo, uma remuneração competitiva, bem como oportunidades de crescimento, de aprendizagem e de desenvolvimento profissional. O enfoque deve ser o de garantir aos profissionais de saúde carreiras desafiantes e estruturadas. É essencial que estes profissionais possam planear o seu percurso de aprendizagem e comprometerem-se, contribuindo, assim, para a consolidação e sustentabilidade do talento dentro do SNS.

A estruturação das carreiras deverá passar por introduzir níveis salariais mais competitivos, regularmente ajustados às condições económicas e ao mercado. Deverão ser instituídos rácios adequados de *staff* por serviço, de acordo com as melhores práticas internacionais, permitindo uma melhor distribuição do talento e, consequentemente, níveis de produtividade mais altos. Finalmente, todos os profissionais de saúde devem ter acesso a um plano de formação que permita o seu desenvolvimento consistente, aconselhamento e outras formas de apoio para mitigar o *stress* e o *burnout*.

Vários estudos têm mostrado que as entidades prestadoras de cuidados de saúde produzem melhores resultados quando envolvem os profissionais de saúde nas decisões de gestão das suas unidades. Garantindo que estes profissionais contribuem diretamente para as decisões estratégicas e operacionais, o sistema pode crescer com mais alinhamento e autonomia e, logo, mais ágil e flexível. Isto significaria um voto na estratégia e no planeamento, um voto na orçamentação, e um voto nas futuras decisões de investimento.

b) Organizar para a agilidade e produtividade

(1) Cuidados primários

Apesar de funcionar de forma deficiente e abaixo das suas potencialidades, a existência de uma rede universal de cuidados de saúde primários é um grande trunfo do SNS Português.

Uma aposta forte nos cuidados de saúde primários como base do SNS, com a generalização das unidades de saúde familiares (USF), sujeitas a regimes de contratualização indutores de melhores resultados em saúde e de melhor acessibilidade, é a melhor forma de defender e promover a saúde dos portugueses e de garantir a sustentabilidade do SNS.

Um sistema de saúde organizado com base nos cuidados primários, com especialistas na orientação informada dos utentes, favorecerá uma maior articulação ou integração, inclusive ao nível organizacional, entre os cuidados de saúde primários, os hospitalares e os continuados, evitando uma excessiva lógica hospitalocêntrica e a duplicação de custos.

(2) Liberdade de escolha

Favorecer a concorrência ou a competição interna, permitindo a entrada no sistema de unidades prestadoras dos sectores privado e social (efeito *best practices, benchmarking*), no sentido de possibilitar a comparabilidade com base nos resultados, e assim assegurar a eficácia, a eficiência e a qualidade na prestação de cuidados de saúde. Para isso, é fundamental incentivar a coexistência, de forma articulada e institucional, da presença de prestadores públicos, privados e sociais.

Resulta também numa autorização, de forma gradual, proporcional e flexível, do aumento da oferta de cuidados pelas entidades prestadoras de serviços de saúde, objeto de preferência manifestada pela população, e diminuição/encerramento da oferta daquelas que, de forma continuada e sistemática, forem preteridas por mau desempenho (com avaliação específica e objetiva). É fundamental, para isso, que o Estado disponibilize aos cidadãos informação baseada em indicadores relativamente à qualidade do serviço prestado (e.g. resultados nas grandes patologias em termos de diagnóstico e tratamento) e de tempo de resposta (quadro de rigor e transparência).

A liberdade de escolha para os doentes implica, naturalmente, um sistema que financia o doente, ao invés dos prestadores de serviços de saúde, permitindo que vá ao sector privado convencionado quando o SNS não lhe dá resposta atempada ou de qualidade suficiente. Este reforço do poder do utente permitirá determinar quais as instituições que prestam cuidados de qualidade suficiente para integrarem o SNS (independentemente de serem públicas ou privadas). A concorrência saudável entre instituições de saúde não só promoverá a excelência, como também é um mecanismo forte para identificar entidades sem a qualidade e a eficiência exigidas por um sistema do século XXI.

(3) Uma gestão mais autónoma e responsabilizada

É imperativo atribuir maior autonomia técnica, operacional e de gestão orçamental[3] às administrações dos hospitais públicos e reforçar a governança, no sentido de se alcançar uma maior eficiência do sistema (bem como o controlo e a redução dos custos de saúde e o combate ao desperdício), exigindo igualmente uma maior responsabilização (*accountability*) das equipas dirigentes, que devem ser orientadas por objetivos e sujeitas à avaliação de desempenho e ao controlo de resultados.

A gestão operacional deve ser delegada a profissionais qualificados, selecionados no mercado de emprego através de concurso público, por oposição a nomeação política, e com incentivos de gestão baseados

[3] Ter maior liberdade para contratação de pessoal, para aquisição de bens e serviços, para gastar excedentes.

em resultados. Finalmente, os conselhos de administração devem incluir membros com formação clínica, de forma a assegurar o alinhamento entre os objetivos de eficiência e as melhores práticas clínicas.

Para que as equipas locais consigam delinear e implementar estratégias de prestação de cuidados de saúde, as políticas de controlo financeiro excessivas e centralizadoras devem ser reduzidas ou até mesmo eliminadas. A remoção destas limitações permitiria um modelo de governança mais transparente e com melhores práticas de gestão, e o envolvimento de profissionais de saúde no planeamento estratégico e na gestão das respetivas unidades.

Em última análise, esta mudança de paradigma permitiria a construção de métricas mais adequadas para monitorizar a prestação de cuidados de saúde, assim como os respetivos resultados.

(4) Organizado para enfrentar os desafios de amanhã

É sabido que Portugal tem um especial problema demográfico,[4] dos mais complicados do mundo. O aumento da esperança média de vida é um excelente resultado dos avanços do SNS, mas o envelhecimento tem um impacto significativo em algumas matérias específicas, das quais a mais relevante é a da despesa com os cuidados de saúde.

De acordo com os dados do último relatório do Ageing Group,[5] em Portugal estima-se que a despesa em saúde tenha de aumentar, de 5,7% do PIB em 2019, para 7,2% em 2050, ou seja, qualquer coisa como mais 3 mil milhões de euros por ano (aos preços e ao PIB

---

[4] Diz o INE que, entre 2018 e 2080, «Portugal perderá população, dos atuais 10,3 para 8,2 milhões de pessoas. O número de idosos (65 e mais anos) passará de 2,2 para 3,0 milhões.» INE. (2020). *Projections of resident population in Portugal*. [https://www.ine.pt/xportal/xmain?xpid=INE&xpgid=ine_destaques&DESTAQUESdest_boui=406534255&DESTAQUESmodo=2].

[5] Comissão Europeia – Assuntos Económicos e Financeiros. (2021). *The 2021 Ageing Report: Economic and Budgetary Projections for the EU Member States* (2019-2070). [https://ec.europa.eu/info/publications/2021-ageing-report-economic-and-budgetary-projections-eu-member-states-2019-2070_en].

de 2020). De acordo com este estudo (e outros o corroboram), além das despesas em saúde propriamente dita, o envelhecimento da população também exigirá um aumento de 0,4% do PIB em 2050, o que equivale ao dobro da despesa de hoje, ou seja, cerca de 800 milhões de euros.

A estrutura atual do Ministério da Saúde (MS) não responde eficazmente aos desafios demográficos relacionados com o envelhecimento da população e o aumento do índice de dependência; e, por outro lado, as diversas competências estão repartidas por diversos organismos públicos, com distintas tutelas e orientações, o que não permite uma abordagem eficaz, atempada, socialmente responsável e financeiramente sustentável. O exemplo da resposta em tempo de COVID-19 tornou por de mais evidente a falta de coordenação entre o MS e Ministério do Trabalho, Solidariedade e Segurança Social (MTSSS), a necessidade de profissionais de saúde para o acompanhamento dos mais idosos institucionalizados, a ambiguidade de conceitos entre ERPI, instituições de saúde, RNCCI e outros. A situação de pandemia mais não fez do que evidenciar um problema estrutural que tende a agravar-se, pelo que esta pode ser a oportunidade de fazer uma reforma com amplo impacto social imediato e profundas melhorias a médio e longo prazo, de que se podem destacar, entre outras:

- Adequar as estruturas para dar uma resposta adequada aos milhões de portugueses que terão idade mais avançada e necessidades específicas;
- Assumir o envelhecimento como uma prioridade em termos de políticas públicas;
- Garantir o financiamento adequado às necessidades de uma população mais envelhecida.

O programa do governo do atual executivo defende que, para «[g]arantir a qualidade de vida na terceira idade[,] por um envelhecimento saudável», será de, nomeadamente, «[p]romover respostas de saúde e bem-estar integradas e inteligentes, através da aposta na cooperação entre o SNS e a Segurança Social.»[6] Tendo em conta a situação atual e a experiência das últimas décadas, afigura-se claro que uma melhor cooperação não é suficiente, e que a solução passa por atribuir ao Ministério da Saúde atribuições até aqui assumidas pelo MTSSS. Assim, o Ministério de Saúde deve ter a tutela sobre a Rede Nacional de Cuidados Continuados.

Por outro lado, as matérias do Subsistema de Ação Social (componente do Sistema de Proteção Social de Cidadania da Segurança Social) que digam respeito aos idosos devem passar para o novo Ministério da Saúde. Note-se que este subsistema é o que contempla, nomeadamente, «o desenvolvimento de serviços e equipamentos sociais ou de programas de combate à pobreza» (Lei de Bases da Segurança Social, Lei n.º 4/2007, de 16 de janeiro). Neste sentido, a cooperação com as instituições particulares de solidariedade social no que respeita ao acompanhamento dos idosos e a definição de unidades que possam responder aos seus problemas de saúde deve ser contratualizada pelo novo Ministério da Saúde.[7]

(5) Transformação digital na saúde

O futuro do sistema de saúde português passa pela transformação digital para a saúde. A intervenção da tecnologia no apoio à prestação de cuidados de saúde tem sido crescente, tanto ao nível administrativo como clínico (graças à desmaterialização e centralização de informação), constituindo uma alavanca de transformação do sistema de saúde.

---

[6] Governo de Portugal. *Programa do XXI Governo Constitucional 2019–2023* [p. 125]. [https://www.portugal.gov.pt/gc22/programa-do-governo-xxii/programa-do-governo-xxii-pdf.aspx?v=%C2%ABmlkvi%C2%BB=54f1146c-05ee-4f3a-be5c-b10f524d8cec].

[7] Tal obrigará também a alguma revisão da al. *c)* do n.º 2 do artigo 14.º da Lei Orgânica MTSSS relativa às competências do Instituto da Segurança Social: «*c)* Desenvolver a cooperação com as instituições particulares de solidariedade social e exercer, nos termos da lei, a sua tutela, bem como desenvolver a cooperação com outras entidades.»

A emergência sanitária da pandemia de COVID-19 teve um efeito potenciador na necessidade de implementação de produtos e serviços de *eHealth*, no sentido de ultrapassar os constrangimentos impostos pelo distanciamento e pela disrupção de cuidados, embora o caminho da transição digital já tivesse sido anteriormente iniciado.[8] Acresce que o Plano de Recuperação e Resiliência (PRR) prevê, até 2024, um investimento na transição digital da saúde no valor de 300 milhões de euros. No entanto, além das promessas em papel, é fundamental a implementação efetiva e a curto prazo de um conjunto de medidas que permitam concretizar a digitalização para o sector da saúde no sentido de dar resposta aos desafios nas seguintes áreas:

- Acesso: incentivando a telessaúde, mediante a generalização de ferramentas e a instalação de equipamentos ao nível da infraestrutura tecnológica nacional que permitam melhorar a acessibilidade dos cidadãos a cuidados de saúde de qualidade e em regime de maior proximidade; melhorando as interfaces digitais entre os doentes e os serviços de saúde, em termos de consultas, exames e/ou pagamentos; apostando na promoção da literacia digital quer dos profissionais de saúde quer dos utentes;
- Organização: garantindo a interoperabilidade entre os sistemas de informação da saúde; apostando na uniformização e integração dos registos nacionais, juntamente com uma maior articulação dos diversos níveis de cuidados de saúde e a centralização da informação, com o foco colocado no doente/utente; simplificando e uniformizando os processos de comunicação entre entidades prestadoras de cuidados de saúde, fornecedores e entidades pagadoras, além do estabelecimento de infraestruturas e sistemas uniformizados e resilientes de gestão de dados

[8] De acordo com os dados divulgados pelos Serviços Partilhados do Ministério da Saúde (SPMS), através do Centro Nacional de TeleSaúde (CNTS), desde 2016 até ao dia 31 de janeiro de 2020, o SNS registou mais de cem mil teleconsultas.

de compras, de acordo com os princípios da transparência e viabilidade financeira;
- Eficiência: reforçando os sistemas para a simplificação de procedimentos, com ganhos em eficiência e rapidez, com a consequente mitigação do desperdício de recursos, representando assim uma mais-valia para todo o sistema de saúde; normalizando os registos informáticos para controlo e medição de resultados em saúde (avaliação custo/efetividade dos tratamentos de acordo com o tipo de patologia), com base em Value Based Healthcare (VBH) e Real World Evidence (RWE);
- Segurança: garantindo a salvaguarda da proteção absoluta da privacidade ao nível do acesso, circulação, armazenamento, tratamento, gestão e aplicação dos dados pessoais em saúde, bem como assegurando a cibersegurança.

c) Garantir financiamento

Existe a necessidade de ter um Orçamento de Estado para a saúde mais robusto e independente dos ciclos económicos, garantindo o reforço e a estabilidade do financiamento do sector:

- Financiamento plurianual, para permitir o planeamento a longo prazo e a estabilidade na evolução da gestão;
- Separar o financiamento da prestação de serviços de saúde do financiamento de instituições (*money follows the patient*);
- Aposta e investimento na investigação científica e no desenvolvimento tecnológico, libertando fundos e atribuindo mais financiamento;
- O SNS deverá ser provido de uma entidade própria que assegure o planeamento estratégico de infraestruturas e equipamentos e a avaliação de políticas. Tendo em conta os sucessivos períodos de restrição orçamental verificados nos últimos anos, seria importante alocar meios de investimento extraordinários que

permitissem a renovação das infraestruturas existentes e a substituição de equipamentos técnicos e tecnológicos nas diferentes unidades que integram o SNS. Além da modernização da rede de centros de saúde adaptados aos novos tipos de resposta, seria fundamental o lançamento de novas unidades hospitalares de carácter estratégico em todo o país.

18. SOLIDARIEDADE E AÇÃO SOCIAL

ANTÓNIO TAVARES, ÓSCAR GASPAR, RUI JULIÃO

A questão que se coloca é que, por um lado, o atual Ministério da Saúde (MS) não responde eficazmente aos desafios demográficos, nomeadamente os relacionados com o envelhecimento da população e o aumento do índice de dependência, e, por outro, as diversas competências estão repartidas por diversos organismos públicos, com distintas tutelas e orientações, o que não permite uma abordagem eficaz, atempada, socialmente responsável e financeiramente sustentável.

O exemplo da resposta em tempo de COVID-19 tornou por de mais evidente a falta de coordenação entre o MS e Ministério do Trabalho, Solidariedade e Segurança Social (MTSSS), a necessidade de profissionais de saúde para acompanhamento dos mais idosos institucionalizados, a ambiguidade de conceitos entre ERPI, instituições de saúde, RNCCI e outros. A situação de pandemia mais não fez do que revelar um problema estrutural que tende a agravar-se, pelo que esta pode ser a oportunidade de realizar uma reforma com amplo impacto social imediato e profundas melhorias a médio e longo prazo, de que se podem destacar, entre outras, *(i)* a criação de um novo Ministério da Saúde e da Solidariedade; *(ii)* políticas de natalidade; e *(iii)* políticas de coesão territorial.

18.1. Racional da criação de um Ministério da Saúde e da Solidariedade

18.1.1. A questão demográfica em Portugal

É reconhecido que Portugal tem um especial problema demográfico,[1] dos mais complicados do mundo. O aumento da esperança de vida é um excelente resultado dos avanços do sistema de saúde e também do desenvolvimento (condições de alimentação, salubridade, literacia, etc.), mas o envelhecimento tem impacto significativo em algumas matérias, das quais a mais relevante é a da despesa com cuidados de saúde.

De acordo com os dados do último relatório do Ageing Group,[2] em Portugal estima-se que a despesa em saúde tenha de aumentar de 5,7% do PIB em 2019 para 7,2% em 2050, ou seja, cerca de 3 mil milhões de euros de acréscimo por ano (aos preços e ao PIB de 2020).

Também no recente relatório do OE 2021 se regista, em termos de sustentabilidade das políticas, que «[n]o longo prazo, o ajustamento orçamental permanente necessário para estabilizar o rácio da dívida em percentagem do PIB, calculado a partir do indicador S2, indica a necessidade de ajustamento orçamental relacionado com a situação orçamental inicial (1,7 p.p.) e, com menor peso, com os custos relacionados com o envelhecimento (0,8 p.p.).»

Fica claro que entre as despesas relativas ao envelhecimento se realçam as necessidades adicionais em termos de saúde, mas também de cuidados de longa duração.

---

[1] Diz o INE que, entre 2018 e 2080, «Portugal perderá população, dos atuais 10,3 para 8,2 milhões de pessoas. O número de idosos (65 e mais anos) passará de 2,2 para 3,0 milhões.» INE. (2020). *Projections of resident population in Portugal*. [https://www.ine.pt/xportal/xmain?xpid=INE&xpgid=ine_destaques&DESTAQUESdest_boui=406534255&DESTAQUESmodo=2].

[2] Comissão Europeia – Assuntos Económicos e Financeiros. (2021). *The 2021 Ageing Report: Economic and Budgetary Projections for the EU Member States* (2019–2070). [https://ec.europa.eu/info/publications/2021-ageing-report-economic-and-budgetary-projections-eu-member-states-2019-2070_en].

Por outro lado, sabe-se que Portugal compara-se mal com os parceiros europeus em termos de anos de vida saudável, aos 65 anos. Os últimos números registam que no país uma pessoa aos 65 anos apenas tem em média 7,3 anos de vida saudável, enquanto a média europeia é de 10 anos; a Suécia ultrapassa mesmo os 15 anos (mais do dobro de Portugal).

Em face desta realidade e dos impactos tão profundos que se preveem, Portugal deve responsavelmente:

- Assumir o envelhecimento como uma prioridade em termos de políticas públicas;
- Assegurar o financiamento adequado às necessidades de uma população mais envelhecida;
- Adequar as estruturas para dar uma resposta adequada aos milhões de portugueses que terão idade mais avançada e necessidades específicas.

a) A resposta integrada

É a própria Organização Mundial de Saúde que equaciona inequivocamente a questão do envelhecimento e a forma como o sistema de saúde e o tratamento de longa duração devem responder às diferentes fases da vida:

FIGURA 1 – A PUBLIC-HEALTH FRAMEWORK FOR HEALTHY AGEING: OPPORTUNITIES FOR PUBLIC-HEALTH ACTION ACROSS THE LIFE COURSE

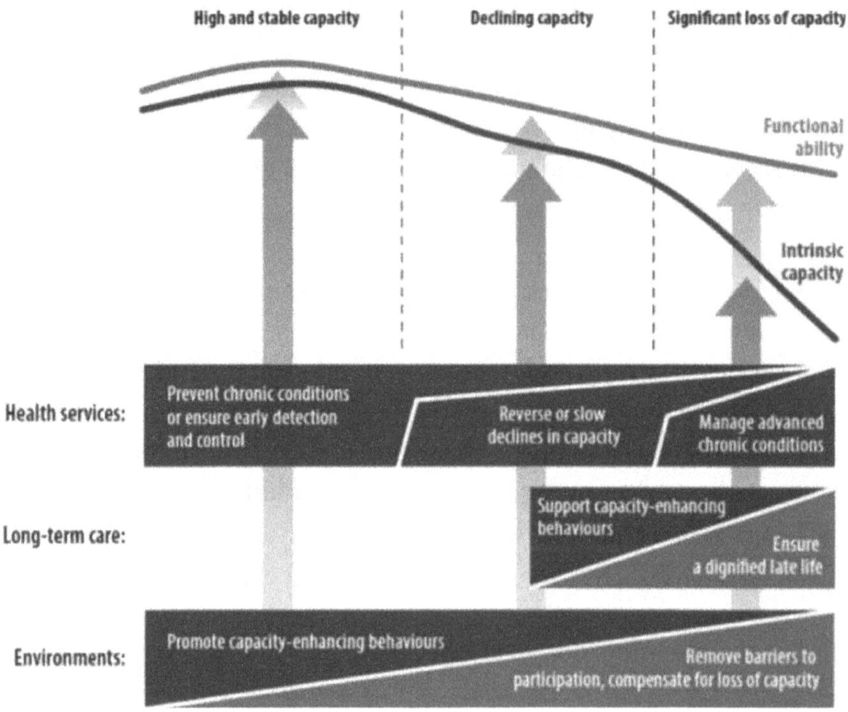

Fonte:

No caso português há múltiplas evidências de que as questões do ciclo de vida e do envelhecimento não estão bem enquadradas, nem resolvidas, como fica claro:

(1) Pela falta de articulação e diálogo entre as instituições do Ministério da Saúde e do Ministério do Trabalho, da Solidariedade e da Segurança Social que têm competências no acompanhamento da questão dos mais idosos;
(2) Pelo facto de as ERPI serem uma solução que, em muitos casos, está desadequada às necessidades dos idosos, nomeadamente pelas suas necessidades em saúde;

(3) Pela confusão existente entre o conceito de lar e o conceito de unidade medicalizada, sendo que uma ERPI não é uma unidade de saúde (não é suposto ter responsabilidades nem recursos nesse domínio);
(4) Pela existência de centenas de camas hospitalares de agudos ocupadas exclusivamente por motivos sociais;
(5) Pelo facto de a Rede Nacional de Cuidados Continuados Integrados não ter sido concluída;
(6) Pela fixação de preços administrativos e não adequados para a Rede Nacional de Cuidados Continuados Integrados;
(7) Pela resposta socialmente muito útil e generosa, mas muito pouco articulada e estruturada em termos nacionais, dos cuidados domiciliários;
(8) Pela existência de centenas de lares ilegais e sem condições;
(9) Pela falta de acompanhamento sistemático das pessoas com (múltiplas) doenças crónicas, adesão à terapêutica, etc.;
(10) Pela insuficiente avaliação do impacto da medicina física e de reabilitação na mobilidade e na qualidade de vida das pessoas.

Note-se que em 2017 foi apresentada a Estratégia Nacional para o Envelhecimento Ativo e Saudável 2017–2025 (ENEAS), que resulta de um Grupo de Trabalho Interministerial (criado pelo Despacho n.º 12427/2016), mas que é publicada como um documento em papel timbrado da Direção-Geral da Saúde e do Serviço Nacional de Saúde.[3] Este mesmo documento defende — embora numa redação não muito clara — que «a continuidade da readequação do Sistema de Saúde e do Serviço Nacional de Saúde, em particular, é fundamental para o alcance dos objetivos da ENEAS, em consonância com as diversas reformas vigentes no sector (Saúde Pública; Cuidados de Saúde Primários; Cuidados Hospitalares e Cuidados Continuados Integrados).»

[3] Serviço Nacional de Saúde. (2017). *Estratégia Nacional para o Envelhecimento Ativo e Saudável 2017–2025*. Proposta do Grupo de Trabalho Interministerial (Despacho n.º 12427/2016). Relatora: Andreia Silva da Costa, Direção-Geral da Saúde. [https://www.sns.gov.pt/wp-content/uploads/2017/07/ENEAS.pdf].

Esta estratégia «considera-se da maior urgência», e a sua monitorização ficou sob a responsabilidade da Comissão Nacional Interministerial para o Envelhecimento Ativo e Saudável, mas desconhece-se, à presente data, qualquer relatório de avaliação.

O impacto especial e desproporcionado da COVID-19 entre os mais idosos (especialmente os com mais de 80 anos) tornou mais evidentes as falhas das políticas públicas relativas ao envelhecimento, e as disfuncionalidades da atual estrutura da administração pública para o efeito e, consequentemente, exige que as mesmas sejam repensadas e que seja assumido o sentido de urgência que se propalava.

Uma resposta articulada às necessidades do envelhecimento deve suprir os problemas identificados e dar confiança aos mais idosos, proporcionando-lhes condições condignas e um maior número de anos de vida saudável, e garantido a sustentabilidade das políticas públicas.

18.2. Competências e responsabilidades do novo Ministério da Saúde e da Solidariedade

O programa de governo do atual executivo defende que para garantir a qualidade de vida na terceira idade, por um envelhecimento saudável», será de, nomeadamente, «promover respostas de saúde e bem-estar integradas e inteligentes, através da aposta na cooperação entre o SNS e a Segurança Social.»[4] Tendo em conta a situação atual e a experiência das últimas décadas, afigura-se claro que uma melhor cooperação não é suficiente e que a solução passa por atribuir ao Ministério da Saúde atribuições até aqui assumidas pelo MTSSS.

Uma das componentes óbvias do novo Ministério da Saúde e da Transição Demográfica deve ser a tutela pela Rede Nacional de Cuidados Continuados.

---

[4] Governo de Portugal. *Programa do XXI Governo Constitucional 2019–2023* [p. 125]. [https://www.portugal.gov.pt/gc22/programa-do-governo-xxii/programa-do-governo-xxii-pdf.aspx?v=%C2%ABmlkvi%C2%BB=54f1146c-05ee-4f3a-be5c-b10f524d8cec].

Por outro lado, as matérias do Subsistema de Ação Social (componente do Sistema de Proteção Social de Cidadania da Segurança Social) que digam respeito aos idosos devem passar para o novo Ministério da Saúde. Note-se que este subsistema é o que contempla, nomeadamente, «o desenvolvimento de serviços e equipamentos sociais ou de programas de combate à pobreza» (Lei de Bases da Segurança Social, Lei n.º 4/2007, de 16 de janeiro). Neste sentido, a cooperação com as instituições particulares de solidariedade social no que respeita ao acompanhamento dos idosos e a definição de unidades que possam responder aos seus problemas de saúde deve ser contratualizada pelo novo Ministério da Saúde.[5]

[5] Tal obrigará também a alguma revisão da al. *c)* do n.º 2 do artigo 14.º da Lei Orgânica MTSSS, relativa às competências do Instituto da Segurança Social: «*c)* Desenvolver a cooperação com as instituições particulares de solidariedade social e exercer, nos termos da lei, a sua tutela, bem como desenvolver a cooperação com outras entidades.»

GRUPO DE TRABALHO JUSTIÇA

Jorge Bleck *(Coordenador)*

Ana Sofia Batista	José Miguel Júdice
André Miranda	José P. Aguiar Branco
Catarina Tourais	Luís Rosa
Conceição Gomes	Nuno Garoupa
Eurico Reis	Nuno Oliveira
Henrique Candeias	Paulo Saragoça da Mata
Isabel Magalhães	Pedro Botelho Gomes
João Carlos Batista	Pedro Correia
João Ribeiro Bidaoui	Rui Morgado
José Diogo Falcão	Teresa Violante

19. PARA QUE O 25 DE ABRIL CHEGUE À JUSTIÇA: UMA JUSTIÇA MAIS CÉLERE E JUSTA[1]

JORGE BLECK

A justiça é um pilar fundamental do Estado de Direito democrático, sendo um elemento-chave para uma cidadania plena e para a competitividade de um país.

Bem assim, o sistema de justiça assume extrema relevância no âmbito do funcionamento dos regimes democráticos, nomeadamente para o seu desenvolvimento e consolidação política, económica e social. Uma adequada organização e um funcionamento eficaz do sistema judiciário são indispensáveis a um pleno exercício dos direitos dos cidadãos e das demais entidades que agem em sociedade,

1 O texto que se apresenta de seguida reflete um resumo do trabalho apresentado no V Congresso da SEDES, em novembro de 2021. Carece, pois, para ser assimilado em todo o seu alcance, de ser lido em complemento com o trabalho que se publica neste livro, desde logo no que se refere ao alcance das medidas concretas e o seu enquadramento nos objetivos que a reforma que se propõe deseja alcançar. De igual modo, as medidas preconizadas para a reforma do ensino do direito, resultado da prestimosa colaboração do doutor Luís Barreto Xavier, são extraídas, à responsabilidade do coordenador do grupo de trabalho, do trabalho que no texto completo se junta como Anexo I.

constituindo peças fulcrais para a modernização e atratividade económica de Portugal.

O Grupo de Trabalho constituído no contexto do conselho consultivo da SEDES defende, pois, uma verdadeira mudança de paradigma da justiça. Mais: uma revolução, que deverá conduzir a uma reforma participada do sistema judicial e do sistema judiciário. Para o efeito, após identificação dos «bloqueios à reforma da justiça» e sob a direção e enquadramento das «linhas de ação» — eficiência/eficácia, qualidade e transparência —, elencam-se as principais medidas concretas para uma «nova política de justiça», apresentadas no quadro de uma abordagem tópica mas sistemática, subordinadas aos grandes temas: «arquitetura/estrutura e direção do sistema judiciário», o «reforço da independência» e «alterações à lei processual», não omitindo a formação, seleção e carreira dos agentes da justiça, bem como a «gestão e distribuição dos tribunais» e propostas para a necessária «digitalização» dos sistemas.

19.1. Bloqueios à reforma da justiça

Nos últimos 20 anos, provavelmente até antes, existiu um consenso sobre a necessidade de modernizar a justiça com dois objetivos genéricos: *(i)* a justiça como fator de competitividade da economia portuguesa; e *(ii)* a justiça como mecanismo de cidadania ativa e coesão social.

Apesar das medidas concretas e dos sucessivos programas governamentais divergirem, pontualmente, na formalização destes dois objetivos genéricos, estes são comuns a quase todos os partidos com assento parlamentar há muitos anos. A análise cuidadosa dos programas eleitorais, de eleição legislativa para eleição legislativa, mostra, no que respeita à maioria deles, divergências diminutas na área da justiça. No entanto, apesar deste enorme consenso (provavelmente único em termos de políticas públicas), a lentidão das reformas e os resultados medíocres das medidas que ao longo desse tempo foram aprovadas, revelam uma enorme dificuldade em construir um programa consistente de medidas concretas e uma significativa incapacidade para implementar os sucessivos programas governamentais. A este fenómeno chamamos bloqueios à reforma da justiça.

A situação acima descrita pode e deve levar-nos a pensar até que ponto existe realmente um consenso político acerca da efetiva importância e da real necessidade da reforma da justiça, e a configurar como possível que esse consenso será mais aparente do que real, e até que, em termos sociais, o mesmo é, afinal, inexistente.

Uma parte da explicação para esta aparente inconsistência está na circunstância de o subsistema social da justiça ser caracterizado por atores com uma propensão para conservar em vez de reformar, servido por mecanismos e proteção corporativa que dificultam os efeitos inovadores da concorrência, ou seja, talvez seja necessário verificar qual é a verdadeira amplitude, em termos sociais e políticos, da compreensão de o quão grave é para a comunidade a atual ineficácia/ineficiência do sistema de justiça. Aliás, será provavelmente necessário começar por clarificar o que se quer realmente reformar, nomeadamente se está em causa a reforma do sistema judicial e do sistema judiciário, ou se algo mais, e nesse caso, o quê.

De qualquer modo, os bloqueios à reforma do sistema judicial e do sistema judiciário incluem:

(1) Agendas profundamente divergentes e, consequentemente, favoráveis à manutenção do *statu quo* por parte das corporações forenses, em particular:

- Um pendor conservador e pouco aberto à evolução num mundo globalizado;
- A crescente funcionalização de todas as corporações forenses;
- Uma enorme proteção e falta de exposição a qualquer concorrência em largos sectores das várias corporações forenses, embora em algumas mais do que nas outras;

- Prevalência de agendas «sindicais» de curto prazo, em detrimento de visões de médio e longo prazo;
- Uma cultura estruturada numa interpretação positivista ou neopositivista das normas e numa prática ritualista arcaizante.

(2) Paroquialismo na apreciação e análise das reformas possíveis:

- Uma fraca ou quase inexistente exposição a práticas internacionais e a modelos mais inovadores;
- Recusa cultural à importação de modelos com sucesso em sistemas de justiça alheios;
- Manutenção de um sistema processual arcaico e inadaptado para o mundo moderno.

(3) Ausência de estabilidade das políticas e inconsistência das medidas concretas, também elas visando essencialmente alcançar objetivos de curto prazo (e, quando muito, de médio prazo), desconsiderando ou, no mínimo, descuidando a necessidade de um planeamento estratégico do funcionamento do sistema:

- Participação excessiva no processo de definição de políticas de pessoas sem experiência no real e efetivo funcionamento do sistema;
- Falta de estabilidade nos objetivos de curto prazo mesmo com continuidade das tutelas;
- Falta de estabilidade dos mecanismos e dos recursos alocados à implementação das medidas concretas;
- Falta de estabilidade da legislação, associada a uma reiterada incapacidade de melhorar o processo de produção legislativa.

(4) Ausência de recursos humanos apropriados para produzir, coordenar e implementar uma reforma a 20 anos como noutros países:

- Preponderância das agendas partidárias em detrimento de compromissos de longa duração;
- Falta de planeamento;
- Falta de mecanismos de implementação;
- Falta de monitorização de resultados;
- Alocação ineficiente de recursos humanos;
- Excessiva burocratização dos processos de reforma;
- Mecanismos corporativos de formação de profissionais que permitem e favorecem (ou incentivam) a reprodução de paradigmas, modelos, papéis e normas arcaicas e arcaizantes.

(5) Excesso de preocupação com relatórios internacionais e métricas desadequadas, e sem que seja tornada patente uma vontade de inverter essa tendência que tem como efeito prático a ocultação de dados relevantes para a compreensão da real situação do sistema judiciário e do sistema judicial:

- Produção de indicadores oficiais apenas para efeitos europeus;
- Enviesamentos de análise e discussão pública com base nas limitadas estatísticas nacionais que, entre outras inconsistências, confundem eficácia e eficiência;
- Excesso de preocupação com as medidas estatísticas de pendências processuais e ausência de estatísticas sobre qualidade, previsibilidade, complexidade e custos económicos e financeiros da justiça portuguesa.

(6) Manutenção de um modelo paradigmático de juiz num sistema judicial pensado para outro tipo de grau de desenvolvimento:

- A falta de especialização de juízes no direito material;
- O modelo processual dos anos 1930 que, no que é verdadeiramente relevante, não evoluiu;

- O modelo de avaliação dos juízes que perpetua o sistema;
- O sistema de custas judiciais;
- A inexistência de mecanismos obrigatórios de mediação.

(7) Persistência de uma cultura jurídica fechada a outros saberes e reticente a qualquer multidisciplinaridade.

19.3. Linhas de ação

Apesar de sucessivas reformas, o nosso país, em vários indicadores, continua a não se posicionar favoravelmente na comparação internacional, com destaque no que respeita a outros países europeus. Aliás, não obstante algumas melhorias verificadas, salienta-se até negativamente no que toca à eficiência e eficácia dos tribunais. É patente que, nestas duas dimensões, o sistema judiciário português continua a ser incapaz de dar resposta com qualidade e em tempo útil aos problemas concretos daqueles que tem obrigação de servir.

Apesar de muitos tenderem a atribuir a ineficiência do sistema judiciário à crónica falta de recursos, a situação atual decorre de uma multiplicidade de fatores interligados. Para surpresa de muitos, os problemas da justiça não se devem fundamentalmente à falta de meios. Temos, sim, um sério problema de gestão, desde logo no que concerne a uma deficiente alocação de recursos, aliada a uma cultura judiciária por de mais anquilosada e a uma classe política com um ímpeto reformista dolosamente lacunar.

Os seguintes dados são o espelho da verdade, por mais desmentidos que sejam pelos agentes do sistema:

De acordo com o último relatório sobre os sistemas judiciários europeus — relativo a dados de 2018 —, elaborado pela Comissão Europeia para a Eficiência da Justiça (CEPEJ), a funcionar junto do Conselho da Europa (CdE), o orçamento português afeta ao sistema de justiça 62,94 euros por cada cem mil habitantes, um valor muito próximo à mediana europeia (relativa aos 47 países-membros do CdE), que corresponde a 63,09 euros. Sendo que 20% do valor total alocado ao orçamento de justiça vem de montantes cobrados como custas judiciais, 7 pontos percentuais acima da mediana europeia (13%).

Ainda de acordo com o mesmo relatório, Portugal tem, por cada cem mil habitantes, mais juízes (19,3), mais magistrados do Ministério Público (13,5) e, sobretudo, mais advogados (315) do que a mediana europeia que é, respetivamente, de 17,7 (juízes), 11,2 (MP) e 123 (advogados). De igual forma, o número total de tribunais de 1.ª instância por cem mil habitantes era, em 2018, de 5,3, muito acima da mediana europeia de 0,91.

Por oposição, o rácio relativo ao *disposition time* (DT — i.e., o tempo decorrido entre a entrada de um processo e o seu trânsito em julgado), apesar de, no cômputo global ter melhorado em face de 2016, é ainda muito insatisfatório. Basta referir que o DT nos tribunais de 1.ª instância relativo a *(i)* processos de natureza cível e comercial é de 229 dias, contra 201 dias da mediana europeia; *(ii)* processos de natureza criminal é de 204 dias, contra 122 dias da mediana europeia; e *(iii)* processos de natureza administrativa é de 927(!)[2] dias, contra 241 dias da mediana europeia. Note-se que, de um estudo publicado em 2012 pela FFMS,[3] a lentidão das decisões dos tribunais era vista como um dos principais obstáculos à atividade das empresas,[4] e isto num ano em que a crise económica grassava pelo país, o que, só por si, indicia a importância e a premência em almejar a diminuição destes indicadores.

Por outro lado, o sistema judiciário está distante dos cidadãos.

A este respeito, veja-se os dados de 2019 apresentados pela Comissão Europeia[5] alusivos ao acesso do público a sentenças publicadas na

---

[2] Valor que, comparativamente a 2016, aumentou. Na segunda instância, o tempo médio de decisão administrativa corresponde a 1015 dias (!).

[3] Estudo «Justiça Económica em Portugal – O Sistema Judiciário», encomendado pela Associação Comercial de Lisboa à Fundação Francisco Manuel dos Santos.

[4] AA.VV. (2012). Sínteses e Propostas. *Justiça Económica em Portugal*. Volume III/III.

[5] Comunicação da Comissão ao Parlamento Europeu, ao Conselho, ao Banco Central Europeu, ao Comité Económico e Social Europeu e ao Comité das Regiões, COM (2020) 306.

Internet, que colocam Portugal muito abaixo da mediana europeia no que toca à proporção de sentenças publicadas. De acordo com o Eurobarómetro, Portugal ocupa o 21.º lugar na Europa quanto à perceção do público em geral em relação à independência judicial,[6] sendo que a maioria dos inquiridos afirmou que a independência dos tribunais e dos juízes é bastante má ou mesmo muito má.[7] Já em 2009, um estudo promovido pela SEDES, com o apoio da Fundação Luso-Americana para o Desenvolvimento e da Intercampus,[8] concluía que a independência do poder judicial em relação ao poder político não é tomada como certa por uma maioria dos eleitores, mais salientando que «a maioria sente-se desincentivada de recorrer aos tribunais para defender os seus direitos.»

Estes indicadores são prenúncios de que graves problemas, designadamente de falta de qualidade e transparência, se abatem sobre o nosso sistema judicial. Primeiro, porque um sistema opaco é normalmente olhado com desconfiança pelos cidadãos. Segundo, porque a ausência de qualidade é um fator de desincentivo de recurso ao mesmo.

Nesta senda, considera-se necessária a definição de uma agenda estratégica capaz de impulsionar uma nova «política de justiça». Esta deve visar salvaguardar o pleno exercício dos direitos em tempo útil, ser capaz de acompanhar os desafios de uma democracia moderna e conquistar a confiança de todos. Esta nova política de justiça deverá, pois, focar-se na resposta, tanto a problemas conjunturais como estruturais, atendendo primordialmente a três grandes linhas de orientação estratégica fortemente interligadas: *(i)* eficiência (e eficácia); *(ii)* qualidade; e *(iii)* transparência.

---

[6] Dados de 2016 a 2020.

[7] Estes dados são ligeiramente diferentes no que respeita à perceção das empresas, ocupando Portugal o 18.º lugar em face dos demais Estados-membros (ou mesmo o 13.º lugar no caso dos dados do inquérito do Fórum Económico Mundial – dados de 2010 a 2019).

[8] Magalhães, P. (2009). *A Qualidade da Democracia em Portugal: A Perspectiva dos Cidadãos.*

Em primeiro lugar, por um lado, quer-se um sistema eficaz, no qual os objetivos sejam alcançados; por outro, pretende-se mais eficiência, ou seja, que melhores resultados sejam alcançados com um menor número de meios possível. O primeiro parâmetro prioritário deverá garantir, portanto, a resolução de conflitos em tempo útil.

Já o segundo parâmetro pretende reforçar a qualidade do sistema judiciário. Neste sentido, deseja-se melhor formação e avaliação, promovendo instrumentos que permitam detetar deficiências e necessidades do sistema. Quer-se ainda uma diferente cultura judiciária, visando a maior abertura do sistema à sociedade e ao mundo.

O terceiro parâmetro, por sua vez, almeja uma justiça mais próxima e transparente. A sua promoção deverá alicerçar-se fundamentalmente em três componentes:

(1) previsibilidade, mitigando-se a incerteza das decisões judiciais;
(2) acessibilidade, a fim de possibilitar a obtenção de informação atualizada e fiável, seja pela maior e melhor disseminação de decisões, seja pela facilidade no acompanhamento de processos em curso; e, por último:
(3) integridade, reconhecendo a necessidade de adoção de práticas para prevenir a corrupção e os abusos, essenciais para assegurar a legitimidade, a respeitabilidade e a independência do sistema judicial, por forma que o mesmo seja gerador de confiança.

Neste quadro, a eficiência, a qualidade e a transparência não são objetivos em si mesmos, mas parâmetros de uma proposta de reforma da justiça focada na organização e no funcionamento do sistema judiciário, capaz de garantir a eficaz administração da justiça num tempo socialmente útil, não esquecendo de que a estruturação do sistema judiciário tem de ser definida e hierarquizada a partir das funções que lhe estão ética, social e constitucionalmente atribuídas, sempre de modo a garantir a certeza e a segurança jurídicas, bem como a confiança dos cidadãos e das empresas e o desenvolvimento social.

Assim, as medidas que propomos consubstanciam uma proposta de política de justiça que visa promover e garantir, em última instância, o Estado de Direito e uma sociedade mais democrática.

19.4. Orientações gerais

a) Mudar de paradigma

Não há cidadania plena sem um sistema judiciário eficaz, transparente e com qualidade. Obter-se em tempo útil uma decisão clara, de execução célere, proferida por juiz qualificado no qual o povo se revê na sua capacidade de fazer justiça e no quadro de um sistema transparente, é a mudança paradigmática pretendida.

b) Garantir uma abordagem sistemática

A abordagem dos problemas que condicionam o sistema judiciário e o sistema judicial tem de ser necessariamente sistemática e holística. Não bastam as pequenas medidas, inconsistentes por vezes, que remendam os problemas momentâneos. É necessária uma atuação politicamente pensada e consistente, e que se paute por uma abordagem que traga à discussão outras pessoas e entidades que não apenas os profissionais forenses. É por isso que as medidas apresentadas estão dirigidas e enquadradas no quadro das linhas de ação previamente delineadas.

c) Conduzir uma reforma participada

Assumindo que o sucesso de uma reforma do sistema judicial e do sistema judiciário começa pelas pessoas, há, pois, que escutar e dar voz aos profissionais forenses, em particular, juízes, advogados, magistrados do Ministério Público, oficiais de Justiça, agentes de execução e administradores judiciais. Mas há também que fazê-lo quanto aos restantes cidadãos que usam o sistema e que são os destinatários dos atos que nele se praticam e as vítimas das suas omissões.

19.5. Medidas concretas

a) Arquitetura/estrutura e direção do sistema judiciário

(1) Integrar os tribunais administrativos e fiscais nos tribunais comuns;
(2) Um só Conselho Superior Judiciário (CSJ);
(3) Comissão Judiciária de Avaliação;
(4) Avaliação pública na Assembleia da República de candidatos a altos cargos públicos na Justiça;
(5) Eleição do presidente do Supremo Tribunal de Justiça e, por inerência, do presidente do Conselho Superior Judiciário, pelos seus pares, juízes conselheiros;
(6) Nomeação de juristas de reconhecido mérito, como juízes conselheiros, para o Supremo Tribunal de Justiça;
(7) Eleição do procurador-geral da República;
(8) Reorganização das competências do Ministério Público;
(9) Criação de um corpo de «advogados do Estado»;
(10) Criação da carreira de defensor público;
(11) Reforço da cooperação ativa entre o Ministério Público e as diversas entidades de investigação criminal (Guarda Nacional Republicana, Polícia de Segurança Pública e Polícia Judiciária) e da sua colaboração internacional.

b) Reforço da independência

(1) Autonomia financeira para organização judicial;
(2) Garantir a independência dos magistrados do Ministério Público;

(3) Proibição de acesso a carreiras políticas por parte de juízes e magistrados do Ministério Público.

c) Gestão e distribuição dos tribunais

(1) Revisitar o princípio do juiz natural;
(2) Reforçar o modelo gestionário;
(3) Conferir um papel nuclear ao juiz-presidente;
(4) Colocar os oficiais de Justiça sob a jurisdição do juiz-presidente de cada comarca;
(5) Reforçar o conceito da gestão por objetivos;
(6) Implementação de indicadores de desempenho (KPI);
(7) Introduzir o sistema de controlo de *workflow* de cada processo;
(8) Introduzir a definição de *timeframes*-padrão em cada comarca;
(9) Criar um sistema de alertas;
(10) Adotar o sistema de *whistleblowing*;
(11) Publicitar os resultados e as estatísticas;
(12) Criação de *ranking* dos tribunais;
(13) Publicitar a lista de processos com mais de três anos.

d) Formação de advogados, juízes, magistrados do Ministério Público/advogados do Estado e defensores públicos

(1) Criação de um tronco de formação comum para acesso a profissões jurídicas;
(2) Exames e formação sob plano e enquadramento do novo Centro de Estudos Judiciários;
(3) Reforço da formação contínua de juízes, magistrados do Ministério Públicos/advogados do Estado, advogados e defensores públicos.

e) Seleção de juízes e magistrados do Ministério Público/advogados do Estado

(1) Recrutamento de juízes e magistrados do Ministério Público/advogados do Estado feito a três níveis:

- Introdução de um período probatório para os recrutados pelas Magistraturas Judiciais e Ministério Público/advogados do Estado;
- Acesso à carreira de juiz;
- Acesso à carreira de magistrado do Ministério Público/advogados do Estado.

f) Disciplina, avaliação e remuneração de juízes, magistrados do Ministério Público/advogados do Estado e defensores públicos

(1) Avaliação trienal dos juízes pela Comissão Judiciária de Avaliação;
(2) Acentuar o papel dos aspetos quantitativos e qualitativos do trabalho desenvolvido pelos juízes;
(3) Duas componentes remuneratórias dos juízes, magistrados do Ministério Público/advogados do Estado e defensores públicos;
(4) Ação disciplinar comum às profissões do foro.

g) Progressão na carreira de juízes, magistrados do Ministério Público/advogados do Estado e advogados

(1) Definição de uma carreira plana de juiz;
(2) Definição de novos critérios de progressão para juízes e magistrados do Ministério Público/advogados do Estado;
(3) Definição de progressão na carreira para os advogados.

h) Alterações à lei processual

(1) Elevar as alçadas dos tribunais superiores nas matérias cíveis e limitar o recurso em matérias penais e contraordenacionais;
(2) Conferir mais competências e poderes aos juízes;
(3) Redefinição do papel do juiz de instrução;
(4) Acompanhamento de cada processo penal pelo mesmo magistrado do Ministério Público;
(5) Fim da competência territorial dos tribunais;
(6) Reforçar as consequências da condenação em litigância de má-fé, alargando-as ao processo penal;
(7) Revisitar as normas processuais penais e civis que dão azo a expedientes dilatórios;
(8) Limitação da possibilidade de recurso de decisões de carácter processual;
(9) Revisitar o segredo de justiça;
(10) Desjurisdicionalizar a pequena litigância;
(11) Incentivar os julgados de paz;
(12) Revisitar o princípio da legalidade e da oportunidade;
(13) Profunda revisão do Código de Processo Civil.

i) Transformação digital

(1) Assegurar instrumentos de transparência e de partilha de informação;
(2) Garantir mais e melhor publicação das sentenças proferidas por tribunais judiciais;
(3) Aposta no recrutamento de peritos, técnicos informáticos e de melhores meios informáticos para a estrutura judiciária do Ministério Público e policial.

j) Diversos

(1) Criação do crime de enriquecimento ilícito;
(2) Repensar o mercado dos pareceres jurídicos dos professores de Direito e jurisconsultos;
(3) Assegurar a não-dissipação do património de arguidos.

19.6. O papel do ensino de Direito

Reformar a justiça portuguesa de modo a conseguir um nível adequado de eficácia, eficiência, qualidade e transparência do sistema passa necessariamente por rever a formação dos atores que serão, no futuro, destinatários e, ulteriormente, protagonistas da mudança.

a) Análise crítica da formação oferecida atualmente nas faculdades de Direito

O ensino nas faculdades de Direito portuguesas caracteriza-se, tradicionalmente, pelas seguintes notas (e destaco fundamentalmente as notas negativas):

(1) Planos curriculares rígidos e assentes num modelo com praticamente 100 anos;
(2) Ausência de matérias jurídicas importantes para a compreensão do direito na atualidade (por exemplo, Direito da Concorrência e da Regulação; Propriedade Intelectual; Resolução Alternativa de Conflitos; Direito Financeiro Privado);
(3) Inclusão em diversos programas curriculares de temas de marginal interesse formativo e prático;
(4) Métodos pedagógicos assentes frequentemente em aulas expositivas (*lectures*);

(5) Predomínio de uma metodologia centrada na interpretação do direito nacional vigente, e muitas vezes sem ligação ao direito efetivamente aplicado pelos tribunais e por outros órgãos de aplicação do direito;
(6) Acantonamento da dimensão europeia do direito vigente em Portugal em disciplinas de Direito da União Europeia, sem efetiva compreensão do real impacto em todos os ramos do direito;
(7) Insuficiente relevância à dimensão de *policy* das escolhas jurídicas e à contingência histórico-cultural dessas escolhas;
(8) Reduzida abertura às dimensões internacionais e transnacionais do direito, bem como à relevância crescente da *soft law*;
(9) Ausência de instrumentos de análise essenciais para a compreensão do direito e da sociedade (matemática, estatística, contabilidade, análise económica);
(10) Insuficiente peso dado à fluência em línguas estrangeiras, sendo indispensável pelo menos um nível excelente de inglês.

b) Melhorar a formação básica dos juristas

Recorde-se que as universidades não têm como missão primordial fornecer treinos práticos, e as faculdades de Direito não se destinam a formar juízes, procuradores ou advogados.

Em todo o caso, a formação básica dos juristas pode melhorar substancialmente, contribuindo para o sucesso de reformas do sistema de justiça, se se adotar o seguinte conjunto de diretrizes:

(1) Redesenho dos planos curriculares das licenciaturas, na sequência de uma análise comparada das melhores práticas nas escolas mais conceituadas do mundo;
(2) Abandono de uma visão enciclopédica e informativa do plano curricular, em favor de uma conceção centrada na cultura jurídica fundamental;

(3) Abandono de uma visão fundamentalmente positivista e nacional do direito, para se privilegiar uma perspetiva cosmopolita e crítica, em linha com a evolução da sociedade global e da economia digital;
(4) Revisão dos sistemas de contratação de professores, de modo a limitar radicalmente a endogamia e fomentar a contratação de professores internacionais;
(5) Introduzir uma distinção entre professores de carreira, com dedicação exclusiva, um conjunto de deveres associados e estatuto remuneratório digno e *adjunct professors*, e docentes que acumulam a dedicação à universidade com outras profissões;
(6) Redução substancial das aulas expositivas, porventura substituídas por aulas gravadas à disposição dos alunos;
(7) Revisão dos métodos de ensino e uso de ferramentas tecnológicas de apoio;
(8) Abandono do paradigma da «sebenta» ou manual em favor de um sistema de *syllabi*, assente em uma pluralidade de materiais de estudo, incluindo decisões judiciais, pressuposto do sucesso de aulas verdadeiramente dialogadas;
(9) Oferta de cursos interdisciplinares: Direito e Gestão, Direito e Economia, Direito e Ciências Sociais, Direito e Tecnologia;
(10) Oferta de programas de estudos combinados com universidades estrangeiras: duplas licenciaturas, licenciatura + mestrado;
(11) Aumento da oferta do ensino em língua inglesa e da atratividade internacional dos cursos.

GRUPO DE TRABALHO REGULAÇÃO
Nuno Garoupa *(Coordenador)*

Abel Mateus
Amado da Silva
Carlos Alves
Catarina Delauny
Eurico Reis
José Ribeiro
Lara Reis
Luís M. Amaral
Raquel Teixeira Castro
Susana Coroado

20. REFORMA DA REGULAÇÃO
NUNO GAROUPA

Com algumas exceções pontuais (como a ERSE nos anos 1990), o Estado-regulador em Portugal não resultou de uma evolução interna do ordenamento jurídico ou das políticas públicas, foi antes imposto pela União Europeia, nomeadamente após a agenda de Lisboa.

Depois de uma década de legislação dispersa, o Estado-regulador foi objeto de um enquadramento jurídico unificador na lei-quadro das entidades reguladoras de 2013 (Lei n.º 67/2013, de 28 de agosto). Apesar de alguma contestação logo em 2013 e 2014, a nova lei-quadro satisfez as imposições no contexto do programa de intervenção da chamada *troika*. Contudo, a dita lei já foi revista quatro vezes desde então (Lei n.º 7-A/2016, de 30 de março; Lei n.º 12/2017, de 2 de maio; Lei n.º 71/2018, de 31 de dezembro; Lei n.º 75-B/2020, de 31 de dezembro). Porém, não só as sucessivas revisões não responderam ao conjunto de fraquezas já assinaladas por múltiplos especialistas nos últimos 20 anos, como também agravaram algumas das deficiências já identificadas na lei original. Em resumo, em 2021 persistem manifestas insuficiências que consubstanciam um grave entrave ao pleno funcionamento do Estado-regulador.

Nesse contexto, na generalidade, quatro princípios norteiam este conjunto de propostas: *(i)* a desgovernamentalização do processo de seleção e nomeação dos reguladores; *(ii)* o reforço dos mecanismos de independência da regulação; *(iii)* o aprofundamento dos mecanismos de prestação de contas pelos reguladores; *(iv)* a melhoria da eficácia da regulação em Portugal, com especial atenção à coordenação entre entidades reguladoras em áreas conexas ou regulados comuns.

(1) Reforço dos mecanismos nacionais de regulação no contexto europeu:

- Melhoria da qualidade e da celeridade na transposição das obrigações ao nível da regulação europeia;
- Melhoria da coordenação entre a regulação pela Comissão Europeia, outros organismos europeus (conselhos de reguladores), organismos de outros Estados-membros (coordenação transeuropeia) e entidades nacionais;
- Melhoria da articulação entre o controlo jurisdicional nacional e o comunitário.

(2) Revisão constitucional com o objetivo de permitir a implementação transversal deste conjunto de propostas (rumo a um regime jurídico unificado do Estado-regulador), nomeadamente os artigos 39.º (regulação da comunicação social), 133.º (competência do Presidente da República quanto a outros órgãos), e 163.º (competência da Assembleia da República quanto a outros órgãos);
(3) Lei-quadro única para todas as entidades reguladoras, no respeito das obrigações europeias e internacionais e considerando as adequadas especificidades sectoriais;
(4) Código de contraordenações unificador e simplificador específico para o sancionamento dos atos ilícitos praticados na área da regulação e supervisão, consolidando e melhorando o atual quadro legislativo confuso e disperso;
(5) Aprofundamento da regulamentação (através de mecanismos formais e institucionais adequados) de coordenação entre reguladores em áreas conexas, em particular em relação a pareceres vinculativos concomitantes. Devem ser instituídos,

sobretudo, mecanismos formais que obriguem as entidades de regulação a partilhar informação relevante sobre os reguladores em comum;

(6) Aprofundamento da regulação integrada em áreas sectoriais (com uma análise aprofundada de possível fusão de reguladores);

(7) Separação interna e/ou externa das funções de regulamentação e supervisão, nomeadamente nos reguladores da área financeira (considerando, por exemplo, a possibilidade da autoridade de resolução bancária e de supervisão prudencial serem distintas);

(8) Seleção e escolha de todos os membros do conselho regulador (presidente e vogais) de forma independente da tutela governamental:

- Avaliação técnica por concurso público da competência de uma entidade autónoma, por exemplo, constituída por um presidente nomeado pelo Presidente da República, cinco vogais nomeados pela Assembleia da República, e um elemento designado pela própria entidade reguladora (desta forma, assegurando mérito técnico determinado fora da esfera governamental);
- Abertura de concurso público com prazos impostos por lei, monitorizados pela entidade autónoma e independentes de tutela ministerial (impedindo o atual regime de efetivas interinidades prolongadas);
- Candidaturas individuais e públicas;
- Concurso internacional nos termos da lei;
- Escolha dos três finalistas pela entidade autónoma;
- Audição dos três finalistas pela Assembleia da República com apresentação de um guia genérico (refletindo imparcialidade, capacidade de reflexão e proximidade dos diferentes *stakeholders*) para o mandato (confirmando o mérito político determinado pelos órgãos de soberania);

- Parecer não vinculativo da Assembleia da República sobre os três finalistas indicados pela entidade autónoma;
- Nomeação pelo Presidente da República, sujeita aos três finalistas indicados pela entidade autónoma.

(9) Reforço dos mecanismos de independência efetiva:

- Autonomia orçamental — receitas próprias e independentes de tutela governamental, e despesa não sujeita a cativações governamentais, no respeito do equilíbrio orçamental da entidade reguladora;
- Publicação e publicitação dos pareceres dos diferentes órgãos da entidade reguladora, sujeitos ao dever de fundamentação;
- Revisão do regime legal de impedimentos e incompatibilidades, com vista à sua coerência entre todas as entidades reguladoras e sistematização dentro da própria entidade reguladora (não limitada aos membros do conselho regulador);
- Demissão individual ou dissolução do conselho regulador por falta grave sujeita a aprovação pela Assembleia da República por maioria qualificada (dois terços dos deputados em efetividade de funções);
- Estatuto remuneratório definido por uma comissão de vencimentos fora da tutela governamental e no respeito do equilíbrio orçamental da entidade reguladora;
- Mandato único de 7 anos para os membros do conselho regulador;
- Limitação (ou possível interdição) a portas giratórias entre conselhos reguladores.

(10) Reforço dos mecanismos de prestação de contas:

- Desenvolvimento de indicadores de desempenho (qualitativos, quantitativos e de complexidade, em função das especificidades de cada entidade de regulação) com avaliação fundamentada pelos diferentes órgãos da entidade reguladora e para escrutínio público (através de disponibilização digital adequada);

- Aprofundamento do regime de auditoria e audição periódica, no mínimo anual, na Assembleia da República;
- Melhoria do controlo judicial das decisões das entidades reguladoras — formação adequada, inicial e permanente, dos juízes e do Ministério Público nas matérias relevantes;
- Desenvolvimento de mecanismos legais efetivos de *enforcement* privado, assegurando o direito efetivo de ação popular e promovendo ações de tutela coletiva;
- Aprovação da lei do *lobbying* com referência explícita à relação entre entidades reguladoras, empresas reguladas e entidades e/ou indivíduos representantes de interesses.

(11) Desenho institucional:

- Decisão colegial em detrimento do modelo presidencial;
- Conselho consultivo de *stakeholders* e especialistas (composição em função das especificidades de cada entidade de regulação);
- Comissão de vencimentos;
- Comissão ética com abrangência externa (para implementação efetiva do regime de impedimentos e incompatibilidades imposto por lei) e interna (por exemplo, desenvolvendo um código de boas práticas para os colaboradores e quadros superiores da entidade reguladora e harmonizando tratamentos diferenciados entre membros do conselho regulador e quadros superiores);
- Conselho nacional de reguladores como órgão coordenador das entidades de regulação sem qualquer intervenção governamental;

- A autoridade de supervisão macroprudencial não deve ser apenas o Banco de Portugal, mas o Conselho Nacional de Supervisores Financeiros ou estrutura similar.

GRUPO DE TRABALHO SUSTENTABILIDADE E EQUILÍBRIO INTERGERACIONAL

Nuno Carrapatoso *(Coordenador)*

André Abrantes
Bento Machado Aires
Francisco Rhodes Sérgio
Inês Domingos
José Gamito Pires
Luís Archer
Miguel Pimentel
Pedro Santos
Tiago Aires Mateus
Tomás Magalhães
Sofia Santos
Teresa Violante
Vera Gouveia Barros

21. SUSTENTABILIDADE E EQUILÍBRIO INTERGERACIONAL NUNO CARRAPATOSO

Introdução

A sustentabilidade e o equilíbrio intergeracional constituem objetivos fundamentais de uma sociedade ética e preocupada com as futuras gerações. Por outras palavras, cabe aos cidadãos e cidadãs do presente zelar pelos do futuro, procurando maximizar a sua liberdade e qualidade de vida.

Mas, pela natureza do sistema, os *media* e os partidos tendem a focar-se na agenda política de curto prazo e os Governos tendem a aprovar diversas medidas a pensar nas próximas eleições, muitas vezes com consequências negativas para as próximas gerações.

Também por essa razão, Portugal encontra-se demasiado endividado, envelhecido, improdutivo, hierarquizado, desigual e desatualizado. A nossa dívida pública é das mais elevadas do mundo. O fosso entre a educação pública e a privada é cada vez maior, perpetuando o imobilismo social. O inverno demográfico acentua-se, criando desafios acrescidos para os nossos sistemas de saúde e de segurança social. A pobreza persiste e os salários pouco sobem. As alterações climáticas e a escassez de recursos desafiam-nos a encontra novas estratégias para a nossa política energética. A disrupção tecnológica altera diversos paradigmas da economia, do mercado de trabalho e das relações sociais.

Perante tais desafios precisamos de resolver os problemas da precariedade do emprego jovem, da falta de habitação, da escassez de creches e da estagnação económica.

Precisamos de construir um contrato social mais justo para todas as gerações, as atuais e as futuras, equilibrando direitos, deveres e benefícios, preservando a biodiversidade e o ambiente.

Precisamos de apostar na saúde preventiva e planear a oferta de serviços de apoio à terceira idade, para prolongarmos a longevidade da qualidade de vida e assegurarmos cuidados dignos para todos os idosos.

Precisamos de soluções equilibradas para atingirmos a neutralidade carbónica que preservem um equilíbrio entre os fatores ambientais, económicos e sociais.

Precisamos de adaptar o nosso sistema educativo, a administração pública e as empresas aos novos paradigmas da tecnologia e da digitalização.

O objetivo deverá ser conciliar crescimento económico com a sustentabilidade ambiental e financeira, melhores salários medianos, redução da pobreza, equilíbrio intergeracional, igualdade de oportunidades e qualidade de vida.

Mas, para reduzir a divida pública, combater as alterações climáticas, assegurar boas reformas no futuro e investir nos sistemas de saúde e educação, os Governos podem ter de reequilibrar os benefícios de hoje com os do amanhã.

Por outro lado, quanto mais fértil for o ambiente para o crescimento económico, menor será necessidade de fazer sacrifícios hoje e maior será a capacidade de corresponder às crescentes necessidades sociais e ambientais do futuro.

As políticas públicas de sustentabilidade e equilíbrio intergeracional percorrem as mais variadas áreas de atuação, desde a economia, a educação, o ambiente, a energia, a inovação, a mobilidade, a habitação, o mercado laboral, as finanças, a fiscalidade, a segurança social, a agricultura, o mar, entre outras.

Neste capítulo deixaremos de fora a segurança social, o ambiente e a energia (com excepção das eólicas flutuantes), áreas que foram extensamente desenvolvidas noutras páginas deste livro, e centrar-nos-emos em 13 grandes objetivos:

1. Assegurar um equilíbrio intergeracional através da Constituição da República;
2. Gerir a divida pública sem prejudicar as futuras gerações;
3. Garantir a transparência na relação entre o Estado e os privados para podermos escrutinar os efeitos de longo prazo dos contratos celebrados pelo Estado;
4. Apostar na inovação para fazer da administração pública um modelo de sustentabilidade;
5. Tornar a lei laboral mais amiga dos jovens;
6. Usar a fiscalidade para promover o equilíbrio intergeracional e a sustentabilidade;
7. Aplicar políticas de habitação para as novas gerações;
8. Construir edifícios mais verdes;
9. Tornar a mobilidade mais sustentável;
10. Estimular o financiamento de projetos sustentáveis;
11. Procurar o equilíbrio económico, social e ambiental na agricultura;
12. O mar como fonte de energia sustentável
13. Educar para a sustentabilidade.

Assegurar um equilíbrio intergeracional através da Constituição da República

Um dos paradoxos da democracia constitucional diz respeito à conciliação entre o autogoverno democrático e os limites que a constituição impõe a esse autogoverno e à escolha democrática do povo.

Sendo a limitação do poder o tema clássico do constitucionalismo, e já antiga a discussão sobre a justiça intergeracional, a sua premência agudizou-se a partir do século XX, uma vez que a dependência das gerações futuras em relação às decisões da geração presente se acentuou, com os riscos tecnológico, genético e ambiental que se poderão projetar de modo irreversível nos anos vindouros.

Este é um tema central das democracias liberais, particularmente em face das alterações climáticas, do inverno demográfico e do elevado nível do endividamento público, fatores que agravam as preocupações sobre a equidade intergeracional e a sustentabilidade social.

Ao contrário do que sucede com outras constituições, a Constituição da República Portuguesa não consagra especificamente os direitos das gerações futuras. Isso não significa, contudo, que estes lhe sejam indiferentes, uma vez que o princípio da solidariedade entre gerações se pode considerar incluído no princípio da sustentabilidade, consagrado, entre outros, no artigo 9.º, alínea e); no artigo 66.º, n.º 1, e n.º 2, alíneas c), d), f) e g), e artigo 81.º, alíneas a), e m).

Aliás, em sede da própria jurisprudência constitucional, embora sem especificação detalhada do respetivo conteúdo normativo, chegou-se já a enunciar o princípio constitucional da justiça intergeracional. Apesar de tudo, esta jurisprudência é ainda hesitante e tímida, sobretudo se tivermos em conta os exemplos que nos chegam de outras jurisdições em que os tribunais constitucionais têm liderado, perante a inércia ou incapacidade das instituições democráticas, a luta contra alguns dos grandes desafios atuais, designadamente a emergência climática.

Importa, por isso, olhar para o texto da Constituição e renovar o seu ímpeto transformador, adaptando-o aos questionamentos existenciais que atingem a sociedade portuguesa, no seu contexto europeu e global. Nesse sentido, três blocos temáticos merecem atenção:

- A representação política das gerações mais novas e das gerações futuras;

- A consagração expressa do dever de proteção das gerações futuras, da vida natural e animal, à semelhança do que sucede por exemplo na Constituição Alemã;
- A consagração de um travão ao endividamento público.

Quanto ao primeiro tema, é importante começar por reconhecer que as democracias atuais sofrem de um enviesamento orientado para o «curto-termismo», revelando-se incapazes de projetar políticas públicas orientadas para o longo prazo, que propiciam menores benefícios nas urnas. Esta captura do processo democrático pela lógica de «curto-termismo» na definição de políticas públicas está bem ilustrada, entre nós, num estudo recente promovido pela Fundação Calouste Gulbenkian no âmbito de um vasto projeto sobre justiça intergeracional. Concluiu-se que 97% dos debates parlamentares sobre o ambiente ou a dívida pública não mencionam de forma explícita as gerações futuras. Se tivermos em conta os debates parlamentares sobre a Segurança Social, o número sobe para 98%. Quanto às perceções da população portuguesa, mais de metade dos inquiridos considera que os decisores políticos não estão a fazer o suficiente pelas gerações futuras.

Por outro lado, os nossos processos decisórios e instituições políticas, excluem das metodologias deliberativas os jovens e as gerações futuras, ou seja, precisamente aqueles que mais afetados serão por tais decisões. Num cenário de esgotamento das democracias liberais, só com imaginação e audácia conseguiremos enfrentar a miopia democrática. Alguns países optaram pela criação de instituições independentes, como comissões parlamentares ou provedores de justiça intergeracional, com o mandato de proteger e representar os interesses das gerações futuras. Noutros, a estratégia passa pelo desenvolvimento de práticas de democracia participativa, com soluções arrojadas como assembleias de cidadãos e assembleias legislativas constituídas por sorteio.

Uma proposta que tem vindo a ganhar adeptos na teoria e filosofia políticas passa por alargar o direito de voto aos menores de 18, com uma redução da idade eleitoral para os 16 anos.

Uma ideia mais ambiciosa implicaria aquilo que o filósofo norte-americano John Wall designa de «sufrágio por procuração», inspirado numa proposta concreta que deu entrada no Parlamento alemão em 2008: sempre que a criança manifestar capacidade, poderia exercer o direito de voto pessoalmente; na ausência dessa capacidade, o voto poderia ser exercido pelos pais, à semelhança de tantas outras escolhas que os mesmos fazem em prol e nome do futuro dos filhos. O eleitor iluminista era homem, adulto e proprietário. Foram precisas várias revoluções para alargar o direito de voto às mulheres e outras classes sociais. Talvez um dia o direito de voto se torne completamente universal e deixe de excluir cerca de 18% da população portuguesa.

No que diz respeito ao segundo tema, a consagração expressa no texto constitucional dever de proteção das futuras gerações e da vida natural e animal, isso permitir-nos-ia alinhar o nosso património normativo constitucional com o de países como a Alemanha, a Suíça, ou o Japão, concedendo a visibilidade que o debate político necessariamente conferirá a estes tópicos e dotando outros atores institucionais, como os tribunais, e sobretudo o Tribunal Constitucional, de ferramentas apropriadas para alguns dos litígios que se têm suscitado nestas matérias, por exemplo, na litigância sobre alterações climáticas ou criminalização de maus tratos a animais.

O terceiro tema, a consagração de um travão ao endividamento público, será tratado no subcapítulo seguinte.

Gerir a dívida pública sem prejudicar as futuras gerações

Desde 1995, a dívida pública portuguesa mais do quadruplicou, passando de 55 mil milhões de euros em 1995 para 269 mil milhões em 2021. Em percentagem do PIB subiu de 62% em 1995 para 127% em 2021, fazendo de Portugal um dos países com o rácio de dívida pública mais elevado do mundo.

Um nível muito elevado de dívida pública, sobretudo quando comparado com uma taxa de crescimento média de longo prazo baixa e próxima ou mesmo inferior à taxa de juro, coloca um problema de financiamento. Como foi penosamente claro na crise financeira de 2011, os investidores deixaram de comprar dívida portuguesa porque consideravam que a probabilidade de reembolso era baixa. Por essa razão, o programa de assistência económica e financeira, ao qual estava associado um programa de reformas, tinha com um dos objetivos a redução da dívida pública.

Nos anos mais recentes, a política expansionista do BCE, tanto em níveis de taxas de juro como através dos seus programas de compra de dívida, permitiram manter a procura por dívida portuguesa elevada. Mas, os próximos meses e anos poderão ser menos favoráveis ao financiamento da dívida pública. Este novo enquadramento, em que a política monetária será menos acomodatícia e o financiamento da dívida voltará a ser mais caro, coloca de uma forma mais urgente o problema de justiça de intergeracional da dívida pública.

O aumento da dívida pública deve servir dois objetivos fundamentais. No curto prazo, pode servir de apoio no caso de uma crise económica ou financeira, mas nesse caso deve ser corrigida a partir do momento em que a economia entra em recuperação. No longo prazo, pode ser sensato aumentar a dívida pública para financiar projetos de investimento que têm efeitos positivos para o crescimento económico ou para a qualidade de vida agora e no futuro. Mais difícil de justificar do ponto de vista do equilíbrio entre gerações é quando a acumulação de dívida pública serve sobretudo para financiar o aumento descontrolado e ineficaz da despesa corrente.

Em Portugal, desde 1995 houve dois períodos que contribuíram substancialmente para aumentar a dívida pública com crescimentos anuais do valor da dívida próximos ou superiores a 10%. O primeiro, entre 2001 e 2005 e o segundo entre 2009 e 2011. O ano em que a dívida pública mais aumentou foi 2010, com uma taxa de crescimento de 17%. Este segundo período foi menos equilibrado porque não correspondeu a um aumento do investimento público, que poderia ter efeitos positivos no longo prazo. Nesses anos, o défice primário, isto é, excluindo juros, foi superior ao investimento público e a acumulação de dívida serviu para compensar os efeitos da crise económica, sobretudo a partir do final de 2010. A dívida ultrapassou o patamar de 100% do PIB em 2010.

A crise de 2010 foi um choque significativo para o equilíbrio intergeracional porque aumentou consideravelmente o peso da dívida face ao PIB, o que significa que o encargo com juros pode aumentar consideravelmente quando o BCE abandonar a sua política quantitativa. Para além do mais, ao aumentar a dívida, a margem de manobra numa situação de crise futura pode ficar seriamente comprometida.

Nos próximos anos, o equilíbrio intergeracional da dívida será afetado fundamentalmente por dois fatores. Por um lado, o PRR poderá contribuir para aumentar o PIB. O Ministério das Finanças estima que o efeito acumulado no PIB será 3,5% até 2025. O Banco de Portugal, estima um impacto mais modesto de 2% no máximo até 2026. Por outro lado, o envelhecimento da população aumentará a despesa em saúde e em pensões. Segundo um estudo da Gulbenkian de 2021, perante o choque demográfico, para assegurar que a dívida se mantém sustentável, será necessário reduzir a despesa pública em 19% ou aumentar a receita em 22% nos próximos anos. Naturalmente, quanto mais adiarmos este ajustamento, mais penoso será para as gerações futuras.

A preocupação com o equilíbrio financeiros para as próximas gerações não tem estado muito presente no debate mediático porque as políticas públicas desde 2010 têm sido muito focadas na resposta a situações de emergência. Mas é um debate ao qual deverá ser dado maior visibilidade.

Atendendo a este histórico, em particular ao descontrolo da divida pública levado a cabo por alguns atores políticos com consequências extremamente negativas para as atuais e futuras gerações, julgamos que seria de:

- Ponderar a introdução de um teto de dívida pública na Constituição da República, excluindo os investimentos não imobiliários, para não comprometer a necessária modernização do aparelho do Estado;

- Diversificar os instrumentos de gestão de dívida, à semelhança do que já existe em outros países, avaliando a introdução de:
  - Títulos de dívida pública ligados à taxa de crescimento do PIB, à semelhança do que já se faz com a inflação. Por um lado, os investidores beneficiam quando o crescimento económico é maior. Por outro lado, em períodos de menor crescimento, o custo com os juros da dívida desce, permitindo um ajustamento mais suave;
  - Títulos de dívida pública e municipal associados a projetos sociais e ambientais concretos.

- Criar uma task-force que avalie os riscos intergeracionais da dívida pública e faça propostas concretas para os reduzir;
- Incluir no Orçamento do Estado uma avaliação do impacto intergeracional das medidas de política individuais apresentadas pelo Governo, quantificando o impacto de longo prazo de cada medida sobre a receita e a despesa, a par do seu impacto imediato.

Garantir a transparência na relação entre o Estado e os privados e escrutinar os efeitos de longo prazo dos contratos celebrados pelo Estado

Na prossecução dos interesses públicos, o Estado relaciona-se com o setor privado em diversos contextos. No que respeita às relações de fonte contratual, temos como exemplos as privatizações, as concessões e as parcerias, as sociedades, os investimentos ou financiamentos e, finalmente, a aquisição de bens e serviços abrangidos pelo regime da contratação pública.

Os interesses públicos prosseguidos através daquelas relações contratuais estão sujeitos a normas que definem os contornos da atuação das partes, impondo ao Estado, em regra, deveres de transparência e publicidade.

Admitindo que a estatuição de deveres legais de publicitação de contratos possa decorrer da densificação de mais do que um princípio (legalidade, concorrência, etc.), centraremos a nossa atenção no princípio da transparência, enquanto condição prévia indispensável num sistema de governance que pretenda imputar a responsabilidade pelos resultados alcançados (accountability).

Nas parcerias público-privadas, por exemplo, são obrigatoriamente divulgados, entre outros documentos, os relatórios de avaliação de propostas e os contratos celebrados; nos contratos formados ao abrigo das regras da contratação pública, na sequência de consulta prévia ou ajuste direto, existe a obrigação de publicitar os seus principais elementos num portal de acesso público.

No plano oposto, há casos em que os «segredos do império» são imprescindíveis à boa governação. Cabem aqui as situações legalmente previstas em que, por razões atendíveis, se exime o contraente público do cumprimento dos deveres de transparência e publicidade (e.g. contratos relacionados com a defesa e segurança do Estado).

Mas, nem todos os casos caem, na prática, na regra (transparência) ou na exceção à regra (segredo/confidencialidade). Situações há em que a intervenção do ente público, apesar de relevante e significativa, se caracteriza por alguma opacidade, sem enquadramento legal.

A transparência, no sentido mais amplo aqui convocado, traduz-se na disponibilização de informação que permita ao cidadão e às instituições de controlo e fiscalização (política, financeira ou jurídica) avaliarem se, em cada momento, o decisor público fez as escolhas acertadas, atendendo ao contexto e às alternativas disponíveis.

Um poder executivo que, colocando-se numa zona cinzenta, escapa à prestação de contas é, indubitavelmente, um poder absoluto. Um decisor que não é sujeito ao escrutínio pode satisfazer prioritariamente a vontade de se perpetuar no poder, o que facilita ou promove decisões (desconhecidas, porque não divulgadas) com efeitos negativos no longo prazo; este é, assim, um agente ao serviço do curto-prazo.

Vista deste prisma, a transparência atua como uma limitação do poder executivo que deve ser incontornável numa democracia liberal, isto é, numa democracia que se afirma em permanência, não se esgotando na mera repetição de atos eleitorais.

Se a transparência tem um valor intrínseco, só deveria ser permitido afastarmo-nos dela nos casos (excecionais) previstos na lei, mas a realidade é que subsistem áreas onde o Estado, na sua relação com os privados, não é destinatário de um controlo ou fiscalização específicos ou, quando o é, tal não acontece em tempo útil.

As zonas cinzentas podem ainda aparecer quando, por exemplo, uma empresa pública propõe ou aceita introduzir uma cláusula de confidencialidade – algo normal e justificável num ambiente puramente privado –, num contrato que não está abrangido por qualquer regime de exceção. Deveria existir um regime-regra e um regime de exceção com um âmbito claro e limitado, nada mais.

A existência de casos que não caem nem na regra nem na exceção tornam o sistema ilógico: como se justifica que, por um lado, a compra de um simples bem ou serviço ao abrigo das regras de contratação pública esteja sujeita a estritas regras de publicidade, quando, ao abrigo de outro tipo de contrato, a mesma entidade pública possa, atrás do escudo de uma cláusula de confidencialidade, assumir encargos plurianuais significativos, inclusivamente com impacto num horizonte temporal que ultrapassa, em muito, a duração do mandato do decisor/contraente público?

Seria interessante apurar quantos contratos celebrou o Estado que tenham sido (i) fonte de elevados custos (ou contingências), (ii) geradores de um impacto (efetivo ou potencial) na sustentabilidade das contas públicas, (iii) concluídos sem qualquer avaliação de impacto ou estudo prévio das alternativas e (iv) cujos efeitos extravasaram a duração dos mandatos dos decisores. Este exercício torna-se ainda mais preocupante se assumirmos que estes contratos existem e foram, ou continuam a ser, tratados como confidenciais.

Se não existir transparência, não haverá controlo das situações em que são imputados encargos às gerações futuras. Se desconhecemos os contratos, não podemos avaliar se tais escolhas cuidaram apenas de interesses de curto prazo ou se atenderam a critérios de sustentabilidade. Ressalvados os regimes excecionais a que aludimos acima, a transparência é fundamental, independentemente da concreta tipologia contratual, e é tão mais importante quanto maior for o risco de diferimento temporal dos riscos ou efeitos do contrato.

A transparência traz consigo a possibilidade efetiva de escrutínio, a qual atua como um mecanismo de responsabilização do decisor publico, incentivando a tomada de decisões mais sustentáveis e, consequentemente, mais justas no plano intergeracional. Nesse sentido, apontamos dois caminhos possíveis:

- O primeiro, correspondendo à abordagem mais completa e ambiciosa, poderia partir de uma revisão exaustiva das regras que promovem a transparência e das que constituem uma exceção a este princípio; só assim seria possível apontar à solução que propusemos acima, ou seja, acabar com as zonas cinzentas: a regra geral seria a transparência e as exceções à regra seriam apenas as previstas na lei;
- O segundo caminho teria o mesmo objetivo de prevenção geral de casos de opacidade injustificada, mas seria circunscrito ao setor público empresarial. Há mais de 20 anos que o direito privado foi consagrado como o ramo normativo preferencialmente aplicável a toda a atividade empresarial, isto é, independentemente da natureza pública ou privada do titular das participações sociais. Sem questionar os avanços alcançados com este quadro normativo, julgamos que seria de ponderar a introdução de limitações cirúrgicas à autonomia privada no setor público empresarial, desde logo, a proibição de vinculação a cláusulas de confidencialidade por parte das entidades que o integram, exceto nos casos especialmente previstos na lei.

Apostar na inovação para fazer da administração pública um modelo de sustentabilidade

Portugal tem vindo a percorrer um caminho interessante, tendo subido recentemente três lugares no Índice de Digitalização da Economia e Sociedade, passando a ocupar o 16ª lugar entre os 27 países da União Europeia.

Portugal destaca-se «na disponibilização de serviços públicos digitais para cidadãos e para as empresas, bem como na disponibilização de formulários online de serviços públicos com dados pré-preenchidos».

Contudo esta evolução não é garantia para o futuro, especialmente considerando a escala do desafio que temos pela frente. Mais inovação, mais tecnologia e mais digitalização serão certamente necessárias.

Enquanto agente económico, o setor público pode desempenhar um papel fundamental na promoção de uma sociedade mais sustentável, quer seja enquanto legislador e regulador, ou enquanto interveniente direto na economia.

Nesse sentido, é fundamental a definição de uma estratégia clara que identifique um conjunto de soluções que poderão contribuir para uma maior sustentabilidade da Administração Pública:

- Implementar novas tecnologias, tais como:
  - Utilizar dispositivos inteligentes, sensores e software, para efetuar uma monitorização de diversos sistemas (ex: energia, água, redes de transporte e operações de segurança pública) com vista à otimização da utilização de recursos;
  - Usar a inteligência artificial para melhorar o planeamento urbano e otimizar rotas de transporte público.

- Tornar as instituições públicas um exemplo na identificação e mitigação dos impactos ambientais decorrentes das suas atividades:

  - Monitorizar e publicar as emissões de carbono;
  - Adotar a compensação e remoção de carbono;
  - Descarbonizar os edifícios públicos e eletrificar as frotas de veículos públicos.

- Introduzir critérios verdes na política de contratação de fornecedores, incentivando outros agentes a melhorar suas próprias práticas sustentáveis de consumo e produção;
- Impulsionar a inovação por meio do aumento do financiamento em investigação e desenvolvimento de novas soluções, estimulando igualmente a participação privada em I&D.
- Envolver a comunidade através da utilização de novos meios de interação com as autoridades administrativas, nomeadamente através do recurso a plataformas mobile e assembleias de cidadãos, que propiciem o envolvimento de todos na definição de políticas sustentáveis. Uma análise das assembleias climáticas em França e no Reino Unido demonstra que, muitas vezes, os cidadãos geram políticas mais ambiciosas do que os políticos, tendo um efeito significativo e imediato na política climática e sendo um acelerador da alteração de comportamentos.
- Adaptar os processos de recrutamento para garantir que os organismos públicos têm a capacidade de atrair e integrar talento e reforçar a sua estrutura com empregos capazes de operacionalizar iniciativas de cariz tecnológico e ambiental.

Tornar a lei laboral mais amiga dos jovens

Temos vindo a ser confrontados com a ideia de que estamos perante a geração mais qualificada de sempre. Que os jovens que agora ingressam no mercado de trabalho são os mais habilitados para o competitivo mercado laboral.

Porém, por outro lado, devemos questionar se Portugal está preparado para reter este talento e se os incentivos para evitar que os alegados jovens mais qualificados de sempre emigrem estão a ser devidamente implementados.

A resposta a estas perguntas é simples. Parece que não. Segundo dados do Banco de Portugal, no final de 2021, o desemprego jovem em Portugal era de cerca de 23%, sendo um dos mais elevados da União Europeia. Esse valor compara com uma taxa de desemprego da restante população inferior a 6%, o que prova que temos um sistema que não favorece as novas gerações. Um sistema que beneficia os que estão no poder e não incentiva o elevador intergeracional.

No fundo temos duas sociedades, de um lado as gerações do trabalho precário que vão receber uma reforma baixa, do outro as gerações com trabalho garantido e com reformas que ainda representam 75% do seu último ordenado. Isto acontece porque os decisores políticos optaram por criar um sistema que oferece uma maior proteção aos mais velhos, que representam uma fatia maior do eleitorado. Um sistema caracterizado por uma lei laboral que protege os que têm emprego e por corporações, ordens e sindicatos que protegem os incumbentes.

Perante isto, somos um dos países com as taxas mais elevadas de emigração jovem e de emprego temporário involuntário da União Europeia. O mercado de trabalho para os jovens apresenta demasiadas vezes um cenário de precariedade, de baixos salários e de perspetivas de evolução na carreira desmotivadoras.

Estes factos estão relacionados com diversos aspetos entre os quais o crescimento da economia e a dinamização do investimento e da atividade empresarial, temas tratados noutro capítulo deste livro.

Neste subcapítulo vamos apenas centrar-nos nas alterações ao status quo do mundo laboral que podem fazer com que as leis que regulam a relação entre o trabalhador e o empregador sejam mais justas e atrativas para quem ingressa no mercado de trabalho.

De acordo com a OCDE, Portugal é um dos países com a legislação laboral mais rígida, apesar da acelerada mudança provocada pela transição tecnológica e digital, que obriga a uma mudança de paradigma. Assim, podemos desde logo a salientar que a flexibilidade do mercado de trabalho afigura-se absolutamente elementar para a sua própria dinâmica.

Na verdade, a dificuldade em despedir afeta a renovação intergeracional das empresas, levando a que muitas vezes os empregadores prefiram contratar os jovens a termo. De facto, quantas mais barreiras forem colocadas à saída, mais constrangimentos existem à entrada, com custos para todos, visto que os empresários estarão menos propensos a contratar e a investir na formação de cada trabalhador.

Com efeito, e atendendo ao momento em que estamos, são cada vez menos os empregos para a vida. A rotatividade de um mercado de trabalho global e competitivo faz aumentar a mobilidade dos trabalhadores, bem como a facilidade e o interesse em procurar novos desafios.

Neste sentido, quem acaba por sentir maior dificuldade para ultrapassar as barreiras impostas pela rigidez do mercado laboral são os mais jovens, confrontados com salários baixos e, em muitas situações, com contratos a termo ou de prestação de serviços.

Efetivamente, a figura dos contratos a termo é usada com enorme frequência para os mais jovens, estando o nosso país acima da média europeia. As implicações com a celebração deste tipo de contratos são inúmeras destacando-se, entre outras, a insegurança gerada no trabalhador.

Com efeito, consideramos que a opção sistemática, pela celebração de contratos a termo prende-se parcialmente com a dificuldade em renovar os quadros das empresas, nos quais os trabalhadores mais velhos têm normalmente contratos a tempo indeterminado, que são muito onerosos para terminar.

Genericamente, Portugal deverá transitar para um sistema baseado na flexisegurança como acontece na Dinamarca, numa ótima de proteção do trabalhador, e não tanto do seu emprego. Na Dinamarca, depois de nos anos 90 a economia do país ter sofrido uma grande depressão, a reorganização tornava obrigatória uma maior flexibilidade laboral. Na altura, a resposta do executivo traduziu-se na simplificação dos despedimentos para facilitar a reestruturação, reforçando políticas ativas de emprego que implicam uma maior formação profissional.

Tal iniciativa foi também promovida pelo governo irlandês durante a crise de 2008, que, a braços com um desemprego elevadíssimo, assumiu também uma postura de formar os desempregados, por forma a prepará-los para um mercado de trabalho competitivo, ao mesmo tempo que flexibilizava as leis laborais e o sistema fiscal.

A flexisegurança promove uma maior flexibilidade para os trabalhadores através de novas formas de organização do trabalho, a par de uma legislação de proteção do emprego menos rigorosa. Neste modelo, os subsídios de desemprego são mais sólidos e oferecem maior segurança de rendimento aos desempregados. Por contraponto, a celebração dos contratos a termo é desincentivada.

A rigidez do nosso mercado de trabalho alguns problemas ao desenvolvimento económico, pelo que, defendemos um sistema laboral que procure desenvolver modelos que visem o crescimento e o fortalecimento da nossa economia. Mas que garantam também uma matriz social sólida. Desta ligação, decorre o modelo da flexisegurança que compreende a flexibilidade do contrato de trabalho, mas que mantém sempre intacto o Estado Social. As medidas associadas à flexisegurança fazem parte das diretrizes da Estratégia Europeia de Emprego e têm um papel fundamental na modernização dos mercados de trabalho.

Portugal não pode continuar a ignorar estas reformas, devendo implementá-las em linha com aquilo que os nossos parceiros europeus têm vindo a desenvolver. Posto isto, aqui sugerimos algumas possíveis medidas que contribuam para um maior dinamismo e equilíbrio intergeracional no mercado de trabalho:

- Reintroduzir o banco de horas em regime individual por acordo entre trabalhador e empregador. Como sabemos, a atividade de uma empresa nem sempre é regular. Com efeito, há situações que requerem um esforço adicional do trabalhador e que diferem de outras em que a empresa não tem a mesma atividade. Assim, para promover a sua própria eficiência, estas devem poder agilizar os seus processos, recorrendo, se necessário, a um banco de horas por forma a fazer face às alterações à sua atividade diária;

- Apoiar os nómadas digitais. Um dos principais efeitos associados à pandemia foi a facilidade em trabalhar a partir de casa. Nesse sentido, devemos ser pioneiros na facilitação da entrada de nómadas digitais que se pretendam fixar em Portugal para aqui desenvolverem a sua atividade. Neste ponto devem ser tidos em conta os incentivos necessários, por forma a que o País se torne num modelo para aqueles que pretendem trabalhar remotamente;
- Criar um programa de Jovens Doutorados. Pretende-se desenvolver programas de incentivo à integração dos jovens doutorados, nas áreas científicas, tecnológicas e de gestão nas empresas portuguesas. Estes jovens doutorados, integrados nas empresas, teriam prioridade na contratação, como Professores nas Universidade trazendo uma maior ligação entre as estas e as empresas;
- Constatamos que se existirem obstáculos ou custos excessivos para os despedimentos, designadamente no caso de necessidade de reestruturação de uma empresa perante determinadas circunstâncias económicas adversas, estas tornar-se-ão mais relutantes a contratar sem termo. Assim, e à semelhança daquilo que se sucedeu em França, cremos que a possibilidade de despedir por razoes económicas poderá suscitar a necessária rotação desejável e, consequentemente, a renovação geracional que aqui defendemos;
- Nivelar os valores das indeminizações por despedimento para que as empresas não tenham incentivos em despedir os trabalhadores mais jovens e com menos anos de casa;
- Após anos de formação intensa, milhares de jovens, de diversas áreas, deparam-se com situações absolutamente insustentáveis de não serem remunerados em estágios obrigatórios para o acesso à profissão. Advogados, Psicólogos, Arquitetos, entre outros, necessitam de realizar um estágio antes de poderem

estar aptos a desempenhar a profissão que desejam. Pelo que, sugerimos a obrigatoriedade no pagamento mensal de uma compensação pela realização do trabalho, pelo menos em todos os estágios obrigatórios para o acesso à profissão.

- Baixar significativamente o IRS dos jovens até aos 35 anos;
- Criar um incentivo mais simples e generoso à contratação de jovens, associado ao salário pago e à permanência desse posto de trabalho;
- A par do subsídio de desemprego, devem ser reforçadas os apoios e as estratégias de formação, para que não se desperdicem recursos públicos e tempo com formações de papel e se aposte em formações com dados de empregabilidade comprovados.

Usar a fiscalidade para promover o equilíbrio intergeracional e a sustentabilidade

A política fiscal é um dos instrumentos de que o Estado dispõe para regular a atividade económica, arrecadar a receita necessária à prossecução dos seus fins e, simultaneamente, procurar modelar a vida em sociedade, incentivando ou penalizando comportamentos, de acordo com uma valoração apriorística da realidade.

Consistindo os impostos numa ablação da propriedade privada, as opções que compõem a política fiscal do Estado em cada momento são eminentemente ideológicas, pressupõem, desde logo, um juízo prévio a respeito do que sejam as funções e as tarefas que devem ser desempenhadas pelo próprio Estado. Os impostos, rectius a receita fiscal, definem-se, por isso, e desde logo, em função da despesa pública, na medida em que é esta que reflete a ação do Estado e dos seus agentes na prossecução do bem comum e, portanto, na concretização do programa constitucional.

Apesar do caráter fortemente programático, até ideológico, da Constituição da República Portuguesa, os sucessivos governos têm encontrado, desde 1976, e considerando a evolução verificada na própria Lei Fundamental, por força das várias revisões constitucionais, espaço para modelarem políticas fiscais que refletem opções programáticas distintas, tantas vezes antagónicas, e que têm sido vertidas nos diversos códigos fiscais.

A sustentabilidade e o equilíbrio intergeracional não aparecem no Texto Constitucional como marcos jurídicos que condicionem diretamente a configuração do sistema fiscal português. A sustentabilidade e o referido equilíbrio entre as gerações presentes e futuras, no entanto, serão pressupostos de variados direitos liberdades e garantias constitucionais. Veja-se a título de exemplo, o direito ao trabalho, o direito à saúde, o direito à habitação, o direito ao ambiente e qualidade de vida, o direito à família, a proteção constitucional expressa à infância, à juventude, aos cidadãos portadores de deficiência e à terceira idade ou o direito à educação, à cultura, à ciência e ao desporto.

O sistema fiscal português, seja na sua função puramente recaudatória, seja através de regimes tributários que refletem preocupações de extra-fiscalidade, tem refletido políticas de sustentabilidade. Veja-se, por exemplo, o caso dos impostos especiais sobre o consumo, de matriz marcadamente pigouviana, estruturados de acordo com o princípio da equivalência ou do benefício, e que se justificam pela necessidade de corrigir os custos sociais presentes e futuros associados a certos comportamentos. Será também este o caso de variados benefícios ou, menos frequentemente, penalizações fiscais que, com maior ou menor instabilidade, têm procurado auxiliar no desenvolvimento das mais variadas políticas em áreas core para a sustentabilidade e para o equilíbrio entre gerações, como sejam o emprego jovem, a habitação, a poupança, as alterações climáticas, entre outros.

Em resumo, não se encontrando orientado diretamente à prossecução de objetivos de sustentabilidade ou de promoção do equilíbrio intergeracional, o legislador ordinário tem tido a liberdade de modelar o sistema fiscal de maneira a, mais ou menos conscientemente, introduzir medidas que refletem preocupações que são comuns a ambos os desideratos.

A concretização de políticas de sustentabilidade e de promoção do equilíbrio intergeracional pode ser estruturada tanto do lado das prestações sociais, isto é da despesa financiada pelos impostos, como do lado dos benefícios fiscais, isto é, através da designada «despesa fiscal». Não cabendo neste capítulo discorrer a respeito da bondade de uma ou de outra opção, dir-se-á, por um lado, que a prossecução de políticas de sustentabilidade assenta, ou deve assentar, desde logo, na sustentabilidade das próprias finanças públicas e, por outro lado, que as soluções assentes na despesa fiscal devem estruturar-se em moldes de racionalidade.

A sustentabilidade das finanças públicas são o Alfa e o Ómega das várias sustentabilidades. Considerando o marco constitucional vigente, e a rigidez associada a importantes segmentos da despesa do Estado, tem-se verificado que os desequilíbrios das finanças públicas colocam inexoravelmente pressão acrescida no sistema fiscal, sufocando as famílias e os agentes económicos com impostos destinados não a financiar opções de política fiscal ativa, mas outrossim a financiar as necessidades primárias do Estado. O equilíbrio financeiro é, assim, e desde logo, fundamental para que se possa pensar na utilização do sistema fiscal como fator indutor de sustentabilidade e equilíbrio integeracional.

Dentro de pressupostos de equilíbrio e sustentabilidade financeira, e, uma vez mais, observados os limites impostos pela Constituição, importa assegurar que o desenho do sistema fiscal diversifica as fontes de receita, através de um espetro tributário de base alargada, orientado por objetivos de equidade e eficiência. Deve exigir-se, portanto, que o sistema fiscal não se limite às figuras tributárias tradicionais, mas pondere o seu alargamento a outras formas de tributação e outros factos tributários, designadamente na medida em que tal alargamento configure um imperativo de sustentabilidade e de equilíbrio.

De outra perspetiva, é ainda fundamental assegurar que o desenho do sistema tributário respeita pressupostos de eficiência. Assim, e por um lado, é importante que os impostos onerem, de forma equilibrada, os diversos tipos de propriedade, sem incutir vieses. Ponderando evidentemente todas as variáveis relevantes, designadamente no que diz respeito a soluções de administração e controlo. O exemplo paradigmático será o da propriedade imobiliária, tradicionalmente sobretributada, face a outro tipo de ativos, ante a maior facilidade em liquidar e cobrar impostos que respeitem a bens imóveis.

Finalmente, refletindo a doutrina económica, é aconselhável avaliar o peso relativo de todos os impostos, promovendo uma deslocação da carga tributária para aquelas figuras tributárias que são consideradas menos prejudiciais da atividade económica ou que, por outras palavras, são menos suscetíveis de provocar uma erosão da base contributiva, seja por força da sua mobilidade, seja em resultado de práticas de planeamento.

A eficácia dos benefícios fiscais como ferramentas indutoras de sustentabilidade e equilíbrio intergeracional deve ser cuidadosamente avaliada. A introdução de benefícios fiscais dirigidos a produzir alterações no comportamento das famílias e dos agentes económicos deve ser ponderada, em face, por um lado, do seu custo direto para o orçamento do Estado, dos custos de cumprimento, administração e controlo e, evidentemente, da sua eficácia.

Porventura exagerando na simplificação de um exercício que se reconhece ser, na prática, mais complexo, é possível, pelo menos em termos estáticos, pensar na despesa fiscal associada a um benefício como o gasto que resulta da não arrecadação da receita que se encontraria associada à norma de fiscalidade normal que é derrogada pela norma que introduz o benefício.

Já os demais custos referenciados são mais difíceis de quantificar. Assentam, todos, no entanto, no acréscimo de complexidade que é inerente, com maior ou menor intensidade, a qualquer norma que introduz excecionalidade no sistema. A excecionalidade requer a alocação de recursos públicos adicionais na sua administração, a alocação de recursos privados para o cumprimento das obrigações fiscais que lhe estão associadas e convidam a práticas de planeamento, na medida em que, sendo eficaz o benefício, os contribuintes tenderão a modificar os seus comportamentos (o que desde logo pode ser também indutor de ineficiência).

A eficácia do benefício pode estar condicionada por vários fatores, entre os quais o seu desenho e a imposição de limitações quantitativas e ainda a própria motivação natural dos agentes económicos. É consabido que a imposição de condicionalidade favorece a eficácia dos benefícios. Assim, quanto mais dependente estiver da imposição de uma prestação específica aos privados, mais eficaz será o benefício. No entanto, a imposição de limitações quantitativas ao montante a conceder poderá tornar menos «convidativa» a norma de exceção, designadamente quando esta seja fortemente condicional. Finalmente, a atribuição de benefícios fiscais a agentes económicos que já estariam dispostos a acometer os recursos necessários a empreender o comportamento que se pretende incentivar corresponde a um dispêndio indesejado, porque desnecessário, de recursos públicos (o chamado free riding).

Assim, é fundamental que a criação de benefícios fiscais seja acompanhada de metodologias e procedimentos de avaliação, ex ante e ex post, regulares e em linha com as melhores práticas internacionais. Por outro lado, é fundamental que o Estado se municie com metodologias e dispositivos de previsão quantitativa que permita antecipar, o custo e o benefício associado a alterações legislativas na área fiscal.

À luz destas considerações, propõem-se as seguintes medidas concretas:

- Eliminar a estrutura progressiva do IRC, extinguindo a derrama municipal e a derrama estadual, reduzir a respetiva taxa nominal e aumentar ou tornar ilimitado o reporte de prejuízos e de encargos de financiamento, de forma a colocar Portugal no primeiro quartil dos países da OCDE com o IRC mais competitivo, acompanhando todos os desenvolvimentos internacionais em curso tanto no contexto da OCDE como no contexto da União Europeia;

- Acompanhar as iniciativas da OCDE e da EU conducentes à introdução de uma taxa efetiva mínima de IRC aplicável às empresas multinacionais, situada num percentual compatível com o desenvolvimento económico, e ao estabelecimento da market participation enquanto critério legitimador de um nexo tributário que promova a partilha do direito de tributar os negócios globais nas jurisdições em que os respetivos mercados se encontram situados, designadamente os novos modelos de negócio assentes na transformação digital da economia, eliminando zonas de incerteza ou vazio tributário;
- Reduzir e simplificar a tributação em sede de IRS, alargando a base tributável, mantendo, no entanto, a sua estrutura progressiva, num modelo com menos escalões e que reajuste as taxas e respetivas bases de tributação de maneira a aumentar substancialmente a capacidade de consumo e a poupança das famílias portuguesas;
- Estimular a criação de um regime fiscal dos partnerships, adaptando uma das figuras societárias existentes ou, caso se revele necessário ou mais adequado, criando uma nova figura de direito societário, com o objetivo de permitir e estimular a prossecução de atividades industriais, comerciais, agrícolas e de prestação de serviços e eliminar o duplo nível de tributação, estabelecendo um regime de transparência fiscal em linha com as melhores práticas internacionais; estabelecer regras simples para a classificação fiscal de veículos societários regulados por lei estrangeira;
- Adotar metodologias que permitam determinar a existência de um viés tributário que sobretributa a riqueza imobiliária e estudar modelos alternativos que permitam neutralizar esse viés em pressupostos de equilíbrio orçamental;
- Estudar os modelos tributários possíveis para a tributação da extração das riquezas naturais existentes em Portugal, criando um modelo de tributação específico, adaptado às especificidades da indústria, que promova a sustentabilidade ambiental e o

equilíbrio social, permitindo a absorção pela comunidade da renda económica gerada por estas atividades alocando essas utilidades à sustentabilidade atual e futura do sistema de proteção social;

- Acompanhar as iniciativas europeias no que diz respeito ao sistema de comércio de licenças de emissão e de imposição de direitos na importação de certos produtos oriundos com alto teor de carbono ou com origem em processos produtivos que poluam o ambiente, ponderando, concomitantemente, a criação de um sistema híbrido mediante a introdução de um carbon tax;
- Promover a avaliação do sistema de benefícios fiscais existentes da perspetiva da promoção da sustentabilidade e do equilíbrio intergeracional, procurando estabelecer prioridades de acordo com uma visão minimalista e de subsidiariedade que privilegie a necessidade e a eficácia do recurso a soluções de despesa fiscal face a formas alternativas de prossecução deste tipo de políticas (ex: diferenciar positivamente os instrumentos de dívida emitidos por entidades consideradas sustentáveis em diversos planos, incluindo, mas sem limitar, o plano ambiental, familiar ou da responsabilidade social).

Aplicar políticas de habitação para as novas gerações

Reconhecido desde a Primeira República, o direito de todos os cidadãos à habitação condigna integrou a Declaração Universal dos Direitos Humanos, em 1948, foi contemplado na Carta Social Europeia, de 1961, e está consagrado na Constituição Portuguesa, desde 1976. O artigo 65.º desta estabelece que «todos têm direito, para si e para a sua família, a uma habitação de dimensão adequada, em condições de higiene e conforto e que preserve a intimidade pessoal e a privacidade familiar». O direito à habitação surge ligado ao princípio da dignidade da pessoa humana, colocando-o na condição de direito social fundamental, e o seu desrespeito é uma fonte de desigualdade em termos de resultados económicos, sociais, educacionais ou de saúde, o que reduz o bem-estar e, por sua vez, reforça a discriminação habitacional, a segregação e a exclusão social (Anderson et al., 2006; Aupurg et al., 2019; Galster, 1992; Gouveia et al., 2020; Heylen & Van den Broeck, 2016; Hulchanski, 1993; Pager & Shepherd, 2008). Partindo da premissa de que o princípio de igual dignidade de todos os seres humanos é válido também para as gerações futuras face às actuais, importa olhar para as questões habitacionais – que constituem um dos pilares do Estado Social – numa lógica de equilíbrio intergeracional.

O artigo 65.º determina também que compete ao Estado implementar uma política de garantia do direito à habitação. As políticas públicas existem para dar resposta a problemas, logo o primeiro passo na concepção de uma política pública é identificar o problema a que se pretende responder. Assim, a primeira medida para políticas de habitação que contemplem as novas gerações (e as actuais, já agora) será ter informação sobre o mercado habitacional, ter o equivalente aos «quadros de pessoal» para a habitação. Adicionalmente, importa perceber que o bem habitação tem algumas características especiais – heterogeneidade, durabilidade, fixação no espaço – que levam a que o funcionamento do seu mercado se afaste bastante da concorrência perfeita.

Apesar da falta de dados que nos permitam uma caracterização do(s) problema(s), podemos, por uma questão de princípio (salvaguardado até pela Constituição), defender o aumento da oferta pública de habitação. Se a habitação é um direito e se compete ao Estado garanti-lo, então tem de haver um parque público de habitação, que vá ao encontro das necessidades de vários segmentos, dedicando uma atenção especial aos grupos mais vulneráveis da população. Por exemplo, as situações de sem-abrigo e dos bairros de génese ilegal carecem de resposta imediata, não só por serem as formas mais severas de desrespeito pelo direito à habitação (e que foram o foco das conclusões a que chegou o relatório das Nações Unidas sobre o tema), mas também por, como referido, perpetuarem desigualdades económicas, sociais, educacionais e de saúde, num círculo vicioso que urge romper.

Igualmente, há que promover programas de reabilitação nos concelhos vizinhos de Lisboa e do Porto, que melhorem o urbanismo dessas áreas e as dotem de infraestruturas, de serviços de qualidade e de um sistema de transportes eficiente, conferindo-lhes uma centralidade que hoje não têm. Estes programas devem atender também ao problema da pobreza energética. De acordo com os dados do Eurostat, em Portugal são 17,5% os agregados familiares que não conseguem manter as suas casas suficientemente quentes, o que nos coloca no quarto pior lugar da UE. Assim, é importante tornar o parque imobiliário eficiente do ponto de vista energético, na verdade, não apenas no âmbito dos referidos programas, mas à escala nacional, o que, além de estar em linha com a garantia do direito à habitação (que exige condições de conforto, recorde-se), contribui para o combate às alterações climáticas. Até porque a reabilitação das áreas metropolitanas de Lisboa e Porto tem de ser compatibilizada com os aspectos da coesão territorial, indo a par com políticas que promovam esta.

No modelo de Estado Social dos países do Sul da Europa, as famílias desempenham um papel relevante e a transferência de propriedade dentro das relações familiares é uma das formas de apoio familiar aos jovens. Vários estudos (Clapham, Foye e Christian, 2017; Aarland e Reid, 2019; Zheng, Yuan e Zhang, 2020) investigam a ligação entre o regime de propriedade e o nível de bem-estar e encontram uma relação positiva. Não obstante, o acesso à habitação também se faz através do arrendamento. O facto de se promover a oferta pública de habitação não é incompatível com os incentivos à oferta privada. Neste domínio, há que corrigir alguns programas concebidos ao arrepio do que nos diz a Ciência Económica e que têm produzido os resultados decepcionantes que se lhes adivinhava e desenhar novas medidas, onde o instrumento fiscal é óbvio (mas também a segurança, previsibilidade e estabilidade legislativas).

O instrumento fiscal deve, igualmente, não ser impeditivo, pelo contrário, de que a casa que se possui esteja ajustada à fase do ciclo de vida em que se está. O Imposto sobre Transmissões Onerosas de Imóveis (IMT) deve incentivar a troca de casa no sentido de reduzirmos as taxas de subocupação e de sobrelotação das habitações. Temos também de olhar para uma população crescentemente idosa, que precisa de casas adaptadas aos seus constrangimentos de mobilidade. Ao mesmo, a legislação relativa às edificações urbanas não deve ser um obstáculo ao surgimento de soluções habitacionais inovadoras, que dêem resposta às necessidades específicas de vários segmentos da população.

Pensar sobre políticas de habitação para as gerações futuras implica reconhecer que estamos perante um *wicked problem*, isto é, um problema de extraordinária complexidade, com múltiplas causas, que se interligam e se reforçam mutuamente. Pensar sobre políticas de habitação para as gerações futuras obriga, pois, a ter em mente que as questões da habitação não são independentes das da mobilidade, do ambiente, da demografia, da saúde, da educação, do crescimento económico, etc. Os parágrafos anteriores tentaram apresentar propostas concretas para promover o equilíbrio intergeracional e uma sociedade mais sustentável, na certeza de que são apenas o início de uma reflexão profunda que é necessário fazer sobre o tema.

Construir edifícios mais verdes

Ao idealizarmos o caminho para uma sociedade mais sustentável precisamos de compreender quais são as atividades que mais poluem. Algumas, como a produção de eletricidade e a mobilidade, recebem muita atenção. Por outro lado, a produção de aço e cimento não são muito faladas, apesar de representarem cerca de 10% das emissões mundiais de dióxido de carbono, o que compara com cerca de 8% para o transporte automóvel particular.

Os dados de que dispomos atualmente apontam que o sector dos edifícios é responsável pelo consumo de aproximadamente 40% da energia final na Europa e cerca de 30% para o caso de Portugal.

Porém, mais de 50% deste consumo poderia ser reduzido através de medidas de eficiência energética, o que representaria uma redução anual de 400 milhões de toneladas de CO_2, quase a totalidade do compromisso da União Europeia no âmbito do Protocolo de Quioto.

As intervenções em edifícios visando a sua sustentabilidade e eficiência energética encontram-se entre as medidas adotadas, tendo um efeito multiplicador na economia, gerando emprego e riqueza a nível local e nacional, assim como melhores condições de habitabilidade, com repercussões positivas na qualidade de vida e na saúde das pessoas.

Para além disso, construir edifícios sustentáveis pode representar um aumento de investimento, mas no longo prazo poderá gerar poupanças a nível de climatização, iluminação, manutenção e poupança de água.

Neste sentido, foi criado o Programa de Apoio Edifícios + Sustentáveis. A nível nacional esta iniciativa enquadra-se no Plano Nacional Energia e Clima 2030 (PNEC 2030), aprovado pela Resolução do Conselho de Ministros n.º 53/2020, de 10 de julho, e na Estratégia de Longo Prazo para a Renovação dos Edifícios (ELPRE), aprovada pela Resolução do Conselho de Ministros n.º 8-A/2021, de 3 de fevereiro. Estas iniciativas pretendem alinhar Portugal com os objetivos de energia e clima que visam alcançar a neutralidade carbónica em 2050.

Para atingirmos esse objetivo propomos que o Governo oriente os benefícios fiscais e os fundos comunitários para os objetivos seguintes:

- Reduzir o consumo de energia durante o ciclo de vida dos edifícios através da instalação de iluminação de baixo consumo, instalação de bombas de calor e sistemas de AVAC mais eficientes, painéis solares, entre ouros;
- Selecionar materiais certificados e com baixa energia incorporada, maximizando a utilização de materiais com elevado potencial de reutilização e reciclagem e minimizando materiais que apresentem toxicidade para os seres humanos e os ecossistemas;

- Reduzir o consumo de água através da instalação de equipamentos mais eficazes, tais como sistemas de recolha de águas pluviais, prevenção de fugas ou contadores inteligentes;
- Rever consistentemente os requisitos de qualidade térmica e de desempenho energético dos edifícios;
- Apoiar formações em sustentabilidade de edifícios para arquitetos, engenheiros e utilizadores dos edifícios.

Tornar a mobilidade mais sustentável

O tema da mobilidade sustentável, bem como das políticas públicas que a sustentam, é muito abrangente. Tal requer que o primeiro desafio em qualquer análise seja identificar onde a mesma se enquadra a nível de:

- tipologias: aérea, marítima ou terrestre;
- perfis: urbano ou extraurbano;
- distâncias: curto, médio ou longo-curso;
- objeto de transporte: carga ou pessoas.

Para cada categoria de mobilidade, bem como para as características específicas dos territórios e percursos abrangidos, as soluções podem ser de diferentes tipos e devem ter em conta diversos fatores, que vão desde os económicos e demográficos aos políticos, passando por temas de ambiente, infraestrutura e tecnologia. Será sempre importante enquadrá-los também em termos regulatórios.

A nível mundial, surge o consenso que o futuro da mobilidade, que se quer cada vez mais sustentável, passa por:

- Forte aposta nos transportes públicos;
- Descarbonização dos meios de transporte;
- Multimodalidade das deslocações;
- Mobility as a Service.

Também em Portugal, o desenho da mobilidade segue os princípios expostos, o que se concretiza maioritariamente em investimentos abrangidos por programas como o Plano Nacional de Investimentos 2030 (PNI 2030) e o Ferrovia 2020 (este com possibilidade de execução até 2023). A estes, acrescem programas desenvolvidos por autarquias ou entidades privadas, incluindo na área portuária e aeroportuária, por exemplo. Surgem assim em Portugal, diversos programas que apostam na modernização da gestão da mobilidade em vários domínios, com uma componente forte de aposta em infraestrutura e equipamentos.

Sem surpresa, a grande fatia dos fundos do PNI 2030 dedicados ao transporte tem como destino investimentos na ferrovia (€10.510M) e em Mobilidade e Transportes Públicos (€5.825M), sobrando €1.980M para investimentos na rodovia. Quanto ao programa Ferrovia 2020, há um valor de €2.100M, dos quais 79% estão já em obra ou em fase de contratação .

O elevado peso dos investimentos em mobilidade justifica-se pelas limitações das infraestruturas e equipamentos existentes em Portugal. Aqui há que ressalvar a excepção das infraestruturas rodoviárias, onde Portugal está em 2º lugar na União Europeia.

Assim, as políticas e programas mencionados estão, de modo geral, em linha com as tendências e necessidades identificadas pelos especialistas. Ainda assim, há alguns casos paradigmáticos de falta de consenso, tal como a localização do novo aeroporto de Lisboa, bem como a aposta na ferrovia mantendo a bitola ibérica ou a criação da linha circular no Metropolitano de Lisboa.

Superando eventuais divergências, há então que priorizar a colocação a concurso dos projetos, que devem seguir uma tramitação e gestão eficiente e transparente. Importa, portanto, começar por uma elaboração rigorosa e completa dos cadernos de encargos, garantindo que os critérios de escolha são equilibrados. Há que privilegiar projetos que procurem o maior retorno económico e social no seu tempo de vida útil, evitando-se o critério simplista de custo, que se sabe, regra geral, falacioso, implicando ainda atrasos e reduções na qualidade dos projectos.

Tendo em conta esses critérios de maior alcance, as políticas públicas para uma mobilidade sustentável têm de se basear em:

- Mobilidade consciente, moderada e inclusiva;
- Digitalização contínua da mobilidade;
- Equipamentos produção de energia e carregamento de veiculos assessiveis e competitivos.

Em termos de «mobilidade consciente, moderada e inclusiva», este ponto chama a atenção para que, ainda que se conseguisse descarbonizar totalmente a mobilidade, esta não deixaria de ter um profundo impacto no ambiente, visto que o aumento da mobilidade (de carga ou pessoas) tem um impacto no aumento do consumo. Por sua vez, este implica o desgaste dos recursos planetários num cenário de circularidade limitada da economia, o que é sempre o caso, mesmo considerando as evoluções previsíveis.

Por outro lado, a própria produção, manutenção e operação, quer de equipamentos de transporte, quer de produção de energia renovável, também implica o recurso a matérias primas cuja extração e preparação tem impacto no ambiente.

A redução da intensidade da mobilidade urbana poderá ser feita através da promoção de comportamentos, facilitada por via de políticas laborais (e.g. teletrabalho), de planeamento urbano (e.g. cidade dos 15 minutos), fiscais, bem como por investimentos adequados ao nível de infraestrutura, equipamentos, perfil demográfico e limitações dos vários grupos populacionais.

Quanto à «digitalização contínua da mobilidade», tal é, ao mesmo tempo, uma inevitabilidade e a possível solução para grande parte dos desafios. O crescimento exponencial de volumes de dados relevantes e da respectiva capacidade de processamento já permitem a melhoria da eficiência dos recursos existentes e a otimização da gestão da mobilidade. Passamos assim para o paradigma da Mobility as a Service (MAAS), em que a mobilidade é vista como um serviço que pode integrar diferentes meios de transporte (multimodalidade) e modelos de operação, por oposição ao modelo vigente de silos isolados e de transporte individual proprietário.

Já é comum o recurso a plataformas para o acesso a serviços de transporte personalizado (Uber, Bolt), bike-sharing (Uber, GIRA), trotinetes (Lime, Bolt), ride-sharing (BlaBlaCar), ou mesmo de entrega de mercadorias. No entanto, o futuro passa pela integração dos diferentes operadores, incluindo horários e sistemas de bilhética, em plataformas que permitam ao passageiro encontrar as melhores opções para cumprir o percurso que pretende através de um único ponto de contacto. Veja-se o exemplo da MobiCascais, promovido pela respectiva autarquia e que caminha, progressivamente, para um modelo mais holistico da mobilidade concelhia.

Para este fim, os Estados devem regulamentar sem restringir, promovendo a partilha de dados dos operadores (públicos ou privados) e facilitando sinergias e complementaridades.

A digitalização trará uma revolução ainda maior através da comunicação contínua de veículos entre si e com as infraestruturas de trânsito. Tal inovação melhorará a fluidez e segurança do trânsito, culminando na condução autónoma de qualquer tipo de veículo, o que mudará o paradigma da mobilidade. Nessa altura, o transporte far-se-á por veículos autónomos partilháveis. Estes terão uma taxa de utilização muito superior à dos automóveis particulares atuais, que ronda apenas os 5%. Ou seja, para o mesmo volume e perfil de deslocações, serão necessários menos veículos e infraestruturas, reduzindo o impacto ambiental e melhorando a qualidade de vida e a sustentabilidade da mobilidade.

As políticas públicas devem, mais uma vez, regulamentar sem restringir, promovendo a investigação e testes em ambiente real, com o envolvimento das universidades e empresas nacionais, colocando Portugal na linha da frente para a condução autónoma, com todos os benefícios que daí advirão.

O que se pretende é maior segurança, comodidade e sustentabilidade para a sociedade como um todo. Pretende-se um modelo inclusivo, que considere e abarque as diferentes necessidades de mobilidade dos vários grupos e extractos populacionais para que ninguém fique para trás. È neste capitulo que é da maior relevância assegurar postos de carregamento de veiculos eletricos assessiveis e com preços baixos, sem os quais não se poderá pedir à maioria da população que adira à mobilidade elétrica.

Estimular o financiamento de projetos sustentáveis

Para que a neutralidade carbónica ocorra na Europa nos próximos 28 anos, é necessário alinhar os fluxos de capital com a economia verde, capaz de gerar emprego e diminuir o impacte ambiental decorrente das atividades económicas.

Assim, já em 2018 a Comissão Europeia lançou o Plano de Ação para Financiar o Crescimento sustentável que tinha como ambição alterar radicalmente o sistema financeiro, explícitos em três objetivos concretos:

- Reorientar os fluxos de capitais para investimentos sustentáveis, a fim de assegurar um crescimento sustentável e inclusivo;
- Gerir os riscos financeiros decorrentes das alterações climáticas, do esgotamento dos recursos, da degradação do ambiente e das questões sociais;
- Promover a transparência e a visão a longo prazo nas atividades económicas e financeiras.

Este plano deu origem a várias ações das quais se destacam:

- A1 – Criar um sistema comum de classificação das atividades sustentáveis.
- A8 – Explorar a possibilidade de incorporar a sustentabilidade nos requisitos prudenciais de bancos e seguradoras.

A primeira ação consiste na definição do que são afinal atividades ambientalmente sustentáveis. Se queremos reorientar os fluxos de capitais para investimentos sustentáveis então temos de saber definir o que são atividades sustentáveis. Assim surge a Taxonomia da EU que define os critérios mínimos científicos para que uma atividade seja considerada ambientalmente sustentável. Uma atividade para ser ambientalmente sustentável:

- Tem de contribuir substancialmente para um ou mais dos 6 objetivos ambientais;
    - Mitigação às alterações climáticas;
    - Adaptação às alterações climáticas;
    - Uso e protecção dos recursos marinhos;
    - Transição para a economia circular, prevenção dos resíduos e reciclagem;
    - Prevenção e controlo da poluição;
    - Protecção de ecossistemas saudáveis sustentável;
    - Não pode causar danos significativos em nenhum dos outros objetivos.

- Tem de cumprir com os critérios mínimos sociais (e.g., OECD Guidelines on Multinational Enterprises and the UN Guiding Principles on Business and Human Rights);
- Tem de cumprir com os critérios técnicos definidos a taxonomia que ainda saíram apenas para a Mitigação e Adaptação (os restantes 4 objetivos sairão em 2022).

Decorrente da ação 8, todos bancos tiveram entre Janeiro e Março de 2022 de calcular, pela primeira vez, os requisitos de capital de forma a incluir os riscos ESG, em particular o risco climático. Aqueles de maior dimensão tem até junho/julho de realizar os testes de stress climático seguindo as recomendações e orientações do BCE e os cenários climáticos divulgados pela «Network of Central Banks and Supervisors for Greening the Financial System (NGFS)».

Em 2023 os fundos de investimento vão ter de declarar de forma muito clara e para cada fundo – para evitar greenwashing – se o fundo: a) não teve em conta critérios ESG; teve em consideração alguns critérios ESG; tem metas de investimento sustentáveis. Esta exigências respondem à regulação da sustainable finance disclosure regulation (SFDR).

Em 2024 entra em Vigor a Diretiva de Reporte de Sustentabilidade, que vai obrigar todas as Grandes Empresas (independentemente de serem cotadas ou não) a reportar o seu alinhamento com a Taxonomia, com a TCFD devendo evidenciar como é que o seu modelo de negócio está alinhado com a transição energética e da sustentabilidade, devendo os Administradores também incluir no seu dever o chamado «duty of care» para incorporar nas suas decisões os temas de direitos humanos e ambientais ao longo da cadeia de valor.

O financiamento público – por exemplo o Compete, e INVESTEUFUND via Banco Português de Fomento, também terão de comprovar que não danificam significativamente o ambiente.

Recomendações:

- Utilização dos financiamentos comunitários para que as PMEs possam criar sistemas de informação de sustentabilidade alinhados com a taxonomia e com a SFDR;
- Reforço da fiscalidade verde para criar incentivos às PMEs, Instituições Financeiras e cidadãos, para acelerar o investimento em atividades ambientalmente sustentáveis e/ou em transição;
- Dinamizar junto do IAPMEI ações de informação e capacitação massificada às PMEs para que estas ganhem conhecimento rápido sobre o facto de o acesso ao capital estar dependente das suas práticas de sustentabilidade;
- Inclusão do tema «Finanças Sustentáveis» em todos os cursos de gestão, economia e finanças.

Procurar o equilíbrio económico, social e ambiental na agricultura

A agricultura e a floresta representam cerca de 78% do território nacional, a que correspondem mais de 7 milhões de hectares, o que, por si só, justifica a sua centralidade em todas as dimensões da sustentabilidade, associados à ruralidade e baixa densidade populacional do interior de Portugal Continental.

CONCELHOS URBANOS E RURAIS (ESQ.) E DENSIDADE POPULACIONAL POR CONCELHO (DIR.), EM PORTUGAL CONTINENTAL

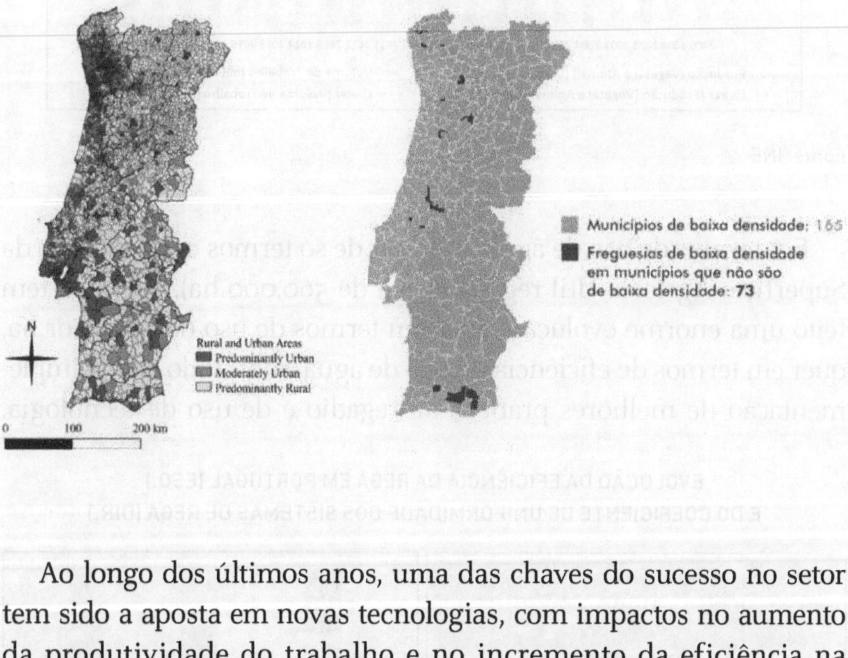

Ao longo dos últimos anos, uma das chaves do sucesso no setor tem sido a aposta em novas tecnologias, com impactos no aumento da produtividade do trabalho e no incremento da eficiência na utilização de fatores de produção indispensáveis à função produtiva, nomeadamente a água, os fertilizantes inorgânicos e os produtos fitofarmacêuticos. Em termos de trabalho, nos últimos anos assistimos a um decréscimo de 50% no volume de trabalho no setor, mas com ganhos de produtividade de 2,5 vezes. Apesar disso, os rendimentos na agricultura ainda estão a cerca de 75% do total da economia.

EVOLUÇÃO DA PRODUÇÃO *VS* VOLUME DE TRABALHO

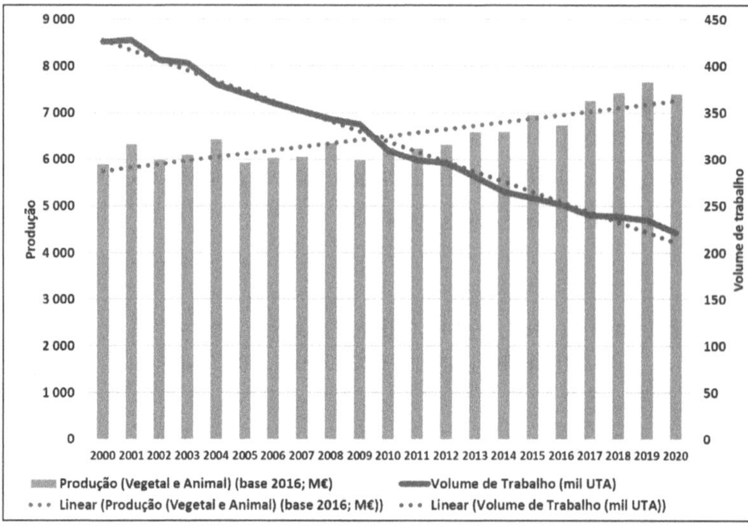

Fonte: INE

Em termos de uso de água, e apesar de só termos cerca de 14% da Superfície Agrícola Útil regada (cerca de 560.000 ha), Portugal tem feito uma enorme evolução, quer em termos de uso de água por ha, quer em termos de eficiência do uso de água, sobretudo com a implementação de melhores práticas de regadio e de uso de tecnologia.

EVOLUÇÃO DA EFICIÊNCIA DA REGA EM PORTUGAL (ESQ.) E DO COEFICIENTE DE UNIFORMIDADE DOS SISTEMAS DE REGA (DIR.)

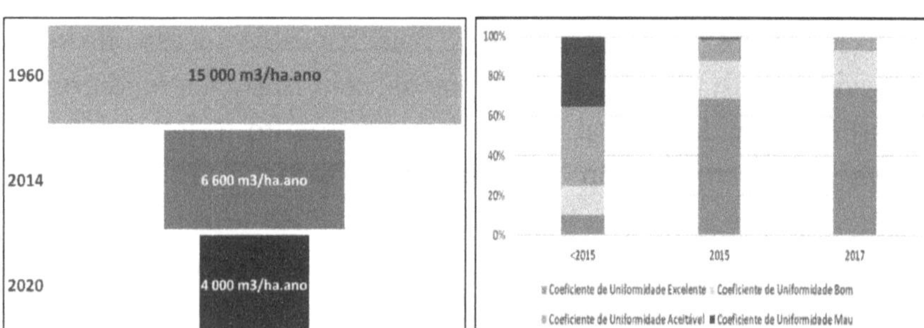

Fonte: Fenareg, 2021 (esq.) e COTR, 2019 (dir.)

O uso de fertilizantes e de produtos fitofarmacêuticos tem decrescido de forma muito significativa, considerando o seu consumo unitário (por ha), sobretudo se analisarmos relativamente à evolução da produção vegetal.

EVOLUÇÃO DO CONSUMO DE FERTILIZANTES INORGÂNICOS (ESQ.) E DA VENDA DE PRODUTOS FITOFARMACÊUTICOS (DIR.) RELATIVAMENTE À EVOLUÇÃO DA PRODUÇÃO VEGETAL

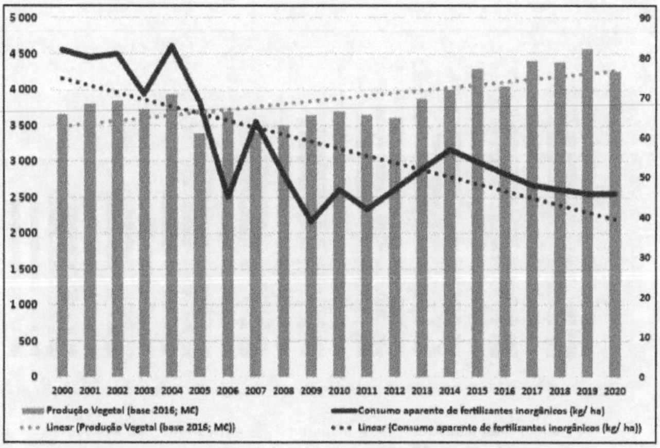

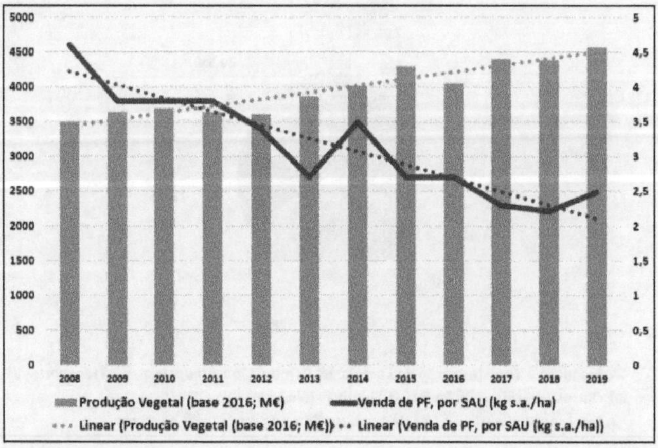

Fonte: INE (esq.), DGAV (dir.)

Apesar de todas estas evoluções, o setor, no seu conjunto tem mantido, apesar do decréscimo de cerca de 2% nos últimos anos, um volume de emissões de GEE na ordem dos 11% do total de emissões das diferentes atividades. No entanto, se considerarmos o conjunto da agricultura e florestas, temos um balanço positivo pelo sequestro de carbono florestal.

EVOLUÇÃO DAS EMISSÕES DE GEE, POR SETOR (ESQ.), E PESO DAS EMISSÕES SETORIAIS (2019)

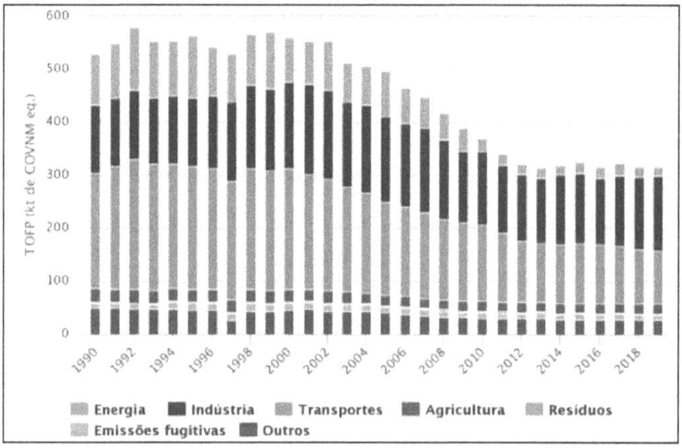

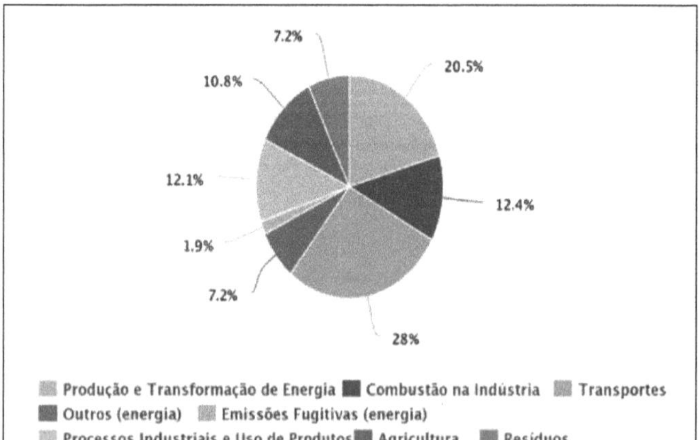

Fonte: APA

Portugal é dos países da UE com a sua população agrícola mais envelhecida, com uma idade média de 65 anos, tendo 52% dos agricultores uma idade superior a essa média e cerca de 4% com menos de 40 anos. Todas as regiões portuguesas são das áreas mais envelhecidas da UE e, apesar dos apoios à instalação de Jovens Agricultores existentes, a atividade continua a ser pouco atrativa de novas gerações.

As principais causas para uma fraca adesão dos jovens na agricultura são o acesso à terra, o acesso ao crédito e o baixo prestígio social da profissão.

O acesso à terra é um problema porque não é fácil encontrar terra disponível e os custos de aquisição e/ou arrendamento são elevados, sobretudo em áreas de elevado potencial produtivo. Para além disso, não existem estímulos à sucessão geracional nas explorações agrícolas.

O acesso ao crédito para jovens agricultores é outro tema recorrente. A atividade pressupõe um elevado custo de instalação (com a aquisição de máquinas, com a compra de animais, com o investimento em estruturas ou na instalação de plantações) e, na maioria das vezes, com um retorno do investimento muito longo. A capacidade de endividamento e as garantias apresentadas pelos jovens empresários condicionam muito a dimensão e o tipo de projeto a desenvolver.

Ao longo dos últimos anos as profissões ligadas aos setores da produção primária foram sendo preteridas por outras, sobretudo ligadas ao setor terciário, o que reflete a especialização do país em Serviços. Para além disso, e segundo o último inquérito às estruturas das explorações agrícolas levado a cabo pelo INE apenas 13% dos produtores tinham o ensino secundário ou superior, sendo que cerca de 71% dos produtores apenas tinha completado o ensino básico e 16% não completaram qualquer nível de instrução.

Mas a floresta e a agricultura são atividades económicas centrais para o mundo rural contribuindo para a desejada coesão territorial, podendo dinamizar atividades de comércio, de turismo ou de indústria. Para além da sua importância territorial desempenham um papel fundamental na preservação da paisagem, da conservação da biodiversidade, no combate às alterações climáticas e na descarbonização da nossa economia. E, no caso da agricultura, têm a função de produção de alimentos, que se pretendem seguros, sustentáveis e de qualidade.

A atual tendência europeia, conduzirá a um sistema alimentar mais saudável e sustentável, respondendo aos objetivos aspiracionais do Pacto Ecológico Europeu, nomeadamente da estratégia da biodiversidade e do «Prado ao Prato», cujos ambiciosas metas apontam para uma redução em 50 % no uso de fitofármacos e na redução da utilização de fertilizantes em pelo menos 20 %, até 2030, sem perda de produtividade.

Para além disso, a crise pandémica e a situação de guerra no continente europeu podem influenciar a necessidade de produzir alimentos e de garantir soberania alimentar, a nível europeu e nacional. A atual conjuntura pode obrigar a rever algumas destas metas quantitativas, mas não se desviará do objetivo macro definido. Para tal, será necessário, mais do que nunca, de apoiar esta «revolução» no conhecimento, na investigação e no desenvolvimento de competências, procurando «universalizar» a adoção de tecnologias de agricultura de precisão, na maior digitalização da atividade e numa maior mecanização.

Para isso, será essencial garantir uma maior aposta nas competências setoriais em áreas tecnológicas, para que consigamos ter uma produção mais moderna e sustentável.

No sentido de melhorar muitas das fragilidades existentes no setor e, sobretudo, garantir que se promove uma agricultura moderna, competitiva e sustentável, apontamos algumas medidas a desenvolver:

- **Fomentar os jovens empresários no setor:**
  - Criação de mecanismo de financiamento, com garantias mutualizadas, para a componente não apoiada com financiamento público (quando existir) e para o necessário capital circulante;

- Fomentar a substituição geracional das explorações agrícolas, valorizando os projetos de jovens que integrem empresas agrícolas já existentes;
- Promover mecanismos de monitorização e acompanhamento técnico-económico aos projetos, responsabilizando o papel dos técnicos/consultores/advisors;
- Criação de uma rede de «flagship farms» que possam ser visitadas pelos jovens agricultores que se estão a instalar;
- Financiamento de formação avançada em universidades nacionais e estrangeiras.

- **Acesso à terra:**

  - Criação de linhas de crédito de longo prazo, com juros bonificados, para a aquisição de terrenos agrícolas nos quais se pretenda desenvolver um projeto de investimento agrícola, ou não agrícola, desde que se crie uma unidade de produção maior que a média da região em que o terreno se insere.

- **Captar talento para o setor:**

  - Criação de programa de estágios para áreas críticas nas explorações agrícolas (ex: especialista em Big Data), com financiamento de custos de alojamento e alimentação e com vencimentos mínimos de 3 x RMG;
  - Criar de um programa de estímulo à criação de emprego tecnológico nas empresas agrícolas, garantindo um financiamento de parte da remuneração e isenção de custos laborais (segurança social e IRS) durante um período mínimo de 24 meses;
  - Promover o estabelecimento de projetos de I&D ou de transferência de conhecimento entre universidade e empresas tecnológicas com empresas do setor agrícola, agroalimentar

e/ou florestal, no sentido de estimular a criação de oportunidade de desenvolvimento e uso de tecnologia;

- **Valorizar as práticas agrícolas sustentáveis:**

  - Definir um modelo de remuneração dos serviços dos ecossistemas realizados pelos produtores agrícolas e florestais;
  - Valorizar as práticas ambientais adotadas pelos produtores que sejam promotoras da biodiversidade;
  - Incorporar informação sobre as melhores práticas agrícolas em produtos finais, que possam ser consultadas, e percebidas, pelos consumidores;
  - Valorizar os produtos alimentares isentos de resíduos e os produtos de agricultura biológica.

- **Reforçar o apoio na adoção de novas tecnologias que promovam a eficiência:**

  - No âmbito dos projetos de investimento, valorizar os projetos centrados na aquisição de tecnologias que promovam a eficiência no uso dos fatores de produção;
  - Discriminar positivamente os produtores que partilhem os dados recolhidos e que possam ser usados no desenvolvimento de novas tecnologias;

- **Reforçar as cadeias curtas de comercialização:**

  - Operacionalizar o programa de apoios às cadeias curtas de comercialização e encorajar a constituição de parcerias locais de produção-comercialização-consumo;
  - Criar um sistema de valorização da produção nacional com a restauração, discriminando positivamente os restaurantes que comprem aos produtores locais, através de um selo ou de outro modelo de diferenciação.

- **Aumentar a visibilidade dos produtores:**
  - Valorizar modelos de ligação a produtores que sejam comunicados aos consumidores, permitindo a visualização da origem do produto e o seu processo produtivo;
  - Valorizar os impactos sociais e ambientais na abordagem aos consumidores, sobretudo aos mais jovens.

- **Aprofundar a educação alimentar nas escolas:**
  - Desenvolver um programa de edução alimentar desde o 1.º ciclo de ensino e promover, em termos curriculares, um conjunto de ações presenciais junto de explorações e indústrias agroalimentares.

- **Reforçar a informação sobre o desperdício alimentar:**
  - Criação de um programa nacional de sensibilização para a importância do tema, criando objetivos societais que sejam percebidos por todos;
  - Definir modelos de valorização do papel dos diferentes elementos da cadeia de valor, incluindo produtores, industriais, distribuidores e consumidores, com instrumentos de bonificação/premiação pelos resultados obtidos.

- **Captar investimento para o interior:**
  - Criar apoios específicos para apoiar a manutenção de atividade agrícola em zonas de risco de abandono ou em áreas fortemente despovoadas;
  - Apoiar a aquisição de gado (ruminantes) nestas regiões, criando uma rede de valorização dos produtos (leite e carne, por exemplo), promovendo a redução de risco de incêndios florestais;

- Promover o mecenato empresarial em desenvolvimento rural e valorização do território nos territórios rurais mais ameaçados.

- **Melhorar a imagem pública do setor:**

  - Divulgar de forma sistemática os bons projetos desenvolvidos no nosso país e valorizar a iniciativa privada na criação de valor em zonas rurais;
  - Tornar obrigatório a produção e divulgação de relatórios de execução e impacto de todos os beneficiários de financiamentos públicos;
  - Dinamizar a criação de um Conselho Consultivo Agroflorestal Nacional;
  - Publicar anualmente um Relatório sobre o estado do setor agrícola e florestal, com apresentação pública na Assembleia da República;
  - Desenvolver um programa de comunicação e de educação cívica com caráter permanente, centrado na informação sobre os valores ambientais, económicos, sociais e culturais gerados pela agricultura e pela floresta.

- **Aposta na qualificação dos colaboradores e agricultores:**

  - Desenvolver um programa de classificação das explorações mediante o grau de qualificação dos seus colaboradores que pudesse refletir-se numa redução da fiscalidade aplicada;
  - Promover a criação de uma rede de «estágios profissionais» entre diferentes empresas agrícolas, no sentido de promover a partilha de boas práticas e de conhecimento;
  - Promover um programa de qualificação em «soft skills» dirigido para empresários agrícolas, incluindo competências de comunicação;
  - Criar um programa de financiamento para a formação avançada de colaboradores e empresários agrícolas em

universidades/institutos em Portugal e no estrangeiro, em competências consideradas críticas para o futuro dos negócios (gestão, negociação, internacionalização, etc).

- **Aumentar a área irrigada:**
  - Construir novos aproveitamentos hidroagrícolas, nomeadamente cumprindo o Plano Nacional de Regadios;
  - Reabilitar perímetros de rega degradados ou subutilizados;
  - Aumento da capacidade de armazenamento de água nas bacias hidrográficas e promover um plano de transvases de águas superficiais entre bacias;
  - Aumento da capacidade de retenção das disponibilidades hídricas anuais, flexibilizando regras de licenciamento de pequenas infraestruturas de captação de águas superficiais nas explorações agrícolas e criando, sempre que possível, uma estrutura de capilaridade entre pequenas barragens.

- **Promover mais conhecimento técnico:**
  - Reabilitação das Estações e Centros de Investigação e Desenvolvimento Experimental do Ministério da Agricultura, privilegiando as parcerias com parceiros privados e locais
  - Promover centros de incubação de empresas ligadas ao setor;
  - Promover a criação de plataformas de partilha de conhecimento entre a ciência e os agricultores.

- **Melhorar a infraestrutura tecnológica:**
  - Garantir internet em todo o território rural;
  - Promover plataformas de partilha de informação e de dados entre os agricultores.

- **Melhorar as medidas de minimização de risco:**

    - Tornar obrigatório a contratação de seguros de colheita a todos os agricultores que beneficiem de apoios públicos e/ou de financiamentos bancários;
    - Promover a criação de seguros que possam estar associados a riscos de preços ou de rendimento, valorizando a sua adoção no acesso a medidas de apoio público.

- **Explorar características distintivas da produção nacional:**

    - Financiar programas de investigação relacionadas com a pesquisa sobre características, nutricionais ou genéticas, distintivas da produção portuguesa face aos concorrentes; afirmamos muitas vezes a capacidade que temos para criar «sabor» ou «cor» nas frutas, mas não temos provas científicas que suportem esse «claim»;
    - Promover estudos da academia que possam apoiar a valorização dos sistemas extensivos de produção nacionais, no sentido de distinguir a sua contribuição relativamente a uma agricultura mais intensiva conduzida noutras geografias.

- **Reforçar a imagem «Portugal»:**

    - Estreitar a marca «Portugal» associada a uma produção agrícola de qualidade superior, o que implica um consenso nacional e uma consistência de ação entre todos os agentes do setor, sobretudo na produção exportada;
    - Aproveitar a ligação ao turismo para valorizar a nossa oferta de produtos agroalimentares e poder promover projetos agregadores focados na capacidade de entrega de produtos nacionais nas casas dos turistas que nos visitam.

O mar como fonte de energia sustentável

Existem várias possibilidades de aproveitar as enormes quantidades de energia que o mar nos oferece. Seja através da energia do vento, das ondas, das marés, do sol e das diferenças de temperatura.

Uma das tecnologias mais relevantes são as eólicas flutuantes, que estão a dar os primeiros passos na fase de comercialização. Portugal e a Escócia lideram os principais projetos-piloto em operação com a WindFloat Atlantic e o Hywind, respetivamente. Estes projetos demonstraram que as eólicas fundeadas em águas mais profundas e afastadas da costa obtiveram níveis de produção acima do esperado e acima daquelas colocadas em terra.

Colocar eólicas no mar tem várias vantagens, como a menor rugosidade da superfície e o espaço disponível (que não compete com outros usos como acontece em terra).

Contudo, existem alguns desafios como a resistência dos materiais para resistir às ondas, a manutenção e a distribuição de energia (através de cabos submarinos), e o facto da tecnologia ainda não ser competitiva, em parte devido à pequena escala dos parques eólicos existentes. Mas é esperado que a redução dos custos tanto de capital como de operação seja ainda mais acentuada do que a redução que ocorreu nas eólicas fixas ao fundo do mar. O sector está a alavancar a experiência das cadeias de valor das eólicas offshore (fixas) e onshore, bem como as dos sectores de petróleo e gás offshore com anos de experiência a gerir plataformas flutuantes.

Outro potencial destas estruturas, relacionado com a redução de custos e aumento da produção de energia, tem a ver com a sua associação a outras formas de captação de energia e/ou armazenamento. Um dos maiores desafios da energia eólica é o desfasamento temporal entre fornecimento (mais vento durante o dia) e a necessidade de eletricidade (durante a noite). Por isso, uma das combinações mais promissoras é a instalação de sistemas de produção de hidrogénio verde nas plataformas flutuantes que suportam as eólicas, que permite armazenar o excesso de produção de energia.

A produção de hidrogénio verde, através da eletrolise, requer água e eletricidade verde. Usar água salgada (o recurso hídrico predominante no planeta) e eletricidade gerada pelo vento para produzir hidrogénio em larga escala pode tornar possível a sua utilização em várias indústrias, nomeadamente no transporte marítimo, com o mínimo de impacto ambiental.

Para além de outras combinações de energias oceânicas, os parques de eólicas flutuantes poderão também coexistir com outras atividades, como a produção de algas, que podem beneficiar de sinergias relevantes e otimizar a utilização do espaço marítimo.

A continua aposta na inovação em Portugal permitiu demonstrar que a produção de hidrogénio em combinação com eólicas flutuantes é viável (projeto BEHYOND). Contudo, outros países também já chegaram a essa conclusão e é necessário criar ambientes regulatórios propícios e passar à fase comercialização com rapidez.

Apesar de Portugal liderar projetos piloto na área das eólicas flutuantes offshore, como o Windfloat Atlantic (de 25 MW) da Ocean Winds, já existem projetos a ganhar maior escala e a avançar mais rapidamente para a fase de comercialização noutros países europeus, nomeadamente em França, com um leilão em curso para um parque de 270 MW. Curiosamente, a Ocean Winds (EDPR e Engie) foi pré-selecionada após o sucesso do projeto piloto em águas portuguesas. Para além de França, a Ocean Winds já tem planos em curso para exportar esta tecnologia para os EUA, Reino Unido e Coreia do Sul.

Paralelamente, precisamos de desenvolver as conexões nacionais e transfronteiriças para o transporte de energia, nomeadamente através do porto de Sines.

Educar para a sustentabilidade

Nunca se deu tanto peso à sustentabilidade no ensino como se dá hoje, mas não parece que o ensino da sustentabilidade seja muito sustentável.

Recentemente, num painel sobre educação, um jovem de 18 anos partilhou timidamente que todos os anos desde o sétimo ano lhe tinha sido pedido para fazer um trabalho sobre o ambiente e que depois de o escrever da primeira vez, passou cinco anos a fazer ligeiros ajustes ao trabalho do ano anterior.

Devido à falta de variedade e criatividade no ensino, este aluno, que teve exposto ao ambientalismo e sustentabilidade durante cinco anos, produziu no decorrer desse tempo cinco trabalhos praticamente iguais sobre alterações climáticas.

Talvez essas aulas tivessem sido mais memoráveis, mais holísticas, e mais prováveis de levar a comportamentos sustentáveis, se em vez de cinco trabalhos sobre a crise do momento o jovem tivesse feito visitas bem guiadas por exemplo a um bosque, uma serra, uma praia, uma vinha no Douro, e um Olival no Alentejo, nas quais fosse envolvido em projetos específicos relacionados com a agricultura, o ambiente ou as florestas.

Um jovem que mergulhe na Natureza, em vez de ser oprimido 5 trabalhos quase idênticos, um dia crescerá e tornar-se-á Avô. Daqui a muitos anos, esse Avô poderá brincar num pomar com o neto e em vez de saber números desatualizados sobre as alterações climáticas poderá explicar-lhe todos os passos que antecedem o ato de a maçã. Assim, através dessas palavras, junto a uma macieira, o neto poderá compreender melhor quão precioso, perfeito e frágil é o equilíbrio de tudo aquilo.

GRUPO DE TRABALHO COMUNIDADES PORTUGUESAS E COMUNIDADE DOS PAÍSES DE LÍNGUA PORTUGUESA (CPLP)

António Teixeira Lopes, Cristine Oliveira, Renato Epifânio *(Coordenadores)*

Amadeu Batel	João Ribeiro Bidaoui
Alice Goretti de Pina	Manuel Bettencourt
Braima Cassama	Manuel Coelho
Carlos Mariano Manuel	Paulo Marques
Delmar Maia Gonçalves	Paulo Pereira
Elter Manuel Carlos	Pedro Rupio
Flávio Martins	Rui Ribeiro Barata
Fernando Corvelo	Sérgio Tavares
Francisco Ribeiro Teles	Marta Costa
Ivonia Nahak Borges	Virgínia Zaidam
João Santos	Vítor Gabriel Oliveira

22. COMUNIDADES PORTUGUESAS
CRISTINE OLIVEIRA

22.1. Síntese propostas pelo Grupo de Trabalho Comunidades

As comunidades portuguesas representam atualmente um potencial de inegável importância que não pode, nem deve continuar a ser desaproveitado ou até ignorado por Portugal.

Os portugueses residentes no estrangeiro são uma evidente mais-valia para um país que se encontra repartido pelo mundo, devendo as políticas públicas ter uma visão mais abrangente no sentido de ir ao encontro das aspirações e necessidades de todos estes nossos compatriotas.

O denominador comum entre as comunidades portuguesas espalhadas pelo globo é a sua ligação a Portugal. Na verdade, apesar das especificidades existentes nos planos geográfico, económico, social e político de cada uma dessas comunidades, a raiz cultural portuguesa, a identidade nacional e a língua continuam a ser traços de união da nossa diáspora.

O Conselho das Comunidades Portuguesas (CCP) é um órgão fundamental para a elaboração das políticas destinadas aos portugueses residentes no estrangeiro. O seu papel tem sido crucial e, independentemente de algumas vicissitudes que tem conhecido no seu funcionamento, sem o CCP teria sido mesmo difícil o avanço em algumas matérias, nomeadamente aquelas relacionadas com a participação eleitoral. Por isso mesmo, a relação das autoridades portuguesas com os conselheiros tem de ser mais próxima, pois, frequentemente, são eles os verdadeiros conhecedores da realidade local. Desta forma, este Grupo de Trabalho defende o robustecimento do CCP através da sua institucionalização, ou seja, através de um aumento do seu orçamento anual e da criação de uma sede para o seu funcionamento.

Deste modo, o nosso objetivo foi o de pensar a relação entre Portugal e as suas comunidades numa perspetiva de valorização e enriquecimento, garantindo, por um lado, que o potencial das comunidades seja realmente reconhecido e aproveitado no nosso país e, por outro, que Portugal se possa projetar no mundo por meio das suas gentes, da sua cultura e da sua língua. Portugal é um país distribuído pelo mundo, e isso deve ser entendido como uma oportunidade e uma vantagem. Para isso impõe-se um conjunto de reformas e alterações na forma como a administração pública portuguesa se relaciona com os portugueses residentes no estrangeiro. Tendo em perspetiva estes pressupostos apresentam-se, de forma ainda não definitiva e para uma primeira avaliação, as seguintes propostas acordadas entre os membros deste grupo:

a) Representação política e leis eleitorais

A participação eleitoral é uma forma de responsabilização das próprias comunidades portuguesas, como dever cívico a que estão sujeitas. Como tal, é fundamental implementar um sistema semelhante para todos os processos eleitorais que permita uma maior participação, tendo em vista alcançar um equilíbrio que, por um lado, permita a maximização da participação eleitoral, através dos votos postal e eletrónico, e, por outro, a afirmação da responsabilidade de cidadania, por meio do voto presencial em que aquele seja implementado. No fundo, um sistema misto e pragmático que garanta realmente a participação de todos aqueles que querem votar.

(1) Agilização da participação cívica através da facilitação, simplificação e uniformização dos processos eleitorais — o Estado português deve garantir que todos os portugueses que residem fora de Portugal podem votar, quer seja presencialmente quer seja através do voto por correspondência;
(2) Melhoria dos procedimentos inerentes ao voto por correspondência, evitando vários constrangimentos que acabam por dificultar, ou mesmo impedir, comunidades inteiras de participar nos atos eleitorais;
(3) Avançar, garantindo a segurança de todo o processo, para a implementação do voto eletrónico — assumido como prioridade política absoluta. Não irá de imediato inverter a tradicionalmente muito baixa participação eleitoral nas comunidades portuguesas, mas é a resposta incontornável para, a prazo, se conseguir alcançar uma redução sustentada da abstenção nos círculos eleitorais fora do país. Apesar de todos os riscos que acarreta, é o método mais adequado. É importante, neste particular, a realização/continuação de testes para potenciar o uso do voto eletrónico;
(4) Aumento do número de deputados eleitos pelos círculos da emigração, tendo em conta o número e a importância dos portugueses residentes no estrangeiro. Os candidatos a deputados deveriam, preferencialmente, ser oriundos dos círculos pelos quais se candidatam, devendo residir no estrangeiro;
(5) Avaliação da apresentação de uma proposta para que o/a titular da pasta das Comunidades Portuguesas seja também oriundo das comunidades portuguesas;

(6) Avaliação da possibilidade de alargamento aos portugueses residentes no estrangeiro do direito de voto nas eleições autárquicas, através do preenchimento de alguns critérios definidos previamente por lei, nomeadamente o pagamento de determinados impostos;
(7) Sensibilização das várias forças políticas nacionais, nomeadamente os líderes partidários, os líderes parlamentares e os líderes das confederações partidárias, para a introdução na lei das alterações necessárias para garantir uma maior representação em Portugal destas comunidades;
(8) Criação de conselhos municipais da diáspora, no sentido de estes virem a apoiar os executivos camarários na formulação de melhores políticas para as suas regiões;
(9) Reforço dos poderes dos cônsules honorários como fator de descentralização consular e alargamento dos serviços a comunidades mais afastadas dos serviços consulares centrais.

b) Reforma da rede consular

O funcionamento da rede consular é atualmente apontado por todos como uma das maiores vulnerabilidades da relação de Portugal com as suas gentes no estrangeiro. Os atrasos e as dificuldades de atendimento, os problemas estruturais perfeitamente identificados, foram agora agravados pela situação pandémica que o mundo conheceu, deixando muitos milhares de utentes que recorrem às nossas estruturas consulares sem uma resposta adequada. Assim é crucial:

(1) A descentralização da rede consular, através da aposta nas permanências consulares como forma de prestar um melhor serviço aos portugueses das comunidades mais afastadas das estruturas consulares tradicionais;
(2) O reforço da rede consular, quer em meios humanos quer em meios materiais, para garantir uma resposta eficiente e

em tempo útil às necessidades de todos aqueles que recorrem aos serviços do Estado português no estrangeiro;
(3) Alteração/simplificação dos atos administrativos;
(4) Articulação dos meios oficiais (rede consular, rede diplomática) com as entidades do sector privado, de modo a melhorar a prestação dos serviços destas estruturas.

c) Fiscalidade

Neste domínio temos em vista desenvolver as condições para que os portugueses que vivem fora de Portugal não se sintam discriminados na sua relação com a máquina fiscal. É fundamental que se garantam as mesmas oportunidades fiscais para todos os portugueses, independentemente do local onde residem. Assim é relevante:

(1) Implementar um modelo que permita evitar as constantes alterações fiscais que dificultam a relação dos cidadãos com as Finanças;
(2) Garantir que os portugueses que residem no estrangeiro não são prejudicados perante a máquina fiscal apenas porque estão fora de Portugal;
(3) Criar as condições para que se efetive o investimento das comunidades em Portugal, nomeadamente através do fim da burocracia e do alívio da carga fiscal.

d) Portugueses no estrangeiro

Como forma de evidenciar todas as capacidades atuais da nossa diáspora, apontamos:

(1) Potenciar uma relação de maior proximidade entre os luso-eleitos e a Administração Pública portuguesa, nomeadamente

através da criação de um elemento de ligação nos consulados ou embaixadas. Esta é uma medida fundamental para a resolução de muitos problemas sociais e administrativos que surgem nas nossas comunidades;

(2) Criação de uma plataforma de luso-eleitos que identifique a total extensão desta rede ao nível mundial, fomentando sinergias e procedimentos comuns que irão contribuir para a consolidação de uma verdadeira estratégia de favorecimento de Portugal e dos portugueses no estrangeiro;

(3) Criação de uma plataforma dos «portugueses de valor» no estrangeiro, de modo a explorar todas as suas potencialidades, em nome de Portugal e da sua política externa.

23. SÍNTESE DE PROPOSTAS DO GRUPO DE TRABALHO CPLP RENATO EPIFÂNIO

a) Fundo Comum de Desenvolvimento Lusófono

Tendo em consideração que *(i)* o aprofundamento das relações institucionais, culturais, económicas e sociais entre os Estados-membros da CPLP tem de ser claramente assumido como preocupação e objetivo prioritário dos respetivos governos, e como condição necessária para a promoção da paz e do bem-estar social dos seus cidadãos; e *(ii)* as profundas desigualdades económico-sociais que ainda caracterizam o espaço lusófono e a dimensão da atual crise económico-financeira planetária, agravada pela pandemia que atravessamos, exigem dos governantes dos Estados-membros da CPLP a definição de uma estratégia comum de cooperação e de uma conjugação de políticas de longo prazo, que, no campo económico e no da promoção do desenvolvimento social, se não subordinem ao imediatismo do «desenvolvimento financeiro» e à vertigem da «competição global» induzida e conduzida pelo discurso e pelos interesses do sistema financeiro internacional, mas que visem a criação das condições para uma verdadeira gestão equilibrada e de longo prazo dos recursos naturais, para um desenvolvimento ecologicamente sustentado e para o reforço de uma sociedade livre onde a pobreza não seja uma fatalidade.

É no quadro do respeito pelos valores essenciais das culturas lusófonas e do seu humanismo universalista que se podem e devem buscar alternativas viáveis à crise do atual ciclo de civilização economicista e tecnocrático, para tornar possível a emergência de uma outra globalização — a do desenvolvimento das plenas possibilidades humanas e da harmonia ecológica, assente na utilização soberana, justa e solidária dos atuais recursos materiais, económicos e tecnológicos.

Deste modo, é essencial assegurar o predomínio da ética e da política sobre a economia, de modo que a produção e a distribuição da riqueza visem o bem comum e a satisfação das necessidades básicas das populações, para o que se torna imperativo explorar as potencialidades de formas de organização económica cujo objetivo fundamental não sejam meramente o crescimento desgovernado e o lucro financeiro a todo o custo.

Não existem ainda, ao nível da CPLP, estruturas intergovernamentais capazes de dar uma resposta eficaz às necessidades de planeamento, de partilha de saberes e experiências, e de acesso ao crédito e ao microcrédito por parte das famílias, das pequenas comunidades e dos projetos locais de valorização de uma economia respeitadora de recursos e de pessoas, ou sequer de auxiliar consistentemente a sustentabilidade dos Estados e regiões mais desfavorecidos, e a articulação das economias dos Estados lusófonos numa rede ecológica e humana de economias locais auto-organizadas e sustentáveis.

Entendemos, por isso, que se torna necessária a conjugação de esforços dos governos e o empenhamento dos cidadãos da comunidade lusófona na criação de uma estrutura financeira institucional de fins não lucrativos, com a participação de todos os Estados que atualmente integram a CPLP, ao serviço das políticas de cooperação e envolvimento que os governos desses Estados não podem deixar de definir em conjunto, no âmbito das aspirações comuns que presidiram à constituição e justificam o progressivo e permanente reforço da Comunidade dos Países de Língua Portuguesa.

Uma tal estrutura financeira terá o objetivo e a missão de, em todo o espaço lusófono, prosseguir o desenvolvimento equilibrado e sustentado das sociedades dos países-membros, o combate à exclusão social e à pobreza, a criação de condições para a melhoria da qualidade de vida das populações lusófonas e a contribuição para a integração das economias dos países da CPLP. Para tal, é indispensável a criação das condições técnicas, financeiras e humanas para que essa estrutura financeira possa estimular e dar apoio efetivo a projetos públicos, ou em parceria público-privada, em qualquer dos Estados-membros da CPLP, que contribuam para concretizar os objetivos de aprofundamento da integração das economias da CPLP, que apresentem garantias de solidez dos pontos de vista económico, financeiro, técnico e ambiental, e que sejam suscetíveis de atrair fontes de financiamento complementares, designadamente privadas.

Tal instituição apenas poderá ser constituída com a participação direta dos Estados-membros da CPLP, de forma a permitir o necessário acesso ao crédito nos mercados financeiros internacionais nas melhores condições; não visando o lucro, poderá, por sua vez, conceder crédito em boas condições, em permanente ligação aos governos dos países da CPLP e a instituições financeiras públicas e privadas, agências de desenvolvimento, ONG e fundações privadas do espaço lusófono.

Assim, em suma, requeremos aos governos da CPLP que assumam o compromisso da criação de uma estrutura financeira institucional lusófona de suporte a um horizonte comum de envolvimento e cooperação entre os povos e as economias da lusofonia. Também solicitamos aos governos da CPLP o empenhamento claro num projeto de longo prazo que aprofunde os laços económico-sociais entre os povos da lusofonia, que abram novas alternativas de financiamento quando as outras se encontrarem indisponíveis, que tenham como prioridade o foco no desenvolvimento humano, e não apenas os critérios do lucro ou do crescimento bruto das economias, sem ter em consideração a repartição da riqueza ou a qualidade de vida e os direitos cívicos e humanos dos cidadãos.

Por fim, pedimos aos governos da CPLP o empenhamento consistente na criação de um verdadeiro Fundo de Desenvolvimento que promova o envolvimento das populações e a integração das economias dos seus países — o empenhamento na criação e na condução partilhada de um Fundo Comum de Desenvolvimento Lusófono.

b) Força Lusófona de Manutenção de Paz

O espaço lusófono deve ser um espaço de paz e, nessa medida, um exemplo para o mundo. Infelizmente, ainda não chegámos ao tempo em que a paz se garanta sem o recurso a forças policiais e militares. Obviamente, a verdadeira paz está além disso — deve ser, sobretudo, resultado de uma contínua ação cívica e cultural. Mas, para que essa ação cívica e cultural produza efeito, é necessária a existência de condições mínimas de segurança e estabilidade.

Nos últimos tempos, a sucessão de acontecimentos trágicos no norte de Moçambique deixou uma vez mais evidente que existe a necessidade imperiosa de uma força policial e militarizada de manutenção de paz que, no quadro da ONU, possa agir no espaço da CPLP com a eficácia, imparcialidade e compreensão da realidade local que outras forças não-lusófonas, naturalmente, não podem ter, sem que isso exclua, obviamente, uma mais ampla ação no plano cívico e cultural, que deve mesmo ser reforçada.

Esta força já demonstrou a sua necessidade em anteriores crises — nomeadamente em Timor-Leste e na Guiné-Bissau. A CPLP tem atualmente um estatuto muito mais administrativo, formal e protocolar do que seria de esperar para quem defende a aproximação lusófona, e é nossa convicção de que tal estrutura — simultaneamente policial e militar — deveria surgir no seio da CPLP e dos países que a compõem, para criar uma força de reação rápida capaz de acorrer a qualquer emergência humanitária e/ou de segurança.

Esta Força poderia incluir, tanto quanto possível, unidades policiais oriundas de todos os países lusófonos, de Timor a Cabo Verde, e forças navais brasileiras e portuguesas, além de forças especiais angolanas, brasileiras e portuguesas, e um componente de combate e transporte aéreo, de muito rápida intervenção em qualquer país lusófono, a acionar logo que solicitado pelo Estado requerente (a exemplo do que acontece na NATO). Pela própria natureza multinacional desta força, não haveria espaço para que surgissem críticas de «imperialismo» ou de defesa de interesses económicos particulares, como sucede frequentemente com outras missões de âmbito internacional.

Além disso, essa força deveria ainda ser complementada por contingentes cívicos, sobretudo formados por jovens. Dado que em Portugal foi extinto o serviço militar obrigatório, poder-se-ia criar assim, em sua substituição, um serviço cívico — que poderia ser cumprido em qualquer país da CPLP —, para promover não apenas a ajuda humanitária como, por exemplo, o ensino da Língua Portuguesa, ainda tão precário em alguns países lusófonos.

c) Área Lusófona de Comércio Livre (ALCL)

Neste nosso mercado cada vez mais globalizado, importa que as grandes empresas do espaço lusófono se articulem entre si, de modo a conseguirem uma maior competitividade em face da concorrência internacional. Nessa premissa, dever-se-á equacionar a viabilidade de uma companhia (naval e aérea) de transportes à escala lusófona, com fundo públicos e privados, em prol (horizonte último) de uma Área Lusófona de Comércio Livre, a ser progressivamente constituída.

d) Maior cooperação lusófona na investigação oceanográfica e noutras áreas científicas

O facto de todos os países da CPLP serem países com costa marítima, só por si, justifica uma maior cooperação lusófona na investigação oceanográfica, visando, no respeito pelo meio ambiente, uma maior capacidade de acesso aos nossos recursos subaquáticos, decerto uma das maiores fontes de riqueza no século XXI, como noutras áreas como, por exemplo, a exploração comum de satélites de comunicação e de investigação meteorológica; a investigação da farmacopeia de cada país, e a constituição de indústrias farmacêuticas conjuntas.

e) Programa Erasmus Lusófono: Machado de Assis

À semelhança do do que acontece na União Europeia com o programa Erasmus, propomos a criação de um programa Erasmus Lusófono (que poderia ter o nome de Machado de Assis, por ser um excelente exemplo de miscigenação étnico-cultural). Esse programa iria promover a circulação de estudantes (como igualmente de professores) dos países de língua portuguesa, de licenciatura e pós-graduação, consolidando definitivamente a equiparação dos cursos universitários no espaço da comunidade lusófona, sendo depois gradualmente estendido a outras áreas, em prol (horizonte último) da livre circulação dos cidadãos dos países de língua portuguesa em todo o espaço da CPLP.

f) Ciberuniversidade da CPLP

O contexto de pandemia que temos atravessado nestes últimos tempos veio acentuar o maior recurso a meios virtuais na área do ensino, sobretudo na área do ensino superior, em que o recurso a esses meios menos prejudica a qualidade do ensino. Nessa medida, propomos a criação da Ciberuniversidade da CPLP. Necessariamente, a iniciativa teria de brotar no seio da CPLP, com o beneplácito e acordo prévio dos Ministérios da Educação de todos os países lusófonos.

g) Domínio dns, .cplp, para conteúdos lusófonos

Hoje já existem domínios referentes a cada país — *.pt*, para Portugal; *.br*, para o Brasil, por exemplo — e regiões — *.eu*, para o espaço da União Europeia. Propomos, então, que seja criado o domínio *.cplp*. Seria mais uma forma de, no espaço cada vez mais concorrido da Internet, cimentar a comunidade lusófona, tão geograficamente dispersa, e torná-la ainda mais reconhecível à escala global, dando à Comunidade dos Países de Língua Portuguesa a merecida projeção internacional.

IV.

ANEXOS

ANEXO I

PROJEÇÕES A LONGO PRAZO DOS GRANDES BLOCOS ECONÓMICOS MUNDIAIS (2021–2060)

Vamos apresentar nesta nota um conjunto de cenários para a economia mundial que poderá servir de base aos estudos da SEDES, e em particular ao Grupo de Trabalho Política e Soberania para o período 2021–2060, e baseado em projeções da OCDE, publicadas em *The Long View: Scenarios for the World Economy to 2060*, OECD Economic Policy Paper 22, de julho de 2018.

Nesta nota vamos apresentar o cenário-base e algumas variantes que traduzem: *(i)* as reformas estruturais na OCDE para acelerar o crescimento; e *(ii)* reformas institucionais nos países emergentes, e em particular nos BRIC, que poderão acelerar a convergência para a fronteira mundial. A nota encerra com algumas considerações de geopolítica.

I.1. Cenário-base da OCDE

As projeções de base assentam num modelo de tipo neoclássico de fatores produtivos: capital, trabalho e progresso técnico. As projeções baseiam-se na ideia de que existe uma fronteira tecnológica implícita na evolução dos países mais desenvolvidos, e que os países vão convergindo para essa fronteira a taxas mais ou menos elevadas devido não só à acumulação de fatores produtivos, mas também à transferência de tecnologia e às políticas económicas adotadas.

As grandes conclusões são:

(1) A taxa de crescimento do PIB potencial (a tendência desta variável) cai de 3,5% atualmente para 2% em 2060, principalmente devido à convergência das economias emergentes que implica uma desaceleração do seu crescimento. Em particular, a China baixa de um crescimento de 8,2% na década de 2010 para 4,6% na década de 2020, e de 1,8% em 2030–2060. A Índia, que está mais atrasada no processo de convergência, baixa de 5% na década de 2020 para 3,9% nas décadas de 2030–2060;

(2) Este continuará a ser o século da Ásia, com a produção mundial a deslocar-se cada vez mais para o Pacífico e a Índia. A China, que tinha uma quota de cerca de 14% do PIB mundial, em PPC, em 2005, deve atingir o pico de 27% em 2030 e depois regredir ligeiramente. A Índia, por sua vez, que tinha uma quota de 6% em 2005 vai aumentando progressivamente a sua quota até 14% em 2030 e cerca de 20% em 2060, próxima da China. Os BRIC aumentam o rácio do seu PIB em relação à OCDE de 63% em 2020 para 98% em 2040, e depois estabilizam;

(3) As projeções da população mundial do Census Bureau, nos EUA, mostram que esta sobe, de 7,8 mil milhões em 2021, com uma taxa de crescimento de 1%, para 8,4% em 2030 e 10,2 mil milhões em 2060. A população da UE baixa de 447 milhões em 2020 para 432 milhões em 2060; a dos EUA sobe de 333 milhões para 404 milhões; e o Japão sofre uma quebra dramática de 125 milhões para cem milhões. A China também tem uma redução de 1,39 mil milhões para 1,25 mil milhões, enquanto a Índia sobe de 1,33 mil milhões para 1,65 mil milhões, tornando-se o país mais populoso do mundo;

(4) O nível do PIB *per capita* em PPC continua a aumentar em todos os países do mundo. Os EUA, que têm o maior valor entre os grandes países, veria o seu nível duplicar em 40 anos: subindo de 42 mil euros em 2018 para 81 mil euros em 2060. Evolução semelhante teria a UE com uma subida de 30 mil para 60 mil euros. A China

conseguiria triplicar o seu PIB *per capita* de 10 mil euros para 33,6 mil euros, ficando a cerca de 54% da média da UE. Já a Índia, apesar de multiplicar quase por cinco o seu nível de vida, continuaria a ocupar a última posição de entre o nosso grupo de países, com 9,4 mil euros;

(5) As reformas estruturais nos países da OCDE, pela aproximação aos cinco melhores países do grupo, podem gerar substanciais melhorias do nível de vida em 2060, relativamente ao cenário-base: *(i)* 6% do PIB para a I&D; *(ii)* 10% no mercado de trabalho; *(iii)* 8% nos mercados de produtos e serviços; *(iv)* 4% de melhoria do investimento público; e *(v)* 2,5% na reforma dos sistemas de pensões. No total, o PIB *per capita* poderia subir cerca de 30% em relação ao cenário-base.

(6) As reformas institucionais nas economias emergentes podem também gerar substanciais benefícios. Se a qualidade da governação e os níveis de educação se aproximarem dos dos países da OCDE, os níveis de vida dos BRIC podem subir de 30% para 50% em relação ao cenário-base, em 2060.

TABELA 1 – **PROJEÇÕES ECONOMIA LONGO PRAZO**

OECD				
Cenário Base	In Euros	Preços 2018		
	Potential GDP growth rates			
	2000-7	**2007-18**	**2018-30**	**2030-206(**
European Union (27)	1.9	1.1	1.4	1.8
Euro area	1.8	1.0	1.2	1.6
OECD	2.1	1.7	1.7	1.8
USA	2.5	1.8	1.7	2.3
Japan	0.7	0.6	1.0	1.2
China	10.3	8.2	4.3	1.8
India	7.6	7.3	6.2	3.9
Brasil	3.1	2.7	2.0	1.6
UK	2.3	1.3	1.5	2.1
Russia	5.5	1.5	0.3	0.9

TABELA 2 – PROJEÇÕES ECONOMIA LONGO PRAZO

Depois da pandemia In Euros Cenário Base	GDP PPP 2018	Population 2020	GDP per capita PPP 2018	GDP PPP 2030	Population 2030	GDP per capita PPP 2030	GDP PPP 2040	Population 2040	GDP per capita PPP 2040	GDP PPP 2060	Population 2060	GDP per capita PPP 2060
European Union	13,518	447,671,046	30,196	15,474	449,121,599	34,453	18,673	446,754,877	41,797	25,841	432,474,413	59,753
USA	14,064	332,639,000	42,279	16,812	353,101,000	47,613	21,656	373,527,900	57,976	32,811	404,483,000	81,119
Japan	3,550	125,135,000	28,373	3,751	119,732,000	31,330	4,303	113,086,500	38,046	5,358	99,820,000	53,678
UK	2,120	65,731,200	32,257	2,236	68,698,200	32,549	2,804	71,071,365	39,458	4,125	74,311,117	55,510
OECD	33,252	971,176,246	34,239	38,273	990,652,799	38,634	46,056	1,004,440,642	45,852	68,136	1,011,088,530	67,388
China	13,895	1,394,016,900	9,968	23,840	1,408,227,000	16,929	31,724	1,380,062,350	22,987	40,787	1,250,968,667	32,604
India	5,136	1,325,339,639	3,875	9,271	1,456,093,286	6,367	14,633	1,556,475,300	9,401	29,460	1,655,556,849	17,794
Brasil	1,885	212,041,000	8,890	2,223	224,738,000	9,891	2,679	233,071,990	11,495	3,627	234,771,000	15,450
Russia	2,313	142,588,000	16,222	2,332	139,143,000	16,763	2,607	71,071,365	36,685	3,047	74,311,117	41,000

GRÁFICO 1 – THE BASELINE SCENARIO IN A SNAPSHOT

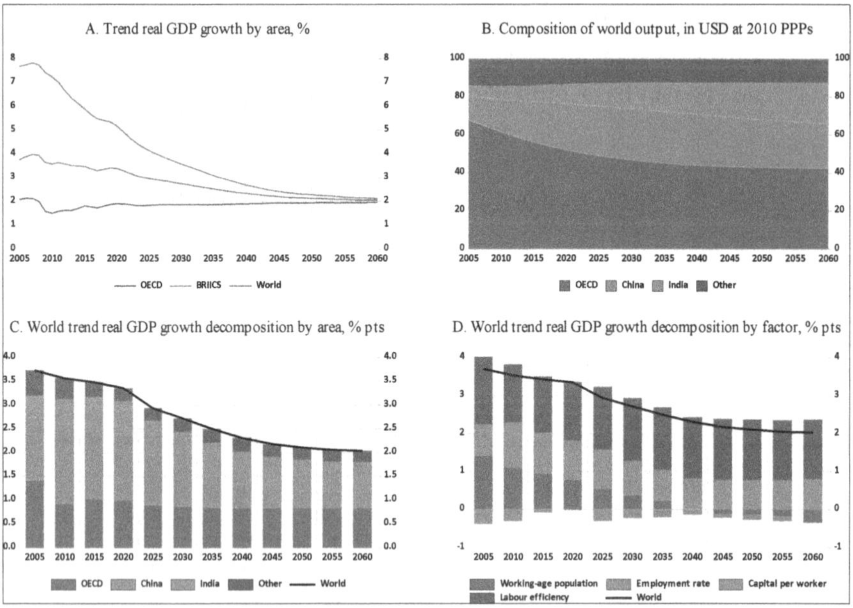

TABELA 3 – **PROJEÇÕES ECONOMIA LONGO PRAZO**

OECD									
Cenário Base									
	GDP PPP	Population	GDP per capita PPP	GDP PPP	Population	GDP per capita PPP	GDP PPP	Population	GDP per capita PPP
	2018	2020	2018	2030	2030	2030	2060	2060	2060
Racios									
Total GDP	2018			2030			2060		
EU/USA	0.94			0.91			0.79		
China/USA	0.97			1.31			1.15		
China/EU	1.03			1.44			1.46		
Russia/EU	0.17			0.15			0.12		
(RU+China)/OECD	0.48			0.64			0.59		
GDP per capita			2018			2018			2060
EU/USA			0.70			0.71			0.74
China/USA			0.23			0.33			0.37
China/EU			0.33			0.46			0.50
Russia/EU			0.54			0.48			0.39
(RU+China)/OECD			0.38			0.41			0.40

Em termos de geopolítica, é importante notar o seguinte:

- A União Europeia vai continuar a registar uma queda do seu PIB total em relação aos EUA, passando de 94% em 2018 para 79% em 2060;
- A Rússia deverá continuar a registar uma queda do seu PIB em relação à UE, passando de 17% em 2018 para 12% em 2060;
- A China irá continuar a registar um forte aumento na sua dimensão económica em relação à UE, passando de 103% para 146% entre 2018 e 2060;
- Em relação aos EUA, a China deverá continuar a registar uma forte subida na sua posição relativa entre 2018 e 2030, passando a sua economia a representar entre 97% a 131%, mas depois deverá cair para 115%;
- O peso das economias chinesa e russa em relação à OCDE deve continuar a subir de 48% para 64%, e depois cair ligeiramente para 59% em 2060.

I.2. Cenário: reformas estruturais na OCDE

Alguns grandes países da UE têm registado uma evolução dececionante da produtividade total dos fatores desde os anos 2000, o que tem travado o crescimento desta região. Em particular, tem havido um colapso da PTT na Itália e uma quase estagnação na Espanha e em França (e Portugal). Se considerarmos o período de 1990 a 2020, também se pode considerar um colapso os casos de Portugal e de Espanha.

GRÁFICO 2 – **PRODUTIVIDADE TOTAL DOS FATORES 2000=100**

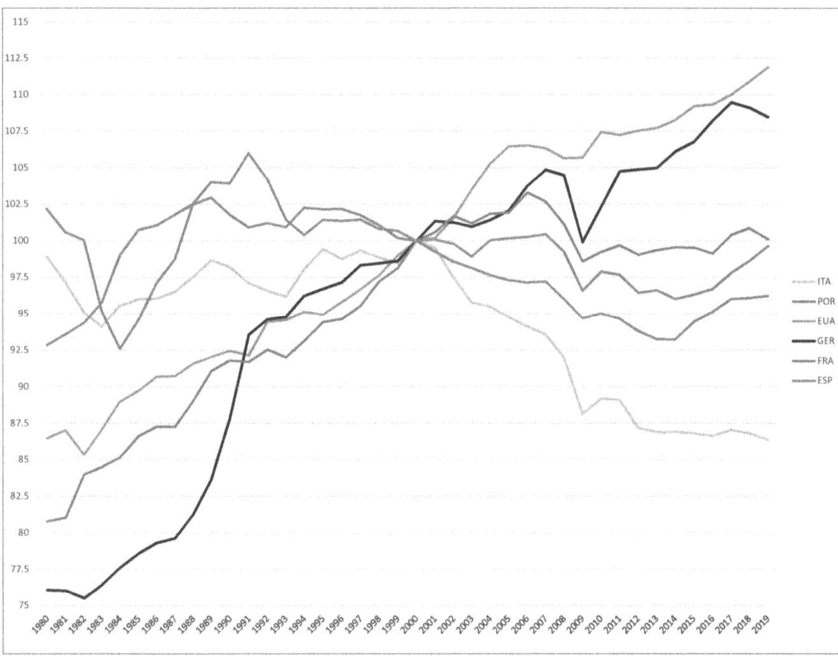

Fonte: PWT 10

Por que é que se deu o colapso da Itália? Existem mais de uma dezena de trabalhos de excelentes economistas italianos sobre esta questão. Uma das principais razões avançadas tem que ver com a qualidade da governação e as instituições. A ligação entre o poder político e os grandes grupos económicos, desde Berlusconi e o clientelismo e o *crony capitalism* criado em torno dos grandes grupos familiares, e a multidão de pequenas e médias empresas bloqueadas por uma burocracia, sistema fiscal e regulação asfixiantes. Outro fator tem que ver com o clientelismo e a falta de meritocracia. Também se deve citar o progresso mais lento na acumulação de capital humano. Outro ainda tem que ver com a baixa qualidade das políticas económicas.

De uma forma ou de outra, estes fatores também existem em maior ou menor grau nos outros países que registaram uma evolução desfavorável como a Espanha, Portugal e a Grécia, e até a França. Também a Croácia mostra uma evolução menos favorável, para não falar dos Balcãs, que permanecem uma região subdesenvolvida no continente europeu.

A persistência desta evolução, sem reformas estruturais, mostra uma clara diferenciação entre o *Mezzogiorno* ou o sul da Europa e o próspero norte, o que poderá levar a uma situação mais ou menos conflituosa no futuro.

GRÁFICO 3 – PER CENT INCREASE IN REAL GDP PER CAPITA BY 2060 RELATIVE TO BASELINE WITH PRODUCT MARKET LIBERALISATION

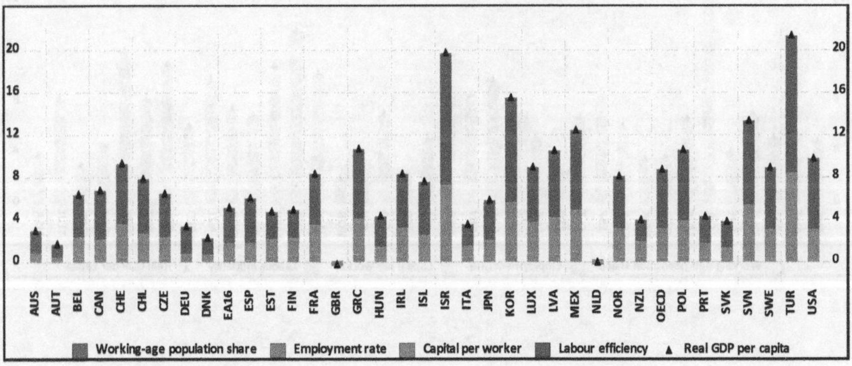

GRÁFICO 4 – **PER CENT INCREASE IN REAL GDP PER CAPITA BY 2060 RELATIVE TO BASELINE WITH LABOUR MARKET REFORMS**

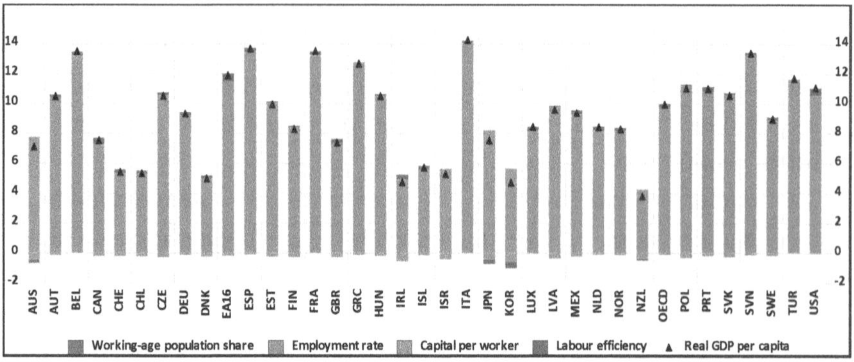

GRÁFICO 5 – **PER CENT INCREASE IN REAL GDP PER CAPITA BY 2060 RELATIVE TO BASELINE WITH R&D SPENDING BOOST**

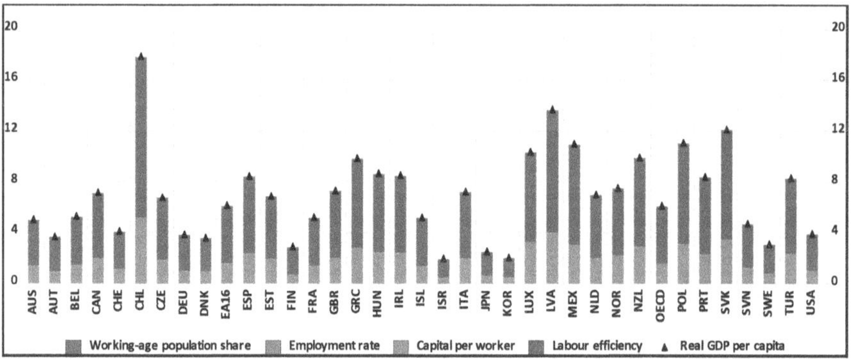

TABELA 3 – PROJEÇÕES ECONOMIA LONGO PRAZO

PROJEÇÕES ECONOMIA LONGO PRAZO Depois da pandemia					
Cenário com Reformas					
	Potential GDP growth rates				
	2000-7	2007-18	2018-30	2030-2040	2030-2060
European Union	1.9	1.1	1.5	2.5	2.5
OECD	2.1	1.7	1.5	1.8	1.8
USA	2.5	1.8	1.8	3.2	3.2
China	10.3	8.2	4.8	3.9	3.0
India	7.6	7.3	5.3	5.8	4.8
Brasil	3.1	2.7	1.9	2.4	2.4
Russia	5.5	1.5	0.3	1.5	1.6

TABELA 4 – PROJEÇÕES ECONOMIA LONGO PRAZO

Depois da pandemia							
Cenário com Reformas							
	GDP PPP	Population	GDP per capita PPP	GDP PPP	Population	GDP per capita PPP	GDP PPP
	2018	2020	2018	2030	2030	2030	2040
Numerador faz reformas Total GDP	2018			2030			2060
EU/USA	0.96			0.97			1.03
China/USA	0.99			1.45			1.81
China/EU	1.03			1.58			2.30
Russia/EU	0.17			0.15			0.15
(RU+China)/OECD	0.49			0.70			0.93

Fonte: OECD, *op. cit.*

TABELA 5 – PROJEÇÕES ECONOMIA LONGO PRAZO

Depois da pandemia												
Cenário com Reformas												
	GDP PPP	Population	GDP per capita PPP	GDP PPP	Population	GDP per capita PPP	GDP PPP	Population	GDP per capita PPP	GDP PPP	Population	GDP per capita PPP
	2018	2020	2018	2030	2030	2030	2040	2040	2040	2060	2060	2060
European Union	13,518	447,671,046	30,196	15,474	449,121,599	34,453	18,358	446,754,877	41,093	25,841	432,474,413	59,753
Euro area	11,012	342,842,872	32,119	12,274	346,572,956	35,415	14,416	347,072,411	41,536	19,887	338,523,647	58,747
OECD	33,252	971,176,246	34,239	38,273	990,652,799	38,634	45,605	1,004,440,642	45,403	68,136	1,011,088,530	67,388
USA	14,064	332,639,000	42,279	16,812	353,101,000	47,613	21,010	373,527,900	56,247	32,811	404,483,000	81,119
Japan	3,550	125,135,000	28,373	3,751	119,732,000	31,330	4,225	113,086,500	37,358	5,358	99,820,000	53,678
China	13,895	1,394,016,900	9,968	23,840	1,408,227,000	16,929	28,513	1,380,062,350	20,661	40,787	1,250,968,667	32,604
India	5,136	1,325,339,639	3,875	9,271	1,456,093,286	6,367	13,630	1,556,475,300	8,757	29,460	1,655,556,849	17,794
Brasil	1,885	212,041,000	8,890	2,223	224,738,000	9,891	2,617	233,071,990	11,228	3,627	234,771,000	15,450
UK	2,120	65,731,200	32,257	2,236	68,698,200	32,549	2,742	71,071,365	38,587	4,125	74,311,117	55,510
Russia	2,313	142,588,000	16,222	2,545	139,143,000	18,290	2,729	71,071,365	38,395	2,869	74,311,117	38,604

Fonte: OCDE

I.3. Cenário: reformas institucionais nos países emergentes

GRÁFICO 6 – **IMPACT OF GOVERNANCE REFORM, CONVERGENCE IN EDUCATIONAL ATTAINMENT AND TRADE TARIFF REDUCTIONS ON REAL GDP PER CAPITA IN THE BRIICS – DECOMPOSITION BY COMPONENT**

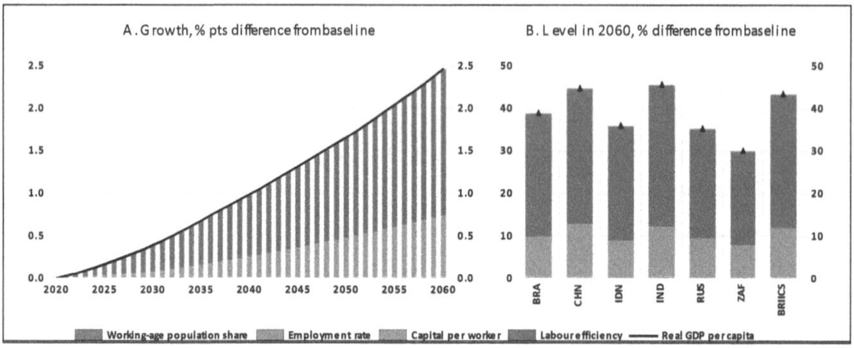

I.4. Algumas considerações de geopolítica

Podemos construir várias combinações de projeções para os grandes blocos. Na tabela abaixo consideramos a hipótese de reforma e não reforma entre os EUA e a UE. Nas células estão o PIB total para 2060 em biliões (*trillions*) de euros. Por exemplo, no caso de os EUA empreenderem um conjunto de reformas que façam subir o seu PIB potencial e a UE não o fazer, o PIB do primeiro atingirá quase o dobro do segundo em 2060 (47 contra 27 biliões de euros). E se a UE reformar e os EUA não reformarem, em 2060 o PIB dos dois blocos atingiria o mesmo valor (34 biliões de euros).

TABELA 7

		UE	
EUA		Reforma	Não Reforma
	Reforma	(45,34 BE)	(45,27 BE)
	Não Reforma	(34,34 BE)	(34,27 BE)

Da mesma forma, podemos considerar agora os EUA em confronto com a China. Neste caso, se a China reformar e os EUA não reformarem, aquela atinge um PIB total em 2060 que é quase o dobro dos EUA (59 biliões contra 34 biliões dos EUA). Enquanto, na situação oposta, os EUA continuam à frente da China, com 45 biliões *versus* 39 biliões de euros.

TABELA 8

		China	
		Reforma	Não Reforma
EUA	Reforma	(45,59 BE)	(45,39 BE)
	Não Reforma	(34,59 BE)	(34,39 BE)

Este resultado leva-nos a um paradoxo: estas combinações mostram que é preferível, tanto para a UE como para os EUA, que a China não faça reformas institucionais. Lembremo-nos de que, no caso da China, as reformas mais importantes são *(i)* melhorar a qualidade da governação da economia, o que implica alteração do regime de política económica, e é claramente mais difícil de acontecer, dada a tendência atual do regime comunista; e *(ii)* atingir os níveis de qualidade e quantidade de formação do capital humano dos países desenvolvidos, o que é muito provável que aconteça.

Outra conclusão da maior importância geopolítica é que a resposta ao desafio chinês tem de ser a de que, tanto a UE como os EUA, devem fazer reformas para não haver um forte desequilíbrio de forças.

I.5. O conflito entre os EUA (e aliados) e a China

Alguns analistas — citando a atribuição, por Tucídides, da Guerra do Peloponeso ao medo de Esparta de uma Atenas em ascensão — acreditam que a relação EUA-China está a entrar num período de conflito que coloca uma potência hegemónica estabelecida contra outra potência desafiante cada vez mais poderosa. A interdependência económica e ecológica reduz a probabilidade de uma verdadeira guerra fria, muito menos uma guerra quente, porque ambos os países têm incentivos para cooperar em várias áreas. Mas um erro de cálculo é sempre possível, e alguns veem o perigo de uma trajetória em «sonâmbulo», até uma catástrofe, como aconteceu com a Primeira Guerra Mundial. Mesmo que a China ultrapasse os EUA e se torne a maior economia do mundo, o PIB não é a única medida de poder geopolítico: a China está bastante atrás dos EUA em poder *soft*, e os gastos militares dos EUA são quase quatro vezes maiores do que os da China. Embora as capacidades militares chinesas tenham aumentado nos últimos anos, os analistas que analisam cuidadosamente o equilíbrio militar concluem que a China não terá capacidade de expulsar os EUA do Pacífico Ocidental.

A China projeta emprestar mais de US$ 1 bilião para projetos de infraestruturas com sua Iniciativa do Cinturão e Rota na próxima década, enquanto os EUA têm reduzido a ajuda a países subdesenvolvidos. Por outro lado, a China ganhará poder económico com o tamanho do seu mercado, bem como com os seus investimentos no exterior e assistência ao desenvolvimento. Também o poder geral da China em relação aos EUA aumentará, provavelmente.

Os EUA também têm vantagens demográficas. É o único grande país desenvolvido que deverá manter seu *ranking* global (terceiro) em termos de população. Embora a taxa de crescimento populacional dos EUA tenha diminuído nos últimos anos, não se deverá tornar negativa como na Rússia, na Europa e no Japão. Enquanto isso, a China teme — com razão — «envelhecer antes de ficar rica.» A Índia em breve a ultrapassará como o país mais populoso, e a sua força de trabalho atingiu o pico em 2015.

A energia é outra área em que a América tem a vantagem. Há uma década, os EUA dependiam de energia importada, mas a revolução do gás e do petróleo de xisto transformou a América do Norte de importadora de energia em exportadora. Ao mesmo tempo, a China tornou-se mais dependente das importações de energia do Médio Oriente, que deverá transportar ao longo de rotas marítimas que põem em evidência as suas relações problemáticas com a Índia.

Os Estados Unidos também permanecem na vanguarda em tecnologias-chave (bio, nano, de informação), que são centrais para o crescimento económico do século XXI. Por seu lado, a China está a investir fortemente em investigação e no desenvolvimento, e compete bem em algumas destas áreas. Mas 15 das vinte melhores universidades de investigação do mundo estão nos EUA; nenhuma está na China.

Aqueles que proclamam a *Pax Sinica* e o declínio americano não levam em conta toda a gama de recursos de poder. A arrogância americana é sempre um perigo, mas também o é o medo exagerado, que pode levar a uma reação exagerada. Igualmente perigoso é o crescente nacionalismo chinês, que, combinado com a crença no declínio americano, leva a China a assumir maiores riscos. Ambos os lados devem tomar cuidado com erros de cálculo. Afinal, na maioria das vezes, o maior risco que enfrentamos é a nossa própria capacidade de errar.

I.6. Cenários de longo prazo alternativos: declíneo demográfico, estagnação e o fim da Humanidade

Existe um movimento avassalador para descarbonizar a economia, para evitar uma catástrofe climática. Contudo, as piores estimativas mostram uma perda do PIB, em 2100, de 7%, enquanto, no longo prazo, uma população em contínuo declínio leva à sua extinção, o que resulta da tendência atual dos países mais desenvolvidos. Repare-se que uma taxa de crescimento de –1% ao ano da população leva a uma redução de 64% da população em 100 anos, semelhante ao que se está a passar com o Japão.

Num artigo recente, Chad Jones, da Universidade de Stanford,[1] apresentou um modelo muito simples em que o progresso técnico depende do número de inovações produzidas por novas ideias — e para produzir ideias são necessárias pessoas. Com a redução da população há cada vez menos pessoas e, assim, menos ideias, pelo que não há progresso técnico, e a economia acaba por estagnar; o crescimento é nulo. A evolução é ainda mais rápida para a estagnação se supusermos que são cada vez mais as pessoas necessárias para produzir mais ideias.

[1] Jones, C. I. (2021). *The Past and Future of Economic Growth: a semi-endogenous perspective.* mimeo. Disponível em https://web.stanford.edu/˜chadj/annualreview.pdf.

Será o fim da Humanidade? Este é o resultado do modelo simples, mas com certeza que a realidade é mais complexa, e a Humanidade acabará por reajustar-se, possivelmente com inteligência artificial e outros progressos técnicos.

I.7. A pressão demográfica de África sobre o continente europeu, e da América Latina sobre os EUA

O problema da imigração tem dominado a agenda política, tanto na Europa como nos EUA. As projeções demográficas e do nível relativo do PIB são essenciais para perceber as pressões demográficas que irão persistir naquelas regiões. As tabelas seguintes dão-nos uma ideia dos cenários que se propõem para as próximas décadas.

No caso da Europa e da UE, verifica-se um agravamento sem precedentes da pressão da África sobre o continente a Norte. De um rácio entre as populações de 2,6 em 2020, devido à explosão demográfica em África, o rácio passa para mais do dobro: 5,7 em 2060. Este rácio continuará a crescer de forma acentuada até 2100. Esta pressão poderá em parte ser moderada pelo rácio entre os níveis relativos do PIB *per capita* que passam de 0,13 para 0,21.

Já no caso da relação entre os EUA e a América Latina, o rácio entre as populações destas duas entidades geográficas passará de 1,97 para 1,9, enquanto o nível de vida relativo sobe ligeiramente, de 0,38 para 0,44.

TABELA 9

Cenário Base	In Euros	Preços 2018		
	Potential GDP growth rates			
	2000-7	**2007-18**	**2018-30**	**2030-2060**
Europe	1.9	1.1	1.4	1.8
Africa	5.5	4.0	5.0	5.1
USA	2.5	1.8	1.7	2.3
Latin America	3.5	2.3	2.2	2.4

TABELA 10

Cenário Base									
	GDP PPP	Population	GDP per capita PPP	GDP PPP	Population	GDP per capita PPP	GDP PPP	Population	GDP per capita PPP
	2018	2020	2018	2030	2030	2030	2060	2060	2060
Europe	17,618	513,402,246	30,231	20,905	517,819,799	40,372	36,000	506,785,530	71,036
Africa	5,264	1,340,598,000	3,927	9,490	1,688,321,000	5,621	42,509	2,905,009,000	14,633
USA	14,384	332,639,000	43,243	17,607	353,101,000	49,863	34,361	404,483,000	84,951
Latin America	10,859	653,962,000	16,606	14,054	706,254,000	19,899	28,441	767,495,000	37,057
AFR/EUR	0.30	2.61	0.13	0.45	3.26	0.14	1.18	5.73	0.21
LAT/USA	0.75	1.97	0.38	0.80	2.00	0.40	0.83	1.90	0.44

Em termos de composição da população dos EUA por raça, as projeções do Census Bureau americano mostram uma queda dos brancos não-hispânicos de 60% para 44% entre 2020 e 2060, com a subida dos latinos de 19% para 27% e dos asiáticos de 6% para 9%. Mesmo com o cenário de imigração intensa, estes dois últimos grupos apenas sobem cerca de 2 pontos percentuais.

I.7. Índices de poder

Existem vários índices de poder geoestratégico, que resultam da agregação de múltiplos fatores que influenciam o poder de um dado país ou agregado político. Um dos índices disponíveis é o Índice de Poder Global[2], que agrega cinquenta fatores de natureza económica, demográfica, militar e geográfica. O Gráfico 7 seguinte mostra os índices para 2021, mas em escala inversa.

Como podemos observar, os EUA é o país com maior poder no mundo, seguido de perto pela Rússia e, em terceiro lugar, pela China; mais abaixo, pela Índia. Os fatores mais vulneráveis destes três países são os de endividamento.

O primeiro país da UE a aparecer neste índice é a França, em sétimo lugar, próxima do Reino Unido. Dentro deste grupo de vinte países aparecem também a Itália e a Alemanha. A UE considerada no seu conjunto

[2] Global Fire Power. (s.d.). *2022 Military Strength Ranking*. [https://globalfirepower.com/countries-listing.php]. Através de consulta do *site*, pode ver a lista completa dos países.

tem um índice de poder incomparavelmente inferior às três potências mundiais, e mesmo abaixo da vigésima posição, o que mostra a extrema vulnerabilidade em que se encontra.

GRÁFICO 7 - **ÍNDICE DE PODER**

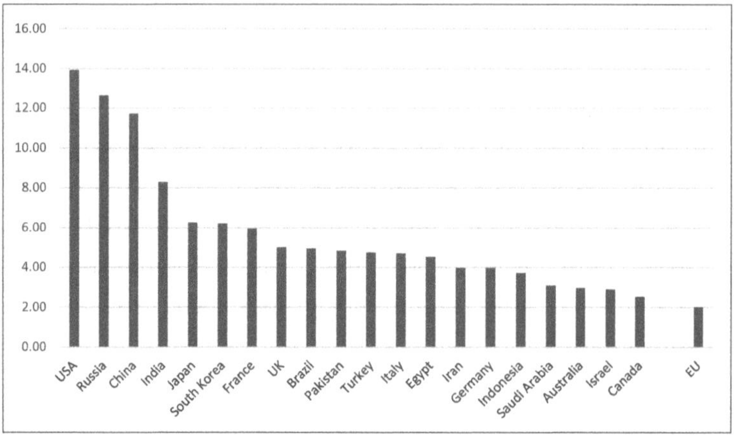

Fonte: Cálculos do autor tendo por base o *site* (ver nota 2, na página anterior).

As projeções aqui feitas mostram que a China tem a possibilidade de se tornar na maior potência mundial em 2030, o que mostra a importância de organizações de defesa ocidental, como a NATO.

I.9. Conclusões de políticas e estratégias

A construção de cenários a longo prazo, daqui a 20 e 40 anos, está sempre eivada da maior incerteza, pelo que só tem utilidade ajudando a perspetivar estratégias e políticas de longo prazo, que devem ser objeto de revisão periódica à medida que o futuro se vai concretizando. É exatamente neste sentido que podemos deduzir dos cenários acima apresentados um conjunto de políticas e estratégias de longo prazo, na perspetiva de cada um dos grandes grupos económicos.

Comecemos por aquele que nos oferece maior interesse, que é a União Europeia:

- O elevado declínio demográfico coloca questões importantes como a desaceleração do crescimento económico e o envelhecimento da população, com o consequente peso financeiro e a perda de posição geopolítica, pelo que são urgentes medidas de contenção, nomeadamente incentivos à natalidade e políticas de encorajamento da imigração, além de medidas de extensão da participação na população ativa depois dos 65 anos;
- A perda de peso em termos económicos, sobretudo se outras potências empreenderem reformas tendentes à aceleração do seu crescimento, levanta a urgência de reformas estruturais que permitam a aceleração do crescimento a médio e longo prazo;
- A UE permanece um anão em termos geomilitares, pelo que são necessárias políticas de aumento gradual e inteligente de melhoria da sua capacidade militar, para poder desempenhar o papel de guardiã dos direitos humanos e de defesa da democracia. É também fundamental manter a posição dos países-membros dentro da NATO, a qual deve continuar a desempenhar o papel de proteção da Europa perante as ameaças russas;
- Em termos geoestratégicos, a UE deve continuar a reforçar as suas alianças com os EUA, o Reino Unido e demais países que comungam a mesma ideologia baseada na democracia e na economia de mercado, e manter uma concorrência estratégica com a Rússia e a China, enquanto estes blocos não comungarem dos mesmos princípios de direitos humanos e respeito pelas nossas instituições;
- O peso da área do Indo-Pacífico vai continuar a subir de forma acentuada, pelo que é essencial que a UE, em cooperação estratégica com os EUA, mantenha relações equilibradas com esta zona;
- O forte aumento demográfico em África e a pressão da emigração que manterá sobre a Europa implicam que a UE mantenha um elevado esforço de ajuda ao desenvolvimento desta zona e mantenha a paz no continente.

No caso dos EUA é fundamental que:

- Mantenha a sua posição de liderança geomilitar e a posição central na NATO;
- Desenvolva a sua economia de forma a manter a liderança económica e tecnológica ao nível mundial;
- Mantenha uma concorrência pacífica com a China e a Rússia, de forma a equilibrar as relações entre as grandes potências mundiais;
- Continue a manter a relação de equilíbrio na região Indo-Pacífica do ponto de vista económico e militar;
- Se continue a afirmar como garante da ideologia dos regimes democráticos e de economia de mercado, mantendo a sua posição de liderança nas instituições internacionais e como guardião do multilateralismo.

ANEXO II

PROJEÇÕES A LONGO PRAZO PARA A ECONOMIA PORTUGUESA (2021–2060)

II.1. Projeções a médio prazo (2021–2025)

A economia portuguesa entrou num claro processo de divergência a partir de 2000, quando tinha atingido um PIB *per capita* em PPC de 85,29% da UE–27 (sem RU). A queda foi particularmente acentuada entre 2009 e 2013, passando de 83% para 75,9%. Apesar de uma pequena recuperação ligeira pós-crise, voltou a cair com a pandemia, de 78,6% para 74,5% em 2020, de acordo com as projeções da OCDE (e última estimativa do INE para 2020). Até 2025, espera-se que se mantenha em 75,2%.

GRÁFICO 1 – **GDP PER CAPITA IN PPS EU27=100**

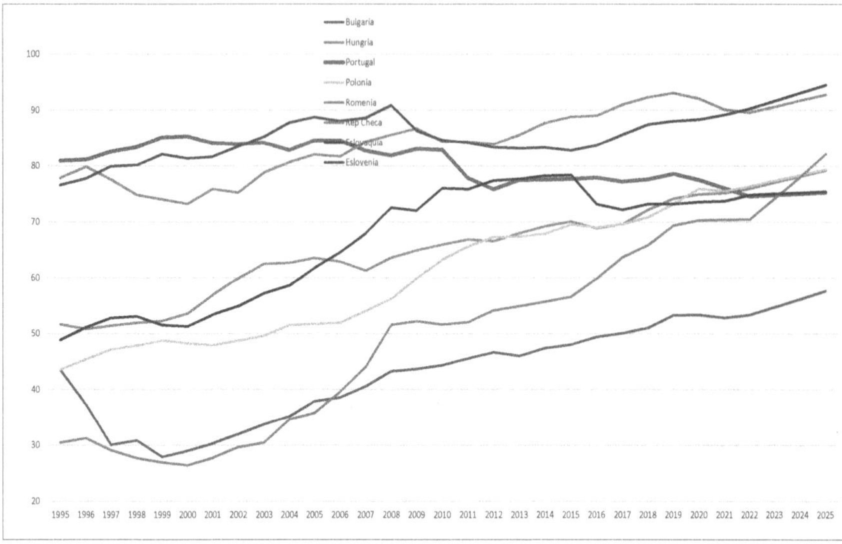

O gráfico anterior mostra que todos os países que acederam à UE depois da queda do muro de Berlim já ultrapassaram ou vão ultrapassar (como a Roménia) Portugal até 2025, exceto a Bulgária. Vamos, pois, ficar novamente na cauda da UE.

II.2. Projeções: cenário-base

II.2.1. Metodologia

O alicerce do modelo é um conjunto consistente de projeções a longo prazo para o produto potencial, que corresponde a extensões das estimativas de produtos potenciais a curto prazo, preparadas para o livro, lançado duas vezes por ano, *OECD Economic Outlook*. O produto potencial (1) é baseado numa função de produção Cobb-Douglas, com retornos constantes à escala, apresentando o capital físico (K) e a evolução do emprego (A) como fatores de produção, ao que se soma o progresso tecnológico de tendência de aumento do trabalho 1E, doravante referido como tendência de eficiência laboral, de modo que

$$y = a(n + c) + (1 - a)k;$$

as letras em caixa baixa referem-se a algoritmos e *a* é o peso dos salários, que se assume ser o para todos os países. O produto potencial está projetado para 2060, através da modelagem da tendência inicial.

A tendência de crescimento da eficiência laboral é determinada por uma estrutura de convergência condicional. No longo prazo, converge para uma suposta taxa exógena de progresso tecnológico global (1,4% ao ano). No curto prazo, o nível de equilíbrio da eficiência laboral depende do ambiente institucional e político específico de cada país, representado por um amplo indicador de governança (a *rule of law* do Banco Mundial); pelo *stock* de capital humano (média de anos de escolaridade da população com 15 ou mais anos ajustada para retornos marginais decrescentes para a educação); pelo momento em que a regulação do mercado de produtos promove a concorrência (índice RMP da OCDE); pela estabilidade do ambiente macroeconómico (com base no nível e na volatilidade da inflação); a abertura comercial (ajustada ao tamanho da população); pelas ações de I&D domésticas e globais; e pela desigualdade de renda (coeficiente GINI). Dois desses indicadores — a governança e a abertura comercial — afetam não só o nível de equilíbrio da eficiência laboral, mas também a velocidade com que os países convergem para esse nível. Para valores médios de ambos os indicadores, a velocidade de convergência é de cerca de 2,3%, o que significa que, a cada ano, esta percentagem de distância entre o nível de eficiência laboral atual e o equilíbrio é eliminada. A convergência também é influenciada pelo impulso, dadas as estimativas atuais da tendência de crescimento da eficiência laboral específicas para cada país. O cenário-base não pressupõe nenhuma mudança nas variáveis explicativas, exceto ao nível da escolaridade, de acordo com Lutz, Butz e KC (2014[21]), e de abertura comercial, que evolui de forma endógena ao longo do período de projeção. Para mais pormenores sobre a estrutura de convergência da produtividade [Guillemette *et al.* (2017[31]].

A evolução tendencial do emprego é principalmente o resultado de três conjuntos de dinâmicas: a evolução do tamanho da população em idade ativa; a sua composição etária; e as tendências nas taxas de empregabilidade de diferentes grupos de idade/sexo. O tamanho e a composição da população em idade ativa (15 a 74 anos) seguem as projeções da população por parte do Eurostat (para a maioria dos países europeus) e das Nações Unidas (para todos os outros países), e são considerados exógenos para este exercício. As tendências das taxas de emprego dos diferentes grupos de idade/sexo são obtidas através da implementação de uma abordagem de coorte às taxas históricas de emprego ajustadas a cada ciclo. Essas tendências geracionais refletem não só as mudanças sociais, como o aumento das taxas de emprego feminino, mas também as mudanças estruturais, como um maior nível de educação. As mudanças delineadas para o emprego potencial surgem de diferenças nas predisposições do emprego de diferentes coortes combinadas com as mudanças na estrutura demográfica da população. Para levar em conta o impacto das mudanças políticas recentes e futuras nas taxas de emprego tendenciais, a abordagem também integra o recente trabalho empírico da OCDE sobre os impactos das reformas estruturais (Egert e Gal, 14-1-2017; Gal e Theising, 20 l5r51). Para o cenário-base, apenas são consideradas as mudanças futuras já estabelecidas na legislação no que toca à idade da reforma, mas cenários alternativos podem incorporar uma série de choques de política. Para mais informações sobre a estrutura de projeção de tendências laboral, consultar Cavalleri e Guillemette (16-1-2017).

O *stock* do capital de produção é dividido de forma nocional entre os *stocks* de capital do sector privado e os do sector público. O rácio de *stock* do capital de produção do sector público é considerado constante no cenário-base e, portanto, não afeta a projeção, mas os choques de investimento público podem ser simulados em cenários alternativos. A evolução do *stock* do capital do sector empresarial depende da posição cíclica da economia, incorpora uma medida de inércia, e pode ser condicionada por défices em conta corrente dependendo do grau de abertura da conta de capital. A equação de projeção também garante que, em estado estabilizado, o rácio capital/produto seja estável, de modo que a contribuição do crescimento da variação da intensidade do capital é geralmente modesta, de acordo com um facto estilizado das decomposições do crescimento (Jones, 17-1-2017). A projeção também incorpora influências da regulação do mercado de produtos, da legislação da proteção ao emprego e do custo de uso do capital — este último modificando-se um pouco no cenário-base seguindo a trajetória das taxas de juros, enquanto as outras duas variáveis são assumidamente fixas. O investimento do sector empresarial deriva da projeção do *stock* de capital por meio da identidade do fluxo de *stock* usando uma regra de projeção simples para a taxa de depreciação. A habitação é excluída da definição de *stock* de capital de produção, e assume-se que a participação do investimento em habitação no PIB converge gradualmente para uma média histórica de longo prazo. Para mais informações sobre a estrutura de projeção do *stock* de capital (Guillemette, de Mauro e Turner).

a) Taxas potenciais de crescimento do PIB

Depois de uma desaceleração significativa entre 2007 e 2018, em que o PIB potencial apenas cresceu à taxa de 0,5% ao ano, prevê-se uma aceleração entre 2018 e 2030 (1,1% ao ano), que não é maior por causa dos efeitos da pandemia. Esta evolução acelera um pouco em 2030–2040, devido à convergência normal para a fronteira tecnológica, mas não é sustentável a partir de 2040, por efeito do envelhecimento e da diminuição da população.

TABELA 1 – **PROJEÇÕES ECONOMIA LONGO PRAZO**

Depois da pandemia					
In Euros					
Cenário Base					
	Potential GDP growth rates				
	2000-7	**2007-18**	**2018-30**	**2030-2040**	**2030-2060**
Portugal	1.6	0.5	1.1	1.5	1.0
Spain	3.3	1.0	1.4	1.5	1.4
Germany	1.1	1.2	1.2	1.5	1.5
France	1.8	1.2	1.3	1.9	1.8
Sweden	2.6	2.0	2.1	2.2	2.1
Denmark	1.4	0.9	1.4	1.9	1.9
Netherlands	2.0	1.4	1.7	2.0	2.0
Ireland	5.1	4.7	3.2	2.6	2.4
Slovakia	5.2	2.9	3.0	1.8	1.6
Slovenia	3.2	3.0	3.1	1.9	1.7
Czech Rep	3.9	1.9	2.7	1.8	1.7
Poland	3.8	3.3	2,3	1.5	1.3
Romenia	3.0	2.4	1.8	1.3	1.2
Greece	2.4	-0.7	1.4	1.5	1.4
Bulgaria	2.9	1.0	1.9	1.4	1.4

b) PIB per capita em PPC

TABELA 2 – **PROJEÇÕES ECONOMIA LONGO PRAZO**

Depois da pandemia In Euros Cenário Base	GDP PPP	Population	GDP per capita PPP	GDP PPP	Population	GDP per capita PPP	GDP PPP	Population	GDP per capita PPP	GDP PPP	Population	GDP per capita PPP
	2018	**2020**	**2018**	**2030**	**2030**	**2030**	**2040**	**2040**	**2040**	**2060**	**2060**	**2060**
Portugal	241	10,291,457	23,443	275	10,089,138	27,267	318	9,786,632	32,463	374	8,910,843	41,984
Spain	1,291	47,321,434	27,279	1,525	48,746,399	31,290	1,766	49,377,094	35,774	2,281	48,385,094	47,135
Germany	3,082	83,135,181	37,074	3,573	83,453,697	42,818	4,154	83,178,426	49,940	5,652	81,842,817	69,057
France	2,123	67,197,367	31,593	2,488	68,749,400	36,185	3,004	69,802,409	43,029	4,274	69,680,713	61,331
Sweden	372	10,322,613	36,038	479	11,099,033	43,162	594	11,693,373	50,794	883	12,708,255	69,498
Denmark	226	5,811,651	38,932	266	5,963,578	44,617	321	6,055,503	53,056	463	6,122,611	75,541
Netherlands	675	17,404,793	38,765	828	17,969,884	46,072	1,008	18,185,792	55,438	1,491	18,014,595	82,758
Ireland	282	4,966,879	56,812	413	5,504,390	75,073	532	5,904,540	90,063	837	6,398,732	130,784
Slovakia	121	5,457,679	22,089	171	5,440,730	31,482	204	5,312,439	38,394	277	4,953,801	55,996
Slovenia	55	2,095,314	26,150	79	2,106,316	37,306	95	2,081,622	45,486	131	1,989,404	66,077
Czech Rep	297	10,693,861	27,747	407	10,762,174	37,780	487	10,625,402	45,840	676	10,414,088	64,931
Poland	823	37,941,122	21,685	1,075	37,018,453	29,027	1,250	35,661,656	35,063	1,597	32,519,968	49,115
Romenia	388	19,281,118	20,117	481	17,808,000	27,012	547	16,576,187	32,974	678	14,540,962	46,618
Greece	216	10,696,535	20,159	256	10,303,200	24,816	297	9,910,798	29,977	386	9,038,456	42,675
Bulgaria	108	6,949,549	15,596	135	6,450,296	20,961	155	6,016,719	25,713	205	5,332,585	38,363

QUADRO 2 – **GDP PER CAPITA PPP EUROS**

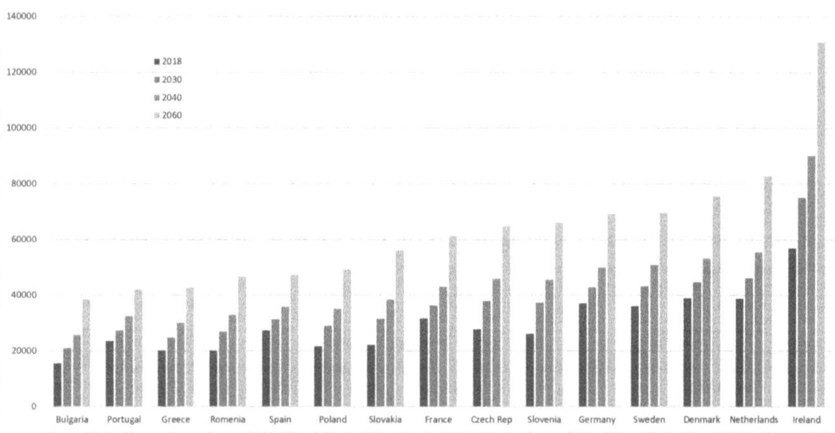

TABELA 3

Ratios	2018	2030	2040	2060
PT/UE	0.78	0.77	0.75	0.68
PT/IRL	0.41	0.36	0.36	0.32
PT/GER	0.63	0.64	0.65	0.61
PT/RO	1.17	1.01	0.98	0.90

O PIB *per capita* em PPC, e a preços de 2018, passa de 23,4 mil euros em 2018 para 27,3 mil euros em 2030, ou seja, uma expansão de 16%, para 32,5 mil euros em 2040 e 42 mil euros em 2060, correspondente a 80% do ano-base.

Em termos de convergência, Portugal diminui de um rácio do PIB *per capita* em PPP de 78% em 2018 para 75% em 2040, e depois desce para 68% em 2060. Portugal passa para a cauda da UE, apenas com a Bulgária atrás.

Note-se que, mesmo assim, o PIB *per capita* acelera, de um crescimento de 1,3% em 2018–2030 para 1,5% na década seguinte, e depois reduz-se ligeiramente para 1,4% ao ano, sempre acima das taxas verificadas entre 2000 e 2018 (cerca de 1% ao ano).

c) Fatores de crescimento

TABELA 3 – **PROJEÇÕES ECONOMIA LONGO PRAZO**

Depois da pandemia In Euros Cenário Base	Potential GDP per capita growth rates					Population growth rates				
	2000-7	2007-18	2018-30	2030-2040	2030-206(	2000-7	2007-18	2018-30	2030-2040	2030-206(
Portugal	1.3	0.7	1.3	1.5	1.4	0.3	-0.2	-0.20	-0.05	-0.37
Spain	1.7	0.7	1.1	1.4	1.4	1.6	0.3	0.30	0.13	-0.05
Germany	1.2	1.0	1.2	1.6	1.6	-0.1	0.2	0.04	-0.03	-0.06
France	1.1	0.7	1.1	1.8	1.8	0.7	0.5	0.23	0.15	0.02
Sweden	2.2	1.0	1.4	1.7	1.7	0.4	1.0	0.73	0.52	0.36
Denmark	1.1	0.4	1.1	1.8	1.8	0.3	0.5	0.26	0.15	0.06
Netherlands	1.6	0.9	1.4	1.9	2.0	0.4	0.5	0.32	0.12	-0.02
Ireland	3.0	3.8	2.2	1.9	2.0	2.1	0.9	1.03	0.70	0.38
Slovakia	5.2	2.8	3.0	2.0	1.9	0.0	0.1	-0.03	-0.24	-0.28
Slovenia	3.0	2.8	3.0	2.0	1.9	0.2	0.2	0.05	-0.12	-0.17
Czech Rep	3.8	1.6	2.6	2.0	1.8	0.1	0.3	0.06	-0.13	-0.09
Poland	3.9	3.2	2.5	1.9	1.7	-0.1	0.1	-0.25	-0.37	-0.37
Romenia	4.0	3.0	2.6	2.0	1.7	-1.0	-0.6	-0.79	-0.71	-0.55
Greece	2.1	-0.4	1.8	1.9	1.8	0.3	-0.3	-0.37	-0.39	-0.37
Bulgaria	3.8	1.8	2.6	2.1	1.9	-0.9	-0.8	-0.74	-0.69	-0.51
European Union	1.6	0.9	1.4	2.0	1.9	0.3	0.2	0.03	-0.05	-0.13
Euro area	1.3	0.7	1.1	1.8	1.7	0.5	0.3	0.11	0.01	-0.08
OECD	1.6	1.3	1.5	1.7	1.7	0.5	0.4	0.20	0.14	0.07
USA	1.5	1.0	1.1	2.0	1.8	1.0	0.8	0.60	0.56	0.45
Japan	0.6	0.7	1.4	2.0	1.8	0.1	-0.1	-0.44	-0.57	-0.60
China	9.8	7.7	4.2	3.1	2.2	0.5	0.5	0.10	-0.20	-0.39
India	6.0	6.0	5.3	4.0	3.5	1.6	1.3	0.95	0.67	0.43
Brasil	1.8	1.8	1.4	1.5	1.5	1.3	0.9	0.58	0.36	0.15
UK	1.7	0.6	1.1	2.0	1.8	0.6	0.7	0.44	0.34	0.26
Russia	6.0	1.5	0.5	1.4	1.2	-0.5	0.0	-0.23	-0.28	-0.31

TABELA 4 – PROJEÇÕES ECONOMIA LONGO PRAZO

Depois da pandemia
In Euros
Cenário Base

	Trend labor productivity					Capital per worker				
	2000-7	2007-18	2018-30	2030-204(	2030-2060	2000-7	2007-18	2018-30	2030-204(	2030-2060
Portugal	-0.1	0.0	0.9	1.5	1.4	1.5	0.7	0.5	0.5	0.5
Spain	-0.1	0.0	0.7	1.4	1.4	0.7	0.7	0.5	0.5	0.5
Germany	0.6	0.5	1.0	1.2	1.2	0.3	-0.1	0.3	0.4	0.6
France	0.5	0.4	0.9	1.4	1.4	0.4	0.3	0.4	0.5	0.6
Sweden	1.4	0.7	1.1	1.3	1.3	0.5	0.3	0.6	0.6	0.6
Denmark	0.4	0.3	0.9	1.2	1.2	0.6	0.2	0.3	0.5	0.6
Netherlands	0.8	0.6	1.1	1.4	1.3	0.3	0.2	0.4	0.5	0.7
Ireland	0.8	1.5	1.2	1.5	1.5	1.3	2.6	0.9	0.8	0.7
Slovakia	4.2	1.7	2.0	1.6	1.5	0.9	0.5	0.8	0.7	0.7
Slovenia	1.5	1.0	1.5	1.6	1.4	1.0	0.3	0.6	0.6	0.6
Czech Rep	2.9	1.1	2.0	1.6	1.4	0.6	0.3	0.6	0.7	0.8
Poland	2.5	1.5	1.6	1.4	1.3	0.9	1.1	0.9	0.8	0.6
Romenia	2.9	1.6	1.9	1.8	1.6	1.0	0.8	0.8	0.7	0.7
Greece	0.9	-0.7	0.8	1.4	1.3	0.8	0.0	0.4	0.3	0.3
Bulgaria	2.8	1.5	1.9	1.8	1.6	1.1	0.8	0.7	0.6	0.6

	Potential employment rate					Labor force participation				
	2000-7	2007-18	2018-30	2030-204(	2030-2060	2000-7	2007-18	2018-30	2030-204(	2030-206(
Portugal	0.0	0.0	0.4	0.3	0.2	-0.1	-0.1	-0.1	-0.3	-0.4
Spain	0.0	-0.5	-1.9	-1.2	-0.6	-0.2	-0.2	0.0	-0.3	-0.6
Germany	0.4	0.9	0.1	0.6	0.9	-0.1	-0.3	-0.2	-0.2	-0.2
France	0.3	0.1	0.1	0.1	0.1	-0.1	-0.1	-0.3	-0.2	-0.1
Sweden	-0.1	0.1	0.1	0.1	-0.1	0.3	-0.1	-0.3	-0.2	-0.1
Denmark	0.2	-0.2	0.2	0.2	0.1	0.0	0.1	-0.3	-0.2	-0.1
Netherlands	0.6	0.0	0.2	0.2	0.2	0.0	0.2	-0.4	-0.2	-0.1
Ireland	0.7	-0.1	-0.1	0.0	0.0	0.2	-0.3	0.1	-0.1	-0.3
Slovakia	-0.4	0.5	0.4	0.3	0.1	0.5	0.0	-0.3	-0.4	-0.4
Slovenia	0.5	0.3	-0.4	-0.2	0.0	0.1	-0.4	-0.2	-0.3	-0.4
Czech Rep	0.1	0.4	0.3	0.1	-0.1	0.2	-0.3	-0.4	-0.3	-0.3
Poland	0.1	0.7	0.2	0.1	-0.2	0.4	0.0	-0.2	-0.3	-0.4
Romenia	0.1	0.3	0.2	0.1	0.1	0.4	0.0	-0.1	-0.2	-0.2
Greece	0.7	0.4	0.2	0.3	0.3	-0.3	-0.2	0.1	-0.4	-0.5
Bulgaria	0.1	0.3	0.2	0.2	0.1	0.3	0.0	-0.2	-0.2	-0.2

Os principais fatores de crescimento entre 2030 e 2040 são:

(1) A produtividade do trabalho (1,5%), que resulta sobretudo da convergência para a fronteira tecnológica; e
(2) A acumulação de capital por trabalhador (0,5%).

A taxa de participação do trabalho tem um valor negativo, por causa do envelhecimento e queda da população (–0,05% ao ano), enquanto o emprego sobe de 0,3% ao ano. Entre 2040 e 2060, são os mesmos fatores, com uma pequena queda da produtividade do trabalho, mas o dominante é a aceleração do envelhecimento e a queda da população (–0,4% ao ano).

II.3. Projeções de longo prazo: cenário com reformas estruturais apenas em Portugal

TABELA 5 – PROJEÇÕES ECONOMIA LONGO PRAZO

Depois da pandemia	Cenário com Reformas				
Cenário Base	Com impacto pandemia em PT e UK (e Brexit)				
	Potential GDP growth rates				
	2000-7	2007-18	2018-30	2030-2040	2030-206(
Portugal	1.6	0.5	1.6	1.9	1.9
Spain	3.3	1.0	1.4	1.4	1.4
Germany	1.1	1.2	1.2	1.5	1.5
France	1.8	1.2	1.3	1.8	1.8
Sweden	2.6	2.0	2.1	2.1	2.1
Denmark	1.4	0.9	1.4	1.9	1.9
Netherlands	2.0	1.4	1.7	2.0	2.0
Ireland	5.1	4.7	3.2	2.4	2.4
Slovakia	5.2	2.9	3.0	1.6	1.6
Slovenia	3.2	3.0	3.1	1.7	1.7
Czech Rep	3.9	1.9	2.7	1.7	1.7
Poland	3.8	3.3	2.3	1.3	1.3
Romenia	3.0	2.4	1.8	1.2	1.2
Greece	2.4	-0.7	1.4	1.4	1.4
Bulgaria	2.9	1.0	1.9	1.4	1.4

TABELA 6 – PROJEÇÕES ECONOMIA LONGO PRAZO

Depois da pandemia												
Cenário com Reformas												
	GDP PPP	Population	GDP per capita PPP	GDP PPP	Population	GDP per capita PPP	GDP PPP	Population	GDP per capita PPP	GDP PPP	Population	GDP per capita PPP
	2018	2020	2018	2030	2030	2030	2040	2040	2040	2060	2060	2060
Portugal	241	10,291,457	23,443	292	10,089,138	28,930	351	9,786,632	35,860	507	8,910,843	56,938
Spain	1,291	47,321,434	27,279	1,525	48,746,399	31,290	1,744	49,377,094	35,323	2,281	48,385,094	47,135
Germany	3,082	83,135,181	37,074	3,573	83,453,697	42,818	4,163	83,178,426	50,054	5,652	81,842,817	69,057
France	2,123	67,197,367	31,593	2,488	68,749,400	36,185	2,979	69,802,409	42,683	4,274	69,680,713	61,331
Sweden	372	10,322,613	36,038	479	11,099,033	43,162	587	11,693,373	50,235	883	12,708,255	69,498
Denmark	226	5,811,651	38,932	266	5,963,578	44,617	320	6,055,503	52,832	463	6,122,611	75,541
Netherlands	675	17,404,793	38,765	828	17,969,884	46,072	1,007	18,185,792	55,386	1,491	18,014,595	82,758
Ireland	282	4,966,879	56,812	413	5,504,390	75,073	523	5,904,540	88,544	837	6,398,732	130,784
Slovakia	121	5,457,679	22,089	171	5,440,730	31,482	201	5,312,439	37,863	277	4,953,801	55,996
Slovenia	55	2,095,314	26,150	79	2,106,316	37,306	93	2,081,622	44,812	131	1,989,404	66,077
Czech Rep	297	10,693,861	27,747	407	10,762,174	37,780	482	10,625,402	45,337	676	10,414,088	64,931
Poland	823	37,941,122	21,685	1,075	37,018,453	29,027	1,226	35,661,656	34,388	1,597	32,519,968	49,115
Romenia	388	19,281,118	20,117	481	17,808,000	27,012	539	16,576,187	32,535	678	14,540,962	46,618
Greece	216	10,696,535	20,159	256	10,303,200	24,816	293	9,910,798	29,588	386	9,038,456	42,675
Bulgaria	108	6,949,549	15,596	135	6,450,296	20,961	155	6,016,719	25,798	205	5,332,585	38,363

GRÁFICO 3 – GDP PER CAPITA PPP EUROS

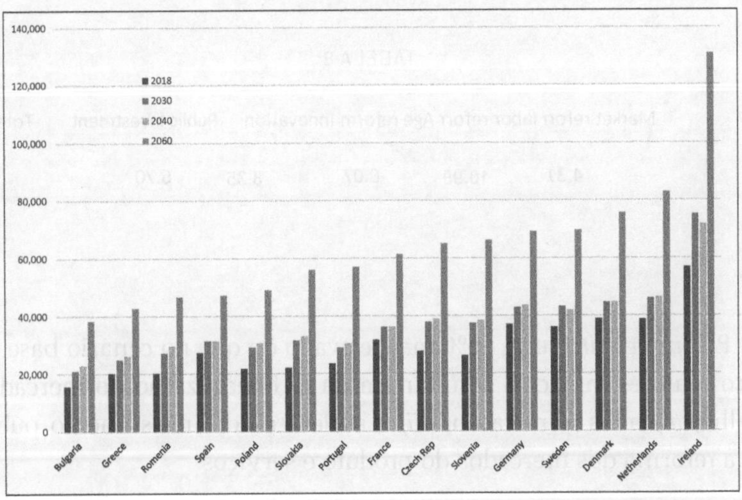

Neste cenário, Portugal passa à frente da Espanha, da Polónia e da Eslováquia. Em 2060, o PIB sobe 36% em relação ao cenário-base; 6% em 2030; e 11% em 2040.

Em termos de convergência, Portugal aumenta de um rácio do PIB *per capita* em 2018 de 78% do PIB da UE–27 para 85% em 2040, e 93% em 2060. Em relação à Alemanha, por exemplo, o rácio sobe de 63% em 2018 para 82% em 2060. No conjunto, o PIB *per capita* sobe de 29%, de 2018 a 2040, e de 143% em 2060.

TABELA 7

Ratios	2018	2030	2040	2060
PT/UE	0.78	0.82	0.85	0.93
PT/IRL	0.41	0.39	0.40	0.44
PT/GER	0.63	0.68	0.72	0.82
PT/RO	1.17	1.07	1.10	1.22

a) Reformas estruturais

As reformas propostas e o impacto de nível em 2060 em relação ao cenário-base:

TABELA 8

	Market reforr	labor reforr	Age reform	Innovation	Public investment	Total
PRT	4.31	10.98	-0.07	8.35	6.70	30.28

O PIB *per capita* seria 30% mais elevado do que no cenário-base, e os quatro maiores impactos resultariam da *(i)* liberalização do mercado de trabalho; *(ii)* mais a inovação; *(iii)* a aceleração do investimento público; e *(iv)* a reforma dos mercados do produto e serviços.

II.4. Projeções de longo prazo: cenário pessimista

Nesta contemplação, Portugal não faz qualquer reforma estrutural para acelerar o crescimento, ao passo que a maioria dos países da UE aplica estas reformas e consegue acelerar o crescimento.

As taxas de crescimento da economia seriam as seguintes:

TABELA 9 – **POTENTIAL GDP GROWTH RATES**

	2000-7	2007-18	2018-30	2030-2040	2030-2060
Portugal	1.6	0.5	1.3	1.6	1.2
European Union	1.9	1.1	1.9	2.6	2.5

Em termos de euros de 2018, embora o PIB *per capita* quase duplicasse em 40 anos, o rácio do PIB em Portugal, em relação à UE, baixaria de forma dramática: de 77% em 2018 para 55% em 2060, com Portugal claramente na cauda da UE.

TABELA 10 – **PROJEÇÕES ECONOMIA LONGO PRAZO**

Depois da pandemia												
In Euros												
Cenário Pessimista												
	GDP PPP	Population	GDP per capita PPP	GDP PPP	Population	GDP per capita PPP	GDP PPP	Population	GDP per capita PPP	GDP PPP	Population	GDP per capita PPP
	2018	2020	2018	2030	2030	2030	2040	2040	2040	2060	2060	2060
Portugal	241	10,291,457	23,443	280	10,089,138	27,790	329	9,786,632	33,610	400	8,910,843	44,869
European Union	13,518	447,671,046	30,196	16,907	449,121,599	37,645	21,811	446,754,877	48,822	35,094	432,474,413	81,147
Ratios			2018			2030			2040			2060
PT/UE			0.78			0.74			0.69			0.55
PT/IRL			0.41			0.32			0.30			0.22
PT/GER			0.63			0.62			0.60			0.51
PT/RO			1.17			0.95			0.90			0.77

SEDES

50 ANOS A PENSAR PORTUGAL

APOIO AO LIVRO DO V CONGRESSO DE ASSOCIADOS INSTITUCIONAIS

SEDES

50 ANOS A PENSAR PORTUGAL

Há luzes que nunca se apagam
Farmácias
Portuguesas
É para a vida.
farmaciasportuguesas.pt

SEDES

50 ANOS A PENSAR PORTUGAL

SEDES

50 ANOS A PENSAR PORTUGAL

SEDES

50 ANOS A PENSAR PORTUGAL

SEDES

50 ANOS A PENSAR PORTUGAL

SEDES

50 ANOS A PENSAR PORTUGAL

SEDES

50 ANOS A PENSAR PORTUGAL

Porto.

SEDES

50 ANOS A PENSAR PORTUGAL

SEDES

50 ANOS A PENSAR PORTUGAL